本书受到云南省哲学社会科学学术著作出版专项经费资助

本书为云南省社会科学基金资助项目

苏斐然 ◎ 著

无讼生活
——滇中苗村纠纷解决研究

The Lawsuit-free Life
-A Study on Dispute Settlement in the
Miao Villages in Central Yunnan Province

中国社会科学出版社

图书在版编目 (CIP) 数据

无讼生活：滇中苗村纠纷解决研究／苏斐然著.—北京：
中国社会科学出版社，2016.4

ISBN 978 – 7 – 5161 – 8420 – 2

Ⅰ.①无…　Ⅱ.①苏…　Ⅲ.①苗族 – 农村 – 民事纠纷 –
处理 – 研究 – 云南省　Ⅳ.①D927.740.511.44

中国版本图书馆 CIP 数据核字（2016）第 138260 号

出 版 人	赵剑英
责任编辑	任　明
责任校对	刘　娟
责任印制	李寡寡

出　　版	中国社会科学出版社
社　　址	北京鼓楼西大街甲 158 号
邮　　编	100720
网　　址	http://www.csspw.cn
发 行 部	010 – 84083685
门 市 部	010 – 84029450
经　　销	新华书店及其他书店

印刷装订	北京市兴怀印刷厂
版　　次	2016 年 4 月第 1 版
印　　次	2016 年 4 月第 1 次印刷

开　　本	710×1000　1/16
印　　张	20.5
插　　页	2
字　　数	340 千字
定　　价	75.00 元

摘　要

　　近年来，对于农村纠纷解决的研究在社会学、人类学、法学和政治学等不同学术领域都在持续进行着，并已经产生了大量研究成果。很多学者深入乡村社会，开展多角度、多学科的田野调查，推出了一大批把特定村庄作为学术研究对象，以村庄的叙事作为文本表达方式的论著。本书遵循法律人类学、法律社会学的研究进路和研究方法，以一个普通苗族村落——龙村为个案，对滇中苗族村落村民的纠纷观念和当地的纠纷解决进行了考察和研究。龙村是滇中高原一个带有农耕社会特征的传统型苗族村落，由于种种原因，到目前仍然是一个熟人社会、亲戚社会。村民们奉行着以和为贵、耻于纠纷等传统观念，对纠纷有着很强的回避、拒斥心理，当纠纷出现时习惯用忍让、回避、和解等方式化解，即使是不得已走上由第三方居中解决的道路，仍然尽量选择调解的方式处理，不到万不得已，不会把纠纷诉诸村外的司法所、法庭、派出所等正式解纷机构。由此，在龙村呈现出了一种"无讼"的状态，即村内虽然有众多纠纷，但纠纷数量和样态有着自己鲜明的特点，并且村民们惯于用非诉讼的方式解决纠纷。本书探讨了滇中苗族村落村民的纠纷观念、纠纷的样态、纠纷的抑制性因素以及村民们在纠纷解决中的行为方式和行动逻辑等，并对乡土社会"无讼"纠纷观念和解纷机制形成的原因、存在意义以及未来走向进行了思考。本书从以下八个方面展开：

　　第一章是"导论"，分为三个部分：一是对本书的选题缘由和田野点的介绍；二是综述纠纷解决研究和苗族研究情况；三是对研究进路、研究方法和全书结构进行说明。

　　第二章是"村落状况"，通过介绍龙村等苗族村落的环境、历史、日常生活和社会结构，为接下来的讨论提供前提和语境。分为三个部分：一是叙述了龙村的地理位置、村落分布和历史变迁；二是描述了村落经济结构与日常生活；三是论述了村落的家庭结构、亲属结构和姓名构成。

第三章是"纠纷观念、村落权威和村落秩序"，意在通过论述使龙村等滇中苗族村落村民的无讼纠纷观、村落权威和村落秩序的原貌得以呈现。分为三个部分：一是对村民纠纷观念的介绍和分析。在龙村，人们在长期的生产生活中形成了一种以和为贵、耻于诉讼、不喜争利、团结互助、好面子等心理和观念。这些观念，对于龙村无讼状态的形成具有重要影响。二是对村落权威的叙述。在龙村，存在着国家力量（如政府、法庭、司法所、派出所等）等外生型权威，村中的家族长者、基督教教职人员等原生型内生权威，以及村委会为主的次生型内生权威，龙村呈现的村内秩序和解纷机制是这些权威共同作用的结果。三是对村落秩序的描述。由于村内没有严重的刑事案件发生，没有出现社会生活的灰色化，官民关系也较为和谐，因此村内呈现了较为良好的秩序状态。

第四章是"纠纷的基本样态"，分为四个部分。第一部分介绍了龙村出现的纠纷的类型和频次：从数量上看，每年发生的纠纷较少，能闹到村委会、镇司法所进行公力救济的更少，且极少有到法院起诉的；从纠纷类型上看，家庭内部纠纷、不同家庭村民之间纠纷一直以来占据着纠纷的主要部分，此外，近年来有了一定数量的与外村村民的纠纷。接下来的第二至第四部分分别叙述了家庭内部的纠纷（订婚纠纷、离婚纠纷、家庭内部日常生活纠纷、家庭内部其他纠纷）、不同家庭村民之间的纠纷（宅基地使用纠纷、村内道路通行权纠纷、用水纠纷、农业用地纠纷、家畜家禽误吃庄稼以及家畜互相咬伤的纠纷、畜禽伤人纠纷、家畜家禽走失引发的纠纷、交通出行纠纷、日常琐事纠纷）、与外村人的纠纷（日常往来纠纷、与外地来村搞工程的私人老板的纠纷、外出打工和雇工纠纷、村与村之间的纠纷、官民纠纷）三大类纠纷的情况。

第五章是"纠纷的抑制性因素"，把龙村等滇中苗族村落纠纷观和解纷机制的成因放在地理、历史、社会、文化等诸多方面进行考察，分别探讨了形成这些纠纷观和解纷机制的五个方面的原因：地理环境、经济发展水平、血缘关系、村民的性格特征、公共文化活动，并对这五个纠纷抑制性因素之间的相互关系和作用以及各自的重要程度等作了分析。本章的五个部分即是对这五个方面因素的分析。

第六章是"基督教与纠纷解决"，通过对基督教与村落内纠纷解决之间的关系分析，论证了基督教会对于形成滇中苗族村落纠纷秩序的不可忽视的影响，说明基督教的存在也是村落纠纷的抑制性因素之一。分为三个部分，一是对龙村等滇中苗族村落基督教存在现状的介绍；二是分析了基督教对村民纠纷观和行为方式的影响；三是对基督教会权威进行的纠纷解决的情况进行了论述。

第七章是"村民在纠纷解决中的行动逻辑"，意在透过"村民行动选择及其逻辑"这一视角，经由对村民行为的具体探究，更清楚地认识"无讼苗村何以可能"这一根本问题。分为六个方面，先是关于村民对纠纷解决方式的选择逻辑的介绍，接下来依次介绍和分析了村民在纠纷自行解决程序、村委会调解、镇派出所调解、法院调解、镇司法所调解中的行为方式和行动逻辑。

第八章是"讨论和结论"，结合前面章节的内容，对"乡土社会的无讼状况是何以可能的？传统村落的熟人社会为何也会发生纠纷？乡土社会无讼纠纷观的意义何在？乡土社会的纠纷观和解纷机制将去往何方？"四个问题进行了探讨。认为：第一，无讼的乡土社会的形成原因是村落的历史、文化、经济、地理等多方面因素综合作用的结果；第二，由于人与人之间相互的竞争，以及人自身具有的弱点，使得无论是在熟人社会还是陌生人社会中纠纷都难以避免；第三，无讼价值观念及其富有特色的纠纷解决机制，能对正在快速陌生人化的中国社会提供帮助和启迪，对于我们构建新形势下的乡村社会多元化解纷机制提供较好借鉴；第四，为应对中国乡村纠纷解决和秩序重建的多重困境，应渐进式地积极构建适应新形势需要的乡村社会多元化纠纷解决机制。要充分发挥民间调解组织特别是村委会这一"准官方"组织在纠纷解决中的重要作用；不断推进国家法律"下乡"的力度，让更多村民能运用诉讼等方式解决纠纷；积极挖掘和发挥民间非正式解纷规范和制度的作用；重视对民间自发的民主化纠纷解决机制的培育和引导等。

附论"集市与纠纷解决机制的变迁"，通过对龙村定期集市这一特定事物的研究，将乡村社会纠纷解决机制的嬗变与定期集市的出现和发展而带来的当地社会结构的变化相勾连，探讨乡村集市对村民纠纷观念和乡土社会纠纷解决机制的影响，试图分析市场化进程中龙村社会出现的社会变迁。

Abstract

In recent years, research on dispute settlement in the rural areas has been going on in sociology, anthropology, law, politics and other disciplines, with substantial results. Many scholars have been going to the rural societies to conduct multi – perspective, trans – disciplinary on – site study, and their study has produced ample findings with certain villages as objects for academic research and narratives of said villages as textual expression. Following the approaches and methods of legal anthropology and legal sociology, the present dissertation is a survey and research of the philosophy of dispute of the local Miao villagers and the dispute settlement practices of Longcun – an ordinary village inhabited largely by the minority Miao ethnic group.

Located in centralYunnan province, Longcun is a traditional Miao village with characteristics of the agricultural society. Up to now, it remains a typical acquaintance and kin society. It is, therefore, a traditional notion among the villagers to honor peace and despise dispute. They avoid and repulse disputes and, whenever disputes arise, choose to compromise, to avoid or hold back from them. Even in the case where a neutral third – party settlement is inevitable, intermediation by themselves is preferred. To bring their disputes to judicial offices, courts, police stations or other authorities outside of the village would be the last thing they would do. As a result, Longcun has long been a society free of lawsuits, i. e. the villagers are prone to apply non – suit settlement to the numerous disputes existing in the village in distinctive forms. The present dissertation first studies the concepts, forms, repelling factors of the disputes of the Miao people inhabiting the aforementioned village as well as their forms of behavior and logic of action, then proceeds to reflect on the reasons, significance and future tendencies of the suit – free dispute concepts of the local rural society and the formation of the dispute – settling mechanism. The dissertation comprises the following chapters:

Chapter Ⅰ, "Introduction," consists of three parts: 1) an introduction to the reasons why the current theme was chosen for the dissertation and why the site for the study; 2) a summary of the dispute – settlement research and the that of the Miao ethnic group; and 3) a presentation of the research approach, methods and structure of the present dissertation.

Chapter Ⅱ, "Village survey," prepares the presumptions and context for the argument by describing the environment, history, daily life and social structure of the Miao village. It is composed of three parts, namely 1) a description of the geographical location, village layout and historical evolution of Longcun; 2) a description of the economic structure and daily life of the village; and 3) a description of the family structure, kin pedigree and name composition of the village.

Chapter Ⅲ, "Dispute concepts as well as authorities and order of the village," which is a truthful academic presentation of the suit – free thought of the Miao villagers as well as the authorities and order of the village, is divided into three parts. Firstly, an introduction to and an analysis of the suit – free thought of the villagers. Centuries of life have developed a philosophy among the villagers of Longcun where peaceful settlement is valued, legal complaints despised, fight for interest disliked, unity and mutual help advocated, and external dignity protected. These notions are all the underlying causes for the suit – free state of the village in question. Secondly, a description of different authorities in the village. In Longcun, there exist state authorities such as government, court of law, administration of justice and police station, aboriginal internal authorities such as elders of clans and Christian clergy, as well as secondary internal authorities such as the village committee. The current state of order – maintaining and dispute – settling mechanism is the result of the joint effects of the above mentioned authorities. Thirdly, a description of the current state of order of the village. As there have been no serious criminal activities in the village, there is no so – called gray zone in the village social life, the relationship between the officials and the civilians harmonious, and the village in a fairly ordered state.

Chapter Ⅳ, "Basic forms of disputes," is divided into four parts. Part 1 is a presentation of the forms and frequency of disputes in Longcun. In terms of number, there are not many disputes every year. Among them, only a few are reported to the village committee and the township administration of justice for public remedy, and even fewer are brought to a court of law for litigation. In terms of types, those within families and between families have so far dominated all types of disputes. In recent years, however, there have been a certain number of disputes involving people out of the village. The next three parts, namely Parts 2 through 4, are devoted to information of the three types of disputes respectively, i. e. : 1) disputes within families (disputes involving engagement, divorce, daily family life and other types of family issues); 2) disputes between families (disputes over use of house sites, access to roads in the village, water, agricultural land, domestic animals and fowls grazing on crops, domestic animals biting those of another family, domestic animals and fowls injuring people, domestic animals and fowls missing, travel, and daily trivial matters); and 3) disputes involving people out of the village (such as disputes over daily transaction, disagreement with outside bosses engaging in projects in the village, disagreement between villagers leaving home to work and their employers, disagreement between villages, and disagreement between the villagers and the officials).

Chapter Ⅴ, "Repelling factors of disputes," after analyzing the causes of both the philosophy about disputes and the mechanism to settle them of the Miao villages in Central Yunnan province in the contexts of geography, history, society, culture and other aspects, proceeds to identify the following five repelling factors of the aforementioned philosophy and mechanism: geographical environment, economic development, kin, character of the villagers, and public cultural activities. The author concludes this chapter by providing an in – depth analysis of the significance of these five factors and the inter – relationship among them, devoting each part to one of the five factors.

Chapter Ⅵ, "Christianity and dispute settlement," contends that Christianity has notable influence on dispute settlement in the Miao villages in Central

Yunnan based on an analysis of the relationship between Christianity and dispute settlement. The extrapolation here is that Christianity can likewise be listed among the repelling factors. This chapter is divided into three parts: 1) a description of the current existence of Christianity in Longcun and other Miao villages in centralYunnan; 2) an analysis of the influence of Christianity on the thought on dispute and behavior mode of the villagers; and 3) a summary of the cases where Christianity uses its authority to settle disputes.

Chapter Ⅶ, "Logic of action of the villagers in settling disputes," is an attempt to understand the "possibility of the existence of a suit – free village" through exploring into concrete behavior of the villagers from the perspective of "action choice and its logic of the villagers." Divided into six parts, this chapter first describes the logic of choice of the villagers when settling disputes, then proceeds to respectively describe the behavior mode and logic of action ofthe villagers under five different circumstances, i. e. when they settle disputes by themselves or when the village committee, the township police station, the court of law and the township judicial office interfere to mediate.

Chapter Ⅷ, "Discussion and conclusions," is a continuation of the previous chapters and is mainly devoted to the discussion of four questions: 1) How is the suit – free state in the rural society possible? 2) Why there are disputes in the traditional rural acquaintance society? 3) What is the significance of the suit – free philosophy in the rural society? and 4) What is the future of the philosophy of dispute and settlement mechanism in the rural society? The contentions of the present author include: Firstly, the suit – free society in the rural areas is the result of joint influences of history, culture, economy and geography of the villages in question. Secondly, disputes are inevitable in both acquaintance and stranger societies because of competition among people and the defects in human nature. Thirdly, the suit – free philosophy and the characteristic dispute – settling mechanism, while set us thinking and can be helpful toChina's society today increasingly dominated by strangers, can serve us as a good example when constructing a multi – authority dispute – settling mechanism in the rural society. Fourthly, to adapt to the multiple difficulties facing dispute settlement and order reconstruction in rural China, it is time to construct a multi – authority dispute – settling mechanism in the rural society that best suits the new situation in a progressive and active manner. It is important to let the village committee – a pseudo – official organization – and other non – governmental organizations play an important role in settling disputes, push state laws to the rural areas with increasing momentum to enable more villagers to resort to lawsuits when settling disputes, actively continue exploring the effect of non – governmental dispute – settling standards and system, give them more space to play the role, as well as support and guide the development of spontaneous non – governmental democratic dispute – settling mechanism.

目　录

第一章

导　论

第一节　选题和田野点的确定

纠纷问题是当前学术界一个炙手可热的问题，而民间纠纷解决机制的研究就更是其中的一个学术"热地"，各类学科的学者们都纷纷从各自的研究角度出发展开了对纠纷以及与纠纷相关问题的研究。我选取这个题目进行研究，是出于自己对这个领域的兴趣及某些机缘使然。

一　为什么研究纠纷

"纠纷，指特定主体基于利益冲突而产生的一种双边或多边的对抗行为。它又常被称为冲突、争议或争执，其本质可归结为利益冲突，即有限的利益在社会主体间分配时，因出现不公平或不合理而产生的一种对立不和谐状态，包括紧张、敌意、竞争、暴力冲突以及目标和价值上的分歧等表现形式。"[1] "由于情感恩怨、利益归属及价值取向等因素的存在，人类社会从其产生的那一天开始，便伴随着各种不同的纠纷和冲突"[2]，同样，为了平息纠纷，就需要寻求一种纠纷解决办法。也因为这样，纠纷及其解决方式成了法学、社会学、人类学、经济学等社会科学的共同研究对象。20 世纪 50 年代以来，纠纷解决研究发展迅速，逐步成为各国学界及司法实践部门关注的重要课题。尤其自 20 世纪 90 年代起，随着西方纠纷解决研究的成果及运动的逐步传入，法学界对纠纷解决和非诉讼机制的研究也

---

[1]　徐昕主编：《纠纷解决与社会和谐》，法律出版社 2006 年版，第 66 页。

[2]　李祖军：《民事诉讼目的论》，法律出版社 2000 年版，第 24 页。

持续增加，于世纪之交出现了一批颇有特色的成果。而社会转型期的中国也迫切需要有利于社会和谐稳定发展的纠纷解决理念和制度。这样的社会需求，加之国外学术思潮的推动，使纠纷解决研究受到普遍关注，逐步成为理论研究、制度建构和社会实践的热点。从不同学术圈，到各类实务部门，乃至相关民间团体，都开始从不同角度对纠纷解决问题进行研究。

英国法人类学家西蒙·罗伯茨指出："任何社群的社会生活欲得以维持，某种程度的秩序与日常规范不可或缺。这种状态不一定必须是安静和谐……但必要条件是：可以养育子女，必须有持续不断的食物、水的供应以及可住之处。要达到这些，一个因素必须是在群体内部以及群体与其他直接接触的群体之间存在长久持续的秩序。"[1] 然而，这种和谐的秩序状态往往是一个理想状态，因为社会中的人与人之间相互交往，难免会产生摩擦与纠纷。所以，研究纠纷解决是富有理想主义色彩，关注价值关怀的学术之举，值得以学术为志业的学者们献身其中。

二　为什么研究乡村纠纷

考察纠纷的解决，乡村无疑是一个合适的地点。根据人类学大小传统的界分，现代法律的着眼点在于现代国家这个大传统，而对乡村社会（或民间社会）这个小传统着力不够。在一个传统与现代并存的乡村，纠纷的解决方式必然呈现丰富多元的局面，其多样化的纠纷解决方式为我们提供了丰富的素材。有学者认为，自然村"处于国家与社会的交叉口。它作为一个整体无法还原出孰是国家，孰是农民社会。自然村作为一种政治行动者，其利益是与国家和组成它的个体成员有区别的。地方性人格、地方性利益和对村落资源的需求将自然村界定为一个社区……从这里可以看出国家规范是如何影响政治战略和行动，同样也能看出国家的指示如何被规避、扭曲和漠视"[2]。可以说，村庄是那种典型的"麻雀虽小，五脏俱全"的东西，是中国农村社会的反映，甚至在某些方面与城市的情况相似或者完全一样。通过研究一个村庄的法治现状能够全面折射和反映各种法律因素在社会中运作的现状，为进一步推动法

---

① ［英］西蒙·罗伯茨：《秩序与争议——法律人类学导论》，沈伟、张铮译，上海交通大学出版社 2012 年版，第 16 页。

② Oi, State and Peasant in Contemporary China. op. cit . . . p. 3，转引自朱晓阳《罪过与惩罚——小村故事（1931—1997）》，天津古籍出版社 2003 年版，第 30 页。

治建设提供一个有用的参考图景。同时，从法律人类学角度看，"单一自然村"是进行"延伸个案分析"（extended‐caseanalysis）的合适单位。人类学家从传统来说多半以小范围的社会单位为研究对象，总喜欢称自己的研究是"小地方，大问题"。他们往往选取一个村庄或社区等较小的区域，置身其中进行参与观察，即生活于他所研究的人群之中，参与他们的社会生活，观察正在发生的事情。在历史上，费孝通先生的《江村经济》、《禄村农田》，彝族学者刘尧汉先生的《沙村社区研究》等，以及当代学者朱晓阳的《罪过与惩罚——小村故事（1931—1997）》、赵旭东的《权力与公正——乡土社会的纠纷解决与权威多元》等都是其中的成功之作。国外著名人类学家吉尔兹不远万里，克服各种困难到印尼的爪哇岛中的一个村庄作研究，出版了著名研究成果《十九世纪尼加拉瓜的剧场国家》，提出富有开创性的学术洞见，无不说明注重对乡村的研究是一个源远流长的学术传统。

三　为什么以龙村为田野点

龙村①是滇中地区一个普通的苗族村落，距县城有 70 公里。选取这个村落作为田野点，是自己经过慎重思考之后的决定。滇中地区，包括昆明市、曲靖市、玉溪市和楚雄州，居住有苗族约 10 多万人。其中，楚雄州和昆明市（禄劝彝族苗族自治县、富民县、安宁市、寻甸县等）各约有 4 万多人，曲靖市（师宗县、罗平县、宣威市等）约有 3 万人，玉溪市（易门县、华宁县等）约有近 1 万人。由于居住分散，各自所处的环境条件不同，又长期处于封闭状态，因而形成了不同的支系。这些支系之间不仅自称不同、习俗各异，而且语言也分属不同的方言，有的支系相互之间甚至不能直接对话。分布在滇中地区的有花苗、白苗、青苗、红苗、绿苗、汉苗等，所操语言分属于滇东北次方言和川黔滇次方言。居住在滇东北和滇中地区的大花苗，操滇东北次方言。在楚雄州，苗族是仅次于彝族和傈僳族的第三大少数民族，分花苗和白苗等，自称"阿卯"或"蒙"，但以花苗为多，白苗、青苗等人数较少。

据 2010 年全国第六次人口普查数据显示，楚雄苗族总人口为 46295人。楚雄苗族村落有 527 个之多，这些苗族村落，分布于楚雄州部分县的

---

① 遵循学术惯例，该地名使用化名。

崇山峻岭之中。楚雄苗族村落的户数和人口以二三十户、七八十口人居多，大的村落有一百多户、五六百人，小的村落仅有几户人、二三十口人。按照 2010 年楚雄苗族总人口 46295 人计算，平均每个村落约有88 人。

龙村就是滇中诸多苗族村落中的一个，从它的地理位置、村落秩序等方面看，具有一定代表性，是一个较为适宜进行纠纷研究的地方。根据董磊明的研究，全国范围内的纠纷调解状态可以分为几种类型："无事件"类型、民间精英主导型、民间精英与村庄体制精英联合主导型、公力救济主导型、无救济型。按照这种分类，龙村大概属于"无事件"类型与村庄体制精英主导型的混合型，因为村民相互之间通情达理，纠纷发生的频次很低，也比较容易得到解决。且一旦纠纷发生，村庄体制精英（即村组干部）往往能发挥作用。所以，又带有村庄体制精英主导性的特征，即"村庄纠纷很少诉诸法庭，民间权威也较少能够调解，纠纷解决成为村组干部的主要工作之一"①。这样一个较为独特的村落，代表了滇中众多苗族村落的基本面貌。很多年来，滇中苗族就是一个很独特的族群，他们的历史、文化具有自己的特点，在滇中地区定居后的一百多年的历史中，又由于文化和经济方面的原因，与周围环境处于较为疏离的状况。长期以来，他们形成了自己独特的人生态度和民风民俗，但由于种种原因，学界对他们的综合研究还较为缺乏，从纠纷解决角度进行的研究就更可说处于空白状态。

从事法律人类学研究，选择田野点是一个较为重要的问题。法律人类学的研究者需要"认真地选择调查的地点和研究的对象，并将调查地点和研究对象限制在相对狭小的范围内。同时，由于研究者需要从社会变迁过程中对相关问题作出合理的文化解释，所以，在选择调查地点和研究对象时，还得考虑历史文献、文物、遗俗等间接材料是否可以再现历史场景。更要紧的是，在这样一个小地方，还要研究大问题，研究者必须考量其所研究的问题是否具有普遍性以及该调查地点能否为问题的解决提供充分的经验材料"②。经过思考后，我认为，以研究龙村来透视滇中苗族这

①　董磊明：《宋村的调解——巨变时代的权威与秩序》，法律出版社 2008 年版，第 30 页。

②　张晓辉：《法律人类学视角的学术魅力》，载张钧《农村土地制度研究》，中国民主法制出版社 2008 年版，序。

个特殊人群的纠纷观念和解纷机制，能够为我们提供一个区别于全国其他地区的研究个案，丰富我国的纠纷解决研究，并最终为我国民族地区多元化解纷机制的构建提供经验支撑。

选择滇中龙村作为自己的研究对象，还有一个重要的原因，是我于2010年作为龙村所属的 W 县桥镇的新农村建设工作队队长兼镇党委副书记在桥镇工作、生活了一年之久；同时，作为本单位的扶贫和新农村建设指导员，我也在龙村村委会蹲点，在这里驻村进行扶贫调研等工作。乡镇的工作是纷繁复杂的，工作中直接面对群众，事无巨细都得处理好。其中，除了抓烤烟生产、应付上级检查之外，解决矛盾纠纷、维护社会稳定也是一项主要工作。一年时间里，我在桥镇乃至龙村参与了大量解纷工作；当地干部、村民得知我正在攻读博士学位，而且所学专业是法学后，遇到法律问题往往很信任地来询问我，征求我对这些问题的意见。无形中，我看到了当地村民真实的日常生活，听到了他们的很多故事，亲身经历了当地诸多纠纷的化解过程，对当地纠纷及其背后的运行逻辑有了更富质感的认识。

美国人类学家古塔和弗格森认为："'田野'使得人类学研究有别于诸如历史学、社会学、政治科学、文学和文学批评、宗教研究，尤其是文化研究等与人类学相关的学科。人类学与上述学科的区别与其说是在于研究的主题（实际上在很大程度上是重叠的），还不如说是在于人类学家所使用的独特方法，即基于参与观察的田野调查方法。"[①] 从现实中看，很多学者的重要论文往往就是利用自己到某地从事一年以上工作（尤其是挂职锻炼）这一得天独厚的条件进行观察、调研而完成的。在农村基层挂职锻炼往往能满足一个人类学意义上的田野调查的全部要件。因为，"人类学传统上将一个农业周期作为研究农业社会的标准时长"[②]，一般说来，田野工作的时间不应少于一年，因为从农业社区生活周期看，一年对于社区生活是一个时间周期，只有参与当地生活一年，方能对其有一个较为全面的了解。挂职锻炼的同时，我还是龙村村委会的扶贫和新农村建设

---

① ［美］古塔、［美］弗格森：《学科与实践：作为地点、方法和场所的人类学"田野"》，载［美］古塔、［美］弗格森编《人类学定位：田野科学的界限和基础》，骆建建等译，华夏出版社2005年版，第3页。

② 黄剑波：《何处是田野？——人类学田野工作的若干反思》，《广西民族研究》2007年第3期。

指导员，为自己更好地融入村内生活提供了难得的便利。在一年里，每个月约有一半的时间我是在该村委会度过的。2010 年初适逢龙村村委会新办公楼落成，于是我得以住进了"新房"，并享受了单间的待遇。不过，虽然住的条件不错，但吃和行却不尽如人意。这里缺水，加之难以买到蔬菜，所以只能尽量买一些不需要用很多水洗的菜蔬，如土豆、花豆等。每天，我与三位村干部一起走村串寨，开展村内各项工作。回到村委会办公楼后则一起动手，七手八脚地做饭，吃完饭天已经黑了下来。如果时间还早，我会请一位当晚家里没事的村干部带队，打着手电筒到附近村民家串门子，一起围坐在火塘边"吹牛"①。经过一年的相处，我和村干部们建立了很深的情谊，并且和不少村民都很熟悉了。一年来，我并没有刻意地把村内正在发生的事情与论文撰写联系起来，但平时所接触的点点滴滴却深深地烙在了我的头脑中，这些鲜活的人和事会在不经意间成为我写作时的思想源泉。某种意义上说，这一年的经历成就了我对本选题的研究。

第二节　关于纠纷解决研究和苗族研究的综述

一　西方对纠纷解决的研究

纠纷解决作为人类社会的基本活动，很早就已经进入社会学和人类学的研究视野，形成了系统的理论体系。继而，法学、经济学、政治学、文化研究等也各自从不同角度、以不同的方法展开了纠纷解决问题的研究。20 世纪后半叶以来，纠纷解决研究发展尤为迅速，逐步成为世界各国法学界，特别是法社会学和司法实践共同关注的重要课题。时至今日，纠纷解决研究已经成为一个集多种学科与方法之大成的综合性研究领域。②

（一）法律人类学关于纠纷解决的研究

1. "规则中心"研究阶段

梅因、巴霍芬、摩尔根等早期法人类学并不关注现实法律生活的研究，而是把注意力放在原始社会的法律制度上，试图通过对各种法律制度

---

① 当地人对聊天的俗称。

② 范愉：《纠纷解决的理论与实践》，清华大学出版社 2007 年版，第 10—11 页。

之起源、发展的研究探寻法律演变的进化模式，从而为现代法律制度的发展史找到本源。如梅因对雅利安支系，尤其是罗马人、英国人、爱尔兰人、斯拉夫人及印度人的古代法律制度进行比较研究，具体论述了遗嘱继承、财产、契约、侵权和犯罪的早期发展史。他提出，从"地美士第"时代发展到"习惯法"时代再到"法典"时代是法律进化的一般规律。① 而且与此进化过程相伴随，"社会联合的基础由感情发展为契约；政治体基础由家庭过渡到地域；财产由家庭集体所有发展为个人私有；法律由侵权演变成刑法；权利的基础也由身份进步到契约，亲属发展到个人"②。这些早期的人类学家相信人类的法律制度有一个从低级向高级、由简单到复杂的发展过程，符合逐步进化、演变的规律，因此，他们又被后人称为"单线进化论者"。如按照摩尔根的看法，社会发展是一个"从蒙昧到野蛮再到文明社会"的演进过程，法律发展也不例外。所以，霍贝尔认为，早期的法人类学家奉行的是一种单线进化论者的简单化、模式化研究方式，"自然地寻求原始法'规则'……很少去拜访田野生活中的初民，他们不能感受到原始民族生动活泼法律生活的现实情况和动态……致力于绘制非常详尽的社会全面和法律发展阶段的进化序列表"而"不去寻求交互作用的动态情况"。③ 但是，"运用社会进化理论对纠纷解决制度所进行的研究在一定程度上打破各文化传统的隔阂，为寻找各种纠纷解决制度在历史发展过程中的联系创造了条件"，只是"在旧有研究框架的局限下，国家以外众多纠纷解决规则、程序，以及纠纷解决所依赖的社会脉络没有受到应有的注意，而这些恰恰成为推动纠纷解决研究的新的领域"。④

在 20 世纪 20—40 年代这段时期，受功能主义或结构功能主义人类学派研究范式的影响，法人类学家最初对纠纷的研究采取"规则中心"的路径，人类学家研究纠纷的旨趣是规则与秩序。对纠纷解决的功能分析主要有由马林诺夫斯基开创的以个人为本位的功能分析和由布朗开创的以社

---

① ［英］梅英：《古代法》，沈景一译，商务印书馆 1997 年版，导言。

② Sally Falk Moore, Law and Anthropology: A Reader ［M］, Washington Blackwell Publishing Ltd, 2005, p. 21, 转引自严文强《阐释真实的法律生活——论法人类学对纠纷的研究》，《宁夏大学学报》（人文社会科学版）2008 年第 3 期。

③ ［美］霍贝尔：《初民的法律》，周勇译，中国社会科学出版社 1993 年版，第 32—33 页。

④ 王鑫：《纠纷与秩序——对石林县纠纷解决的法人类学研究》，法律出版社 2011 年版，第 19 页。

会为本位的功能分析两个传统。从马林诺夫斯基开始，人类学家开始关注原始社会（初民社会）现实生活中的纠纷，并对此进行了大量的田野调查。他改变了过去人类学家自上而下的研究方式，而是花时间进入初民社会观察当地人的法律生活，"根据初民社会的具体事实来描述法律状况"①，"坚持经验研究的立场"②，"经由对于正在实际生活运作的习俗规则的直接观察来进行研究"③。马林诺夫斯基是第一次将民族志调查方法应用于法律和社会秩序的研究的学者，他抛弃了西方法理学立场，采取功能主义立场来研究法律生活。马林诺夫斯基认为，"法律和法律现象并不存在于什么决然独立的制度中"④，"在所有社会中，都必定存在着一类规则，其因过于实际而无法由宗教制裁给予弥补，过于沉重以至被仁心良心所抛弃，过于着重抽象的人的生命存在以至真实的个体反被一切抽象力量所钳制"⑤，所以，研究初民法律"真正的问题非唯对于规则的单纯的列举，而在于对其爬梳提挟的方式和手段……初民社会中吁求具有既定规则的具体生活情景、置身此一情景中人们习常的虚伪方式、社会通常做出的反应，以及循奉还是疏忽此一行为方式的结果……比较田野调查中道听途说的方法……笔记本中的虚幻兮兮、一鳞半爪的初民'法律集成'如果不是更有价值，至少也同样重要"⑥。布朗对纠纷问题的研究重点并不在于探究解决纠纷的具体规则和程序的起源，而是这些规则和程序所具有的社会功能，在他的研究中，对纠纷当事人以及纠纷解决者的行为、想法和利益并不特别关注，而是致力于探究纠纷解决与社区安宁之间的关系。综上所述，马林诺夫斯基和布朗对原始社会纠纷解决制度的研究显然并不是为了揭示纠纷的产生及其解决过程。

　　法学家卢埃林通过阅读马林诺夫斯基的经典著作《初民社会的犯罪与习俗》中有关初民社会的两个纠纷案例研究后，发现它们"极富启发性"，虽然著作中对案例的叙述过于简单，没有进行深入阐释，但卢埃林

　　① ［英］马林诺夫斯基、［美］索尔斯坦·塞林：《犯罪：社会与文化》，许章润、么志龙译，广西师范大学出版社 2003 年版，第 15 页。

　　② 同上书，第 78 页。

　　③ 同上书，第 76 页。

　　④ 同上书，第 36 页。

　　⑤ 同上书，第 41 页。

　　⑥ 同上书，第 75 页。

认为，如果达至一定的深度和广度，通过案例研究一定能为法人类学带来革命性变化。后来，卢埃林与人类学家霍贝尔合作完成《塞廷人方式》一书。书中，两位作者放弃了对规则和模式的探寻，转而关注纠纷的解决过程研究，即从"研究一些是非瓜葛、争执冤屈和麻烦事，并查究因何发生争议和如何解决"中探究塞廷人的"法律方式"。① 这本书被认为是学科交叉研究的经典之作，之后，法人类学越来越重视跨学科研究。霍贝尔于1954年出版了《原始人的法》一书，以翔实的资料对法人类学的一些核心问题进行了分析论证，但是相对于20世纪40年代的纠纷解决研究来说，这本书研究重点没有大的变化，仍然以规则与秩序为重点，说明霍贝尔50年代对纠纷解决的研究仍然属于以规则为中心的"规则分析"范式。

格拉克曼（Gluckman）集中研究了非洲赞比亚 Barotse 人的司法过程，试图解释在一个中央集权的结构内部，纠纷是如何被解决的。他是第一位系统地研究正在运转的非洲殖民地法院的人类学家，开创了参与式观察的田野工作法，并在研究中表现出了过程分析的一些特征。

博汉南（Bohannan）侧重于研究无领袖社会（an acephalous society）或者政治机构简单社会纠纷是如何解决的。博汉南的田野民族志的撰述方式与格拉克曼的大为不同，在1957年出版的《Tiv 人的正义与审判》这本有关尼日利亚的田野报告中，博汉南直接引用了 Tiv 人自己的本土法律观念，而不是像法学家派的人类学家那样直接引用西方的法律观念。由此他区分了两种概念体系，一种是所谓民俗的体系，另一种是分析的体系。总的来说，20世纪50年代以来的法律人类学对于法律概念的理解已经有了很大的改变。从秩序如何维持到纠纷如何解决，再到现在关注在一种文化的实践中的法律的意义。他们提出对社会秩序进行跨文化研究，找出一个群体如何在其自己的世界中思考秩序这一问题的答案。博汉南于1989年在为《Tiv 人的正义与审判》一书新版撰写的序言中，更进一步将上述观念操作化，这一操作化是通过"文化转化"这一概念来实现的。在他看来，所谓撰写民族志实际就是大胆地把一种文化中的观念和习语转化成另外一种语言。如此一来，他所要做的或者说已经完成的做法就是把提伍人有关纠纷解决的观念转化成另外一套法律人类学的专业语言，并且两者

① ［美］霍贝尔：《初民的法律》，周勇译，中国社会科学出版社1993年版，第31页。

之间是相互对应的，能够相互理解。①

　　总的来说，20世纪四五十年代的法人类学家时期的学者主要致力于研究各种规则对纠纷的干预，以便发现社会控制得以实现的机制；或者把纠纷及其处理纳入整个的社会结构中，研究社会秩序的生成和运行。他们的根本目的是发现与西方法律概念对等的"法"，这种法强调法官或类似于法官的第三方对纠纷裁决的决定性影响，强调规则对社会秩序所起的整合、修复和平衡作用，秩序能够在保持和谐或均衡的前提下不断自动地得到生产。比如霍贝尔和卢埃林就是意图通过纠纷案例分析来发现一个社会的"法律工作"以及从事这些"法律工作"的"行政机器"。当时的研究都毫无例外地产生大量"反映民法体系和普通法体系观念的"规则。②民族志的描述、经验主义的归纳、扩展个案是他们建构理论的方法支撑。20世纪50年代，格拉克曼、博汉南、霍贝尔、波斯皮士尔、埃文思—普里查德、里斯曼、特纳等研究者对纠纷和冲突的研究多是针对这一主题的认同或回应，他们在理论上的一个主要贡献是提出了"法律多元主义"的话题，即所有的社会解决纠纷问题，都有自己独特的"法"。③

　　"规则中心"的研究取向暴露的缺陷和不足限制了纠纷研究的深度和广度。其一，研究者笔下的纠纷多发生于相对同质、独立、单一的民族和社会内部，"规则中心"的研究范式忽略了纠纷涉及的范围，如个人、群体、社会和外部世界，更别说去考虑家庭、血亲、世系的纠纷是否会影响到村落、地区和国家的层面。其二，沉浸于把西方法律作为参照，但由于绝大部分传统社会都不存在一套"反映民法体系和普通法体系观念的"法律体制，所以该研究路径将许多中心化或非中心化社会排除出法律的领域之外。正如博汉南指出，"法律"（Law）仅仅是西方世界的"民俗体系"，绝不是放之四海而皆准的分析体系。将民族志材料装进西方法理学的模子，就好比把鹦鹉塞进鸽子巢一样可笑。④ 其三，研究者未能真正进

---

　　① 赵旭东：《秩序、过程与文化——西方法律人类学的发展及其问题》，《环球法律评论》2005年第5期。

　　② Norbert Rouland, Legal Anthropology [M], London: The Athlone Press, 1994, p. 38.

　　③ 乔丽荣、仲崇建：《从博弈到认同——法人类学关于纠纷研究的旨趣、路径及其理论建构》，《黑龙江民族丛刊》2005年第6期。

　　④ Paul Bohannan, Justice and Judgment Among the Tiv [M], Illinois: Waveland Press, 1989, Preace.

人被研究社会内部，细加考究与纠纷有关的深层问题，如纠纷的性质和层次，介入纠纷的权力不同力量的对比，纠纷的解决方式，等等。其四，对行动者在纠纷中所扮演的角色、作用的关注明显不足。比如，行动者以什么样的身份、处于什么样的等级、在什么样的条件下会卷入特定的纠纷？在遭遇纠纷时，行动者会做出哪些选择？为什么会如此选择？等等。其五，功能主义的描述把社会刻画成功能上相联系的各部分结合而成的静止、封闭的自给自足体系，"规则中心"的研究路径片面强调结构和制度而忽略了过程，因此，它"不能阐释真实的法律生活"。①

2. "过程中心"研究阶段

1962年、1965年，劳尔·尼德组织法人类学界召开了以"纠纷过程及纠纷解决"为主题的学术讨论会。讨论会的召开标志着法人类学研究纠纷的旨趣发生了根本的转变：从以"规则为中心"转向以"过程为中心"。贯穿于整个60年代的"过程研究"到70年代达到高潮，几乎所有与"过程"有关的方面均被纳入研究者的视野范围。

在强调纠纷解决过程的学者看来，用来解决纠纷的规则决不是国家法律这个单一向度，它是通过多方面权力混合在一起而对纠纷的解决产生效力的。人类学家所选择的可以直接观察到的小地方绝非是封闭的，它应当是一种"半自治的社会领域"。"很明显，如果说在当今世界上完全自治和完全统制状况无论如何存在的话，那也是很罕见的，而各种不同种类和不同程度的半自治状态才是一种常态。"②基于此，法律就是在特定的时空下的特定规则，这些规则的制定是通过"小地方"的习俗惯例与"大社会"原则、政策和国家法律的长期互动来实现的。这样的互动表现在具体的纠纷解决中，即为一个运用多项原则来作出决策的过程，亦即一个法律多元的过程。

因此，纠纷成为嵌入社会关系中的社会过程。根本上说，这一观点是由在纠纷案件的社会文化背景下透视个案材料而产生的。它实质性地改变了结构功能主义研究内在的平衡原则，支持动态的进路，将纠纷看作只不过是一段时期内与个人和群体有关、也可能涉及其他纠纷的一系列事件之

----

① 严文强：《阐释真实的法律生活——论法人类学对纠纷的研究》，《宁夏大学学报》（人文社会科学版）2008年第3期。

② ［美］萨莉·法尔克·穆尔：《法律与社会变迁：以半自治社会领域作为适切的研究主题》，胡昌明译，舒国滢校，北大法律信息网，最后访问日期：2013年2月15日。

中的一个事件。关注的焦点"从纠纷本身(以及处理纠纷的技术)向纠纷作为其中一部分的社会过程转换"①。总之,"过程分析"摆脱了西方法理学式的寻找规则的研究模式,开始转向对司法和政治事件进行过程分析,开始关注政治权力是如何影响纠纷的解决的。

纳德尔指出,从结构向过程的转换源于 Colson(1953)、Tumer(1957)、Bailey(1960,1969)和顾立福(1971)的著作②。其中,顾立福的《一个非洲社会的社会控制》是一本有关非洲坦桑尼亚 Azusha 人纠纷解决程序的著作。在这本书中,顾立福把研究重点放在了法庭以外的纠纷解决上,他更看重政治权力对纠纷解决的影响,在他看来,在 Azusha 社会中由于规则对纠纷的影响不大,因此基本上是可以忽略的。

对纠纷过程的研究将纠纷处置和纠纷程序看作核心主题。通过纠纷过程的研究可以发现,纠纷的结果并非固定不变的,或能够直接预见到东西。当法人类学家开始用纠纷研究替代以往的法律研究时,相应的"纠纷"成为法律人类学研究中的主要概念,学者对概念和规则的研究也逐渐放在了对程序、策略和过程的研究之后。在这一时期的法人类学家看来,纠纷的解决过程是一个动态变化的过程,卷入其中的人也绝非被动的、等待宣判的,而是积极的、策略的、理性的。另外,法人类学家眼中的纠纷并不局限在法庭等正式的官僚体制内,还包括民间的、没有递交到法庭上的纠纷。"过程研究"最重要的关注点有三个:一是研究纠纷的表现形式和纠纷的解决程序。把纠纷视为一个互动的社会过程,分阶段研究是大多数研究者的共识,因为不同阶段(前纠纷阶段、冲突阶段、纠纷阶段)纠纷引起的对立程度不同,当事人之间的关系、解决方式也可能存在差异。二是研究行动者的策略及其与规则的关系。与"以规则为中心"的研究取向不同,聚焦于"过程"的研究者发现规则本身并不能自发地决定纠纷的结果,规则也不是只能由法官、法庭来实施,规则可以被

① Starr, J. O., and B. Yngvesson, "scarcity and disputing: Zeroing – in on compromise Decision", American Ethnologist 2(3), 1975, pp. 553 – 564, 转引自[美]Laura Nader、Harry F. Todd, Jr 著,徐昕译:《人类学视野中的纠纷解决:材料、方法与理论》,载吴敬琏、江平主编《洪范评论》(第8辑),中国法制出版社2007年版,第146页。

② 参见[美]Laura Nade、Harry F. Todd, Jr 著,徐昕译:《人类学视野中的纠纷解决:材料、方法与理论》,载吴敬琏、江平主编《洪范评论》(第8辑),中国法制出版社2007年版,第147页。

不同的行动者、不同的群体操弄，服务于不同的功能和目的。三是研究不同利益团体之间的博弈以及相对权力在决定纠纷结果方面的作用。这种博弈有时发生在作为个体的人与人之间、两个不同的阶级或阶层之间，有时会牵涉到若干群体甚至是地区和国家，因为各自的社会基础不同，利益和权利的取向不同，对纠纷的干预和影响也不一样。

日本学者棚濑孝雄是以对解决纠纷和审判程序领域的开拓性研究而闻名的。他认为，现实中的审判具有超越普遍性法律规定的形态，普遍性的法律规定要想转化为现实中的行为是必须由人的行为来介入的；同时，现实中的审判又不是脱离于法学领域的纯事实问题，而填补其中沟壑的正是法律社会学，特别是被称为"过程分析"的方法，所以，他主张把对法律的研究从"制度分析转向过程分析"，即集中关注纠纷解决过程中各个程序参加者的主体行为及其行为间的相互作用。[①]

纠纷实例研究需要参与观察、描述、分析纠纷的过程。在这方面，美国著名人类学家吉尔兹的"深描"的个案研究方法广为法律人类学界所接受。此外，吉尔兹在其著作《地方性知识：比较视野中的事实与法》中，通过对那些"遥远观念"的文化考察，他断言，法律是地方性知识，而不是与地方性无关的原则。法律对社会生活来说是建设性的，而不是反应性的，或者无论如何不只是反应性的，如此便将法律的比较研究应在于什么这一问题引向一种颇非正统的观点：文化解释。吉尔兹进一步认为，法律可以用三句话来概括：法律是建设性的，法律是可以设立的，法律是可以组合的。他将这种概括视为一种观念，而这种观念是秩序的意义的一部分，是社会群体的可以想见的影像而不是其回声。吉尔兹的理论，对于从文化意义上去理解习惯法与国家的关系是比较合理的。

延伸个案方法是支撑纠纷过程分析的重要方法。该方法最初是西方法人类学家在菲律宾和非洲的部落社会观察发现的一种地方性的纠纷调查和处理办法。格拉克曼赞扬延伸个案方法是一种新的社会人类学的工具，他说："这种新的分析方法将每个案例看作在社会系统和文化背景下一个正

---

① 参见［日］棚濑孝雄：《纠纷的解决与审判制度》，王亚新译，中国政法大学出版社2004年版，第4—6页。

在进行的个人和群体社会关系的一个阶段。"① 爱泼斯坦认为案例方法是调查纠纷处理、法律规则和法律概念等问题时最好的田野技术，在对纠纷进行过程分析的时候，可以将案例看作延伸个案方法应用过程中的一个案例材料。②

3. 当前法律人类学关于纠纷解决的研究

在纠纷解决的"过程中心"研究模式深刻地影响了西方法人类学研究一段时间后，19 世纪 70 年代末以来越来越多的批评意见开始指向"过程中心"的研究范式。Eugene Kamenka、Norbert Rouland、John J. Honigmann、Peter Just 等人认为，社会中有大量的法律行为不是通过疑难案例或冲突纠纷就能观察到的，仅此不足以了解法律生活，而且在每个社会都有极为广阔的社会经济活动领域，其间各种交易顺畅进行，很少有冲突发生。仅仅关注冲突纠纷过程的研究只能得到不完全且不真实的法律生活，因为它忽视为社会生活带来规律性和预期性的规范资源，而在绝大多数时间，恰恰是规范维系着绝大多数人的法律生活。更严重的是，过分强调策略、计算会导致对人的简单理解，这种理解拒绝认为人的行为可以通过遵循规范来解释。人的动机片面地被理解为单一的利益最大化追求，而社会控制却成了策略计算的副产品。这种误解低估了社会秩序中规范存在的重要性，人类并非随时随地都依据策略、功利和计算来采取行动，拒绝承认规范的力量将无法阐释人的大量行为。因此，过程论者由于视纠纷为功利主义游戏，人成了生活在没有土地上的人，缺少对于文化认识和道德强制的敏感。③ 另外，有学者也认为纠纷研究的"过程"模式主导下的很多研究忽略整体的社会文化系统，细化的共时性分析往往割裂历时性的维度，过程分析对行为理性选择模式太过强调等。因此，中国学者高丙中认为："人类学对过程的理解需要有一个更广阔的视野。也就是说，法律

---

① Gluckman, Max, Introduction [A], A. L. Epstein, ed. The craft of social Anthropology (pp. xi‐xx) [C], London: Tavistock Press, 1967, 转引自张晓红、郭星华《纠纷：从原始社会到现代都市——当代西方法律人类学视野下的纠纷解决》,《广西民族大学学报》2009 年第 5 期。

② Epstein, Arnold L., The case method in the field of law [A], A. L. Epstein, ed. The craft of social Anthropology [C], London: Tavistock Press, 1967, 转引自张晓红、郭星华《纠纷：从原始社会到现代都市——当代西方法律人类学视野下的纠纷解决》,《广西民族大学学报》2009 年第 5 期。

③ 严文强：《阐释真实的法律生活——论法人类学对纠纷的研究》,《宁夏大学学报》（人文社会科学版）2008 年第 3 期。

人类学不仅不能囿于纠纷处理这一块内容，甚至有必要跨学科的界限。比如，在时间的维度上，法律本身的变迁和社会经济的历史，在空间的维度上，国家或国际的背景，都应该纳入到分析中来。"①

20 世纪 70 年代以后，纠纷解决模式发生了若干显著的变化：

其一，参照体系乃至研究背景扩大了，从小规模的团体内部背景到外部世界，特别是国家的宏观脉络，考察各种影响及相互作用。在研究内容方面，除了部分学者继续关注纠纷问题研究外，不少法人类学家开始关注全球化、人权保障、移民、土著居民、少数民族权利与身份认同等问题；提高了对西方发达资本主义国家中的法律制度以外的纠纷解决处理过程的关心。

其二，在沃尔夫世界体系论、马克思主义理论以及布迪厄结构能动性理论的影响和启发下，很多研究者尝试把纠纷纳入特定的社会历史文化进程中，去审视纠纷与社会组织、与产品的生产和分配、与政治等级、与意识形态等因素的广泛关联，权力仍然是一个核心问题。Moor 就把"历史和权力"当成法律人类学的核心分析框架。法人类学家们综合运用文本、历史资料或民族志材料，研究时间变动引起的权力关系变迁及其对法律行为、法律过程或其他制度的深刻影响。②

其三，在以往的结构功能模式中，为了共时的分析或历时的分析，从可能观察并在可能追踪程度比较短的期间内，导入所谓历史性的研究，了解法和社会变动的情况。

其四，法人类学家们对纠纷的研究不仅仅关注占统治地位的意识形态及其强行灌输，更关注各种形式的抵制反抗；不仅仅考察历史传承的文化和法律观念，更在于分析不同社区语境下对中央文化不同的理解甚至反驳，以及它们的转喻式表达。③

其五，进入 20 世纪 90 年代后，话语分析成为纠纷研究的主要方法之

---

① 高丙中、章邵增：《以法律多元为基础的民族志研究》，《中国社会科学》2005 年第 5 期。

② Peter Sack, Jonathan A leck. Law and Anthropology [M], New York: New York University Press, 1992, p. 105.

③ Elizabeth Mertz, "Review: History and Power in the Study of Law", by June Starr and Jane F. Collier [J], American Ethnologist, 1991 (18), pp. 178 – 179, 转引自严文强《阐释真实的法律生活——论法人类学对纠纷的研究》，《宁夏大学学报》（人文社会科学版）2008 年第 3 期。

一。这种转向主要受到几个方面的影响：首先，在经历了几十年的发展后，学者们已经逐渐从对纠纷过程的阶段划分和纠纷当事人的策略等问题转向了对意义和权力的关注，意义和权力成为纠纷过程研究新的兴奋点，即将纠纷过程看作法律系统和行动者创造和改变意义的过程。法律语言是表达法律和实现法律的重要手段，对法律过程中意义和权力建构的关注必然导致对法律设置中的语言方式的关注和研究。其次，法律人类学研究的跨学科发展趋势。① 在近 20 年，梅丽（Merry）、格林豪斯（Greenhouse）、尹崴森（Yngvesson）、菲尔斯蒂纳（Felstiner）、汉顿（Hayden）、梅纳德（Maynard）等学者就法律与语言问题在美国社会进行了大量的研究。梅丽在其名著《诉讼的话语——生活在美国社会底层人的法律意识》中把法律看成"一系列服从于各种各样解释和操作的符号"②，并指出："纠纷的过程是一个争论的过程，争论的内容是关于对社会关系和社会事实的解释。双方对事情都提出自己的描述，每一方都努力把自己对这一情景的描述确立为权威的、有约束力的描述。第三方也在通过明确的权威形式努力控制事实的意义和结果。法律代表了一系列非常重要的象征意义。"③ 语言学或者社会语言学对人类学的影响不可低估，话语分析成了法律人类学对纠纷研究的另一个重要路径。通过法人类学家的话语分析，我们看到的不再是冰冷的、呆板的、僵硬的、毫无生机的法律过程，而是一个充满意义的、富有情感的、不断变化的，有着抗争、妥协和较量的法律过程。④

（二）法社会学和政治社会学关于纠纷解决的研究

1. 社会控制思想。法社会学对纠纷解决的研究，主要是从社会关联（Socialconiext）的视角，探讨纠纷、法律、秩序与和谐社会之间的关系。法社会学家有时还借助数学家、经济学家和心理学家所提出的博弈论，即游戏和策略分析，把它运用到现实生活中选择解决争端的方式的问题中。其中，法律社会学和政治社会学对纠纷研究的一条重要进路是把纠纷与社

---

① 张晓红、郭星华：《纠纷：从原始社会到现代都市——当代西方法律人类学视野下的纠纷解决》，《广西民族大学学报》2009 年第 5 期。

② ［美］萨利·梅丽：《诉讼的话语——生活在美国社会底层人的法律意识》，郭星华、王晓蓓、王平译，北京大学出版社 2007 年版，第 10 页。

③ 同上。

④ 张晓红、郭星华：《纠纷：从原始部落到现代都市——当代西方法律人类学视野下的纠纷研究》，《广西民族大学学报》2009 年第 5 期。

会控制联系起来，把纠纷解决制度作为社会控制系统的子系统来研究，侧重点在于揭示纠纷解决制度与秩序维持之间的相互关系和意义。社会控制思想最早可以追溯到英国生物学家达尔文（Charles Darwin）的生物进化论。达尔文认为，生物进化是通过自然选择实现的。生物个体为了在大自然中继续生存下去，保持自己的物种不被消灭，就必须不断发展自己的适应能力。适者生存，弱者灭亡，物竞天择，自然淘汰，这就是自然界对生物个体的控制机制。由达尔文的生物进化理论发展而来的社会达尔文主义的学者认为，社会是控制者，个人就是被控制者。美国社会学家爱德华·罗斯（Edward Alsoworth Ross）最先使用了社会控制（social control）这一概念。1896 年，爱德华·罗斯在《美国社会学杂志》上发表了题为《社会控制》的论文，此后他把他关于社会控制的论文修改、汇集为《社会控制》①一书。在他看来，社会控制是社会对人的动物本性的控制，以限制人们发生不利于社会秩序的行为。在美国社会学界，社会控制这个概念常常被研究者以不同的方式运用。早期美国社会学家常常在极为宽泛的意义上使用这一术语，社会控制是指社会规制其自身以达到符合适度行为的价值和原则的能力。例如，罗斯的《社会控制》一书就包含了公共意见、教育、社会建议以及种族的内容。在许多方面，这一广义的社会控制概念与当代西方社会学中普遍的用法是相反的。现在，社会控制经常被用来指施加于个人的、以使个人行为符合规范的强制过程。显然，在西方的社会学中社会控制有广义和狭义之分。②社会控制也是人类学研究中的一个重要概念。在基辛的著名的人类学著作中，他表达了这样的思想：社会控制是指社会如何使其成员服从规则。③

在法律社会学界，罗斯科·庞德的《通过法律的社会控制》和唐纳德·布莱克的《法律的运作行为》论述了社会控制的思想。庞德在《通过法律的社会控制》中写道："今天许多人都说法律乃是权力，而我们却认为法律是对权力的一种限制。社会控制是需要权力的——它需要用其他人的压力来影响人们行为的那种权力，作为社会控制的一种高度专门形式

---

① ［美］罗斯：《社会控制》，秦志勇、毛永政译，华夏出版社 1989 年版。

② 王启梁：《社会控制与秩序——农村法治秩序建构的探索》，博士学位论文，云南大学，2005 年，第 17 页。

③ ［美］基辛：《文化人类学》，张恭启、于嘉云译，台湾巨流图书公司 1993 年版，第362—380 页。

的法律秩序，是建筑在政治组织社会的权力或强力之上的。但是法律绝不是权力，它只是把权力的行使加以组织化和系统化起来，并使权力有效地维护和促进文明的一种东西。"①布莱克在《作为因变量的法律》一文中对社会控制采取了一种狭义的定义："社会控制是社会生活的规范方面。它确定异常行为并对其做出反应，特别是对应该是什么：什么是正确或错误，什么是违法，义务，不正常或破坏。"②在《法律的运作行为》一书中，布莱克试图建立一套用以分析、解释和预测法律变化的客观普遍的方法和理论，并把法定义为"政府的社会控制"。③

2. 社会冲突理论。还有学者从社会冲突的角度对纠纷进行研究，认为纠纷实际属于社会冲突（social conflict）的构成形式，反映的是社会成员间具有抵触性、非合作的，甚至滋生敌意的社会互动形式或社会关系。当代美国的纠纷解决理论，则把纠纷（dispute）视为冲突（conflict）一种类型和层次，认为它是一种包含着明确的，可通过法律裁判的争议的冲突。根据《牛津法律大辞典》的解释，纠纷是指"一种对抗或敌对的状态"，"争斗或抗争"或"对立原则的冲撞"。法人类学家劳拉·纳德（Laura Nader）和哈利·F. 托德（Harry F. Todd）在归纳前人研究成果后，将纠纷过程分为三个阶段：单向的"心怀不满"或"前冲突"阶段（the grievance or preconflict stage），双向的冲突阶段（the Conflict stage）以及有第三者介入的"纠纷"阶段（the dispute stage）。④

尽管社会冲突论者援引齐美尔（G. Simmel）关于社会冲突的经典命题认为，"一定程度的不一致、内部分歧和外部争论，恰恰是与最终将群体联结在一起的因素有着有机的联系……在明显存在社会各部分和各等级划分的结构中，对抗所具有的积极整合作用就表现出来了。"⑤但是，社

---

① ［美］罗斯科·庞德：《通过法律的社会控制——法律的任务》，沈宗灵、董世忠译，商务印书馆1984年版，第26页。

② 见朱景文《现代西方法社会学》，法律出版社1994年版，第171页。

③ ［美］唐纳德·J. 布莱克：《法律的运作行为》，唐越、苏力译，中国政法大学出版社2004年版，第2页。

④ Laura Nader & Harry F. Todd, Jr., The Disputing Process: Law in Ten Society, Columbia University Press, 1978, pp. 14 – 15. 转引自王亚新《纠纷，秩序，法治——探寻纠纷处理与规范形成的理论框架》，载《清华法学评论》（第二辑），清华大学出版社1999年版，第18—19页。

⑤ ［美］唐纳德·J. 布莱克：《法律的运作行为》，唐越、苏力译，中国政法大学出版社2004年版，第19页。

会冲突的整合功能命题的成立，一定存在着诸多的前提条件，虽然社会生活中纠纷或冲突是普遍存在的，但纠纷或冲突的积极的社会整合功能并不是普遍、必然存在的。只是考虑到纠纷或冲突的解决方式可能与其功能方向及正功能的条件有内在联系，所以要去关注纠纷或冲突在现实中是怎样产生、怎样解决、产生怎样效果的。

二 国内以及部分海外学者关于乡村纠纷解决的研究

近年来，我国学界对于纠纷的研究在法律人类学、法律社会学和政治社会学、法律史学等不同学术领域都在持续进行着，并已经产生了大量研究成果。其中，关于农村纠纷的研究主要集中在法律社会学、政治社会学和法律人类学方面。政治社会学与法律社会学领域的研究多将纠纷与秩序挂钩，将纠纷作为理解中国农村的一把钥匙，透过纠纷及其解决过程，寻找农村的权威状况、国家与社会的关系等宏大命题的答案。应该注意到，很多研究都呈现出学科交叉的特点，滋生出了更多研究视角与方法，这也是当前纠纷解决研究的一个特点。20 世纪 80 年代后兴起的乡村研究高潮中，很多学者深入乡村社会，开展多角度、多学科的田野调查，从而涌现出一大批把特定村庄作为学术研究对象，以村庄的叙事作为文本表达方式的研究成果，如于建嵘的《岳村政治——转型时期中国农村政治结构研究》（商务印书馆，2001 年）、肖唐镖的《村治中的宗族：对九个村的调查与研究》（上海书店出版社，2001 年）、唐军的《蛰伏与绵延：当代华北村落家族的生长历程》（中国社会科学出版社，2001 年）、吴毅的《村治变迁中的权威与秩序——20 世纪川东双村的表达》（中国社会科学出版社，2002 年）、赵旭东的《权力与公正——乡土社会的纠纷解决与权威多元》（天津古籍出版社，2003 年）、朱晓阳的《罪过与惩罚——小村故事（1931—1997）》（天津古籍出版社，2003 年）、杨方泉的《塘村纠纷——一个南方村落的土地、宗族与社会》（中国社会科学出版社，2006年）等。在这些研究成果中，真正以"纠纷"作为切入点进行乡村个案研究的是赵旭东的《权力与公正——乡土社会的纠纷解决与权威多元》、朱晓阳的《罪过与惩罚——小村故事（1931—1997）》、杨方泉的《塘村纠纷——一个南方村落的土地、宗族与社会》三部著作。但这三部著作选择的田野点"李村"、"小村"、"塘村"分别地处河北、云南昆明、广东，都没有涉及少数民族聚居区。可以说，从纠纷解决角度来对当代少数民族聚居村落进行研究是需要加强的。

根据乔丽荣的观点，国内关于中国民间或乡村社会纠纷的研究比较丰富，总体上形成了三种分析框架：第一种分析框架是研究规范与秩序之间的关系。常用的分析方式是在对秩序的整体的关照下，进行微观研究。侧重于辨析"法"与"非法"之间的关系，"法"意义上的秩序与"非法"意义上的秩序。以瞿同祖的《清代地方政府》、梁治平的《清代习惯法：社会与国家》等为代表。第二种分析框架是法学领域里研究者讨论最多的"法院—法治"模式。在他们看来，由特殊的制度规定和程序保障的法院审判代表更客观、更透明的"法的解决"。这是微观秩序层面的"法治"得以建立的必由之路，整个社会的"法治"应以微观"法治"的不断实现为前提。代表性的成果如杨柳《模糊的法律产品》、王晓丹《从基层法院处理两起家事纠纷说起》、赵晓力《"关系"事件、行动策略和法律的叙事》、强世功《"法律"是如何实践的》、苏力《法治及其本土资源》等。第三种分析框架是人类学和社会学领域较为流行的国家—社会模式。研究者从社会转型或现代化角度揭示中国乡村社会纠纷处理过程中的国家与社会互动关系。美国学者杜赞奇、黄宗智以及国内学者肖凤霞、王铭铭等人通过对传统研究中的"国家—绅士"二元对立范式的突破，试图确立新的国家—社会关系模式。黄宗智提出的"第三领域"、杜赞奇提出的"权力的文化网络"、肖凤霞提出的村干部"代理人"论，以及赵旭东关于乡村权威与秩序关系的研究、王铭铭从民族国家角度对国家与社会关系历史变动的思考，都体现了这一分析框架。对这三种分析框架而言，无论是哪种分析框架，行动、场景以及场景中的知识、权力、各种规范之间的关联是研究者追踪的焦点，对这些问题的探讨是他们对纠纷研究的贡献。①

在研究进路上，法律人类学对纠纷的研究主要是从某一空间范围内的权利格局出发或从纠纷解决的某一特定场所出发，来抽象出普遍性的命题与结论。通常是对于纠纷的事件进行详细的过程—事件分析，在具体的过程—事件中，对各种因素，包括场景、权利格局、文化条件、物质因素等展开人类学分析。如强世功在《"法律"是如何实践的》中对炕上开庭、

---

① 乔丽荣：《石桥村纠纷中身份、认同与权利——一个人类学的个案考察》，博士学位论文，中央民族大学，2006年，第12—13页。

法律运作的场景组织的描述，吴清军在《乡村中的权利、利益与秩序——以东北某"问题化"村庄干群冲突为案例》中对"三甲村"村庄中权力资源分配的描述等。

应该说，法律人类学、法律社会学对于乡村纠纷解决的机制的研究呈现了日益繁荣的学术景象。除了以上所举作品外，还有很多学者对乡村纠纷解决机制进行了大量有益的探讨。如朱晓阳对一个小村庄的历史进行调查，对村庄中发生的纠纷进行重述，进而研究其纠纷解决机制[①]；郑永流、郭星华等采用抽样问卷调查和入户访谈，然后对调查数据和访谈材料进行统计分析，得出中国农村纠纷的产生和解决状况的相关结论[②]；而田成有等虽然也关注实证调查分析，但似乎更热衷于在"国家—社会"的分析框架下对民间法进行整体上的理论阐述[③]；董磊明对河南某村庄的研究探讨了巨变时代权威与秩序变迁背景下的村庄调解制度[④]；陈柏峰对鄂南陈村的法律民族志调查以及对两湖平原"混混"的研究，试图从纠纷的社会基础入手探讨农村基层社会当前的暴力、纠纷、秩序等问题[⑤]；日本学者高见泽磨通过大量的新闻媒体的法制新闻报道，寻找中国农村纠纷调解的一般结论[⑥]；翟学伟对面子、关系以及土政策的研究，探寻中国人的行动逻辑和土政策这一特殊规范的功能[⑦]；王启梁通过对深嵌于社会与文化之中的法律及纠纷解决的研究，探讨社会控制的有效实施路径[⑧]；易军通过对非正式规范的研究提出了关系在纠纷解决中具有重要意义[⑨]；王鑫对纠纷与秩序关系的人类学研究，深入探究了社会中"秩序是如何得

[①] 朱晓阳：《罪过与惩罚——小村故事（1931—1997）》，天津古籍出版社 2003 年版。

[②] 郑永流：《当代中国农村法律发展道路探索》（中国政法大学出版社 2004 版）和《农民法律意识与农村法律发展》（中国政法大学出版社 2004 年版）；郭星华、张晶：《"凹陷"的社会生活满意度——基于全国"百村调查"数据的探索研究》，《江苏行政学院学报》2011 年第 2 期。

[③] 田成有：《乡土社会中的民间法》，法律出版社 2005 年版。

[④] 董磊明：《宋村的调解——巨变时代的权威与秩序》，法律出版社 2008 年版。

[⑤] 陈柏峰：《暴力与秩序——鄂南陈村的法律民族志》（中国社会科学出版社 2011 年版）和《乡村江湖：两湖平原"混混"研究》（中国政法大学出版社 2011 年版）。

[⑥] ［日］高见泽磨：《现代中国的纠纷与法》，何勤华等译，法律出版社 2003 年版。

[⑦] 翟学伟：《人情、面子与权力的再生产》（北京大学出版社 2005 年版）和《"土政策"的功能分析——从普遍主义到特殊主义》（载《社会学研究》1997 年第 3 期）。

[⑧] 王启梁：《迈向深嵌在社会与文化中的法律》，中国法制出版社 2010 年版。

[⑨] 易军：《关系、规范与纠纷解决——以中国社会中的非正式制度为对象》，宁夏人民出版社 2009 年版。

以实现的"这一问题①，等等。

　　值得我们注意的一个现象是社会学对纠纷的研究的影响力持续扩大，尤其是政治社会学的影响。政治社会学是政治学与社会学相结合的产物，作为一门正在不断完善的学科，政治社会学已形成了它独特的分析框架，即由权力、权威、制度、网络与文化所构成的分析框架。运用政治社会学的理论与方法探讨中国乡村社会的纠纷问题，已有较多的研究成果。王铭铭用民族国家的理论来反观中国国家与社会关系的历史变动，认为中国经历了国家与社会分离到国家与社会充分一体化的变迁，对纠纷的研究应注意民间权威对传统帝国的比附。吴毅在《村治变迁中的权威与秩序——20世纪川东双村的表达》中，通过讲故事的形式，以20世纪的百年史为纵坐标，以影响村庄权威与秩序形态的三个基本变量——国家、现代性和村庄地方性知识的互动为横坐标，详细讲述了个案村在20世纪整整100年中的村治历程及其村治变迁中的权威与秩序形态的变化，展现了变迁中的乡村社会权威和秩序问题，勾画了乡村公共权威与调解机制变迁轨迹。另有学者从政治稳定视角探讨乡村社会纠纷化解中利益关系的重新配置。贺雪峰与董磊明也从政治社会学的视角对村庄纠纷的调解作了初步探讨，认为在社会转型时期，各种现代性因素通过国家政权自上而下地传输，在这一变革过程中，地方性知识也同样在延续、发挥作用。在村庄纠纷调解中，特定村庄内生因素包含着众多方面，如村庄生活的面向、村庄人际的社会关联度、村庄共同体等。当然，两位学者并不是将目光仅仅局限于村庄的纠纷调解，而是以纠纷为视角，来窥探中国社会是如何形成非均衡这一状况的，为农村政策决策提供更为广阔的视野，体现了政治社会学的人文关怀和理论气度。刘勤等学者的著作通过国家与社会的理论视角来分析在国家权力上收后国家是如何治理乡村的，作为国家权力代理人的基层政府与农民在村落的利益纠纷中形成了怎样的一种实践逻辑，这也是政治社会学中使用最为广泛的分析框架。政治社会学关于纠纷的化解，主要注重的是从宏观的国家与制度或国家与社会的关系研究纠纷的化解，很少有从微观的乡村社会内部的民间权威来寻找纠纷的化解。

　　当前中国农村纠纷的研究，在表面的繁荣中也存在不少问题：

　　首先，法律社会学对于纠纷的研究还是在西方研究模式之下进行，忙

---

　　① 王鑫：《纠纷与秩序——对石林县纠纷解决的法人类学研究》，法律出版社2011年版。

于与西方学术对话，而忽视了对"非均衡的中国总体状况的全面关注"①。比如，部分学者热衷于抽样问卷调查和入户访谈，然后进行分析，进而得出中国农村纠纷的产生和解决状况的相关结论。但使用这一这种研究方法时，如果研究者缺乏对非均衡的中国农村足够的质性认识，往往具有误导性，即使数据有效可靠，当初的结论也往往无法清晰反映农村实际生活和农村法制的具体状况，难以在"质性"研究上取得进展。另外一些学者进行的对具体案件评析进而从中引述出对国家法与民间法的关系、法律多元等论述，往往以狭小的中国经验为基础进行过度阐释，"有关的经验研究不够细致，不管是赵晓力的'炕上开庭'，还是孙立平的'收定购粮'，都欠缺一种'地方感'和历史感"②。而某些海外学者的研究，有的惯于运用中国历史档案资料，有的喜欢运用新闻媒体法制新闻报道材料进行研究，往往难以深入事件发生地和法律行动者内心进行深入的"过程研究"。因此，就上述成就而言，"要么在质性认识上没有进展，要么仅仅停留在反思性的层面上"。③ 这些研究，总体上看，问题根源在于现实与理论脱节，中国经验与西方理论脱节，这是一种缺乏语境化的研究。董磊明在对中国乡村调解制度的评述中就指出了这种研究方式的弊病："从整体上说当前关于中国农村纠纷的研究，仍然给人隔靴搔痒的感觉，它们展现的似乎都是'书本或黑板上的民间调解'，而不是'村庄中生活中的民间调解'。人们往往从想象的异邦出发，探讨着民间法应该如何与国家法互动，而没有系统地阐述'社会是如何可能的'，民间纠纷解决机制的内在逻辑及其决定性因素是什么。"④

其次，即使是对纠纷现象的微观研究中，也存在分析较为薄弱的情况。这正如乔丽荣所认为的："如果把纠纷作为一项课题来研究，大多数研究在分析纠纷及纠纷处理的不同过程、参与其中的各种当事人、不同当

---

① 陈柏峰：《暴力与秩序——鄂南陈村的法律民族志》，中国社会科学出版社2011年版，第8页。

② 杨方泉：《塘村纠纷—— 一个南方村落的土地、宗族与社会》，中国社会科学出版社2006年版，第19页。

③ 陈柏峰：《暴力与秩序——鄂南陈村的法律民族志》，中国社会科学出版社2011年版，第9页。

④ 董磊明：《宋村的调解——巨变时代的权威与纠纷解决》，法律出版社2008年版，第16页。

事人之间的关系、当事人的行为表现在微观场景，在整体社会结构中的位置等方面，分析还薄弱。"① 同时，大多数研究者虽然关注到了纠纷的存在形态以及相应的解决方式，并重点分析了包括各种权威在内的结构性要素，但对与纠纷密切相关的正在不断变迁中的社会文化要素研究不够。

再次，对于区域比较、族际比较等研究方式运用不够。"除了少数几部著作之外，中国村落社会的纠纷解决问题并没有被作为一个独立的主题来研究；同时中国的幅员又是如此广大，已有的研究缺少相互间的比较。"② 赵旭东的李村、朱晓阳的小村、杨方泉的塘村、董磊明的宋村、陈柏峰的陈村等，分别反映的是河北、云南、广东、河南、湖北等地一个个村庄的纠纷解决现状，除了董磊明、陈柏峰的研究一定程度上进行了区域对比研究外，其他大量的村庄个案往往在研究者中成为孤立、自足的纠纷实例，很少把这些村庄放到更广阔的视野中进行区域比较。

最后，虽然有了一些对于民族地区纠纷解决机制的研究，但多是从历史的角度考察某些民族解纷机制的变迁，缺乏对现实问题的关注；或者是集中于对在纠纷解决中发挥作用的民族习惯法的研究，而对解纷活动的实际运作中的"过程分析"明显不足。

三 国内外学者对苗族的研究

关于苗族研究，我们可以追溯到西方传教士进入中国苗族地区开展活动时期。这些传教士自 18 世纪以后进入苗族地区，延续到 20 世纪初。他们实际上有着双重的身份，其一是传教士，其二是文化学者。他们以其特有的文化素养撰写出了早期的苗族民族学作品，如英国传教士克拉克（Clarke，S. R.）在中国传教 30 多年，对苗族、仡佬族等进行过不少调查，其代表作是《中国西部的苗和其他部落》（*The Miaotze and Other Tribes in Western China*，1894 年出版）；在东南亚及我国云南苗族地区传教的法国传教士萨维那（Savina，F. M.），撰有《苗族史》（*Histoire des Miao*，于 1924 年首次出版）；英国传教士柏格理（Samuel Pollard）著有《中国历险记》、《苗族纪实》、《在未知的中国》、《伯格理日记》等书，

---

① 乔丽荣：《石桥村纠纷中身份、认同与权利——一个人类学的个案考察》，博士学位论文，中央民族大学，2006 年，第 113 页。

② 同上。

近些年来东人达、东旻翻译了这些书，2002 年云南民族出版社以《在未知的中国》为书名出版；澳大利亚人类学家格迪斯（W. R. Geddes）1976年所著《山地的移民》（*Migrants of the Mountains*），是他在泰国北部苗族山区调查的成果。

自 18 世纪传教士进入中国苗族地区后的一百多年里，不论西方学者还是本土学者，对苗族这样一个少数民族群体的人类学研究和考察就一直没有停止过。具有代表性的是日本学者鸟居龙藏和他的苗族研究著作。他于 1902 年到我国西南各省调查，1903 年著有《苗族调查报告》（1935 年译成中文）。20 世纪 50 年代起，直至 70 年代以后，苗族开始分散到世界各个地方，尤其是一些西方发达国家，如美国、英国、法国等，西方学者对东方这个古老民族的研究兴趣一直没有减弱。"苗族人类学研究可谓走过了一个由外（国外）到内（国内）、由浅及深、由分散到系统、由白描到深描的过程。今天的苗族人类学研究已经成为一个以本国和本民族学者组成的一个庞大的专业群体为基础，涉及人文、社会、自然等领域的综合性学科，一些学者甚至将这日渐完备的研究体系称为'苗学人类学'。"[1]改革开放后，来中国内地从事苗族研究的西方学者大增，但是由于意识形态和客观条件等原因，研究的广度和深度多有局限。尽管如此，海外人士的有关研究成果在国际学术界仍有着一定的影响，如，美国学者路易莎（Louisa Schein）20 世纪 80 年代到中国研究苗族，其专著《少数民族的准则：中国文化政治里的苗族和女性》（2000 年由杜克大学出版社出版）就为国内外苗族研究学者所关注。

20 世纪早期，随着我国民族学、文化人类学学科兴起，出现了研究苗族社会的研究人员，如凌纯声、芮逸夫、梁聚五、吴泽霖、陈国钧、杨汉先、林名钧、笑岳、王兴瑞、阮镜清等。同时，20 世纪中期，我国史学家（如范文澜、王桐龄等）对于苗族历史也有一些研究，提出了一些独到的见解。新中国成立初期，随着全国范围内的少数民族识别和社会历史调查工作的展开，对苗族的研究力度亦随之加大，苗族主要聚居的省份和地区（湖南、贵州、云南、四川、广西、广东等省）都撰写了苗族社会历史调查报告。从 20 世纪 50 年代一直延续到 80 年代的少数民族"五种丛书"，更是全面汇集了有关苗族历史、源流、分布、社会、经济、文

---

[1] 刘芳：《人类学苗族研究百年脉络简溯》，《广西民族研究》2008 年第 1 期。

化、语言、习俗、宗教等方面调查资料和研究成果，至今仍然是我们研究工作的重要蓝本。改革开放以后，多学科、多视角相结合的苗族研究专著纷纷面世。如：《云南苗族传统文化的变迁》（颜恩泉，云南人民出版社，1993 年）、《西部苗族古歌（云南省少数民族古籍译丛第 33 辑）》（云南省少数民族古籍整理出版规划办公室编，陆兴凤、杨光汉、吕稼祥等编译，云南民族出版社，1992 年）、《西部民间文学作品选》（苗青主编，贵州民族出版社，1998 年）、《中老泰越苗族·蒙人服饰制作传统技艺传承国际研习班文集》（云南大学人类学系编，2000 年）、《乡土中国：摆贝——一个西南边地的苗族村寨》（彭兆荣，三联书店，2004 年）、《中国苗族通史》（伍新福，贵州民族出版社，1999 年）、《苗族简史》（李廷贵，贵州民族出版社，1985 年）、《中国苗学》（石朝江，贵州大学出版社，2009 年）、《中国苗族哲学社会思想史》（石朝江、石莉，贵州人民出版社，2005 年）、《跨国苗族研究》（石茂明，人民出版社，2005 年）、《中国苗族民间制度文化》（龙生庭、石维海、龙兴武等，湖南人民出版社，2004 年）等。值得指出的是，由吴荣臻任总主编、吴曙光任副总主编，集中几个苗族聚居省（区）地方政府和学者集体力量完成的苗族研究巨著《苗族通史》（一至五卷）于 2007 年由民族出版社出版，成为国内苗族研究的里程碑。还有，由云南楚雄学者夏杨整理的《苗族民间叙事长诗·苗族古歌》于 1986 年由德宏民族出版社出版，收入的古歌中反映远古战争迁徙内容的有 8 首，反映苗族南下迁徙和到达彝族统治区域内容的有 5 首。

　　苗族纠纷解决的研究是 20 世纪 80 年代才出现的一个新的研究领域，但研究势头强劲，尤其是进入 21 世纪以来，研究成果迭出。这些研究成果主要是贵州的几位学者贡献的，他们是李廷贵、韦宗林、吴大华、徐晓光、周相卿等。著作有：徐晓光、吴大华、李廷贵、韦宗林的《苗族习惯法研究》（香港：华夏文化艺术出版社，2000 年），周相卿的《黔东南雷山三村苗族习惯法研究》（贵州人民出版社，2006 年），徐晓光的《苗族习惯法的遗留、传承及其现代转型研究》（贵州人民出版社，2005 年）和《法律多元视角下的苗族习惯法与国家法——来自黔东南苗族地区的田野调查》（贵州民族出版社，2006 年）。代表性论文有：徐晓光、吴大华的《苗族习惯法的传承与社会功能》（《贵州民族学院学报》2000 年第 1 期），徐晓光的《从苗族"罚 3 个 100"看传统习惯法在村寨社会的功能》（《山东大学学报》2005 年第 3 期）、《歌唱与纠纷的解决——黔东南苗族口承习惯法中的诉讼与裁定》（《贵州民族研究》2006 年第 2 期）、《古歌——黔东南苗族习惯法传承的重要形式》（《中南民族大学学报》2009 年第 1 期）、《看谁更胜一"筹"——苗族口承法状态下的纠纷解决与程序设定》（《山东大学学报》2009 年第 4 期）、《"罚 3 个 120"的适用地域及适应性变化——作为对黔东南苗族地区"罚 3 个 100"的补充调查》（《甘肃政法学院学报》2010 年第 1 期），文新宇的《苗族习惯法的遗留、演变》（《贵州民族学院学报》2008 年第 2 期），周相卿的《清代黔东南新辟苗疆地区的法律控制》（《法学研究》2003 年第 6 期）、《格头村苗族原始宗教信仰与习惯法关系研究》（《西南政法大学学报》2005 年第 7 期）、《经济因素对雷山地区苗族习惯法文化的影响》（《贵州民族学院学报》2005 年第 5 期）、《雷山县三村苗族习惯法确认的政治组织制度》（《当代法学论坛》2006 年第 3 期）、《台江反排村当代苗族习惯法民族志》（《甘肃政法学院学报》2006 年第 11 期）、《黔东南雷山地区国家法与苗族习惯法关系研究》（《贵州民族学院学报》2006 年第 3 期），李廷贵的《苗族鼓社调查报告》（《贵州民族研究》1980 年第 3 期），李廷贵、酒素的《略论苗族古代社会结构的三根支柱——鼓社、议榔、理老》（《贵州民族研究》1981 年第 4 期），《苗族习惯法概论》（《贵州社会科学》1981 年第 5 期），李廷贵的《苗族鼓社研究》（《民族学研究》1983 年第 5 期）、《再论苗族习惯法的历史地位》（《贵州民族学院学报》1998 年第 3 期）、《简论苗族的社会组织》（《贵州文史丛刊》1999 年第 4 期），韦宗林的《对苗族古代法文化的探讨》（《贵州民族学院学报》1990 年第 4 期），刘玉兰的《黔东南地区苗族习惯法与国家法并存交融之审视》（《贵州民族学院学报》2008 年第 4 期）等。这些研究的主要对象集中于贵州的苗族和苗族社会。

　　苗族大量进入滇中地区的历史约在清朝中晚期。由于苗族居住在滇中的历史不长，人数也不算多，所以对于滇中地区苗族的研究成果还不多见。目前所见的，主要以州、县政协组织编印的文史资料为多，公开出版的论著极少。楚雄州人大和州民委组织众多苗族学人经过几年的努力，编撰了《楚雄苗族史略》一书，于 2005 年由云南民族出版社出版发行，填补了关于滇中苗族研究的一个空白，但此书中关于苗族纠纷解决方面的论述极少。另外，方慧、胡兴东的《清末民国时期基督教传入对西南信教少数民族法律文化的影响》（《世界民族研究》2006 年第 1 期），胡兴东的《西南少数民族地区多元纠纷解决机制的构建》（《云南社会科学》2007 年第 4 期），朱艳英的《西南少数民族地区纠纷解决机制变迁研究》（《云南农业大学学报》2009 年第 1 期），是从法律（包含纠纷解决）方面对西南少数民族的研究，其中也涉及了较多的关于滇中苗族的论述，但主要属于法制史方面的论述。从当前情况看，关于滇中苗族纠纷解决的历史和现实的人类学、社会学论著（尤其是对于解纷机制实际运作过程描述的论著）是较为缺乏的。

第三节　研究进路、研究方法和本书结构

一　研究进路

（一）社会和文化：观察滇中苗族村落纠纷解决的基本视角

纠纷内部并不是一个自成一体的封闭结构，相反，纠纷是一种社会中的事件，反映着社会结构中的诸多要素。透过一个个发生在日常生活中的纠纷，我们可以窥见一个地方的社会变迁和生活逻辑，而观察一个个纠纷当事人在纠纷中的选择和行动，我们可以获悉当地人的价值观念和人生态度。在西方人类学的发展史上，纠纷研究一直是其核心问题。如马林诺夫斯基、霍贝尔、格拉克曼、吉尔茨等人都对纠纷和纠纷解决倾注了大量的研究心血，并从对纠纷的研究中获得了关于人类社会的诸多一般性理论。总结他们的研究，可以看出他们持有一种把纠纷放诸社会环境中进行考察，以及对纠纷进行文化分析的进路，这与此前不少法学家习惯于从规则和制度角度进行的规范研究相比有了较大的视野扩大和理论提升。而正如龙宗智教授所言："文化研究具有整体性和系统性的特征，它注重制度与现象发生、存在的环境（'参照系'）并利用社会学方法作环境考察。"[1]对于滇中苗族村落纠纷解决的研究也需要采用这种进路，即不单纯分析当地纠纷解决的规则，而是从社会和文化的视角来分析纠纷的发生、解决纠

---

[1] 龙宗智：《诉讼文化四题》，载《相对合理主义》，中国政法大学出版社 1999 年版，第114 页。

纷的过程以及村民在纠纷中的行动背后深藏着的文化和历史因素。对于滇中苗族村落的"无讼"现象，最值得我们去探究的是当地村民为什么会形成这么一种有特点的纠纷观念，村落中又为什么会形成这么一种解纷机制。所以本书花了较大篇幅和精力对纠纷的抑制性因素以及村民的纠纷行动逻辑进行了分析，而在进行这些分析的时候，试图脱离就纠纷分析纠纷的方式，而是"跳出纠纷看纠纷"，从社会、历史、文化的视野来分析其中的机理。同时，在研究中，我也运用了法社会学的社会结构理论和社会变迁理论对滇中苗族村落纠纷解决进行分析。通过对社会和文化研究进路的强调，试图达到"在日常实践的视角下，把对法律的探讨带回到它所深嵌其中的社会与文化里，还原存在于社会生活逻辑以及生活情境中的法律"① 的研究目的。

（二）文化相对论和整体论：分析滇中苗族村落纠纷解决的重要方法论

文化相对论是美国人类学、民族学中的一种思潮。文化相对论认为任何一种行为（例如信仰或风格），只能用它本身所从属的价值体系来评价，没有一个对一切社会都适用的绝对价值标准。每一种文化都会产生自己的价值体系，即是说人们的信仰和行为准则来自特定的社会环境。在文化相对论者看来，用民族自我中心的偏见解释行为的理由——即以调查者自己群体的价值标准来评价其他民族的行为方式——是站不住脚的。因为，任何一个民族的文化都具有其独创性和充分的价值，都是在长期的历史过程中形成的并与其经济条件相适应的，每一个民族的每一种文化都有其独特的存在理由。文化相对论在总体上认可"存在即是合理"这样的一个哲学思想。滇中苗族村落的纠纷解决方式尽管与现代解纷机制存在较大差异，但我们不能用"现代的"、"国家的"标准来衡量其存在的价值，实际上，也许恰恰是这些纠纷解决方式的独特性，更能为我们提供思想启迪。

整体论是现代系统科学名词，亦称"机体论"，意指用系统的、整体的观点考察有机界的理论，强调事物整体特性及其各部分之间的相互关系。滇中苗村不是一个个与世隔绝的村落，相反，在国家中心主义和法律中心主义不断推进的情势下，这些村落与世界的距离日益缩小，面临着越

---

① 王启梁：《迈向深嵌在社会与文化中的法律》，中国法制出版社 2010 年版，导言。

来越大的压力。在村子中，可以观察到，村民们的服饰、谈吐、行为方式"汉化"、"现代化"程度在加快，苗族村落已被裹挟进现代化的大潮中。就纠纷解决而言，滇中苗族村落的传统纠纷解决方式的影响力也正在减弱，法院、政府、司法所等现代化的纠纷解决组织正在全面介入村民的纠纷世界里。传统与现代的碰撞、博弈，使苗村的纠纷解决成为多种文化、多种组织、多种手段互动的"场域"和机制整合的过程。虽然重要性各有不同，但每种解纷方式都只是其中之一。因此，研究苗村的纠纷解决机制，必须从整体的角度研究各种纠纷解决方式的内在联系，研究各种纠纷解决方式之间的冲突性、互补性，以及各种方式在整体上解决苗村纠纷中的合理性。对每种纠纷解决方式都要加以研究，探讨每种方式独特的文化和社会价值，及在当地社会控制和秩序维护中所起的作用。另外，更为重要的是，整体论还体现在"小地方，大社会"的研究思路。人类学家所选择的可以直接观察到的小地方绝非封闭的，它应当是一种"半自主的社会领域"。这种社会领域的含义应当是指它能够从其内部产生出规则、习俗以及象征体系，但是它也易于受到其周围大环境中所出现的规则、决策以及其他力量的影响。滇中苗族村落虽然在整个国家的经济和社会格局中显得较为落后、封闭、不起眼，但这一个个村落经过一百多年的发展已经有了自己的生活逻辑和秩序状况。这些地方村民的生活有其自足性和唯一性，是我们这个多样化的人类社会中的一个独特案例，可以为有秩序的美好人类社会的构筑提供可贵经验借鉴。从历史、国家和世界视角对这些小地方进行深入研究，也许能够得出关于人类社会的一般性认识，实现"小地方，大社会"的目的。

（三）法律多元：分析滇中苗族村落纠纷解决的重要思路

近30多年来，随着人类学与社会学的发展，西方法学界已经密切注意到法律多元性的问题，法律多元理论成为法律社会学、法律人类学的研究重点之一。无论是千叶正士还是弗里德曼，都从不同角度推出了他们的研究成果。法律多元理论表明，在一个复杂多样的社会里，不可能存在一元法律规范或单一的社会秩序，任何社会秩序的建构都不能仅仅依靠单一的正式法律制度。如弗里德曼所说："需要的是真实的秩序，不是书面上的。宏伟的法典可以掩盖无政府状态。另一方面，复杂的、多元化秩序后面，可能是有效的起作用的现实，虽然它冒犯了教授们的感情。重要的是现实，不是形式。"① 换言之，多元社会需要多元法律，多元法律调整多元社会秩序，国家法并不能强大到对社会所有方面予以调整。现实的多元法律不是理论家们设计出来的，而是由社会环境催生的。我们在认识滇中苗族村落纠纷解决问题时，采取一种法律多元的观点是完全必要的。我们既要看到国家法律以及国家正式解纷机构的作用，也要看到村落民间的非正式解纷机制的意义。

（四）辩证、客观和发展的观点：看待滇中苗族村落纠纷解决的必要态度

辩证、客观和发展的观点是我们观察世界的基本方法，对于分析滇中民族村落纠纷现象也不例外。滇中苗族村落的纠纷解决机制有其"和解理性"深含其中，并且在今天还影响着当地人的生活，但我们在认识滇中苗族村落纠纷解决问题时，应该采取一种辩证的观点，用发展的（必要时是批判的）眼光看待村民们的纠纷观和村落解纷机制运行。比如，对于村落中的和解与调解制度的盛行，我们当然应该看到这些制度的现实需要性，但也要看到这些制度的可改造性。关于调解制度，徐晓光教授就认为，其不足有三：一是调解不能完全反映当事人的意思；二是借调解之名，行规避法律之实②；三是调解可能会削弱司法机关的权威。因此，也必须认识到调解制度是利用本地资源的一种考虑，不能将其适用范围无限放大。我们对待滇中苗族村落的调解等纠纷解决制度时，也应该采取一种辩证的批判的态度，实事求是，尊重客观，倡导建立民间非正式解纷方式与国家法律各得其所、相互补充、相互完善的井然有序的多元化纠纷解决机制。

二　研究方法

本书遵循法律人类学、法律社会学的研究进路和研究方法。具体而

---

① ［美］弗里德曼：《法律制度》，李琼英、林欣译，中国政法大学出版社 2004 年版，第257 页。

② 徐晓光接着举例："近些年我们在苗族地区的一些案例就说明了这一点。往往本属于刑事的案件转入民事的，最后又归入民间调解，在调解时家族势力大的、有根基的一方占便宜更多，势力较弱的一方吃亏，但为了在村寨中生存也得接受这个结果。这样的民间调解看起来暂时解决了纠纷，但它不利于农村社会中的法治建设。这是建立调解制度所要注意的。"——http://xuxiaoguang.fyfz.cn/art/361074.htm，最后访问日期：2013 年 2 月 15 日。

言，即：以开展参与式田野调查为基础，对滇中苗族村落的纠纷样态和纠纷解决机制进行"深描"和分析；运用比较分析法、历史分析法、个案延伸法、主客位多眼光观察法等对纠纷和纠纷解决作出观察和研究；运用文献收集、田野调查、个案分析、入户访谈、问卷调查、数据统计、规范分析等技术性方法与手段，观察、总结村落纠纷解决机制的实际运行状态，进而对经验资料加以综合分析，得出看待和完善（民族地区）纠纷解决机制的一般性结论。

（一）田野调查法

朱炳祥教授告诉我们："田野工作是社会人类学最基本的方法，是现代人类学的真正核心和基石。一个人类学者的形象，往往是背着行装，只身一人，不惮风雨，不避艰险，远离故土与亲人，以'孤往之大勇'到异民族去做长期的田野工作。"① 人类学开创的田野工作，它的哲学基础是实践理性，即人类是实践的产物，也是通过实践来认识世界和改造世界。田野调查是开展人类学研究的基本方法，著名的美国文化人类学家R. M. 基辛认为："从许多方面来说，实地考察都是人类学最重要的经验。当然，它首先是人类学家带回家的信息和通则的来源"；"不管背景是城市、集镇，还是村落、丛林茅屋，人类学研究的方式中许多重要方面都是相同的。最基本的一点就是要深入地浸润在一个民族的生活之中"。② 田野工作的具体方法是被称为"田野三角"的参与观察、深度访谈、直接体验，即以这三种活动来获取民族志资料。一般说来，田野工作的时间不应少于1年，因为从社区生活周期看，1年对于社区生活是一个时间周期，只有参与当地生活1年，方能对其有一个较为全面的了解；而且从研究者与被研究者相互认同看，人类学者在一个社区需要花上几个月的时间，方能得到当地人的认同，和当地人打成一片。实际上，我参加工作多年，曾经无数次到农村从事过各类事务，对农村基层政治运作以及基层秩序状况是有着较多了解的。只是随着对法人类学、法社会学等学科相关知识的系统学习，了解和掌握了一些社会研究、田野调查的具体方法后，自己在2010年初再次来到农村的时候，有了较多的问题意识和方法自觉。

① 朱炳祥：《社会人类学》，武汉大学出版社2004年版，第183页。
② ［美］R. M. 基辛：《文化·社会·个人》，甘华明、陈芳、甘黎明译，辽宁人民出版社1988年版，第15、17页。

在 2010 年一年里，我试着将一个普通滇中苗族村落——龙村作为田野点，充分运用我在当地工作、生活的有利条件，按照人类学田野研究范式，运用参与式观察的方法，获得了经验性的第一手资料，奠定了本书的写作基础。在龙村一年来的日常工作和生活中，实际上很多资料和信息根本不需要自己刻意地去访谈、调研，就自然而然进入了我的眼中耳中。作为一个"全日制"地长期驻扎在村委会的人员，能第一时间看到村民们来村委会请求调解的经过，特别是村民们在纠纷中的各种表现。由于经常性地与村干部们一道"下村"开展工作，参与矛盾调处，亲身接触到了不少村内纠纷，并非常难得地获知了很多纠纷背后的故事。实际上，从学术研究角度看，纠纷背后的故事更有价值，因为它们能真正反映出纠纷的来龙去脉，通过这些故事我们更能清楚地理解村民们面对纠纷时作出的行为选择的内在缘由，进而使我们能从绵延多年的村落历史和文化的角度看待这些纠纷。与村干部和村民们相处熟了以后，会在参与他们的闲聊中得到很多村落信息，并在与他们的朝夕相处中增加"我们"感，不自觉地用他们的方式和眼光看待问题，获得对他们人生态度和价值观念的深刻同情和理解。在这个过程中，语言会带来一些障碍。因为村民们在平时交往、闲谈中都使用苗语。但通过经常接触后，自己能从他们的谈话中猜出大概含义，并且有村干部做翻译，基本能弄清楚他们在说什么。况且，在有我参与谈话的场合，他们都会使用汉语来和我交谈，只是在谈到一些他们不想让我知道的事情时，才会恢复用苗语互相交谈。除了在村内居住和调研外，自己还具有桥镇党委副书记的身份，这一身份对于我参与镇里的有关会议，查阅相关资料（如镇司法所、镇派出所档案以及镇各村委会调解记录），参与一些纠纷调解提供了便利。而且具有"镇领导"的视角，使自己能把龙村纠纷与全镇其他地方纠纷进行比较，并能从地方政府维稳和农村基层矛盾化解的"高度"来思考龙村解纷机制。在一年的时间里，我还多次到镇司法所、镇派出所、县法院、牛街法庭以及相关乡镇进行了调研，获得了大量第一手资料。

（二）比较分析法

本书采用的比较研究既有历时性的比较，也有共时性的比较。一是对涉及滇中苗村的各种解纷组织、个人和解纷方式进行历史追溯，从其中的变迁过程中归纳出适应当地纠纷解决的机制。二是把村落所面对的各种解纷组织和个人（宗族、村内老人、基督教神职人员、司法所、村人民调解委员会、公安派出所、法院、村内能人等）进行比较，全面观察这些组织和个人的实际运作方式和效果，发现其间的互动规律。三是把滇中苗族村落的纠纷解决与村落外部发达地区的解纷机制进行比较，观察不同人群在面对同一个（类）矛盾时的不同反应和解决方式，发现其中深藏的各具特色的民族文化心理，加深对苗村纠纷解决的理解。四是在龙村所属的桥镇范围内进行区域比较。在从事乡村研究的华中学派的眼中，区域比较已经成为一种重要的不可替代的研究路线。之所以这样推崇区域比较，董磊明认为，"生存环境的区别导致了地方性知识和规则的差异，不同类型的村庄形成了不同类型的纠纷解决机制"[1]，因此，"这种区域比较研究为了解中国基层的整体状况提供了一个开放性的总体框架，也对解决法律民族志的代表性问题大有帮助"[2]。当然，本研究并不是要在全国范围内进行区域对比，而是把比较研究局限在龙村所属的桥镇这个范围内。因为桥镇由两个乡镇合并而成，两个乡镇的原区域的差别到现在仍然十分明显，使这两个地方的纠纷解决的特征和变迁呈现出颇为不同的特点，这为我们展开比较研究提供了可能。

（三）历史分析法

苗族是一个历史悠久的民族，在长期的迁徙中，苗族形成了具有特色的文化传统和民族心理认同。研究当代苗族村落必须要弄清楚历史在苗族群众心里刻下的烙印。从现实中，包含我在内的不少人都发现了苗族具有性格温和、内敛，讲求和谐等性格特质，这对于苗家人厌恶诉讼、注重调解的法文化的形成应该是具有一定意义的。苗族村落的和解理性一定程度上建立在苗族群众的性格特质上，而形成这些性格特质的原因之一当与苗族几千年来饱受欺凌、被迫辗转于山山水水中造成的创伤有关。因此，研究滇中苗族村落目前的纠纷解决应该以研究苗族的"历史记忆"为先导。另外，还值得指出的是，在西南众多少数民族中，苗族的纠纷解决文化相当发达。李廷贵、酒素在《苗族习惯法概论》中指出，长期以来，一直在支撑着苗族社会的三大支柱是议榔、理老、鼓社，分别掌管立法、司法和执法，形成了苗族社会牢固而威严的"议榔"制度，西部方言称为

---

① 董磊明：《宋村的调解——巨变时代的权威与纠纷解决》，法律出版社 2008 年版，第 27 页。

② 陈柏峰：《暴力与秩序——鄂南陈村的法律民族志》，中国社会科学出版社 2011 年版，第 22 页。

"从会"，东部方言称为"合款"或"门款"。① 历史上存在的这些习惯法制度，虽然在滇中苗族中所存甚少，但这些制度背后所含的文化或多或少会在当代滇中苗人社会中有所反映，因此，研究苗族法文化将有助于加深对当今滇中苗族纠纷观的理解。

（四）延伸个案研究法

这是人类学所创造的研究方法，是案例研究法的发展。这种方法又称情景分析法，即是不仅要收集和调查个案本身，而且要将个案产生的社会脉络或情景也纳入考察的范围。在使用这一方法时，要将研究的焦点对准纠纷解决的实际过程，同时注意了解纠纷之所以如此解决的"前过程"。② 本书以龙村这个滇中苗族村落为个案进行历史、文化、经济等的社会解析和研究，是个案延伸法的一种尝试。

（五）主位和客位的观察法

张晓辉教授指出，主位与客位的研究方法"要求研究者辨识研究的立场和价值取向，既能设身处地（以文化持有者的内部眼界）思考问题，又不丧失独立的学术人格。尽管当代人类学的研究对象已不限于对异文化的研究，但是，他者的眼光和主客位价值取向之中的客观性和文化平等性仍然是人类学研究的基本要求"③。在本书研究中，我也试着运用了主位和客位两种观察和研究方法。比如，在第二章中站在客位的立场，对龙村的地理环境、历史文化、经济状况、家庭结构等基本情况进行了客观叙述，在第三章、第四章中我也以客位视角对龙村的村内权威、秩序状况以及各类纠纷等进行了客观描述。而在第七章中，则站在主位立场，用纠纷当事人的视角对村民在纠纷中的选择和行动逻辑进行了描述和分析。整体上而言，本书致力于对村落"无讼"背后的原因和村民在纠纷中的行动逻辑进行挖掘，力图体现主客位相结合的研究方法。

三 本书结构

全书探讨了滇中苗族村落村民的纠纷观念、纠纷的样态、纠纷的抑制

---

① 李廷贵、酒素：《苗族"习惯法"概论》，《贵州社会科学》1981 年第 5 期。

② 杨方泉：《塘村纠纷——一个南方村落的土地、宗族与社会》，中国社会科学出版社 2006 年版，第 25 页。

③ 张晓辉：《纠纷研究的新路径：基于人类学的法学研究进路》，载王鑫《纠纷与秩序——对石林县纠纷解决的法人类学研究》，法律出版社 2011 年版，序言。

性因素以及村民们在纠纷解决中的行为方式和行动逻辑等，并对乡土社会无讼纠纷观念和解纷机制形成的原因、存在意义以及未来走向进行了思考。为此，本书从以下八个方面展开：

第一章是"导论"，分为三个部分：一是对选题缘由和田野点的确定的介绍；二是综述纠纷解决研究和苗族研究情况；三是对研究进路、研究方法和全书结构进行说明。

第二章是"村落状况"，分为三个部分：一是叙述了龙村的地理位置、村落分布和历史变迁；二是对村落经济结构与日常生活的描述；三是论述了村落的家庭、亲属结构和姓名构成。本章的目的在于通过介绍龙村等苗族村落的环境、历史、日常生活和社会结构，为接下来的讨论提供前提和语境。

第三章是"纠纷观念、村落权威和村落秩序"，分为三个部分：一是对村民纠纷观念的介绍和分析；二是对村落权威的叙述；三是对村落秩序的叙述。通过本章的论述，意在使龙村等滇中苗族村落村民的无讼纠纷观和村落权威与秩序的原貌得以呈现。

第四章是"纠纷的基本样态"，包含五个部分：先是介绍了龙村出现的纠纷的类型和频次，接下来分别叙述了家庭内部、不同家庭村民之间、与外村人之间三个方面的纠纷情况。本章借助于田野调查的案例和材料，对龙村纠纷分门别类进行了细致描述和分析，意在通过对滇中苗族村落出现的纠纷类型、频次以及纠纷出现的原因、纠纷的经过等的阐述，让人们对于滇中苗族村落纠纷的特殊性、地方性有全面、深入了解。

第五章是"纠纷的抑制性因素"，分为五个部分，分别探讨了形成滇中苗族村落纠纷观和解纷机制的五个方面的原因，一是地理环境，二是经济发展水平，三是血缘关系，四是村民的性格特征，五是公共文化活动，并对这五个因素之间的相互关系和作用以及各自的重要程度等作了分析。本章的目的，是要把龙村等滇中苗族村落纠纷观和解纷机制的成因放在地理、历史、社会、文化等诸多方面进行考察，说明其成因的复杂性以及形成的必然性，实现"用社会和文化理解法律"的目的。

第六章是"基督教与纠纷解决"，分为三个部分：一是对龙村等滇中苗族村落基督教存在现状的介绍；二是分析了基督教对村民纠纷观的影响；三是对基督教会权威进行的纠纷解决的情况进行了论述。基督教会的存在对滇中苗族村落的纠纷观和解纷机制产生了重要影响，也是纠纷的抑制性因素之一，应列入第五章一并研究，但因为结合基督教会需要探讨的内容较多，故单独列出了此一章。本章主要就是对基督教与村落内纠纷解决之间的关系分析，论证了基督教会对于形成滇中苗族村落纠纷秩序的不可忽视的影响。

第七章是"村民在纠纷解决中的行动逻辑"，分为六个方面，先是关于村民对纠纷解决方式的选择逻辑的介绍，接下来依次介绍和分析了村民在纠纷自行解决程序中、在村委会调解中、在镇派出所调解中、在法院调解中、在镇司法所等调解中的行为方式和行动逻辑。本章体现了本书并不就各类解纷机制的运作泛泛而论，而是把对村落纠纷解决机制的探讨聚焦于"村民行动选择及其逻辑"这一视角的目的，意在通过村民行为的具体探究，更清楚地认识"无讼苗村何以可能"这一根本问题。

第八章是"讨论和结论"，结合前面章节的内容，对"乡土社会的无讼状况是何以可能的，传统村落的熟人社会为何也会发生纠纷，乡土社会无讼纠纷观的意义何在，乡土社会的纠纷观和解纷机制将去往何方"四个问题进行了探讨。通过讨论，意在得出关于乡土社会独特纠纷观念和解纷机制的形成机理、其存在对当代社会的意义以及这些观念和机制的未来走向等一般性结论，进而提出构建我国乡土社会多元化纠纷解决机制的看法。

附论"集市与纠纷解决机制的变迁"，通过对龙村定期集市这一特定事物的研究，探讨乡村集市对村民纠纷观念和乡土社会纠纷解决机制的影响，试图分析市场化进程中龙村社会出现的社会变迁。

第二章

村落状况

龙村是滇中地区几百个苗族村落中普普通通的一个，与众多苗村一样，位于群山环抱的山岭之间。龙村的主人们是一百多年前从贵州迁来的花苗，在长期的历史中，他们形成了自己独具一格的家庭和亲属结构。受环境闭塞、气候冷凉、基础薄弱等不利条件的制约，龙村的经济发展水平低，经济结构较为单一。但一百多年来生生不息的演进，却又使当今龙村人的日常生活富有特色，丰富多彩。

第一节　地理位置、村落分布和历史变迁

一　地理位置和村落分布

在中国云南中部横断山脉的皱褶深处，分布着大大小小几百个苗族村落，它们所处的行政区域，包括了楚雄、昆明、玉溪等州（市）。楚雄彝族自治州地处云南省中部，跨东经 100°43′—102°30′，北纬 24°13′—26°30′之间，属云贵高原西部，是滇中高原的主体部位。如果从昆明驱车沿昆楚高速公路向西前行 160 公里，就可以到达楚雄州的首府楚雄市。除了楚雄市这个县级市而外，楚雄州还有 9 个县，分布在州境内连绵不断的群山之中。在群山之间，点缀着大大小小的坝子①。无论是在坝子中，还是在山峦之间，都有各民族群众在生活。

龙村所属的 W 县位于楚雄彝族自治州东北部，地处滇中高原北部，

---

① 云南把小盆地称为坝子，一般面积从几平方公里到几百平方公里不等，这些坝子因其独特、有利的地理条件，往往成为各县、镇的政府所在地和商贸活动核心区域。

云贵高原西侧，县境内地表崎岖，群山连绵。山地、丘陵、谷地、河谷平原和山间盆地（即坝子）相互交错，山区面积占全县总面积的 97%，坝子及水面占 3%。乌蒙山余脉从东贯穿全境，组成一系列南北走向的高山重叠的地形。全县河流属于金沙江水系，分别由东、西、北三个方向出境，流入金沙江。W 县多年来是国家级贫困县，经济发展较为缓慢。根据第六次人口普查的数据，到 2010 年，W 县三次产业结构为 36∶31∶33，可以看出，农业仍然是该县最大的产业，工业、服务和商贸等第三产业发展较慢。

龙村所在的桥镇属于一个坝区、山区、半山区兼有的地方。全镇辖17 个村委会，212 个村民小组。全镇国土面积 404.6 平方公里，平均海拔1980 米，年平均气温 16℃，年降水量 800—1000 毫米，适合种植水稻、玉米、烤烟等农作物。境内聚居着彝、苗、哈尼、傈僳等 11 个少数民族。现有农户 8653 户，有乡村人口 332356 人，其中农业人口 32356 人，劳动力 24237 人，其中从事第一产业人数 16509 人。2011 年全镇经济总收入20327.81 万元，农民人均纯收入 2628 元。农民收入主要以种植业、养殖业为主。

龙村村委会距县城 70 公里，距镇政府所在地 29 公里，是一个苗族聚居村落。在其方圆近 4000 亩的土地上，分布着 10 个自然村，这 10 个自然村在行政意义上也就是 10 个村民小组。10 个村民小组共有 169 户 581人。其中苗族 580 人、傈僳族 1 人。龙村村委会这 10 个自然村处于南北纵向分布的两列山梁上，分布较为分散，每个自然村少则 8 户，多则 20多户人家，村与村之间相距不远，但多为土路。村委会驻地距镇政府驻地有 29 公里山路。这 29 公里山路，沿着山梁的斜坡蜿蜒而下，两旁崇山峻岭，显得分外雄奇壮美。只是这条公路并非全为柏油路面，还有近一半的路面是碎石路面。

龙村所属的桥镇是 2005 年乡镇区划调整时由两个乡镇合并而成的。这次行政区划调整把一个苗族乡划归桥镇，成为该镇的一个组成部分。因此人们习惯于把桥镇分为两个部分，一个部分就是原桥镇范围，这部分地区当地人称为"下片"，这片地方主要是坝子，地势平坦，以水田为主，土壤肥沃，水利设施完善，居民以汉族为主。原苗族乡区域被当地人称为"上片"，以山区为主，居民以苗族、彝族为主。我在调查中发现了一个很有规律的现象，一般汉族居住在坝区，彝族以居住在山区、半山区为多，苗族主要居住在高寒山区。上片经济发展较为缓慢，基础设施薄弱，交通不便，环境封闭，人们与外界的交往较少。龙村即是位于上片，农业社会的特征仍很明显，村民平常主要从事农业生产，民风淳朴、保守，是一个较为传统的农村社区。

二　滇中苗族的来源和变迁

苗族，古称"三苗"，据传，《尚书·吕刑》中讲到的黄帝之时以蚩尤为首的部落就是今苗族的先民。从语言上看，滇中境内的苗族有两支，即操川黔滇次方言的白苗（含青苗）和操滇东北次方言的花苗。从民族称谓上，操川黔滇次方言的白苗自称"蒙"，近似猛；操滇东北次方言的花苗自称"阿卯"。两支苗族都是在鸦片战争后才相继大量到云南来。[①]滇东北次方言的花苗，是史书上称的居于"左彭蠡之波，右洞庭之水"的三苗部族的后代，他们在一千年前后就到贵州与人为奴近千年。所居住的地方，都是其他民族不愿意去居住的高寒山区，气候严寒，土地贫瘠，作物收成很低，却还要忍受着其他民族地主和领主的残酷压迫剥削。滇中花苗即是从贵州威宁等地迁入。据记载，清道光年间（1821—1850年），W县李氏土司与贵州威宁金氏土司通婚，金氏以40多户、120多名苗族陪嫁，被安排在今W县贞村南部山麓居住。这是迁入W县的第一批花苗。事隔两年，第二批花苗120户约600多人从威宁出发，经会泽、东川、寻甸、禄劝到达W县。第三批花苗50户约200人于咸丰四年（1854年）逆金沙江而上，经巧家、东川北面，抵达今禄劝雪山乡。清同治年间，W县境彝、汉、回各族人民反清起义，苗族始由当地迁往其他县山区。随着土司制度的瓦解，苗族逐渐遍布于今昆明市、楚雄州的一些县。[②]而白苗传说原居住在湘西，后迁入四川南部，这一支系就是史书中称的"窜三苗于三危"的那部分苗族的后代。他们先来到三危，以后，

---

①　有学者认为，苗族进入云南的历史始自公元前3世纪（战国时期）的楚将庄蹻开滇时期，庄蹻带入云南的楚兵约有2万之众，即为苗族，他们随后留居云南，"变服从其俗"，成为第一批迁入云南的苗族。——见楚雄州人大常委会民工委、楚雄州民委编《楚雄苗族史略》，云南民族出版社2005年版，第21—24页。

②　见《W县志》，天津人民出版社1990年版，第132页；《威宁苗族百年实录》，内部资料，2006年印，第4页；杨汉先：《贵州省威宁县苗族古史传说》，《贵州民族研究》1980年第1期等。

大部分与西戊氏羌相融合，而一小部分则往南迁徙到四川南部，以后逐渐到滇中等地。

另据《楚雄苗族史略》一书载，一共有五批苗族先民迁移进楚雄地区。苗族最后一批迁入楚雄的缘由是：乌撒布牛棚区的诺苏大土司禄贞祥与W县的发卓（彝语地名）土司李魁衡开亲，苗族先民被迫从黔西北当土司陪嫁品流徙到发卓，后再由发卓分批迁入罗茨、禄丰、安宁、富民等地。当地苗族古歌真实地叙述了当时禄氏如何把苗族当陪嫁品和苗族生离死别的悲惨场面：

　　如今已知道，
　　知道诺苏榜莫主议定办喜事，
　　知道磨粘主决定来接亲。
　　诺苏榜莫主会来择，
　　择定好时辰在腊月。
　　榜莫主人来吩咐"犟干老"（苗族的自称，即古老的民族）们，
　　吩咐"犟干老"会来砍。
　　要砍当阳马樱花，
　　要做七十七个十的双木勺，
　　要给诺苏主人办喜事，
　　要给主人来打发儿女。

　　怨只怨诺苏婚期来得快，
　　"犟干老"怎么快也做不够。
　　只带去七十七个十的双木勺，
　　诺苏榜莫主人会来验。
　　只因诺苏主人心歹毒，
　　鼓起牛眼来痛斥，
　　遂将"犟干老"木勺往下砸，
　　呱呱踩碎在院心，
　　龇牙咧嘴逞凶狂，
　　吓得"犟干老"无所措，
　　怒斥"犟干老"没奈何。

诺苏主人大女儿，
假惺讨好来开口：
"只因为父心肠狠，
往后唯恐父难饶，
不如明日半路去等我，
迟疑只怕皮鞭不留情。"
我"掌干老"听实话，
速将燕麦来下磨，
背上炒面半路等，
可恨诺苏心狠毒，
"掌干老"磕头求饶也徒劳。
让"掌干老"落得泪涟涟，
撕心裂肺泪汪汪，
忍气吞声别亲友，
舍弃茅屋田园心不甘，
扶老携幼往磨粘（W 县万德）。
诺苏两百壮丁紧追赶，
吆喝"掌干老"快折回，
"掌干老"唯恐折回命难保，
争先恐后不停留，
如今方知陪嫁戏一场。
……

半年后，禄氏女儿往乌撒老家去回门。发派身强力壮的苗族男女服侍，这时苗族才得以回家探亲访友，回到老家乌撒布，大肆渲染 W 县发卓的地理环境、物产资源：

啊乌义呀，
发卓好地方哟。
苍松翠柏晴朗朗，
资岛意伴（少男的爱称，意思是我女人的佳偶），
和拉稿娥意（少女的爱称，意思是我男人的佳偶），

阿飞利艳娄云南（妖娆地手挽手去云南），

如若跟我同路去，

糯米粳米拌糖吃，

别在诺苏来犹豫，

荞麦疙瘩泪下饭。

啊乌义呀!

发卓好山又好水，

马樱花呀开满山，

苗条的树直又直，

要想哪朵摘哪朵，

爱上哪棵砍哪棵。

啊乌义呀!

发卓好男好女是地养还是水育呀，

好山好水养育百兽满山坡，

发卓是个狩猎的好地方。

火种的荞子有树高，

鸟儿难分树和荞，

一个南瓜熊吃了一半，

还可挖空来隐身。

一包玉米野猪吃了一半，

还够一人饱餐一两顿。[①]

　　经过如此这般的渲染后，乌撒苗族陆续迁往发卓，再加上被发卓土司视为奴隶的苗族勤劳朴实，允诺苗族随来随收，并说："我土司有的是土地，你们瞧上哪里就分配给你们。"自此之后，约有120多人由黔西北出发经东川、寻甸、禄劝、W县桥镇抵达 W 县发卓。

　　有关史书记载苗族在滇中、滇东北的活动很多。道光年间（1821—

---

① 转引自楚雄州人大常委会、楚雄州民委编《楚雄苗族史略》，云南民族出版社 2005 年版，第 26—28 页。

1850 年）及以后修撰的志书均多有记载。如《路南县志》:"路南向无苗人,自清光绪初年,始由昭通迁入十余户,至今成为土著矣。其种类有独角苗,男女皆梳髻于额前,以花布缠之,其形如角,有木梳苗,男女插一木梳于发,故皆以其状名之。饮食皆用木勺,衣服短裤齐腰,皆粗布织纹,系筒裙……男吹笙,女振铃歌舞为乐。"《昭通县志》卷六载:"苗族原有三种,曰花苗、白苗,其居均傍依山溪,勤耕作,畏见官,然贯制弩箭,善射中。恒以此制毒蛇猛兽,家贫者因多为夷家佃,并能自织衣裙,花别其种类。"《禄劝县志》:"在县属六块,缉麻、兴龙、罗国等处山居,持鸟枪,弹无虚发,性佃地耕种,不置生产,自食其力,数年一迁,靡所定居,衣麻布和羊毛为之,女子未嫁时左右各挽一髻,嫁后额顶挽一髻,头白凤束发,缠垒如仰螺,人呼为犁头尖。"另《南诏野史书后》记载:"苗子,三苗之后,有九种,黔省最多,流入滇中者,唯仲家花苗而已。束发耳环,未婚者缚楮皮于额,或插鸡毛。女布冠套头衣,筒裙,皆用彩桃花布为之。每岁孟春跳月,男吹芦笙,女振铃唱和,并肩舞蹈,终日不倦。或以彩为球,视所欢者掷之,暮则同归,比晓乃散,然后议婚。节序击铜鼓,吹呐叭,聚赛神,书契惟数目字,及六十花甲子同,余不同。"①

　　苗民初始进入滇中境内,便成为土司的奴隶和佃户。他们必须承担繁重的差役和劳役,经土司允许,在其领地内的深山进行刀耕火种,并给土司看守山林,维持简单的生活。这一时期,苗族群众没有耕牛,甚至锄头、镰刀、砍刀等工具也极其稀少。他们没有进行市场交易的自由,凡猎获的兽皮均得上贡土司,不得私自处理,自养的少量鸡猪也不得上市交易。在这种情况下,苗区经济处于原始落后状态,生活极端困苦。

　　清同治六年（1867 年）,W 县境内彝族、汉族、回族各族人民反清起义斗争高涨,县内土司辖区的人民也开展了反土司斗争,为苗族群众摆脱土司统治创造了条件。苗族人民始由两土司统治区迁往 W 县境各乡以及附近县山区。当时苗族迁达的各县山区均在地主或土司的统治之下,苗族群众须向他们送鸡、羊、酒、钱等作押金,才能租种山区小块冷凉土

---

① 转引自楚雄州人大常委会、楚雄州民委编《楚雄苗族史略》,云南民族出版社 2005 年版,第 28—29 页。

地。租种形式、租额多少以及押金，都由地主或土司自行规定。苗族群众除了主要受地租剥削外，还得承担各种劳役，如在农忙时节，得先给地主、土司进行无偿的田间劳动，因而往往使苗族佃户的庄稼违误农时。逢年过节或遇地主、土司办婚丧喜事，苗民都得自带口粮去狩取猎物作奉献。若狩猎未获，就得变卖鸡、羊换取布匹去"挂红"。冬腊月间，地主、土司忙于串亲做客时，苗民要轮流为他们放牧。地主、土司到苗村，得杀鸡宰羊招待，还要承担草鞋钱、门户钱、耕地费、招待费、乡保费等苛捐杂税。这样，苗族群众辛苦终年，所得粮食不够糊口半年，只好靠挖蕨根、采野菜度日。

1905 年基督教传入滇中楚雄州境内苗族聚居区，多数苗民奉基督教。20 世纪 30 年代，云南省主席龙云在今楚雄州境内部分苗族聚居县调研后，兴办以苗族朱有林、朱有成、张德辉为首的"苗民团"，担任剿匪、保商任务，显示了一定的实力，使官府、地主对苗民作了一些让步，起到了保护苗民发展农牧业以及进行市场交易的作用。苗族人民利用自己的居住条件，发展了以羊、牛、马为主的畜牧业，使其耕佃的土地增加了肥力，作物产量有所提高，"赶山吃饭，刀耕火种"的习惯已有所改变，逐渐形成了较稳定的自然村落，也有了较固定的耕地。①

1949 年中华人民共和国成立后，实行平等、团结的民族政策，苗族改变了与人为奴、到处躲藏的历史，社会地位得到提高，成为国家的主人。随着土地改革的顺利进行，苗族分得了土地，部分苗族还在坝子中分得了房屋、土地，从山区搬住坝区耕田种地。苗族人民分得土地后，与其他民族和睦相处，安居乐业，携手共建家园。几十年来，随着经济文化的不断发展，苗族干部大批成长起来，还培养了一批大中专毕业生，有了自己的各类专业技术人才。随着农业科技的不断普及，旱地作物优良品种和先进技术的推广，苗区生产有了很大发展，人民生活不断改善，传统文化得到发扬光大。

---

① 杨和森：《楚雄世居民族的历史源流》，载楚雄州政协编《楚雄州文史资料选辑》（第十一辑），内部资料，1994 年印，第 192—194 页。

第二节 经济结构与日常生活

一 经济发展状况

新中国成立前，龙村等滇中苗族由于历史原因，形成了封闭的自给自足自然经济。粮食、畜禽、衣物等，都是以户自给自足。不足的部分，主要靠狩猎和采集各种植物来补充。[1] 新中国成立以来经过几十年的发展，情况已经大为改观，但因为自然条件等要素影响，生产生活状况与发达地区相比仍然是较为落后的。

分属10个自然村的龙村169户村民，均居住在山高坡陡的群山之中。这些山峦最高海拔2350米，最低海拔2130米，高寒冷凉，发展农业所需要的光热条件不佳。全村总耕地面积629亩，但均为旱地，只能发展旱地作物。全村有林地3000亩，人均5.16亩，户均17.75亩，少于周围村委会。由于村委会地处高海拔地区，所处山梁从地质结构上看是一个无水可取的区域，水资源严重缺乏。用水的问题成为制约农村经济发展的瓶颈，给村民生产、生活带来了极大困难。随着近年来连续干旱，这一问题更显突出。由于人均耕地较少，又都是山坡上的旱地，既无法进行水稻栽插种植，也难以大规模发展烤烟产业。

基础设施上，除了村委会所在地的村子前些年修建了一个集市，并对贯通本村的公路进行了水泥浇筑外，其他几个村子都是位于方圆几公里的山坡上，所到之处大都为土路，"天晴一身灰，下雨一身泥"，出行不便。家家户户的房子被绿树掩映着，低矮简陋。潘年英对贵州高坡苗族村寨自然环境、生活贫困与人们的精神状态的描述与我看到的龙村情况是较为相似的，尽管他所描述的已经是20世纪90年代的景象了："大凡到过高坡的人，都不难获得这样一种印象：山高路险，谷深坡长；气候多变，土地贫瘠；在绵延起伏的喀斯特地貌上，田园点缀其间，而庄稼生长艰难；炊烟升起，村庄出现，仔细看时却不过是几间低矮简陋的草房，房内四壁空空，而人畜同室，他们睁大着一双善良而沧桑的眼睛，打量着来访者。毫

---

[1] 历史上，用蕨根来制取淀粉度荒年养命，是苗族生活的一大特点。因此苗族对蕨草有特殊感情，把它镶在花衣上，人死后还用它垫在死者头下作枕头，作为殉葬品。

无疑问，这儿给人印象最深的东西就是贫困。贫困，似乎也成了当地最醒目而显著的风景。"[①] 龙村的面貌与这些描述有相似之处，每一个到龙村的人，都会对龙村人的贫困感触颇多。

从种植结构看，长期以来龙村粮食作物以玉米、小麦为主，经济作物以烤烟为主，结构较为单一（见表 2-1）。

表 2-1　　　　　2010 年龙村村委会粮食和经济作物种植情况

品种	面积（亩）	产量（公斤）
冬小麦	300	2.1 万
玉米	407	14.7 万
大麦	50	0.3 万
烤烟	226	3.6 万
早青豌豆	288	8.5 万
扁豆	56	0.4 万
马铃薯	15	0.5 万
油菜籽	10	0.1 万
蔬菜（含菜用瓜）	315	2.3 万
野生药材	不详	650
野生食用菌	不详	600
核桃	630	450
花椒	40	120

数据来源：桥镇农经站统计表册和对村委会干部的访谈。

烟草产业是整个滇中地区的支柱产业，也是当地农户增收的主要途径。无论是坝区，还是山区，种植烤烟都是当地农户一年当中的重要工作。前几年，烟苗要到芒种时节才开始移栽，这两年提前了，每年春节过完，就要开始准备整地，等小春收了以后就要抓紧时间打塘、理墒，立夏节开始移栽，到小满节就基本栽完了。所以，每年这些时候，都是当地农民很忙的时节。为了扶持烟叶种植，烟草公司还对种烟农户进行资金和物资补贴，改善他们的生产设施和生产条件，保证烟草种植需要。这些年来，烟草产业的发展帮助不少农户增加了收入。

粮食生产产量有限，很难有剩余，而烤烟种植对土地、水资源甚至人

---

① 潘英年：《百年高坡》，贵州人民出版社 1997 年版，前言。

的素质的要求都较高，加之作为"夕阳产业"，未来能否持续发展，人们心里是没底的。由此，如何找准、培植可行的"支柱产业"就成了龙村村委会的首要任务。2009 年，在上级扶贫单位和镇上的支持下，村委会组织了全村村组干部到附近经济发展先进县参观。在三天的时间里，他们到了一个核桃种植大县观摩核桃种植，到另外一个县参观畜禽养殖和早青豌豆种植，所看到的景象让大家很受启发。回来后，村委会在镇里的帮助下，决心把核桃、家畜养殖和早青豌豆种植作为未来村三大支柱产业来加以培植。但目前看，它们都还不成气候。从核桃种植看，由于起步较晚，目前龙村仅有 630 亩尚未到丰产期的核桃树，产量较小，还没有产生较大经济效益。但该村海拔高，气候冷凉，具有发展核桃种植适宜的自然条件，今后借助政府对核桃产业发展的政策扶持，积极学习核桃种植技术，不断扩大种植面积（达人均 1 亩），是可以在未来 5—10 年把核桃种植业打造为年产值达 600 万元以上的新经济增长点的。目前该村大多数农户都已经开始种植核桃，还有一户农户向附近村子购买了 250 亩荒山，种植核桃树 2300 余株，成为该村委会第一家核桃种植大户。从家畜养殖看，还未形成规模，这和滇中不少山区村落已经出现的不少家庭每户养殖黑山羊五六十只、生猪上百头的情景形成了鲜明对比。全村现有黑山羊约 1600 多只，户均养殖约 10 只，有的家庭连 1 只都没有养。2010 年生猪存栏数仅为 300 头，仅限于家庭自食为主，无法实现商品化，经济效益较为有限。从早青豌豆种植看，见效倒是较快。近年来，村民们看准早青豌豆适宜当地生长、经济价值显著的特点，大力种植早青豌豆。早青豌豆最大的好处是不挑田地，可以在荒山上撒播种植。从每年七、八月份撒下种子就无须管了，不必浇水施肥，任由它生长，到年底即可收获。由于收获于冬季，所以在市场上较为走销。村民们认为，种植豌豆不必像种植烤烟一样工序繁多、费时费力，所以都较为愿意种植。2010 年全村种植早青豌豆 288亩，实现收入约 15 万元；2011 年种植青早豌豆 320 亩，实现收入约 20 万元，户均收入 1180 多元。可以说，早青豌豆已逐步成为该村农民增收的一项支柱产业。但是，从目前情况看，龙村的产业发展还有很长的路要走。

从农民收入来看，2010 年末该村委会农民人均纯收入为 1926 元，人均有粮 296 公斤，农民人均纯收入在 1196 元以下的贫困人口约还有 1500人，占总人口的 26%，其中有困难党员 7 户，困难群众 49 户。而根据2011 年 11 月国家扶贫开发工作会议的精神，决定将农民人均纯收入 2300

元作为新的国家扶贫标准。按照这个标准衡量，龙村绝大多数村民都属于"贫困人口"。

从目前情况看，龙村还是一个典型的匮乏经济村落。费孝通指出："匮乏和丰裕，并不单指生活程度的高下，而是偏重于经济结构的本质。匮乏经济不但是生活程度低，而且没有发展机会，物质基础被限制了；丰裕是指不住地累计和扩展，机会多，事业众。在这两种经济中所养成的基本态度是不同的，价值体系是不同的。在匮乏经济中主要的态度是'知足'，知足是欲望的自限。在丰裕经济中所维持的精神是'无餍无得'。"[1] 龙村上述多种经济结构现状都说明其经济发展的滞后、经济结构的单一以及人们生活水平的低下。

除此而外，也许更应该引起注意的是，龙村人生活方式的特点。梁漱溟曾经指出："中国式的人生，最大特点莫过于他总是向里用力，与西洋人总是向外用力者恰恰相反。"[2] 龙村人的生活态度也是一种"向里用力的人生"。长期以来，龙村人对外交往不多，商品经济意识淡薄，运用新技术、新措施进行农业生产的气氛不浓，致富能手和致富带头人缺乏。同时，群众文化知识水平不高，人员素质较低，村民学历以初中以下为主，到目前为止，全村尚未出过1名大学生。人们的眼光局限于村落里、大山中，乐天知命，对物质上的要求不多，温饱解决以后就很少有其他想法。田里的活计本来也就不多，加之又不想到外面去打工挣钱，人们的日子显得缓慢、闲适，但也有少数人染上了喝酒的嗜好，借喝酒打发日子。

按照有的学者的判断，当今大多数中国农村已经进入了一个"社会化的小生产"[3] 阶段。尤其是自20世纪90年代以来，随着市场经济的推进，全国很多地方的农村都出现了乡镇企业大发展和农民进城的打工潮，很多农民农闲时在外打工，甚至一年到头都在外面，只是到农闲时回村。打工带来的收入已经成为家庭收入的重要部分。这种家庭生产模式自20世纪80年代就已经在中国出现，黄宗智把这些正在工业化的村庄称为

---

[1] 费孝通：《中国社会变迁中的文化症结》，载《乡土中国》，上海人民出版社2006年版，第119页。

[2] 梁漱溟：《中国文化要义》，上海人民出版社2011年版，第185页。

[3] 徐勇：《村民自治的深化：权利保障与社区重建》，《学习与探索》2005年第4期，《新华文摘》2005年第20期转载。

"半农半工的村庄"①，后来他又将这种家庭生产模式称为"半耕半工的过密型生产"②。在中国内地发达地区农村，这种乡村工业化已经是一个很明显的趋势。在滇中坝区农村，农民大量进城打工也已经是一个不可逆转的潮流。然而龙村却维持着一个平静的村落状况，人们往往不愿向外发展，外出打工的人有一些，但不算多。2010年全村有22人外出务工，其中只有15人是长期在外的，外出务工收入较少。董磊明曾经指出，目前全国大多数村庄"已经绝非传统自给自足的小农村落，它们已经同外部世界紧密地联系起来了"③，但从龙村情况看，仍然保持着一个传统村落的基本面貌。

二 日常生活

目前，龙村的房子主要有两种：一种是土掌房。土掌房是滇中山区彝族、苗族等传统的居所，现在住的人越来越少了。土掌房四面是土墙，高一丈许，墙头上搭数十根耐压木料，上铺压条，盖上草或松毛，以防泥巴下漏，选用黏土筛去石子，和成稀泥糊上五寸厚，等水分半干，撒上黏土细面，用木板反复拍打即成。土掌房可避大风和防火。在改革开放之前，不少龙村人住在土掌房内。房内光线昏暗，视物不清。屋内的陈设简单，多数家庭很难看到像样的家具。火塘家家都有，但火塘就在堂屋里，做饭时烟熏火燎。

改革开放以来，村民的收入有了较大增长，居住条件也不断改善。在龙村，大多数村民都建盖了瓦房，尽管这些瓦房的规模都不算大。屋高一般在一丈以上一丈二以下，超过的视为不吉利。开间多在一丈或一丈二，如造屋一间为一栋，必须木柱两排或者墙抬梁；造屋三间为一栋，必须木柱四排，其他依次类排。起屋多是一层楼中柱居中，接近中柱称二柱，接近二柱称无柱。上挂承重，安行条，钉椽，盖瓦。中堂一间，照例开大门三个，周围筑土墙或封土砖。龙村人属于花苗，信奉基督教，在堂屋中一般不再供奉神龛（如是白苗，一半在中堂安神龛，用红纸写上"天地国亲师位"，两旁写"九天司命，太乙府君。求财有感，四官大神"。左写

---

① 黄宗智：《长江三角洲小农家庭与乡村发展》，中华书局2000年版，第291—292页。

② 黄宗智：《制度化了的"半工半耕"过密型农业（上、下）》，《读书》2006年第10期。

③ 董磊明：《宋村的调解——巨变时代的权威与纠纷解决》，法律出版社2008年版，第41页。

"堆金高北斗"，右写"积玉满南山"等字。初一、十五装香敬奉。)① 当然，龙村人的生活条件仍然是不尽如人意的，不少家庭像样的电器除了扶贫捐赠得来的电视机外，见不到冰箱、洗衣机等。家中陈设较为简陋，很少有沙发、衣柜等家具。

衣着方面，龙村人也是很有特点的。男人基本上汉化，除了节日或是迎接领导、外地来宾外，很少再穿民族服装。因为民族服装成本较大，穿戴起来也较为麻烦，而现在市场上的衣服都很便宜，几十元就可以买一身不错的衣裤，没有必要再去制作、穿民族服装。而女人的服装则保留了较多的民族特色。但女装也分便装和盛装，平时劳作着便装，节日喜庆和祭祀多着盛装。便装朴素洁白，以自耕自织的白麻布为衣料，苗语称为"绰罗"，苗族常把这样的衣服比作白马樱花。盛装苗语称为"绰鲁"，做工细致复杂，费工费时，是礼仪、聚会、婚嫁、喜庆不可少的礼服。盛装上的图纹有一种叫"绰鲁阿仰撒"，以蕨草为图案。这个花纹与苗族的自然崇拜有关。苗族在战争年代流离失所，为了生存，靠蕨草生存下来，蕨草嫩芽又名龙爪菜，蕨根含有高蛋白质淀粉，锤烂过滤、沉淀后，单独蒸或与米、玉米粉蒸熟，味美可口，所以，苗族为了报答蕨草恩德，将它绣在衣服上天天披在身上，并还有"搬家不离蕨草地"的谚语。除了这种花纹外，还有"绰鲁杂自埃加阻"等另外四种花纹。当以上几种类型花纹披肩织好后，便套缀于洁白麻布上。上衣的正中央缀有一四方锦，用七彩丝线精工绣上远古苗族京城"熬劳劳"即四方角城。苗族世代相传的服饰上，都印着或是绣着他们的历史，甚至还有他们祖先一路迁徙的印迹。白底蓝花的百褶裙上面那些蓝色的菱形花纹，象征了广袤的田野，而那些穿插着缝在其间的红色和黄色并行的条纹，分别象征了养育他们的长江、黄河。用传统的方法制作一套苗族衣裙，至少要半年的时间。首先是将采来的麻放在水里泡透，用手剥开、撕细，缠在手上纺成线，用织机织成布，再用草木灰水煮白。然后，按自己设计的花纹点蜡、染色，这所有的过程，包括裙子的皱褶，都是用手工来完成的。从整体看，与彝族服装中复杂的刺绣相比，苗族的服饰更以其染色的工艺见长。苗族的蜡染，堪

---

① 龙云泽：《W 县苗族生活习俗》，载楚雄州政协编《楚雄州文史资料合集》（第二卷），内部资料，2012 年印，第 513 页。

称染色工艺中的一绝。①

龙村人虽然世代居住于偏僻村落，但思想淳朴，讲究礼仪；特别注重对长辈的尊敬、对客人的欢迎。幼辈见到长辈，无论长辈是男是女、陌生或熟识，都必须说话诚恳，行为谦恭。如是行路相遇，幼辈要立定问好，目平视，双手放下，问候完毕方才辞别。平辈见平辈，用点头或握手招呼。长辈见幼辈，则一般行点头礼。如坐在堂屋中见有人进来，要立即起立让位。客人走时要出门相送，送得越远表示越亲热。和长者一路行走要让长者在前，和长者同桌吃饭要让长者坐上中位，等等。

在语言方面，龙村人日常生活中都是说苗语，用苗语作为交际用语。在基督教堂举行的活动中，从教职人员布道到教徒祷告、唱诗班唱诗等都用苗语进行。不过，现在大多数人都会说汉语了，遇到外面进村的人或者到外面办事时都可以用汉语进行交流。这些年，随着学校教育、电视普及以及对外交往增多，一些人（尤其是学生）已经能较为熟练地讲普通话。相比语言，在文字使用上村民们都是使用汉字，极少有人懂苗文，也很难见到用苗文印刷的书籍、报刊等。

第三节　家庭、亲属结构和姓名构成

一　家庭、亲属结构

家庭是社会的细胞，从家庭结构出发可以探知一个地区的社会经济和文化状态，对该地区的社会结构有更深入的理解。关于家庭结构，费孝通先生指出："夫妇只是三角形的一边，这一边若没有另外一点和两线加以联系成为三角，则被连的男女，实质上，并没有完全达到夫妇关系……孩子的出世才完成了正常的夫妇关系，稳定和充实了他们全面合作的生活。这个完成了的三角在人类学和社会学的术语里被称作家庭。在概念上家庭就等于这里所说的基本三角。"② 在这里，费孝通先生是用三角形来表示家庭结构及其演变，说明了父母、子女是构成家庭的基本元素。按照通常

① 杨爱萍：《用来咀嚼的风土人情》（散文集），云南民族出版社 2011 年版，第58—59页。
② 费孝通：《乡土中国　生育制度》，北京大学出版社 1998 年版，第163页。

的以家庭代际关系和亲属关系划分作为标准，家庭可以分为核心家庭、主干家庭、联合家庭和变异家庭。核心家庭是由父母及未婚子女组成的家庭；主干家庭是由两代或两代以上夫妻组成，每代最多不超过一对夫妻，且中间无断代的家庭，如父母和已婚子女组成的家庭；联合家庭是指家庭中任何一代含有两对以上夫妻的家庭，如父母和两对或两对以上已婚子女组成的家庭，或是兄弟姐妹婚后不分家的家庭；变异家庭是指不符合通常所理解的家庭概念的生活组织形式，如夫妻家庭、单亲家庭、隔代家庭和扩大家庭等。① 在传统中国乡土生活中，复合（联合）家庭是主要的家庭结构，但随着社会的发展，家庭结构也在不断发生变迁。有学者对中华人民共和国成立以来中国家庭结构变化进行研究后认为，"中国80年代初期的农村改革促进了农业发展，更是对农民生活领域的拓展，数千年婚姻家庭赖以存在的乡土社会受到全面冲击……就多数农村而言，20世纪80年代之前复合家庭基本消失，核心家庭成为占绝大多数的家庭类型。这些变化正是社会变革推动的产物。"② 另外，在20世纪90年代的一项调研报告中，已经表明在20世纪90年代初期核心家庭在农村家庭中所占比重已经高达60%以上；主干家庭则紧随其后，所占比重接近20%。③ 目前全国农村的总体趋势是家庭规模小型化，尤其是一些地区已经出现了明显的家庭关系的核心化。董磊明在分析豫南宋村出现的这一现象时，认为："'直系家庭的核心化'意义非常深远，它反映出基本的社会联接形式——亲子关系——以及农民的价值与意义系统正在发生着本质性的变化。"④ 他认为，根本的原因还是作为中国人终极关怀和信仰体系代替物的祖先崇拜和香火观念的衰落使大家庭尤其是直系血亲之间的凝集力日益松散，传宗接代的观念在年青一代头脑中渐渐淡薄。因此，"'直系家庭的核心化'与'香火观念的淡化'，说明了家族、血缘的宗教意义正在被

---

① 邓伟志、徐新：《家庭社会学导论》，上海大学出版社2006年版，第43页。

② 王跃生：《社会变革与当代中国农村婚姻家庭变动——一个初步的理论分析框架》，《中国人口科学》2002年第4期。

③ 马有才：《中国农村家庭的变迁》，《调研世界》1993年第3期。

④ 董磊明：《宋村的调解——巨变时代的权威与纠纷解决》，法律出版社2008年版，第45页。

消解，农民的理性化程度日益上扬"。①

龙村目前的家庭结构以核心家庭为主。造成这一情况的原因，主要并不是经济发展带来的观念转变，而是苗族传统社会的家庭观使然。在苗族传统社会中，盛行分家这一导致家庭核心化的做法。上代人除非自己没有生活能力，否则一般是不会与成年子女一起生活的。一些学者曾经从功能主义角度对内地家庭结构的核心化进行了分析，认为内地一些地方由于"子女对家长的生存依赖程度降低，家长难以抑制已婚子女的分家要求"②以及"打工经济、收入增加使得家庭成员之间经济上的互依性削弱，独立性增强；家长对家庭财产控制权削弱；社会舆论对分家的态度发生变化等"③，核心家庭日益普遍地增多。但在龙村，尽管当地经济不发达，家庭财力有限，外出打工人员较少，但家庭结构上却也呈现了大面积的核心家庭化。这一情况的出现，不是社会变迁的导致的，而是传统力量作用的结果。在苗族传统习俗中，一代人与一代人之间往往分门立户居住。

在龙村，主干家庭所在比例不大，而传统的联合家庭已经不存在了。一个家庭中如果有几个儿子，待他们长大成家以后，都会分家单独过日子。一般情况下，老人们都是单独生活，不会与子女们在一个屋檐下过日子。让子女们自立门户是苗族村落的通行做法。龙村分家程序并不复杂，一般也不会造成很大的矛盾纠纷，老人们的决定总能得到子女们的遵行，分开后的各家各户仍然保持着密切的联系和协作关系。龙村家庭结构的平稳、有序变动，体现了孝道、亲情等传统价值观在其中的作用。实际上，龙村是一个典型的简约社会④，其家庭结构及其变动反映了一种农耕社会的家庭关系的内在逻辑。

尽管村内家庭结构核心化，两代人也往往分灶吃饭，但相互之间的关爱并没有减弱。比如，村内仍然盛行尊老孝老的风气。在龙村，老人在家庭乃至全村都受到尊崇。我在龙村参加过几次自然村全村举行的聚餐活动，都看到相同的一幕：在酒席面前除了客人外就是全村的老人先入座，

---

① 董磊明：《宋村的调解——巨变时代的权威与纠纷解决》，法律出版社 2008 年版，第 49 页。

② 王跃生：《华北内存家庭结构变动研究》，《中国社会科学》2003 年第 4 期。

③ 赵顺喜：《适应于变迁——工业化冲击下的中国农村家庭结构》，《浙江学刊》1996 年第 5 期。

④ 丁卫：《复杂社会的简约治理——关中毛王村调查》，山东人民出版社 2009 年版。

待客人和老人都安顿好后，其他人才落座；遇到桌子不够，就等客人和老人吃完后，其他青壮年才能吃第二巡。除了吃饭外，龙村对老人的尊敬反映在生活的方方面面，如家庭大事的筹划、家庭纠纷的调解等。

如果把视线扩大到整个村落，从龙村村民的亲缘关系分析，我们可以看出村庄内部特殊而紧密的血缘关系。以龙村某村民小组（潘村）为例，该村民小组有人口17户、59人。据村内老人潘忠文①讲述，他们的祖上是从贵州威宁迁来的，起初在本县西部某地生活，后来看到这里无人居住，他父亲便带着他们三兄弟移居此地。他们三兄弟中，他和老三兄弟潘忠祥在龙村，二兄弟潘忠明在水沟村定居。潘忠文生有三个儿子：潘庆光、潘庆祥、潘庆才。三个儿子又分别娶妻生子，在龙村繁衍后代。按照滇中花苗旧有婚俗，实行男性支系为主导的亲属关系制度，本族一般不与外族通婚，所以，现在这一村民小组的人大都姓潘，并都具有亲戚关系。考察其余几个村民小组，情况与该村民小组大体相同。

在龙村，同一个家族的人一般居住在同一个自然村里。对这种聚族而居的传统，费孝通指出："无论出于什么原因，中国乡土社区的单位是村落，从三家村起可以到几千户的大村。"② 杨国枢认为，传统中国，家族成为"人生唯一凭借，家不只是生产单位与消费单位，而且是教育、休闲及宗教活动（一起崇拜祖先）的单位"③，而"家族主义的主要功能即在促进家族的和谐、团结、延续及昌荣，并以有效适存于直接或间接以农耕为主的生活形态及环境"④。龙村这种同宗相聚的村落特点，造成了每个村落不仅仅是一个熟人社会，而且是"亲戚社会"，这是一个分化程度很低的高同质性社会。在这样一个社区里，抬头不见低头见的都是沾亲带戚的人，都是一家人，还有什么不好说的。凡事讲情面，不走极端，高度重视和谐，为了和谐不惜忍让等成了人们处理人际关系的重要原则。这样的关系原则，是由几百年来的骨血关系所浸泡出来的，牢固而紧密，正如梁漱溟所言："吾人亲切相关之情，发乎天伦骨肉，以至于一切相与之人，随其相与之深浅久暂，而莫不自然有其情分。因情而有义。父义当

---

① 遵循学术惯例，本书中人名均为化名，非真实姓名。

② 费孝通：《乡土中国　生育制度》，北京大学出版社1998年版，第9页。

③ 杨国枢：《中国人的心理与行动：本土化研究》，中国人民大学出版社2004年版，第116页。

④ 同上书，第132页。

慈，子义当孝，兄之义友，弟之义恭。夫妇、朋友乃至一切相与之人，莫不自然互有应尽之义。伦理关系，即是情谊关系，亦即是相互间的一种义务关系。"①

随着社会变迁、计划生育政策的落实，村民生育观念逐渐发生改变，潘村从潘忠文算起的第四代、第五代以后（即在 20 世纪 80 年代以后），一对夫妇一般只生一至二个子女。这一趋势与学者研究的中国 20 世纪 90 年代以来农村普遍出现的生育下降的趋势是一致的。② 这一新情况将会对今后村内的家庭结构变化形成重要影响。

二 姓名构成

就滇中苗族而言，百年来一直有着自己的区别于汉姓和汉名的苗姓和苗名。苗姓对于每一个苗族人来讲都是固定不变的，都是自己父亲姓氏标志的延续，这是任何人都改变不了的。但是一个苗族人的汉姓，则可以不跟自己父亲的姓一样，而是根据自己的喜欢随祖规自己改姓，即每一个苗姓包含着二至三个不等的汉姓，人们的汉姓可以在其范围内自由选择；而苗族人的苗姓是永远也改变不了的，每一个苗族人从出生到入土都只能依据其父拥有一个固定不变的传上接下的苗姓，即使父亡而跟着母亲改嫁到他姓家族中或做上门女婿，自己和后代都不能改变其生父的姓，如果自己想擅自改变，社会也绝不会认可。比如村内张建华是另外一个村的男子，到潘村上门，与潘明芬结婚，他们所生女儿仍然姓张，叫张应慧。又如某女王某，在其丈夫张氏过世后，带两个儿子张明学、张明玉到潘村嫁给潘庆才，但这两个儿子的姓没有更改为随继父姓潘，而是保留生父的姓张。

滇中苗族都是以其苗姓确定汉姓，取汉名，在社会生活中使用。滇中苗族苗姓八大姓分别是：苗姓"卯娄"，为汉姓中的张姓和安姓的苗族人；苗姓"卯蚩"，为汉姓中的杨姓和刘姓的苗族人；苗姓"卯壤"，为汉姓中的马姓、龙姓和苏姓的苗族人；苗姓"卯介"，为汉姓中的李姓和罗姓的苗族人；苗姓"卯拉"，为汉姓中的潘姓、朱姓和赵姓的苗族人；

---

① 梁漱溟：《中国文化要义》，上海人民出版社 2011 年版，第 79 页。

② 正如王跃生所言："直到 90 年代，农村剩余劳动力增加，纯粹农业活动难以增收，多数农民在农业之外又缺少发展机会，这些现实问题使不少农民深感降低生育数量、提高子女素质的重要。中国人口控制工作进入相对良性发展的阶段……"——王跃生：《社会变革与当代中国农村婚姻家庭变动—— 一个初步的理论分析框架》，《中国人口科学》2002 年第 4 期。

苗姓"卯董"，为汉姓中的陶姓和吴姓的苗族人；苗姓"卯当"，即汉姓中的王姓和汪姓的苗族人；苗姓"卯爷"，即汉姓中的韩姓和袁姓的苗族人。

每一个苗族人都有自己的苗姓和苗名，姓和名分别担负着各自不同的功能，苗族的姓是一个群体的指称，是用来区分群体的符号，而名是个人的指称，是用来区分个体的符号。换句话说就是一个姓氏代表一群人，而一个名字只代表一个人。但是，苗族的姓和名是分开使用的，从来不连在一起使用。苗姓只是作为有血缘关系的同祖统一体的标志，说明同姓的人们都是由一个共同的祖先繁衍下来。苗名才是作为人们日常生活中对其一个人的称呼，严格意义上讲，苗族的苗名就是小名。苗族人在起名方式上，喜欢起一些吉祥如意、寄托美好愿望、表达对美好生活向往的名字。

现在的苗姓和苗名，与产生之初相比，发生了不同程度的变化。例如：在 100 年前，随着基督教的传入，部分苗族人信仰了基督教，有的还起了一些基督教色彩很浓的姓名，如：张马可、杨马太、龙约翰、王摩西等。而最近几十年来，部分女子嫁给了其他民族，部分男子娶了其他民族的女子为妻，按照国家政策规定，子女的族别可以随父亲，也可以随母亲，而按照苗族的风俗习惯，孩子的姓只能随父，这样，这个孩子的父亲虽然不是苗族，但是孩子在报民族成分时有可能报了苗族。这样，滇中苗族的姓氏已经不再局限于上述八大姓了，正在展现出逐渐扩大的趋势，这是社会发展的必然，也是民族团结融合的标志。

第三章

纠纷观念、村落权威和村落秩序

与内地发达地区农村正在发生着明显的社会转型的情况相比，龙村是一个变化很少的地方。长期以来，由于地理环境的闭塞，商品经济发展的滞后，以及人们思想观念的浓厚传统，形成了龙村的平静和安宁。一百多年来，龙村等地的花苗们在滇中群山之中繁衍生息，演绎着自己独特的文化，村落中人们依循自己独特的心性和逻辑而生活着，形成了具有特点的纠纷观念、村落权威和村落秩序。

第一节　村民的纠纷观念

"涉及纠纷解决的社会观念，包括一个社会的文化传统、习惯，国家的社会治理理念，公众对于纠纷的态度及其价值评价。"[①] 在这其中，公众对待纠纷的态度及其价值评价具有重要研究意义，因为它"不仅直接影响着社会纠纷解决机制的建构和运行，也对具体当事人及其解纷过程产生重要的支配作用"。[②] 而根据人学家的研究，不同社会的人对于冲突和纠纷的态度是不同的，"不同社会在被认可或容忍的行为种类方面，以及在其可接受的紧张状态与争吵的数量方面大相径庭"，"在有些社会里，和平与安静可能比其他任何事情都更受推崇，但还有些社会里，争吵可能得到公开的珍视"。[③] 在龙村，人们对于冲突和纠纷持一种否定、排斥的态度，人们在长期的生产、生活中形成了一种以和为贵、耻于诉讼、好面

---

① 范愉：《纠纷解决的理论与实践》，清华大学出版社 2007 年版，第 75 页。

② 同上书，第 76 页。

③ ［英］西蒙·罗伯特：《秩序与争议——法律人类学导论》，沈伟、张铮译，上海交通大学出版社 2012 年版，第 18—19 页。

子等心理和观念。这些观念，对于龙村"无讼"状态的形成具有重要影响。

一　以和为贵

苗族是一个古老的民族，在长期的生生不息的繁衍中，创造了灿烂的文化。其中，以和为贵的思想就是苗族处世哲学的重要体现。要讨论苗族以和为贵的文化传统，应该从苗族的哲学思想中找寻。

滇中苗族是迁入该地较早的外来民族，留下了不少反映迁徙、古战争、劳动生活的古歌谣。从这些古歌谣当中，我们多少可以看出苗族早期的处世哲学。比如，在龙村所在的苗族地区流传着一首歌谣——《公鸡唤太阳》：

> 六个匠人来自六个地方，
> 六个匠人个个一样高大，
> 六个匠人个个一样强壮，
> 六个匠人个个本领一样高强，
> 六个匠人个个都会打铁。
> 炉火烧得旺，
> 铁块烧得像栗碳一样红，
> 六个匠人夹着红彤彤的铁打呀，
> 锤声叮当叮当地震响，
> 打得一把长刀给约亚挂在腰上。
> 约亚把长刀挂在腰上，
> 去箐底砍棵哩筋树。
> 哩筋树砍来做什么？
> 砍来做成弓弩。
> 做得一把硬弓扛肩上，
> 去射那太阳和月亮于水底下。
> 太阳和月亮都不敢出来，
> 天地黑沉沉。
>
> 太阳和月亮都不敢出来，

约亚要去犁地无光亮，
约亚点起长火把绑在牛角上，
吆来大花牛去犁地。
天地黑沉沉，
约亚要去赶街看不见光亮，
点起长火把绑在马鬃上，
骑着大红马去赶街。
天地黑沉沉，
约亚无光明很恼火，
约亚问世间的人们，
世上什么东西嗓子最大？
世上的人们都说道：
大花牛的嗓子最大。
约亚使大花牛去唤太阳，
大花牛的嗓子太大，
太阳和月亮都不敢出来，
太阳和月亮实在坏。
约亚又问什么东西嗓子最尖？
世间人们都说道：
大花老虎嗓子最尖。
约亚使大花老虎去唤太阳，
大花老虎嗓子太尖，
太阳和月亮都不敢出来。
土地黑沉沉。
约亚又问世间什么嗓子最柔和？
世间人们都说道：
公鸡嗓子最柔和。
约亚抱大红公鸡去唤太阳。
公鸡睡到下半夜，
张开翅膀扇三扇、叫三遍。
太阳和月亮听见了，
叫一遍太阳和月亮羞答答从天边冒出来，

　　叫两遍天放明亮光洒暖，

　　叫三遍天晴日光照朗朗。

　　约亚和世人心潮激愤归平静，

　　约亚提议人们送一件礼物给公鸡做纪念，

　　世间人们都说道：

　　公鸡长着一身毛，

　　我们一把红木梳给它做纪念。

　　公鸡接过红木梳不会插，

　　把梳背对着它的后脑壳，

　　把梳齿对着天。

　　这首古歌谣除了反映了许多民族古歌谣、创世诗的共同的主题，即除了对太阳、月亮等大自然的依赖以外，还传达出了一种亲近自然、靠和睦才能得到太阳和月亮等大自然的福佑的思想。凡事都要讲究方式方法，要以诚恳的态度对待自然和别人，通过和风细雨的协商才能办成事。一味地任强使性，只会引起别人的反感和抵制，是难成大事的。

　　其实，这种主张以和为贵、遵循自然规律的思想在苗族早期哲学思想中有很集中的体现。苗族先民提出了"云雾"是万物本源，世界统一于"云雾"的假说。《苗族古歌》中的第一首《开天辟地歌》对宇宙的形成用对唱问答的方式进行层层盘问后，最后追溯道："云雾生最早，云雾算最老。"① 云南文山壮族苗族自治州文联编的《民间长诗集·苗族古歌》第一章第一节"天地"中说："远古的时候，天是这个样：混沌一团气，滚滚翻新浪。远古的时候，地是这个样：模糊一团泥，摇摆又晃荡。"② 湘西的苗族《古老话》中说："天气化成授媚若，地气化成各薄港搜，从那时起，万般事物才具备了生成的条件。"③ 上述这些都表明，天地万物产生以前，这个宇宙只是一团团云雾，然后云雾化生出了天地万物，云雾变成了白色泥和黑色泥，白色泥变成了天，黑色泥变成了地，人类才得以

---

　　① 贵州省民间文学组整理，田兵选编：《苗族古歌》，贵州人民出版社 1979 年版，第 7 页。

　　② 云南文山壮族苗族自治州文联编：《民间长诗集·苗族古歌》，转引自石朝江、石莉《中国苗族哲学社会思想史》，贵族人民出版社 2005 年版，第 27 页。

　　③ 湖南少数民族古籍办主编：《古老话》，龙炳文、龙秀祥等整理译注，岳麓书社 1990 年版，第 375 页。

出现。

苗族先民还有着万物同根的思想，即认为自然与人类同一、人与兽同源。他们认为，他们的始祖蝴蝶妈妈——妹榜妹留是从枫木中生出来的。她出生以后，受到了日、月、星星、春风等自然万物的眷顾。《苗族古歌》这样唱道："妹榜出生了，妹留出生了，石头来盖她，岩窝来装她。春风抱呀抱，日月哐呀哐，妹榜快快长。""月亮拿鱼网，星星拿虾扒，顺着河边走，打得鱼和虾，煮给妹榜吃，妹榜笑哈哈，煮给妹留吃，妹留笑哈哈。"在自然万物的照顾、爱护下，妹榜长大了。《苗族史诗·蝴蝶歌》叙述了她和河水中的小水泡谈情说爱、繁衍人类及其他动物的过程："她爱小水泡，会说又会唱，长得又漂亮"，于是同水泡"游方十二天，成双十二夜，怀了十二个蛋，生了十二个宝"，即孵出了各种动物和人类的始祖姜央。

所以，在苗族先民的眼中，宇宙是一个整体，宇宙间万事万物都出自云雾这个本源，不仅是人类，而且是各种物种间都有着血缘上的联系。人类统一始祖是姜央，动物（包括人类）的始祖是蝴蝶，而动物、植物则来源于枫香树。人和动物、植物乃至没有生命的自然物好像都是一个家庭的不同成员。

苗族先民这种自然与人类同一、人与兽同源的思想，体现了一种宇宙间万事万物和谐相处的思想。老子言："人法地，地法天，天法道，道法自然。"提出了要顺应自然的思想，即认为人们应该遵循自然法则的要求，如此才能建设一个美好的社会。苗族先民的思想与老子的思想具有同一精神实质，"这种天道（自然）和谐的思想，可以说代表了我们传统文化的宇宙观，因此它一经形成，便对此社会、民族和文化产生深远的影响"。[①] 所以，英国学者李约瑟也认为："古代中国人在整个自然界寻求秩序与和谐，并将此视为一切人类关系的理想。"[②] 由于"天道本和谐，因此人道亦平和。倘有人涉身于冲突，那必是偏离了人道，偏离了人道之所本的天道"[③]，因此，维持和谐的人际关系具有形而上的意义，关乎天道的遵循，应该成为人们处理人与人之间关系的最高准则。

---

① 梁治平：《寻求自然秩秩序中的和谐》，中国政法大学出版社 2002 年版，第 208—209 页。

② ［英］李约瑟：《李约瑟文集》，辽宁科学技术出版社 1986 年版，第 338 页。

③ 梁治平：《寻求自然秩秩序中的和谐》，中国政法大学出版社 2002 年版，第 214 页。

同时，由于在苗族先民的眼中，世间万物都是同源的，人与人之间，甚至人与自然之间具有亲缘关系。亲缘关系带来的是人们心中的亲近，因此人与人之间、人与自然万物之间应该互相依赖、和睦相处。

此外，在《苗族古歌》中，有关于为他人考虑、造福后代的思想表达，这反映了苗族先民注重和谐的伦理道德观。《古歌》讲到金银走时："金子留下根拐杖，搁在那个拗口上，后来变一棵直树，棵儿半抱粗大树，叶子就大如斗笠，遮盖荫凉大半汉人树下来休息，马到树下好拴鼻。"这些都反映了苗族先民们为他人后人利益长远着想的好心，表达了人们希望人与人之间互相顾及、和睦相处的愿望。而且这种愿望还惠泽到族与族之间的关系上。《苗族古歌》描写了各民族间团结互助带来的文化交融：苗族引进汉族先进的生产技术，由衷赞叹汉人有知识；苗族在迁移时又为其他民族留下小米种，等等。虽然民族间的矛盾不可避免，但相互间的团结合作是主流思想，《古歌》唱到的"汉人祝妈妈发财，妈妈祝汉人聪明"，表现了苗汉民族之间平等、和睦的关系。

其实，对于苗族的文化个性，有学者曾经指出，苗族文化是一种具有明显山林农业特征的温和文化，这是一种区别于北方平原农业文化、江南山水农业文化、蒙古草原农牧业文化和西藏高原农牧业文化的独特文化，是中华文化中的一枝奇葩。千百年来，浸润于这一文化中的苗族，与藏族、吉卜赛人、太平洋群岛土著等类似，都可以称为温和文化民族。[1]温和的文化，造就了苗族对和谐的珍视，以及善良、朴实的为人之道。

二　耻于纠纷

在滇中苗族人看来，人与人之间发生纠纷有违万物同根的思想，是一件羞耻的事情。他们虽然已不再像古代苗族先民一样忌讳纠纷，但总是希望纠纷越少越好，尽量避免与别人发生争执。

龙村人耻于纠纷的态度和做法，其背后实际上隐藏着龙村人的道德观。"深刻的道德信念比单纯合法性但没有其他因素的帮助使服从更有

---

[1]　游建西：《从苗族古歌看苗族温和文化的底蕴——值得深入认识的一种农业文化遗产》，《贵州社会科学》2011年第4期。

效"①，龙村人在内心道德约束之下，时时注意自己的言行。在他们看来，一个人为了利益而不顾一切地争吵是一种不体面的行为，尤其是如果这种争执是发生在本村村民之间的话，这种行为就更具有可谴责性。他们认为，一个有着良好品格的人应该是懂得谦让的人，不应该为了利益与人争吵不休。古来那些德高望重的人非但不会陷入纠纷，还会在别人发生纠纷时主动进行调解。龙村人是怕纠纷缠身的，与人发生纠纷，无论是否在理，陷入纠纷本身就说明了自己人品上的欠缺。一个人如是品德高尚，怎么会与人争利，又怎么会被人纠缠呢？因此，不与人发生纠纷是一个人在村内有良好品行的重要评价标准。

由于龙村人把纠纷看作不道德的行为，所以，与人发生矛盾时往往以忍让、回避的方式应对。在龙村，我发现一个现象，龙村人很少有人在村内高声吵架、高声骂人。人们有了争端时，虽然也会发生语言冲突甚至肢体冲突，但总能保持一种克制和隐忍。在争执时，似乎总是怕人听到看到，遇到有人来围观时，也往往能停下来不再相互指责。他们一般不会很夸张地到处大声诉苦，高声讲述自己的委屈，以求争取村寨舆论和道德支持。当有人来居中调解时，他们会很给面子，至少不再吵闹不止。在家庭生活中，两口子免不了会拌嘴、吵架，但他们都觉得这不是什么光彩的事情，从而把夫妻之间的争吵维持在私密空间内部。陈柏峰、董磊明在研究江汉平原家禽家畜侵害庄稼之争议解决行为的时候，指出了人们在庄稼受到牛、猪侵害的时候，最常用的方法是"声讨、'投人'和咒骂"，尤其是在"侵犯者"不明确的时候，村民常用咒骂的方式，宣扬愤怒于村庄公共生活空间。② 这种做法在龙村一般是不会出现的，如果谁做出了这样的行为，村民们都会认为他太"不识数"，为了一点事情吵闹于大庭广众之下，破坏了村内的和谐气氛和多年来共同生活形成的亲情和默契，实在是不懂得人情世故。

由于以纠纷为耻，使龙村人在生活中尽量避免与人发生纠纷，即使纠纷无可避免地发生了，也通常采取协商、和解、调解等方式解决，很少采取诉讼的手段让纠纷公开化，使自己与对方当事人严重对立。人们对于把

---

① ［美］劳伦斯·M. 弗里德曼：《法律制度——从社会科学角度观察》，李琼英、林欣译，中国政法大学出版社 2004 年版，第 143 页。

② 陈柏峰、董磊明：《村民行为、内生规范与村庄生态——家禽家畜侵害庄稼之争议解决的实证研究》，载徐昕主编《纠纷解决与社会和谐》，法律出版社 2006 年版，第 167 页。

纠纷拿到法庭去审理、裁判持抵触心理，觉得这是很失面子的行为，所以不少人有着"饿死不做贼，屈死不告状"的思想。这种"无讼"心理，导致其他一些对诉讼的拒斥心理。正如有学者指出的，"由于崇尚无讼，随之而来的必然是厌讼、贱讼……"①

对于诉讼的厌恶，并不只是滇中苗族村民的心理，也是我国几千年来的传统观念。"耻讼"和"厌讼"在中国有着深远的历史渊源，是中国人的传统，所以《易经》云："讼，则终凶"；《论语》也说："听讼，吾犹人也，必也使无讼乎。"② 在中国传统社会里，无讼是社会稳定有序的必然要求，盛行"畏法厌讼"的传统思想，认为理想的社会是"无讼"，诉讼是"民风浇薄"的表现。历代政府为了维护社会的稳定，不仅限制诉讼而且对诉讼代理也进行限制。成文法对诉讼作了严格的规定，讼师长期遭到打压，这些做法只为一个目的——减少诉讼。"州县官为民父母，上之宣朝廷德化，以移风易俗；下之奉朝廷法令，以劝善惩恶。……由听讼以驯至无讼，法令形而德化与之俱行矣。"③ 上法庭打官司的人，会被人视为不道德的小人。《大清律例》即把那些使良民涉讼的人统称为讼棍和讼师。而"在乡土社会里，一说起'讼师'，大家会联想到'拨弄是非'之类的恶行。做刀笔吏的在这种社会里是没有地位的"。④ 在传统观念影响下，当代中国社会的诉讼案件数量与西方国家相比仍然处于一个较低的水平。据统计，2008 年至 2010 年，各地方法院总共受理的民事案件共1955 多万件，相当于每年每 10 万人口 460 余件。而这仍远低于西方发达国家20 世纪 70 年代的水平，美、英、德等国家在每 10 万人口中受理的民事案件均超过 2000 件。其原因在于西方盛行"泛讼主义"的法律传统，人们往往习惯通过法院来解决纠纷。从中西方的对比即可看出，与西方呈现的"诉讼爆炸"不同，在普遍中国人心目中，诉讼是不名誉、不

---

① 张晋藩：《中国法律的传统与近代转型》，法律出版社 2005 年版，第 270 页。

② 《论语·颜渊》，程昌明译注，山西古籍出版社 1999 年版，第 131 页。

③ 清朝《钦颁州事宜》，转引自张中秋《中西法律文化比较研究》，南京大学出版社 1999 年版，第 336 页。

④ 费孝通：《乡土中国》，北京出版社 2009 年版，第 80 页。

光彩的事,凡遇到纠纷,尽可能私了或民间调解。①

三　不喜争利

龙村人对纠纷的耻辱观念,与他们看重人情往来、轻视商业行为有很大关系。轻视商业行为,是不少苗族地区人们的普遍观念。"居住在山区的苗族,由于历史上长期过的是游猎、游耕生活,形成了较强的群体观念,因此,人们在现实生活中,重义轻利的价值观念十分普遍。"② 他们认为经商的目的是赚取利益,而这种利益的取得往往并不是通过勤勤恳恳的劳动获得,很多商人巧言令色、诡计多端,违背了做人应该诚实不欺的祖训,实属令人不齿的行为。在他们眼中,不顾人情地斤斤计较,进而为了现实利益与人争吵打闹的人与经商者有相同之处,都是为了获取利益。为了利益不肯让步因而相互起冲突,进而影响人与人之间和谐关系的行为,是一种羞耻的行径,有违村落道德的内在要求和村内温情脉脉的人际关系运行准则。大家都是乡里乡亲的,抬头不见低头见,又都是沾亲挂戚的,没有必要算得这么清楚。那些在利益面前仍能以亲情、友情为重的人,才是做人的楷模。

人情与市场经济社会中的权利观本身就有一种紧张的关系,而龙村人多年来又是那么重人情,因此,也许在龙村人看来,现代社会那么极力鼓吹权力,甚至要为权力而斗争,实在大可不必。由于对利益的淡薄,对人情的看重,龙村人具有较为"糊涂"的处事方式,对很多事情,在外人看来是大事,但在龙村人看来并没有什么大不了的。如果是别人冒犯了自己,自己大可不必锱铢必较,非得讨个说法。比如,龙村人开馆子、做生意等允许别人赊账,很多情况下也不写什么欠条,都很相信对方。如果别

---

① 不过,通过学者的研究,也发现中西之间对待诉讼的心理并没有那么大的差距。比如,通过梅丽的研究表明,在美国的低层社会中,人们也认为"频繁地上法院并非是一件很体面的事……把自己的婚姻问题或恋人问题带到法院的人,会被他们所居住的劳工社区中那些上了年纪的、生活比较稳定的居民所鄙视……把这些私密的、家庭的问题交给法院处理,会使私人事务成为街谈巷议"。并且对于是否上法院,以及上法院的意义的看法,会随着"民族、宗教、历史、阶层所构建的文化世界的不同"而不同,因此,"穷人和住在人口比较稠密的人最有可能上法院,而富裕、高度私人化的郊区的居民则不太可能把自己的个人问题交给法院处理"。——〔美〕莎利·安格尔·梅丽:《诉讼的话语——生活在美国社会底层人的法律意识》,郭星华、王晓蓓、王平译,北京大学出版社 2007 年版,第 64 页。

② 颜恩泉:《云南苗族文化的变迁》,云南人民出版社 1993 年版,第 206 页。

人家的牲畜践踏了自己家的庄稼，只要对方不是故意，似乎也不必大呼小叫。在龙村市场上，龙村人出来卖东西，不知道讨价还价，往往说的就是实价，不会有意把价格叫高一点卖，然后一点点往下降。还有不少龙村人卖东西时对于找补钱也十分相信买家，有时候甚至任由他们自己找补零钱。这种不善于"计算"的生活方式，无形中避免了很多计较和冲突。

不喜争利，不会算计，注重人情关系，是广大苗族地区的传统。在凌纯声、芮逸夫所著《湘西苗族调查报告》中，记载了苗族进行产品交易的情况："苗人不知经商，从前汉人携盐、布入苗寨易其土货，常有奸商，欺骗苗人。后官府禁止汉人入苗寨贸易，乃指定地点，兴立市场，每五日赶场一次，一月六次。"① 直到现代，苗族群众不知道做生意的情况仍然很普遍。有学者指出："几十年前，在云南、广西和贵州的一些偏远山区，还看到这样一种情况，少数苗族群众在与汉族进行交换时，将一大堆农副产品放在路上，物主或站在路旁，或隐藏在附近的山林里，过路人若需交换，就把苗人需要的物品（特别是盐和铁器）放在路上，而将农副产品取走，交换就算完成了。这种交换常常是不等价的，过路人1斤盐即可取走放在路上的10—20斤油桐。"② 纠纷的起因大都是利益争执，如果一个人淡化利益诉求，对很多事情不喜算计，也就是我们常说的不怕吃亏，那么纠纷就会少得多。

当然，龙村人这种古朴民风的存在，与龙村等滇中苗族村落的社会发展状况有关。回顾历史，在前资本主义时代，人们依附于人、物，个人权利受到极度压抑。权利意识的凸显和加强，一般发生在资本主义生产方式发展起来以后。权利是人们主体意识觉醒和摆脱封建桎梏的象征物，因此，权利是一种体现现代性的概念。权利和利益是紧密联系在一起的，很多时候，追求权利也即是追求利益。现代社会中，人们有着对权利和利益的更强劲的追求冲动，并且追求权利和利益并没有让他们觉得有什么道德上的内疚感，他们反而认为，追求权利和利益是符合天道人性的。由此，为了个人利益，人们可以诉诸法律、对簿公堂，这是自我权利实现的需要。"既然人天生自由，这种自由又来自人之作为人的自然禀性，那么，追求个人利益，满足世俗的欲望，就是合乎天道人性的。这种道德原则带

① 凌纯声、芮逸夫：《湘西苗族调查报告》，民族出版社2003年版，第45页。
② 石朝江、石莉：《中国苗族哲学社会思想史》，贵州人民出版社2005年版，第155页。

有明显的利己主义、个人主义、享乐主义，表现了个性解放和自由发财的愿望。本着这种人性论的人，当然会毫不顾及地主张自己在思想、财产以及参与政治方面的绝对权利。"① 而在广大乡村社会，尤其是如龙村这样的民族贫困村寨，经济文化发展滞后，农耕社会特征被明显保留着，熟人社会的人情法则比发达地区能得到更多体现，由此导致村寨日常生活中人们的不喜争利、看重人情等观念，"无讼"也能较为完整地得到呈现。

四 团结互助

随着市场经济的发展，外部的影响力日益增强并作用于中国乡土社会，引起了社会结构和人们思想意识的变化。所以，我们看到，在一些学者的笔下，在内地一些急剧变化的农村内部，随着经济发展、社会分层的发展，传统的人情准则逐渐退出了村庄生活中。如董磊明笔下的河南宋村②、陈柏峰笔下的鄂南陈村③、陈柏峰、郭俊霞笔下的皖北李圩村④、丁卫笔下的关中毛王村⑤等，然而，这种变化在龙村尚未出现。在龙村，为了帮助他人而付出无偿劳动是常有的事情。一个村子的人遇到谁家建房等大事，往往会不请自到来帮忙。这是一种村内无形的道德要求，这种情谊是无法用金钱来衡量的。在这个过程中，在一天的工作完成后，主人会招呼大家吃一顿饭，大家在一起喝几杯酒，其乐融融。

在龙村，由于没有大型机械，盖房子、修水窖等都需要大家一起相帮才能尽快完成。今年你帮我，明年我帮你，这会形成一种劳动力上的交换关系。这和"人情"（即赴婚宴时送的贺金）有一定相似之处，都有着日后得到回报的预期。所以，也许有人会认为这也是一种理性的交换行为，并不是那么无私，也非疏于算计。但实际上，根据我的观察，出于交换的需要而出手帮忙的情况确实存在，并且随着商品经济观念的发展，这样的人还在逐渐增多。但总体上看，在龙村这样一个民风淳朴的传统型村落，

---

① 夏勇：《人权概念起源——权利的历史哲学》，中国政法大学出版社 2001 年版，第135 页。

② 董磊明：《宋村的调解——巨变时代的权威与秩序》，法律出版社 2008 年版。

③ 陈柏峰：《暴力与秩序——鄂南陈村的法律民族志》，中国社会科学出版社 2011 年版。

④ 陈柏峰、郭俊霞：《农民生活及其价值世界——皖北李圩村调查》，山东人民出版社 2009 年版。

⑤ 丁卫：《复杂社会的简约治理——关中毛王村调查》，山东人民出版社 2009 年版。

大多数人还是出于一种朴素的互助心才主动出力帮忙的。这种现象的存在，反映了朴素的集体主义、平均主义仍然在龙村占有一席之地。①

　　苗族这种集体主义至上的注重团结的观念和意识的形成，与他们千百年来所处的环境和际遇有直接关系。应该说，人类早期的历史研究表明，注重团结协作是人类在从事渔猎等活动时候的一贯做法，这既是为了共同对付大自然的需要，也可以加深氏族和部落内部的感情和联系。当代人类学研究也表明，那些尚处于前工业文明时期的人群的团结协作是维护他们生产生活的重要因素。对于苗族来说，团结协作的集体主义的形成和延续，有着更为丰厚的历史土壤。千百年来，苗族饱受外族欺凌，经常面临着十分险恶的环境，被迫离开自己的家园流离失所。为了战胜险恶的环境生存下来，人们必须团结一心，共渡难关。苗族古歌《跋山涉水》讲述了一段苗族先民齐心协力克服迁徙中遇到的困难的故事：在一段路途中，"来到烂泥冲，黑泥淹齐牛肚，白泥淹齐马背，公公走不过去，奶奶走不过去"，于是大家齐心协力，搬来石头、木板填平了烂泥冲，使迁徙队伍顺利通过。后来又来到一条大河边，河水汹涌澎湃，先让"老弱坐在河边等，强壮上山去找树"，"大家把树子推下山，造成木船一排排"，"大家坐在船里划，人多力气大，把船拉过了险滩"，顺利到达了迁徙目的地。② 除了战胜险恶自然环境的需要外，苗族团结互助的集体观之形成与其民族传统文化有关，如有学者就认为湘西苗族"在处理群己关系上的重情重义、侠字当先的社会价值实际上是楚文化中重情重义文化传统影响的结果，这种重情重义的价值取向，就是湘西苗族助人为乐的集体观的体现"③。滇中苗族身上也有着苗族优秀传统文化的因子，传承着千百年来重情重义、助人为乐的精神，这是滇中苗族村落保持着团结互助风气的内

---

　　① 滇中苗族也有发家致富的人，但他们有了财富后，能够顾及村内较为贫困的人，帮助大家一起过好日子，甚至走上"共同富裕"的道路。如龙村附近有个苗族村发现铁矿后，一名苗族村民敢想敢干，通过艰苦创业开矿，拥有了千万资产。有了钱后，他带领大家一起继续发展，让全村都加入了矿产公司，很多人都拥有了股权。他每年出资帮助孩子上学、帮助困难老人度日，还带着大家一起在县城建盖了全村的别墅小区。

　　② 中国作家协会贵阳分会筹委会编：《民间文学资料》（第4集），内部资料，1959年印，第234—240页，转引自石朝江、石莉《中国苗族哲学社会思想史》，贵州人民出版社2005年版，第153—154页。

　　③ 段兴龙：《论湘西苗族传统伦理及其价值》，硕士学位论文，中南大学，2009年，第17页。

在原因。

苗族的习惯法中对于加强团结的规定比比皆是，如："兄弟不和金变土，全家不和富变穷"；"我们团结地方，我们团结村寨；穿衣同匹布，做活同一处；我们同走一条路，我们同过一座桥；我们转头在一起，立足在一处"；"注重团结，注重友谊。社与社之间，村与村之间，以团结和睦、无纠纷为荣；以破坏团结、搞纠纷为耻"；"同社、同村、同族人，要注重支持，爱做好事。红白喜事，互相帮忙，一家有难，大家互相帮。帮者纯属帮忙，不和主人讨价还价。特别是谁家遇到丧事或火烧房子，大家既要出力，又要捐款捐粮"。① 龙村的《村规民约》也规定："遵守社会公德，反对打架斗殴。维护邻里团结，家庭和睦，反对虐待老人和儿童，搞好邻里关系，做好扶贫帮困。"在黔东南，还盛行一种"分牛肉"的习俗，即如某一家的耕牛不幸死亡，全寨的人都主动去买牛肉，以帮助其挽回经济损失，使遭受不测的人家有能力重新购买耕牛进行农耕。这是一种朴素的互助行为，反映了苗家人维系村庄共同体的信念和乐于助人的风尚。

我从龙村村民的日常交往也看出，注重团结互助，除了体现在本村村民之间交往外，还体现在对外交往中。多年来，龙村及龙村人一般都能在与外村及外村人交往的过程中以诚相待，注重和睦，遇到对方有难处的时候都能出手相助。2009年，桥镇境内龙村附近的一个彝族村寨山林中发生了火灾，虽然当地村民和镇上机关干部全体出动，一天一夜仍然没能把火扑灭。于是龙村人全村紧急动员，青壮年全部上阵，妇女、老人则运送工具和饭食，经过一天的努力，与镇上其他人一道把明火全部扑灭。直到后来，我都听到镇上领导说，这些龙村苗族群众的帮助对于扑灭火灾起了很大作用，在扑火时很是勇敢，全村人又很团结，真是难得！

五　爱面子

中外学者都一再强调面子是破解中国人行为方式的极为重要的概念。如19世纪末的美国传教士明恩溥（A. H. Smith）认为，面子是中国人性格上的第一特征。德国社会学大师马克斯·韦伯（M. Weber）、美国心理学家帕森斯（T. Parsons）等都认为儒学中强调的面子观对中国人处理人

---

① 石朝江：《中国苗学》，贵州人民出版社1999年版，第195页。

际关系具有重要影响①。金耀基也认为："关系、人情和面子是理解中国社会结构的关键性的社会—文化概念。"② 翟学伟认为："在我看来……用中国词语中的'脸面'作为涵盖和解释中国人心理和行为的关键性概念是非常精当的。"③ 因此，面子在理解中国人行为中具有重要价值，对于研究纠纷解决而言更是如此，因为"面子决定了一个人的心理、生存态度和社会认识，纠纷解决正是展示面子文化的一个重要的场域"④。

面子"根本上是一种个人表现出来的形象类型而导致的能不能看得起的心理和行为"⑤，而苗族本就是一个注重道德修养的民族，历史上曾经出现过很多勤劳勇敢、乐于助人、善良友爱、孝老敬老的模范人物，时至今日，道德追求仍然渗透于龙村人的日常生活中，成为无形中指导人们行为的规范，使他们对于自身获得的社会评价十分在意，有着很深的面子意识。

龙村的面子观念有着自己的特点。相比于其他地方出现较多的互相攀比而获得更多更大面子的现象，龙村人更为注重"向内用力"，即"顾虑他人的意见，顺从他人的感觉，重视名誉和荣誉，让人感到他会做人，是很有面子的人"⑥。龙村人保留着较为传统的淳朴风俗，做事不喜欢张扬，对于经济条件低以及身体条件差的人不仅不歧视，往往还会加以关爱。如村子里不曾发生虐待老人的行为，从来没有乞丐。除了在喝酒、闲聊的时候会有一些相互抬杠以外，很少出现为了争面子而吹嘘自己、贬低别人的行为。龙村人做人低调，不喜显摆，当自己家获得了比别人家更多的钱财，或者获得了政府、村委会授予的表彰奖励，往往会觉得有些惶恐，觉得自己不配。不仅不会在众人面前高调炫耀，反而会对获得的钱财有意缩小，对荣誉不事张扬，并一再表示这都是运气。我在村里知道一个村民，花了 2 万多元钱向别人买了一辆二手小轿车，在村里引起很大的轰动。这

①　[德]韦伯：《儒教与道教》，洪天富译，商务印书馆 2002 年版；[美]帕森斯：《社会行动的结构》，张明德、夏翼南、彭刚译，译林出版社 2003 年版。

②　金耀基：《关系和网络的建构：一个社会学的诠释》，《二十一世纪》1992 年第 12 期。

③　翟学伟：《人情、面子与权力的再生产》，北京大学出版社 2005 年版，第 140 页。

④　易军：《面子与纠纷解决——基于法社会学的分析》，《西北民族大学学报》2011 年第 4 期。

⑤　翟学伟：《人情、面子与权力的再生产》，北京大学出版社 2005 年版，第 176 页。

⑥　易军：《面子与纠纷解决——基于法社会学的分析》，《西北民族大学学报》2011 年第 4 期。

是龙村的第一辆私人轿车，在这个家家户户都还只用得起摩托车的村子里，这无疑是很显眼的事情。该村民并没有炫耀自己的买车行为，面对别人的恭维话，他一再声明这只是二手车，并且还是借了一部分钱才买来的。还有一个村民，在集市上开商店做买卖，每年都要自办几桌饭菜，请村里人吃一顿饭。我揣测他这样做的用意，一来是联络感情，希望大家今后都来他家买东西；二来也是觉得做生意赚了一些钱独自享用是一件不太好的事情，希望通过请吃饭、喝酒的方式让大家觉得他很会做人，不要把他看成一个唯利是图、不顾亲情的人。

龙村人对别人看法的在意，对自己名声的看重，体现了一种以他人评价为取向的行为指导原则，是一种"耻感文化的表征"①，这种性格特征使他们在对待利益纠纷时采取一种超然的态度。当他们与别人发生争执时，往往为了获得正面评价而宁愿牺牲自己的利益。纠纷的发生一般都是因为在利益关系上出现了矛盾，日常生活中人们之所以"争吃打闹"，往往就是为了一些很具体的利益。因此，在发生利益纷争的时候，龙村人往往会互相做出一定程度的让步，这种让步的内在动力就在于为了获取村内村民们的正面评价。有了这样的评价，自己才是一个有面子的人，今后的日常生活中也才能得到大伙的信任，能在村寨生活共同体中与大家没有隔阂。别人家请客的时候，会邀请自己，自己家有难处的时候，别人也才会帮助。由于有了这样的"大度"和"大局"意识，村民之间的矛盾很多都能够自行和解，即使有的矛盾争议较大，所涉及的利益取舍超出了一般人所能不顾、不争的限度，因此双方无法达成一致，把争议提交村委会调解的时候，解决起来也比其他地方容易一些，如一方让步的可能性、让步的幅度等都可能会大一些。

由于对于别人看法的过度看重，有时候龙村人的这种面子意识也会导致在我们看来是"死要面子活受罪"的现象。比如，在村委会的调解中，村委会干部深谙村民们的好面子心理，往往会用一些夸赞的语言，诸如"你一贯是一个慷慨的人，大家都很敬重你"等，来满足当事人的虚荣心，让他们能变得更为大度和容人。这样，协议就较为容易达成。在调解中，往往男人们会显得更为大度，女人们则较为小气，但女人显得小气是

---

① 易军：《面子与纠纷解决——基于法社会学的分析》，《西北民族大学学报》2011 年第 4 期。

被村寨规则认可的行为，如果一个男人过于纠结于利益琐事，则会被人耻笑。因此，男人们内心的豪气往往会使他们在调解中"很有气质"地作出让步，而这种让步的代价是回到家后受到妻子的责备。冷静下来，男人们可能会有些懊悔，但碍于面子，是绝不可能再去反悔的。翟学伟引用鲁迅《说"面子"》一文中所举的一个人为了面子大打出手的事例后认为："中国人看重了面子就会出现不管自己是什么的可能，这时的要不要脸的问题已无足轻重，关键是证明自己有没有面子。"[1] 这足以说明，"面子是重道义轻功利伦理情趣的表征"[2]。实际上，龙村人为了获得乡村道德的正面评价而不惜作出一些有时候是意气用事的牺牲这一现象，揭示了滇中苗族村落面子文化的深厚性。

第二节　村落权威

韦伯把统治权威划分为传统型权威、魅力型权威、法理型权威[3]，这种分类大致对应于不同的纠纷解决主体。从龙村的实际看，按照这一分类，乡村生活中传统型权威就是家族中的长者、基督教会的牧师、长老等，魅力型权威则是乡村社区中的能人，而法理型权威应是各类官方、半官方的组织（如党组织、政府、司法所、派出所、法庭、调解委员会等）。也有学者将村庄的权威与秩序划分为三种类型：原生型、次生型和外生型。原生型权威主要是指村庄内的非正式组织和精英；次生型权威主要是指被体制、制度吸纳而获得力量保证的地方精英（即村、组干部）；外生型权威就是指介入村庄生活中的强大外在力量，主要是国家力量。[4]在龙村，国家力量（如政府、法庭、司法所、派出所等）是外生型权威，村中的家族长者、基督教教职人员是原生型内生权威，村委会组织为次生型内生权威。龙村村庄秩序的维护和纠纷的解决，有多种权威参与其中，在它们的共同作用下，龙村的秩序和解纷运作呈现出较为良性的状态。

---

① 翟学伟：《人情、面子与权力的再生产》，北京大学出版社 2005 年版，第 135 页。

② 燕良轼等：《中国人的面子心理》，《湖南师范大学教育科学学报》2007 年第 6 期。

③ ［德］韦伯：《经济与社会》（下），林荣远译，商务印书馆 2004 年版，第 277—278 页。

④ 董磊明、陈柏峰、聂良波：《结构混乱与迎法下乡》，《中国社会科学》2008 年第 5 期。

一　各级党和政府组织

尽管龙村传统势力和文化有着很深的影响，但是，国家政治力量已经是型构龙村秩序的第一推动力。经过新中国成立以来 60 多年的渗透，国家政治力量已经深入到龙村生活的方方面面，各级党和政府组织已然成为龙村生活中最不可忽视的权威。

龙村在过去几十年中，也和全国其他地方一道，经历了土地改革、人民公社化、包产到户、设立村公所、实行村民自治制度等各项政治和经济改革。经过几十年的熏陶，不少龙村村民从过去对国家、政治等一无所知的人，逐渐成为能够理解国家方针政策的人。这反映了国家权力及其政治意识形态对民众日常生活领域的渗透和影响。在新中国历史上，这种国家权力和意识形态的渗透力和影响力的突出表现是在极"左"路线横行的时期，"'文革'期间，社会生活的一切方面都被纳入国家控制的范围。与之相配合，国家权力通过对宣传工具的全面控制和利用，以红色暴力和红色恐怖震慑人心，以共同理想和公共道德进行诱导，自上而下地创造了一种'阶级斗争高于一切'，'革命高于一切'的意识形态，控制了全部公共生活和私人生活，目的是促使社会成员在思想上达到高度统一，远离一切异端思想和行为"。[①] 改革开放以来，国家权力对乡村的控制逐步减弱，到 20 世纪 90 年代后期随着村民自治制度的推行和 2003 年后农业税的取消，国家力量更是超乎寻常地进一步退出了村落生活。在中国两湖平原以及华北平原农村，随着国家力量的退出，甚至出现了乡村政治生活空心化以及黑恶势力如"乡村混混"等填补国家权力退出后的乡村秩序空白的现象。[②] 从龙村的情况看，尚未出现中国内地农村的那种政治空心化现象，国家政治权力的影响力仍然很强大地在村落秩序建构中扮演着重要的角色，对乡村生活产生着重大影响。党和国家的大政方针得以向村民推行，意识形态领域的宣传也得以在村民中进行。同时，各种电视、广播、

---

① 孙沛东：《裤脚上的阶级斗争——"文革"时期广东的"奇装异服"与国家规训》，《开放时代》2010 年第 6 期。

② 参看董磊明《宋村的调解——巨变时代的权威与秩序》，法律出版社 2008 年版；陈柏峰《暴力与秩序——鄂南陈村的法律民族志》，中国社会科学出版社 2011 年版；陈柏峰《乡村江湖：两湖平原"混混"研究》，中国政法大学出版社 2011 年版。

报纸①等也向村民们源源不断地灌输国家主流意识形态思想和政策、法律。除了意识形态领域的灌输外，上级党组织、政府和司法机关通过各种形式也在对龙村施加影响，进行管理。如镇综治办、镇派出所等对村内违法犯罪事件的防范和控制，镇司法所对村内进行的法制宣传和一些民事纠纷的调解，中心法庭对村内纠纷的审判等，另外，政府土地、林业、水务、农技、畜牧、税务等部门也对龙村有效实施着各项行政管理职能。凡此种种，均构成了维系龙村村内秩序的权威来源。

二　龙村村委会及其党总支、各村村民小组及其党支部

龙村村委会及其党总支、各村村民小组及其党支部是村内代表国家的半官方权威。本来，按照《村民委员会组织法》的规定，村委会是基层自治性群众组织，并非政府机构，但实际上，其受到了党组织和国家权力的影响和制约。村委会每三年进行一次换届选举，上级党委要求一般要实行村委会主任和村党总支书记"一肩挑"，都由一个人担任，除非村委会主任候选人不是党员（但这种情况很少见）；另外，村"两委"（村党总支委员会和村民委员会）组成人员尤其是书记、村长候选人一般都由乡镇党委提名，这样，镇党委和政府的意图就能够贯彻到村"两委"工作中。从龙村情况看，村委会一方面是龙村的自治性群众组织，另一方面也是镇党委、镇政府在龙村的带有代理性质的半政权机构。不过，比起许多地方出现的家族势力操纵村"两委"选举、贿选以及村干部横行霸道等情形，龙村从村"两委"选举到日后的村委会运作来看，都显得较为正常、有序，村民们对政府的向心力也较强。虽然在选举中镇党委的控制力是存在的，并有介入过多之嫌，但在龙村这样一个经济、文化落后，村民政治参与度较低的村子，这样的操作办法也许是一个"可以同情"的选择。

在实际运行中，龙村党总支委员会和村民委员会是一种"党政合一"的权威机构，在龙村政治生活中承担着重要的任务。在村"两委"的领导下，10个自然村的党支部和村民小组也按照这种模式组建起来，成为各自然村的政治秩序维护者。村党总支每年建党节前都要举行纪念活动，

①　滇中农村各村委会都有党报党刊的征订任务，每个村委会每年花费在党报党刊征订上面的钱达3000元左右。

开展上党课活动，村委会每年都要举办几期科技知识等培训班，同时还要举行几场篮球赛、文艺表演等活动。在龙村我看到一个可喜的现象，在全国不少地区因为村庄凝聚力的减弱，许多传统的文化活动都无法开展，甚至连公益事业都组织不起来的情况下，龙村的"两委"号召力还较强，每年都可以组织几次大型文体活动，也能对村内进行的各种公益活动进行有效组织。村"两委"在村内承担的公共管理职能，代表了国家的行政力量，正是由于他们的工作，使村民们对于国家有了直观的认识，并强化了对国家行政力量的信任。因此，从龙村的情况看，"村民们实际上生活在一张无所不在的行政化秩序的网络之中。相对于非正式和弥散的亲缘秩序，行政秩序对每一个村民的安身立命具有更直接、正式和普遍化的意义。无论村民们对他们自身与村庄和政府的关系会做出何种的评价，也不论村民自认为自己与村庄和政府的互动式频繁的还是稀疏的，他们实质上都无时无刻不在这张行政网络之中"①。

　　除了组织村民进行各项活动外，村委会还成立了治保会，承担着村内的综治创安工作，具体职责有：组织群众巡逻，做好防盗、防火、防治安事故工作；对发生在本村民小组内的刑事治安案件，及时向政府或公安机关报案，并保护现场，对犯罪嫌疑人予以监视、控制或扭送公安机关；掌握治安嫌疑人的情况，教育帮助轻微违法青少年，预防和减少犯罪；协助政府和有关部门做好群体性上访的息访工作；完成镇综治委交办的其他工作，等等。村委会也组建了村调解委员会，对于村内的家庭、邻里间的一般民事纠纷进行调解，对于重大疑难纠纷，在不能调解的情况下，负责向乡镇综治领导机构反映情况，并积极采取预防纠纷激化的措施。在龙村当前的权威力量格局中，可以看到的趋势是，家族族长、基督教教职人员等的权威和作用逐渐淡出村庄秩序，而村委会调解已经成为村内民间纠纷解决的主要方式。这与吴毅教授在川东双村所观察到的情况是一致的，"虽然村政自身的公共性权力能量较人民公社时期已经大大地减弱，但它却在调解和仲裁社区事务中发挥着独占性的作用"②。

　　在龙村，村委会虽然在法律性质上是一个基层群众自治性组织，但其

① 吴毅：《村治变迁中的权威与秩序——20世纪川东双村的表达》，中国社会科学出版社2002年版，第278页。

② 同上书，第279页。

组织的各项秩序管理和群众动员工作，其权威来源主要还是国家的权力的授受，带有很强的国家意志性特征。在开展这些活动的过程中，村委会使用和动用的依据、手段和资源主要是国家法律、政策以及相关政府机构及工作人员。但是，其要在村落社会有效实施村庄治理和社会控制，又必须时刻注意利用地方性资源。王启梁教授把这种控制模式定义为"准正式社会控制模式"，认为这种控制模式"虽然是正式社会控制在社会中的延伸，是为了完成某些正式社会控制的目的，但是又不能等同于正式社会控制。同时，虽然准社会控制中会出现非正式社会控制中常见的手段，准正式社会控制的实施者还会利用地方性资源，但是也不能因此而认为它和非正式社会控制是一样的"①。作为一种"国家观念在基层获得传播和执行的一种重要的途径"② 的准正式社会控制，村"两委"依靠国家法律和当地党委、政府所赋予的地位和权威，灵活运用地方性资源，"有效地行使着村庄治理权，从而维系了乡村社会的生活秩序。"③ 在龙村，由于村"两委"较为适宜龙村社会土壤，其在龙村的运行是较为顺畅的，其作用的发挥达到了一种较为有效的状态，这也许是龙村小农型社会权力运行的必然逻辑。

在龙村，村民小组长、支部书记在凝聚本组村民人心、组织开展集体活动方面发挥着一定作用，在调解本村村民纠纷方面也承担了一定的职能。关于村民小组的定位和作用，我们必须借用贺雪峰教授提出的"农民认同与行动单位"这一概念来理解和讨论。贺雪峰教授认为，所谓农民认同与行动单位，是指在一个村庄内农民超出家庭的"我们"认同单位以及由此而来的行动能力。④ 也即是说，农民的认同单位，是指"农民认同一个自己的、所属的群体，这个群体具有归属感，是他们自己的群体"⑤。农民的行动单位，则是农民在认同的基础上确立的行

---

① 王启梁：《社会控制与秩序——农村法治秩序建构的探索》，博士学位论文，云南大学，2005 年，第 118 页。

② 同上书，第 118—119 页。

③ 丁卫：《复杂社会的简约治理——关于毛王村的调查》，山东人民出版社 2009 年版，第 133 页。

④ 贺雪峰：《什么农民，什么问题》，法律出版社 2008 年版，第 266 页。

⑤ 贺雪峰：《村治的逻辑——农民行动单位的视角》，中国社会科学出版社 2009 年版，第 92 页。

动一致性。作为农民的认同与行动单位，按照贺雪峰教授的归纳，有家族、小亲族、联合家庭、村委会、村民小组等。尽管有学者提出，在中国农村，农户或农民家庭是农村真正的行动主体，如杨善华等认为："在中国农村，行动者主体意识主要是以家庭为单位进行表述的，也就是说，通常是农户而不是个人成为行动主体。"① 刘少杰也认为，中国社会是伦理社会，即中国社会是一个以家庭关系为基础而展开的人际关系至上的社会，家庭关系扩展为社会关系。② 但从龙村的情况看，家庭较为分散，力量有限，虽然在建立人际关系方面家庭是一个中心点，但其并不能形成支撑当地村民行动的单位。而家族的力量这些年来基本上已经被村民小组取代，实际上村民小组也基本上是原家族亲缘关系体的替代者。在龙村，村民的认同和行动单位包括了村民小组与村委会，呈现出一种多层次的结构。龙村的村民小组是本小组村民组成的共同体，由于其成员亲缘关系较强，是一个具有"私"的性质的共同体。而村委会则是由 10 个村民小组组成的，相比较而言村委会是一个具有"公"的性质的聚合体。所以，在龙村，各个村民小组更具有该小组村民的认同与行动单位的性质，是第一层次的认同和行动单位。但是，当村民涉及一些有关整个村委会的共同利益的事项，整个村委会的 10 个自然村的村民们又会在村委会的带领下形成一个行动单位，这个时候，各村民小组能够消除互相的分歧，一致对外，成为一个共同体。作为第一层次也是村民最为牢靠的认同和行动单位，村民小组在消除矛盾方面作用较大，其中的村支书、小组长们开展的调解也在化解纠纷方面发挥了第一道"防线"的作用。正如丁卫先生所言，"村民之间经常发生的民事纠纷，往往在小组内部就得到了解决，几乎没有发生因积怨太深而引发的恶性事件。村民之间一旦发生较为激烈的争执和纠纷，在得不到妥善解决的情况下，小组长便会及时出面介入纠纷的调解过程，直到双方握手言和为止……通过自己的努力，他们将大量的民间纠纷化解在小组范围内，从而维系了村庄的秩序与安宁。"③ 当然，小组长调解的纠纷限于

---

① 杨善华、赵力涛：《中国农村社会转型中社区秩序的重建》，《社会学研究》1996 年第 5 期。

② 刘少杰：《中国社会调查的理论前提》，《社会学研究》2000 年第 2 期。

③ 丁卫：《复杂社会的简约治理——关中毛王村调查》，山东人民出版社 2009 年版，第 138 页。

比较私密的、初期的以及争议不大的矛盾。一旦到了纠纷不能在小组内部解决时，村民们还是会把纠纷提交到村委会解决。相比村小组组长及支部书记来说，村委会干部来源更为多样，与村民的距离稍远，但这种距离感反而能给村民们带来权威感，有助于增强村民们对村委会调解的信心。

三　家族长者

在苗族历史上，出现过寨老、理老这一类传统型家族权威，在村寨中扮演着主要的解纷角色，但这些权威现在在龙村都难觅踪影了。寨老制产生于苗族父系氏族社会末期，寨老是管理苗寨内部事务的头人，在古代苗族社会中，因熟悉古规古理、办事公道而被群众拥戴的自然领袖称为寨老。他们的主要职责是主持处理寨内的公共事务，解决寨内的矛盾纠纷。他们很受人尊重，村寨中的大小事务都要与他商量，凡是杀鸡都要先敬他鸡头。寨老一般在40岁以上，既有生产经验，又明事理，通晓古规古法，办事公道，执法严明，热心公益事业。在纠纷解决方面，寨老负责料理本寨的山林、田地、水利、墓场等的争执，调解家庭、婚姻、财产的纠纷，处理各类案件，协调本寨与外寨的关系等。理老，苗族称为"理嘎老"、"理阿老"，产生于苗族社会进入父系氏族社会时期，原为由家族中年高、有威望的长辈担任，后演变为大房长子世袭。理老的主要职责是对宗族之间及本宗族内部婚姻、家庭、财产等各类纠纷的处理和裁决。明清时，如纠纷复杂、涉及面广时，由理老和寨老合作，协调处理裁决各种矛盾纠纷。至民国，理老逐渐被寨老取代，权力显得缩小，作用日益降低，理老制逐渐消失，仅对本族内部的矛盾进行调解和处理。理老处理纠纷不付报酬，谁邀请就在谁家吃饭。[①] 由于理老在苗族社会中的重要地位，李廷贵、酒素二先生就把鼓社、议榔、理老视为苗族古代社会结构的"三根支柱"[②]。

这两类权威，随着新中国的成立，很难再在新社会的苗族村寨中发挥重大作用，逐渐淡出了苗寨的政治生活中。据20世纪50年代中共云南

---

① 《威宁苗族百年实录》编委会编：《威宁苗族百年实录》，内部资料，2006年印，第105页。

② 李廷贵、酒素：《略论苗族古代社会结构的"三根支柱"》，《贵州民族研究》1981年第4期。

省委边疆工作委员会、云南省民族事务委员会对全省少数民族社会历史情况进行调查，1978 年又作了补充调查后出版的《云南苗族瑶族社会历史调查》显示，云南省大部分苗族地区已经难觅理老、寨老的踪迹。如通过对金平二、七区苗族社会的调查，发现作为苗族社会第一个时期的"苗族固有的原始公社末期的寨老政治，或者说家族长政治"情况已经"不大清楚，保留下来的某些特点已经在逐渐地和封建制度融合在一起，蜕化变质，仅仅保存某些形式和躯壳"①。就龙村而言，由于是外地迁入，历史不长，加之本身社会经济和政治等一直较为落后，理老、寨老制度基本就没有得到发展。

没有寨老、理老，并不代表村内就没有权威人物。过去一些年，在龙村等滇中苗族村落，家族势力虽然不断式微，但仍然有一些家族长者承担着家族权威的作用，尽管他们的作用远不能与寨老、理老们相提并论。

龙村花苗是从贵州迁入的花苗的后裔，村民之间具有很近的血缘关系，加之又有一百多年的相聚而居的历史，家族的凝聚力是很强的。在龙村的 10 个自然村中，有 4 个村的人数超过 80 人，这 4 个自然村的村民组成稍显繁杂，每个村的男性都有四五种姓氏，说明他们是从不同的祖先繁衍而来，现在分属不同的家族。另外有 6 个自然村人数均在 80 人以内，其中有两个自然村的男性只有单一的姓氏（潘、罗），其余的村则有三四种姓氏，但以某个姓为大姓。大概来说，每个自然村的每个男性姓氏的村民们基本能组成一个家族，几个村的同一姓氏村民大体也能算一个更大的家族，但相互之间的关系较远。这样，在整个龙村，10 个自然村中约有 6 个家族（分别为潘家、龙家、罗家、马家、张家、王家）。在龙村的这些以各姓氏为基础组成的家族中，家族观念和组织化程度都较低，没有形成一个宗族组织机构，也没有族长等个人权威。家族中没有宗族祠堂，也没有族谱家史流传下来，祖先的更替历史往往都是靠口承相传。造成这种情况的原因，除了滇中地区的花苗迁徙过于频繁，对于编写族谱家史不重视或者即使编写了也没有完整地保留下来以外，重要原因就是基督教文化的影响。随着基督教的传入，基督教会的一些规定对苗族民众传统生活习俗产生了明显影响，例如，基督教会对苗族祖先崇拜、祭拜祖先以及民族诗

---

① 《民族问题五种丛书》云南省编辑委员会编：《云南苗族瑶族社会历史调查》（民族问题五种丛书），民族出版社 2009 年版，第 31 页。

歌传唱等传统活动加以禁止，对于苗族家族共同体维护以及传统习俗的传承造成了不利影响。在黔西北，"内地会传教士党居仁认为，苗族群众的故乡传说、怀念祖先的敬祭方式是伤风败俗的陈规陋习……不利于基督教的发展，属于禁止之列。于是，党居仁在 1910 年成立了'苗族改良会'，企图用基督教教规来改造苗族社会的风俗习惯和文化生活，其相应的章程规定：禁止苗族跳花、跳场、跳月，禁止苗族教徒听讲本族民间传说或演唱本族史歌、民歌等，并焚毁了一些苗族的民族乐器"①。这一类规定和做法，在滇中苗族地区也不同程度存在着。在龙村直到十多年前，老人去世后都不立坟，也不进行祭奠活动。这些活动，使村内的祭奠和追思祖先的活动开展不起来，最终使家族形不成一个富有凝聚力的共同体。虽然龙村和其他苗族地区一样，保留着浓厚的敬老孝老风尚，但老人并没有被当作一种家族头人式的权威使之树立起来。

而且新中国建立以后，由于国家致力于进行现代国家建设，农村的宗族势力作为一种不能被正式制度所认可的力量，逐渐被排除出农村政治生活中。宗族组织在 20 世纪 80 年代以前基本被取缔，宗族在村庄内的活动难觅踪影。龙村和其他地方一样经历了这一历史过程。只是与中国南方其他一些地方在 20 世纪 80 年代经历了宗族组织的复兴不同，龙村由于属于迁徙而来的外来人群，本身宗族组织就不发达，所以在这一时期并未出现宗族组织的复兴。有学者指出，在现代化的过程中，宗族和家族文化呈现出了消解的总体趋势，且这种变化是"世界历史发展的共同指向，它也没有脱离人类进步的轨道"②。这种宗族组织权威的衰落在全国农村都是很普遍的。如刘方权、陈晓云在观察福建北部山区某个村落的纠纷解决后，"并未发现在很多研究村落社会的纠纷解决中具有重要地位的宗族的作用，有时甚至连影子都没看见"③。目前，龙村村内确实有几个长者有一定威信，能够在村内担当起一定的村寨公共生活领导职能，但因为没有宗族组织作为后盾，其所进行的提建议、调解纠纷等活动纯属"个人行

---

① 王曼：《基督教新教文化对黔西北苗族社会的影响》，《山东省农业管理干部学院学报》2010 年第 4 期。

② 王沪宁：《当代中国村落家族文化——对中国社会现代化的一项探索》，上海人民出版社1991 年版，第 231 页。

③ 刘方权、陈晓云：《刘村的纠纷与解决——权威衰落之后的选择》，《福建公安高等专科学校学报》2007 年第 1 期。

为",难以产生更大的影响力。

不过,正如韦伯所说,老人们是"'天生的'有声望者,这不仅是由于他们拥有(因经验广博而来的)声望,也由于他们知道传统;他们的鉴定、睿智(Weistum)、事前同意(Prhobouleuma)或事前认可(auctoritas),就像以超自然之力保证了成员决议的正确性,正如在有争议的场合这乃是最有效的仲裁"①。因此,作为村内受到普遍尊敬的人,老人们在村内还是有着相当的话语权和影响力,对维护村内秩序起到了一定作用,尤其是在维护传统伦理道德、调解民事纠纷方面。这表现为:在遇到很多重大事情的时候,很多人都会向他们请教,听取意见;在村内村民间出现纠纷的时候,人们往往请求他们出面"说句公道话",对纠纷进行调解;当小辈年轻人或者小孩子做出道德偏差或者有损村内风尚的行为时,村内老人们可以对他们进行训导,而小辈们必须认真改正。比如,龙村有一位83岁的潘姓老人,是潘村村民小组内年纪最大的老人,算是该村人的"老祖宗"了,村内男性这一支脉基本都是从他这里延续下来的。在20世纪70年代的时候,他已经入了党,成为村内不多的党员之一,以后他就经常到镇里参加党代会等正式会议。他在镇里和村委会都有一定的知名度,每年"七一"建党节前镇里都派人来看望他。从血缘关系和政治影响来说,他都是当之无愧的村内权威。村民遇到大事难事都会找他出主意,如果两家人有矛盾相持不下,都请他来评理。只是,如潘姓老人实施的这类维护村内秩序的行为,并没有以整体性的家族权力为后盾,很多时候往往是一种出于责任感的行为。尽管他们的管理、训导行为一般不会遭到违逆,但始终缺乏一种"合法性"授权,由此渐渐难以为继。

四　退休回村的在外工作者

有学者研究发现,新中国成立后,在一些苗族地区,退休回村的干部们往往成为已经退出历史舞台的寨老、理老等传统权威的替代者:"许多退休干部大都加入寨老行列,农村土地改革后,许多'乡规民约',是在寨老制基础上组成的'老人协会'所制定的。"② 这一现象在龙村等滇中

---

① [德]马克斯·韦伯:《韦伯作品集》(Ⅲ),康乐、简惠美译,广西师范大学出版社2004年版,第14—15页。

② 龙生庭、石维海、龙兴武等:《中国苗族民间制度文化》,湖南人民出版社2004年版,第79页。

苗村也得到了印证。随着家族长者地位和作用的下降，退休回村的在外工作者，如退休干部、退休教师等起到了补充作用，成为村内的新型权威。这些人都曾经"吃过国家粮"，又有文化，因此在回到村里后都拥有较高威望。他们每月定期领取的退休工资对村里人来说也不是小数，并且是身份和地位的一种象征。他们在外面工作多年形成的生活习性和言谈举止更进一步强化了他们在村民中的权威。因此，当人们遇到对国家政策不了解等问题时，都喜欢找他们咨询，寻求权威解答；当人们发生纠纷时，也会请求他们来评理，并能很信服地接受。在龙村，有两位退休在家的以前在政府部门工作过的人，一位在县民委工作过，一位在镇民政办工作过，现在都领着两千多元的退休工资，还享受着公费医疗。每到春节前，县里、镇里的原单位人员都会来看望他们，并带来过节费或过节礼物。这两位老干部在民委、民政办等政府部门工作过，对有关政策较为熟悉，并在外面政府部门有一定的人脉，所以，当村民们遇到难事，如需要同政府部门打交道时，都会请这两位老干部参谋参谋，提出意见建议。另外，村内还有两位退休教师，他们过去几十年在外面小学任教，退休后回村内居住。这两位老教师，在村民眼中是有知识、懂礼数的人，并且也如上面两个老干部一样，领着退休工资，春节、教师节前经常会有人来慰问，镇里有时候也请他们去镇里参加座谈会。由于这两位老教师有威望和知识，当村民们出现纠纷时，也经常会请他们评理、调解。

退休回乡的在外工作者这类新型村内权威的存在，一定程度上替代了过去苗族历史上传统型权威的职能。然而，最近一些年来，这类人物的影响力一直处于下降趋势。人们遇到纠纷时，主动请求他们进行调解的情况已经比过去少了；同时，人们在决定生活中大事的时候，也不太在乎他们给出的建议。其原因，主要是这些人随着退休后回村居住时间长了以后，对外界的知晓度、被外界的认识度以及被村内年轻人的认可度都下降了。

五　基督教教职人员

按照韦伯的分类，教会牧师、长老等教职人员也具有传统型权威的特征。基督教自20世纪初传入滇中地区以后，在众多苗族群众中得到了传播和信奉。新中国成立前，龙村等苗族村落村民普遍信教，教会组织健全、严密，教职人员的权威较大。教内也曾经有过较多的教规，对村民的行为进行规范。新中国成立后，虽然基督教的活动一度受到了禁止，但十一届三中全会后，随着国家宗教政策的落实，教会的影响力有所回升，在村落秩序维护方面发挥了一定的作用。宗教信仰本就是带有某种心理强制特征的思想活动，信奉某种特定宗教的人们对所信仰的神圣对象（包括特定的教理教义等），会由认同进而产生坚定不移的信念乃至全身心的皈依。从这个意义上说，宗教本身就具有权威，这种权威通过教职人员的教理教义宣讲得到了体现和强化，也由此，这些教职人员获得了一种权威。教职人员的权威贯穿于特定的宗教仪式和宗教活动中，并随着教职人员在世俗生活中的活动而在世俗社会中获得了权威。

在滇中苗族村落基督教传入和发展的历史上，教会的权威一度很高，群众对外国牧师的尊崇无以复加。如外国牧师郭秀峰可以对教徒实施体罚，并能制定一些教规限制和排斥苗族传统的风俗习惯。而信教村民们对他言听计从，使他的权威达到了历史高位。虽然新中国成立后郭秀峰被宣布为不受欢迎的人离开了中国，但外国牧师所定立的教规仍然很长时间左右着当地群众。新中国成立以后虽然有几十年时间基督教停止了活动，但作为一种精神产物，它仍然在不少信徒头脑中牢固地保留着。十一届三中全会以后，随着教会活动的正常化，信教群众有所回升（实际上，这也许不是回升，而是原来隐性信徒的公开化），建立了一些新的教堂，苗族中的一些传教人员经过政府宗教管理部门的认可，重新登记为牧师、长老、执事、传道员等教职人员。

龙村一大半的村民信仰基督教，每周三天要参加村内教堂的活动，周日又要到石岭村参加大型礼拜活动，这种周期性的教会活动，给教会的权威树立创造了条件。这些教职人员通过布道、教堂管理等获得了宗教生活中的权威，同时，他们也会适时介入信教村民的世俗日常生活之中，如调解信教村民之间的矛盾纠纷，对违反教规教义的村民进行劝谕和斥责等。他们的这些活动，实际上构成了村内秩序的一种维护力量，使村内除了政府、村委会以及家族长者、退休回村的在外工作者之外，又多了一种村落权威。

六　村内能人

按照韦伯的分类，村中的各类能人应属于魅力型权威的范畴，即卡里斯玛型权威。能人的权威并非来自国家正式权力授受，也非血缘关系、历史传统等，而是在于其自身的魅力能否让村民们信赖和服膺，也即村民们对能人的支配权是否承认，正如韦伯认为的，"如果人们——那些感觉自己是受命降临其间的人们——不承认他的使命，他的要求就瓦解；若是他们承认他，那么他就是他们的支配者——只要他晓得通过'证明'来获得承认。"① 由是观之，能人是村中有能耐的人，他们虽然没有什么行政职务和血统优势，但在村内有威望，是村内有头有脸的人，能办事也能办成事。对于村内的各种争议，当他们出面来调解时，双方都会给他们面子，听他们的话。关于这类能人，在全国各地村庄生活中都有广泛的存在，其影响也较为普遍。一般有几种人可以成为能人，如脑子灵活、善于经营的带头致富的人，他们往往具有雄厚的财力和广泛的人缘，这是他们权威得以形成的基础。还有就是在外面有人脉关系的人，以及自己乐善好施、处事公道的人等。

在龙村，应该说并没有那种影响力很大的能人，要说有，也仅是有一定能人特征的"能人"。村内有两个这样的人。一个是"王书记"，他是前任村委会书记兼主任。这是一位在龙村少见的能说会道的人，善于联络外界，敢想敢干，在他的任内，积极向县里、镇里争取资金，主持修建了龙村市场。后来，在新一届村委会选举之前，如果按照村民意愿，他肯定能够成功当选村委会主任，但由于他的特立独行不合镇上领导的意，于是镇上讨论下一届村委会选举候选人选时，就没有把他纳入其中。后来，镇上派出的村委会选举指导小组在村民中做了大量工作，在选举中"王书记"落选了。虽然他不再担任村委会书记、主任，但他在村民中的威信仍然很高，人们还是尊敬地称呼他为"王书记"。在很多时候，村委会落实不了的工作仍然需要依靠他来动员群众。村委会还聘请他担任了龙村市场的管理员，由于他的威望，加之他对人对事较为公正、有办法，他总能把市场管理得井井有条。另外一个能人是张老板。他前些年开始试着搞工程，如修建水窖等，积攒了一些钱，算是一个小老板。由于多年和外界打交道，在外面结识了一些人，自己对村民也不错，遇到谁家有困难，都能积极帮忙。所以，他在村内受到了很多村民的信任，说话有人听。

龙村村内的这两位能人的权威主要体现在帮村民们外出办事以及村内纠纷解决上，通过他们出面，确实能办成一般村民甚至村干部都难以办成

---

① ［德］韦伯：《韦伯作品集》（Ⅲ），康乐、简惠美译，广西师范大学出版社 2004 年版，第 264 页。

的事情，也能对一些别的纠纷主体难以调解的争端轻易化解，但毕竟他们不具有"体制"内的身份，他们的作用发挥也只能限制在一定的范围内，无法成为全方位、全能型的村内权威。

上述这几种村内权威共同构成了一种多元的格局，在村内矛盾化解的过程中，几种权威都有可能参与其中，在它们的共同作用下达至对纠纷的解决。因此，"一起纠纷实际上提供了一个不同权威原则博弈的场域，在这个场域中，各种权威支配下的各种原则和观念都必然会在此展示和进行讨价还价式的相互竞争。结果，各种不同的原则相互冲突，最终以相互妥协使纠纷平息下来"①。这几种秩序在村内有时是共同存在的，它们往往并行不悖，共同维护着村庄内的某些价值观念。比如，对于家庭夫妻不和、虐待老人、邻里之间相互打闹以及某些村民的好逸恶劳、偷奸耍滑等品性不端的行为，无论是国家法律、村委会制定的村规民约、家法族规，还是基督教规等都是毫无争议地加以反对和禁止的。某种意义上说，它们之间还会构成一种相互促进、相互补充的关系。比如某些国家法律无法管制的诸如道德领域的问题，往往同样会得到家族或教会规范的调整。但有的时候，它们之间也会出现抵牾和冲突，造成村内秩序力量之间的紧张关系。比如，政府在推行某些法律和政策的时候，出于一种国家全能主义的自信，往往不顾实情强行把某些法律和政策推向村内，如"送法下乡"，而这些法律、政策和做法，很可能会与当地群众的意愿和风俗发生较大的矛盾，造成一种"语言混乱"②，导致村内秩序无所适从的状态。一般情况下，在几种力量和规范发生冲突的时候，政府和村委会这两类正式和准正式社会控制的力量将处于高位，主导着村内秩序的基本面向。因为这两种力量在当前属于一种体制内的力量，具有"政治上的正确性"，官方赋予了它们一种合法性和无

---

① 赵旭东：《法律与文化》，北京大学出版社 2011 年版，第 178 页。

② 语言混乱（confusion of tongues）在人类学家格尔茨有关"地方性知识"的论述中，指的是法律的语言混乱（confusion of legal tongues），即第二次世界大战以后，在第三世界发生的"业已确立的正义观同外部引入的、更多反映现代生活方式和压力的正义观之间的紧张"。当代人类学的文化解释的任务就是要将这种"语言混乱"以厚度描述的方式呈现出来。见 C. Geetz, Local Knowledre：Fact and Law in comparative Perspective, in C. Geetz, Local Knowledge, New York：Basis Press, 1983, p. 220, 转引自朱晓阳《面向"法律的语言混乱"》，中央民族大学出版社 2008 年版，第 4 页。

须证明的正当性。而家族权威、教会权威等非正式权威的力量毕竟属于一种非正式社会控制力量，具有草根性质，它们非但无法获得主流意识形态的支持，有些时候还被视为国家法律和政府政策的掣肘和阻碍。因此，在村内秩序格局中，它们处于弱势地位。不过，力量的大小，以及获得的官方的认可与否，有时候往往不能与村内秩序实际运行的效果形成正比关系。比如有时候，村内一些非官方的力量和非正式的规范往往比国家的力量更能结合当地实际，更有生命力和影响力，从而成为村内秩序的主导者。但这样的情况随着国家力量的进一步下沉，以及送法下乡力度的加大，出现的频次和力度都会越来越少（弱）。

第三节　村落秩序

滕尼斯（Ferdinand Toennies）认为秩序可以分为共同体秩序和社会秩序两类，共同体秩序主要体现于建立在自然基础之上的群体（家庭和宗族）、历史形成的联合体（村庄和城市）和思想的联合体之中，而社会的秩序则依赖于众人思想和行为有计划的协调，体现在目的的联合体之中。[①] "村庄社区既是一个共同体，也是一个小型社会，而村庄秩序的形成，既有赖于共同体成员的默契与合作，也要依靠外部权威的管理和维系。"[②] 按照西蒙·罗伯特的观点，社会组织形式愈加精细复杂，施以强制力的统治机构就会变得愈加庞大，所以"对一个以狩猎和采集为主要生存方式的社会而言，松散而自由的约束机制必不可少；对于一个以农耕和种植为主业的社会，带有强有力的约束机制必然会被发明出来，以此来确保相互的利益不受侵害"[③]。

龙村是一个以种植业为主的农耕社会，一百多年来，村民们在滇中高原群山之中繁衍生息，演绎着自己独特的文化。作为一个相对封闭的村落社会，龙村有着自己的内生秩序，村落中人们按照一定的秩序而生活，形成了自己独有的生活逻辑，村内存在着处理纠纷的权威，运行着处理纠纷

---

① ［德］斐迪南·滕尼斯：《共同体与社会》，林荣远译，商务印书馆1999年版，第328页。

② 丁卫：《复杂社会的简约治理》，山东人民出版社2009年版，第111—112页。

③ 赵旭东：《文化的表达——人类学的视野》，中国人民大学出版社2009年版，第111页。

的方式。最近几十年来，随着国家力量的不断下沉，外部观念的不断涌入，村内多种权威力量格局出现了某些变化，使龙村内部形成了多种力量作用下的村落秩序。

一　无讼的熟人社会

在邓敏文、吴浩所著的《没有国王的王国——侗款研究》一书中，作者用丰富可靠的调查材料和生动活泼的语言风格，全面系统地论述了款[①]的组织结构、社会功能、历史变迁及对现实生活的影响，指出了桃源深处的侗乡，曾是个虽有父母却无君臣，有"款"无官民做主的世外桃源，严厉而极富权威的"款约"以独特的运动方式，约束并鞭策着族人遵章守纪、有礼有节，而侗族也由此被誉为"没有国王的王国"。[②] 龙村没有这本书中所描述的制约族人行为的类似"款"的规范，没有侗乡那么严密的组织，甚至也没有侗乡那么理想化的村民，但龙村社会的稳定、平静，龙村人的温和、善良却也是我们这个浮躁世界中的一个难觅的景象。

龙村村民属于苗族中的花苗支系，虽然经过了频繁迁徙，但仍然保留了较多传统民族文化及其心理特征，这些传统的东西仍然是龙村人比较稳固的内在基因。苗族这一古老民族，在千百年的发展演化中，孕育了自己独特的文化内涵，其中就包括"和"、"无讼"等诉讼文化。苗族纠纷解决文化的重要特征就是重视和谐，追求"无讼"。[③] 这些文化特征在龙村也得到了体现。龙村人是友好的，他们在日常生活的相处中其乐融融，没有过多的算计、嫉妒、猜忌和相互倾轧、争斗。每个人似

---

①　"款"是古代近代侗族社会特有的民间自治和自卫组织，具有原始氏族农村公社和原始部落联盟的特征。

②　邓敏文、吴浩：《没有国王的王国——侗款研究》，中国社会科学出版社 1994 年版，第4 页。

③　据徐晓光教授等学者的考证，目前在苗族人数众多的贵州黔西南自治州，苗族传统的纠纷调解机制仍然发挥着重要的解纷职能。苗族理师即使在处理刑事案件时，也是在保证村落社会秩序稳定的前提下，希望事件的平稳解决。如《烧汤理词》说："有力去做活，有智做生意，力大莫相斗，明智不相争，各做各的事，各吃各的饭。你退三丈，我退三丈。莫以角相斗，不用头相碰。两公牛相斗，总有一头跑。并非力不足，只因一处吃草（指将来还要一起生活，要互相忍让）。"刑事案件出现后，在理师的劝导下，双方都请有"中人"作为调解员，民事案件更是如此。——参见徐晓光《看谁更胜一"筹"——苗族口承法状态下的纠纷解决与程序设定》，《山东大学学报》2009 年第 4 期。

乎都那么善解人意，能够宽容地理解、体谅别人。他们具有互助互帮的习俗，能够热心地帮助邻人渡过难关。他们对待外来的客人都是那么热情，让人感到一种发自内心的体贴。龙村充满着的，不像是正在现代化中的内地某些村庄内部的"乖戾之气"①，而似乎倒像是"一团和气"。费孝通先生认为，熟人社会是"靠亲密和长期的共同生活来配合各个人的相互行为，社会的联系是长成的，是熟悉的，到某种程度使人感觉到是自动的。只有生于斯、死于斯的人群里才能培养出这种亲密的群体，其中各个人有着高度的了解"②。法国农村社会学代表人物 H. 孟德拉斯也认为，农村社会与城市社会是不同的，前者中人与人之间是熟悉的，而后者中是陌生的。③ 对照龙村的情况，可以看出村民们日常交往的基本原则仍然是熟人社会中人际互动的行为方式和原则。在龙村等滇中苗村，人与人之间结成了一种紧密的关系，"其成员对相互运用对抗的权力拥有可信且互惠的前景，并对有关昔日和目前的内部事件有着很好的消息供给"④。这种亲密关系促成了人们之间的熟悉和信任，这是"从时间里、多方面、经常的接触中所发生的亲密的感觉"⑤，是"无数次的小摩擦里磨炼出来的结果"⑥。人们彼此间的熟悉和信任形成的亲密关系进而形成了人们"从心所欲而不逾规矩的自由"⑦，这是"对一种行为的规矩熟悉到不假思索时的可靠性"⑧。

当然，说龙村是一个平静、和谐的村落，并非指村民之间就没有矛盾和纠纷，实际上，龙村村民之间以及龙村村民与外村人甚至政府、企业之间仍然有着较多的矛盾。但龙村的这些矛盾显得不是那么"暴力"，也显得较为琐碎，尤其是这些纠纷中并没有出现那种触目惊心的利欲熏心，即使同为纠纷中的两个人或两家人，在冲突中仍然具有分寸和底线，不至于

---

① 陈柏峰：《"气"与村庄生活的互动——皖北李村调查》，《开放时代》2007 年第 6 期。

② 费孝通：《乡土中国》，北京出版社 2009 年版，第 65 页。

③ ［法］H. 孟德拉斯：《农民的终结》，李培林译，社会科学文献出版社 2010 年版，第 143 页。

④ ［美］罗伯特·C. 埃里克森：《无需法律的秩序——邻人如何解决纠纷》，苏力译，中国政法大学出版社 2003 年版，第 221—222 页。

⑤ 费孝通：《乡土中国》，北京出版社 2009 年版，第 8 页。

⑥ 同上。

⑦ 同上。

⑧ 同上书，第 9 页。

大打出手，或者从此互不讲话，使双方感到一种痛彻心扉的无情感和冷峻感。

二　遵纪守法的村民

据我的调查，直到 2009 年以前的几十年中，龙村都没有出现过一个触犯刑律的人，没有哪个村民坐过牢，村内没有一个刑满释放人员。实际上，在龙村人的观念中，岂止是坐牢，哪怕是哪个村民"坐上警车"被带走调查，都是了不得的大事。派出所也许仅仅是带走问话，并非这个人有什么问题，但这个人回来后很长时间都会觉得羞耻难当，村里的人也会觉得他很不幸。村内这种对"犯法"行为的不齿态度，使任何一个人都不敢轻易做出触犯国家刑律的事情。2009 年的时候，村内有一个中学辍学后在外打工的小伙子与邻镇的不良青年混在一起，参与了一起盗窃耕牛的事件，被判了 1 年有期徒刑。他被释放后，一直没有回村，仍然飘荡在外打工维生。村里人在外人面前都不愿提起他，大家都觉得他丢了村里人的脸，使村庄维持了几十年的清白被玷污了。这个案件也是我在县法院查阅卷宗的时候发现的，回到村里询问村民的时候，村民才不情愿地告诉我有这么一个人，但对他犯的事情还是遮遮掩掩、语焉不详。

我在对县法院调查后获知，在全县审理的刑事案件中，以苗族人作为刑事嫌疑人或被告人的极少。其中，2008 年有 4 件，犯罪嫌疑人 6 人；2009 年有 2 件，犯罪嫌疑人 3 人；2010 年有 3 件，犯罪嫌疑人 5 人；2011 年有 3 件，犯罪嫌疑人 3 人。这说明苗族群众触犯刑律的人比例是极低的。从法院调研情况看，苗族群众甚至很少涉及一般民事纠纷诉讼，如县法院 2008 年、2009 年、2010 年到 2011 年四年间审理的涉及苗族当事人的民事案件仅分别有 11 件、9 件、10 件、9 件，案件类型主要是离婚、机动车交通事故责任纠纷等。这些统计数字反映了苗族地区触犯法律的人数在占比上是很低的，这从一个侧面印证了龙村等苗族村落的良好社会秩序。

另外，根据我对滇中地区境内的一所监狱材料的查阅，也证明了苗族群众触犯刑律的人比例是极低的（见表 3 - 1）。

表3-1　　　　　　1990—2005年C监狱在押犯人员民族结构情况　　（单位：人）

年份	年末人数	少数民族人数	苗族人数及占比		
			人数	占年末人数比例（‰）	占少数民族人数比例（‰）
1990	1297	283	3	2.3	10.6
1991	1209	181	1	0.82	5.52
1992	1606	355	2	1.25	5.63
1993	1782	276	1	0.56	3.62
1994	1717	294	1	0.58	3.40
1995	1603	304	0	0	0
1996	1958	608	1	0.51	1.64
1997	1757	479	0	0	0
1998	1652	445	4	2.42	8.99
1999	1733	456	7	4.04	15.35
2000	1709	328	7	4.1	21.34
2001	1785	427	12	6.72	28.1
2002	1681	397	8	4.76	20.15
2003	1321	295	4	3.03	13.56
2004	2462	535	5	2.03	9.35
2005年1—6月	2185	554	3	1.37	5.41

资料来源：云南省C监狱编：《C监狱志》，2005年12月。

　　这些统计数据说明，苗族群众确实具有遵纪守法的优良传统，这一情况在龙村也得到体现。多年来，龙村的治安形势较好，相比一些经济发展较快、与外界联系较多、治安案件不断攀升的农村地区，龙村仍然是一个安静有序的传统型村落。

　　许多学者的研究都表明，在一些农村尤其是两湖地区，"乡村混混的横暴性权力已经成为乡村生活中的一种日常性权力，这使得当前的两湖平原进入了我们称之为'灰色化'的社会状态"①。不过，从龙村的情况看，并没有出现灰色化的村落生活。应该承认，村内确实有一些游手好闲的中年男人，不干农活，成天喝得醉醺醺的，在集市上一坐就是一下午，无所

①　陈柏峰：《乡村江湖：两湖平原"混混"研究》，中国政法大学出版社2011年版，第255页。

事事地与人吹牛聊天，热衷于打扑克。但村中的年轻男子仍很少参与其中，他们有的下地干活、到山上放牧、拾菌子，有的外出打工，很少见年轻人漫无目的地在村内晃荡。不过，那些在集市上混着的中年男人们，一般也不会在村内惹是生非，他们大都是有家室的人，把农活交给婆娘去做，而自己到处喝酒、玩耍。在村民心目中，他们是一些懒汉、酒徒，不思进取，不顾家庭，但尚算不上恶人，因为他们仅仅是喜欢喝酒，懒惰，并不会做危害别人的事。村民们往往会说："嫁给他们的人算是倒霉了！"

对于类似"混混"那样的人，镇上是有一些的，龙村人也知道他们的存在。他们是一些年纪不大不小的"小半截"，经常三五成群吊儿郎当地骑着摩托车在街上呼啸而过。但这些人与陈柏峰笔下两湖平原出现的"混混"不同，他们人数不多，年龄小，也没有什么钱，一般参与不到各类工程建设中，无法在镇上弄出多大的动静。这些不良青少年只在镇上有，在龙村是见不到的。

龙村之所以没有出现"混混"，与龙村的社会面貌和传统价值观念有关。首先，龙村社会中人们传统的面子观、廉耻观仍然是浓厚的，人们并没有接受"利益才是硬道理"的观念，不会认为"有面子又怎么样呢，面子也不能带来利益……只有利益才是唯一有价值的东西"①，即村民的价值世界并没有出现松弛乃至坍塌的局面。这种传统面子观、廉耻观和价值观的存在，让村民的行为较为正统、保守，秉持着乡土社会的善恶、廉耻标准，不至于出现行为偏差。其次，龙村作为一个传统的小农社会，市场经济的冲击尚未全面波及，而且"社会结构转型深入发生、社会控制不断弱化与乡民利益相结合"② 等这些导致20世纪90年代两湖平原乡村"混混"出现的社会因素尚未在龙村出现。龙村闭塞的环境、缺乏变迁的社会以及村民观念上的保守，在阻碍了龙村人更快地融入现代社会的同时，却也让龙村社会避开了困扰不少地方农村的"乡村秩序灰色化"等难题。

三　和谐的官民关系

近些年来，在我国内地发达地区农村，农民们对国家和官员的看法正

---

① 陈柏峰、郭俊霞：《农民生活及其价值世界》，山东人民出版社2009年版，第56页。

② 王启梁：《法律能否治理"混混"》，载《法律与社会科学》（第八卷），法律出版社2011年版，第198页。

经历着一个"祛魅"①的过程，人们一改国家威权的计划经济时代对国家、对官方的极大尊崇和信奉，对官方话语产生了极大不信任。而且内心对政府和官员的感恩心理逐渐淡化，不再视官员为父母官。不过，这个"祛魅"的过程在龙村尚未出现，在龙村，村民们对政府及其官员的信任和尊敬并没有消解，官员在人们心中的父母官形象仍然保留着，因此龙村表现出了比其他地方更具有亲和力的官民关系，在很多地方正在为干群关系紧张、群体性事件集中爆发而困扰的时候，龙村却展现了一种官民之间较为和谐的景象。桥镇是原两个乡镇合并而成的，所以现在的桥镇在地域上就有了上片和下片之分。据一些镇干部反映，他们更愿意到上片山区下村做工作，因为尽管到上片下村做工作路途较远，更为辛苦，但这些地方的群众更纯朴，对政府具有更多信任和尊崇，与干部们扯皮、讲价钱的时候少，所以工作落实起来阻力要少得多。相比而言，下片坝区的群众虽然能说会道，也很懂法律和国家政策，但往往较为"狡猾"，对镇上的干部也没有什么敬畏心理，所以工作较难推进。

虽然近些年来政府在调整种植结构等工作中的种种行政化举措（如推行烟草连片种植）造成了与村民之间的矛盾正在上升，但滇中苗村官民矛盾仍然处于较容易控制的范围之内。美国人詹姆斯·C. 斯科特在《弱者的武器》一书中，通过对马来西亚农民这些无权群体的布莱希特式的日常反抗形式——偷懒、装糊涂、开小差、假装顺从、偷盗、装傻卖呆、诽谤、纵火、暗中破坏等的探究，揭示出农民与榨取他们的劳动、食物、税收、租金和利益者之间的持续不断的斗争的社会学根源。他把这些布莱希特式——或帅克式——的阶级斗争形式认为是"弱者的武器"，认为农民利用心照不宣的理解和非正式的网络，以低姿态的反抗技术进行自卫性的消耗战，用坚定强韧的努力对抗无法抗拒的不平等。② 不过，从龙

---

① 韦伯通过研究西方社会的理性化过程后，认为理性化过程的核心就是"祛魅"或"除魔"，即把一切带有巫术（magic）性质的知识或宗教伦理实践要素视为迷信与罪恶而加以祛除。人日益从巫魅中解放出来，获得自己理解世界、控制世界的主体性地位。在现代学界，"祛魅"一般被理解为曾经一贯信奉的或被追捧的人或物或事或感情或文化或定论，受到新的认识后地位下降。见王泽应《祛魅的意义与危机——马克斯·韦伯祛魅观及其影响探论》，《湖南社会科学》2009 年第 4 期。

② ［美］詹姆斯·C. 斯科特：《弱者的武器》，郑广怀、张敏、何江穗译，译林出版社2011 年版。

村情况看，用这些方式来进行反抗的情况尚未观察到，毕竟龙村村民都较为淳朴，对政府的认知仍然是传统的、善意的，虽然这些烟农们也是"无权群体"，但还没有学会用"狡猾"的"弱者的武器"来对抗政府。在龙村这样的贫困地区，政府在经济建设（尤其是扶贫）中起着主导性作用，村民对政府心存感激和信赖是必然的。

至于村民与村干部之间的"准官民关系"，就显得更为亲密。在讨论村干部角色的时候，不少学者把"国家政权的内卷化"和"赢利性经纪人"作为分析概念。杜赞奇在《文化、权力与国家：1900—1942 年的华北农村》一书中，提出了"国家政权的内卷化"（state involution）这一概念，用来指国家机构不是靠提高旧有或新增（此处指人际或其他行政资源）机构的效益，而是靠复制或扩大旧有的国家与社会的关系——如中国旧有的赢利性经纪体制——来扩大其行政职能。他认为，20 世纪以来，国家的汲取能力不断增强，税收加重，赢利性经纪人队伍扩大，他们在为国家征收税收的同时不断为自己赢利，导致了国家的内卷化。新中国成立后，20 世纪 50 年代的集体化铲除了国家经纪人体制，完成了国家政权的建设任务，"共产党政权的建立标志着政权'内卷化'扩张的终结"[①]。不过，1983 年国家决定设立村民委员会作为基层群众自治组织后，使曾经因为集体化的全面推行而被终结的内卷化死灰复燃，这在 20 世纪 80—90 年代体现得很明显。在那个时候，国家在乡村建立了以农业税、农林特产税，以及乡统筹、村提留为主体的农业税费制度。当时，村干部受到政府委托向农民征收税费，而村干部则"搭车收费"，谋取个人利益，成为赢利性经纪人。为了缓和农村社会矛盾，2003 年开始国家开始在农村全面取消农业税，并把村委会干部的报酬列入财政预算支付，乡镇不再需要村干部来协助收取税费，乡村利益共同体解体了，乡村政权内卷化和赢利性经纪人存在的土壤不复存在。因此，有学者认为，2003 年税费改革后，村干部不再充当类似清末民初国家政权内卷化时期的利益共谋关系中的赢利性经纪人角色，村委会在与村民打交道的时候奉行的是"不得罪"逻辑。[②]

---

① ［美］杜赞奇（Prasenjit Duara）：《文化、权力与国家：1900—1942 年的华北农村》，王福明译，江苏人民出版社 1994 年版，第 240 页。

② 王会：《乡村治理中的"不得罪"逻辑》，《华南农业大学学报》2011 年第 3 期。

从龙村情况看，已经看不出政权内卷化和赢利性经纪人的特征了，且村干部们在与村民打交道时也并非奉行"不得罪"逻辑。与内地农村相比，龙村村干部与村民之间的疏离并不明显。村委会干部都是本村人，与村庄中很多人沾亲带故，村干部们仍然很愿意为村民们多办些好事、实事。村民们遇到难处时，也总会找到村委会想办法。

由于没有严重的刑事案件发生，村内也没有出现社会生活的灰色化，官民关系总体较为和谐，因此龙村的村落秩序显得较为良好。村内虽然也有纠纷，并且与其他地方相比，龙村的纠纷也并非少而又少，但这些纠纷主要限于村民间的日常矛盾，属于人类社会一种必要的烦恼，并不会对村落秩序造成实质性的冲击。更为重要的是，龙村出现的种种纠纷以及村民们对这些纠纷的处理方式，具有自己的特点，而恰恰是这些特点，成为龙村拥有良好村落秩序的又一佐证。

第四章

纠纷的基本样态

纠纷是事物矛盾运动的表达方式和社会运行常态，只要有人存在的地方，就必然有纠纷存在。人类社会不可能出现没有纠纷的理想状态，人们经常说的"无讼"，指的是"没有诉讼"而非"没有纠纷"。实际上，"最初的纠纷产生于熟人之间，而不是陌生人之间"①，在龙村，虽然人与人之间非常熟悉，有的还带有远近不一的亲缘关系，但他们之间仍然存在纠纷，即使是家庭成员之间也不例外。龙村和其他地方一样，每天仍然发生着多种多样的矛盾纠纷，只是这些纠纷的数量、类型、性质、强度以及人们如何处理纠纷有着自己鲜明的特点。

第一节　纠纷的类型和频次

一直以来，由农耕社会的落后生产方式和有限人际交往半径所决定，龙村的纠纷较为简单。从数量上看，每年发生的纠纷较少，能闹到村委会、镇司法所进行公力救济的更少，至于到法院起诉的案子，那就是少之又少了。从类型上看，婚姻情感类、家庭琐事类、用地用水类、牲畜误吃庄稼类等纠纷较多，这些纠纷大都属于性质较轻的事情，造成的后果并不严重。

根据村内老人所述，龙村纠纷历来"不大"，要让他们回忆出较大的纠纷，他们往往想半天也说不出多少。而我在调查中获悉，前些年村委会

---

① 贺海仁：《无讼的世界——和解理性与新熟人社会》，北京大学出版社 2009 年版，第 107 页。

进行调解时都不做记录，直到 2001 年后才有了记录。① 根据龙村村委会调解委员会的调解档案资料，我制作出了表 4 - 1。

表 4 - 1　　　　　　　　龙村调解委员会纠纷调解情况统计　　　　（单位：件）

时间与数量		当事人关系			纠纷种类										纠纷强度
时间（年）	总数	家庭内部纠纷	村民之间纠纷	与外村人纠纷	婚姻情感纠纷	赡养纠纷	宅基地及其他地界纠纷	牲畜误吃庄稼纠纷	喝酒闹事纠纷	债务纠纷	争水纠纷	交通事故纠纷	市场交易纠纷	其他	有政府机关介入
2001	9	2	5	2	2	0	2	2	1	0	1	0	1	0	0
2002	8	1	4	4	1	0	1	2	0	1	2	0	2	0	0
2003	11	3	5	3	2	0	2	1	1	0	1	1	2	1	0
2004	12	2	4	6	2	0	2	1	1	2	1	1	2	0	1
2005	12	2	5	5	1	0	2	1	1	2	1	0	2	1	0
2006	15	3	5	7	2	1	2	1	2	1	1	3	2	0	1
2007	14	3	5	6	2	1	2	1	2	1	1	1	2	0	1
2008	17	4	5	7	3	1	2	1	0	1	3	3	3	0	1
2009	16	1	7	8	1	1	2	1	2	2	2	2	4	0	0
2010	18	3	6	9	2	0	2	2	2	1	1	4	3	1	1
2011	19	3	7	9	3	0	2	2	1	2	1	3	4	0	2
合计	151	27	58	66	21	3	18	17	15	13	14	20	28	3	6

资料来源：2000—2011 年龙村村委会调解手册、调解协议书等。

说明：本表根据历年村委会调解手册、调解协议书和其他书面记录统计而成，对于一些口头调解成功以及其他调解者疏于记录的案例则无法纳入，因此，此表仅是对全村纠纷全貌的一个侧面反映。

从表 4 - 1 可知，从纠纷类型上看，家庭内部纠纷、不同家庭村民之间纠纷一直以来占据着纠纷的主要部分，此外，近年来有了一定数量的与外村村民的纠纷。在家庭纠纷中，主要是夫妻之间的纠纷较多，也有少量

① 县里为了规范全县的人民调解工作，专门下发了文件，制作了《人民调解工作记录本》，要求村委会人民调解委员会按照统一格式记录纠纷。从 2007 年开始，还制作了统一的调解协议书文本，下发各乡镇、各村委会人民调解委员会。年底检查时，每制作一份规范的调解协议书，县司法局给予 50 元钱奖励。所以本书在搜寻龙村纠纷时，对于发生在 2001 年以来的纠纷，可以查阅到一些文字记录；而对于发生在之前的，由于没有村委会调解记录，则只能通过访谈的方式获取。

代际之间的纠纷。不同家庭村民之间的纠纷，主要是宅基地纠纷、林地纠纷、用水纠纷、债务纠纷、牲畜误吃庄稼纠纷、喝酒闹事纠纷等。与外村村民的纠纷，集中在地界纠纷和用水纠纷上。

据龙村村内老人回忆，在改革开放以前，村子里村民们交往虽然频繁，但纠纷一直很少。其原因，除了受传统文化影响外，与计划经济时代的价值观念有关。计划经济时代强调人们之间的互助合作、团结和睦，这对当时人们行为方式的塑造起到了不可忽视的作用。至今，老人们仍然记得当时公社、大队干部下村来调解纠纷时常说的一句话"人人为我，我为人人"。应该说，计划经济时代倡导的人际关系原则与苗族根深蒂固的"和"文化是具有高度的契合性的。这样，由于国家高强度的管制，加之传统文化以及官方主流思想的共同作用，龙村在改革开放之前的纠纷发生频次一直很低。

改革开放开启了社会转型的大幕，自此以后，我国社会生活发生了巨大变化，这种变化在社会方方面面都表现了出来。这些变化的核心是人们的价值评判标准发生了极大的变迁。市场经济带来的不只是人们经济生活方式的变革，更重要的是人们价值观的嬗变。龙村是一个偏远山区的民族村落，外部世界的风云变幻对它的影响并不算大，所以，龙村还没有大面积出现一些内地农村正在发生的由于价值观嬗变引发的农民"理性化"趋势。但是，当今社会，信息化程度日益深入，龙村人也越来越多地走出深山到外部世界开阔眼界。尤其是自 2006 年起，龙村建成了一个定期集市，随着集市的开市以及发展壮大，龙村人的纠纷类型和频次都发生了一些变化。不过，从总体上看，这个变化仍然不算大。实际上，从表 4-1 我们可以看出，虽然自改革开放以来龙村人的纠纷呈现出增长趋势，但较为缓慢，每年也就是多出来 1—3 件。

不过，从纠纷类型看，有两个现象值得关注。其一，虽然龙村人内部纠纷变化不大，但与外村人的纠纷明显增加了。在计划经济时代，村民对外交往不多，一般的交往也主要是走亲戚；而随着这些年市场经济的发展，村民们对外交往的范围扩大了，并不仅仅限于亲戚和熟人之间，与外村陌生人的交往也不可避免地增多了。还有，随着村民自治的实行，人们的权利意识显著增强了，过去大家对村与村之间的地权模糊地带都不太当回事，因为那时的土地都是"公家"的，大家都不把它当成自己的，但随着村民自治的实行，尤其是林权制度改革以及用水矛盾的日益突出，各村对土地、林地以及水源的争夺忽然呈现日益激烈的状态，各类地权、林权以及取水权的历史遗留问题不再是一个个小问题，而成为"意义重大"的敏感问题，由此导致的争端增加了。其二，村民与政府之间的关系虽然总体上较为融洽，但近些年来由于烤烟种植等引发的矛盾也有所上升，另外，村民与一些企业如电力公司、公路建设单位等之间纠纷发生的频次出现了增加的趋势。

其实，从上述这两个趋势可以看出，龙村人对待纠纷时所持的"内外有别"的心理。在村内，一直以来的和谐气氛并没有大的改变，人与人之间仍然维持着熟人社会的行事逻辑；而在对待外村人的态度上却发生了不小的变化，村民们对这些"外人"们似乎已经较能拉得下脸，更多地采取理性的、不讲情面的方式进行交往，导致出现了较多的纠纷。

第二节　家庭内部的纠纷

费孝通曾经对中国传统的家庭的范围做过界定，他认为："'家庭'这个名词，人类学家普遍使用时，是指一个包括父母及未成年子女的生育单位。中国人所说的家，基本上也是一个家庭，但它包括的子女有时甚至是成年或已婚的子女。有时，它还包括一些远房的父系亲属。"[①] 在龙村，家庭的范围一般由父母及未成年子女组成，有时候也包括部分成年子女。家庭是社会的细胞，家庭内部时时刻刻都有很多类型的矛盾纠纷在发生着。黄宗智通过研究清代的档案后认为，家庭中的纠纷主要包括分家纠纷、婚姻纠纷、继承、赡养等，其中，他认为分家纠纷的数量和频次是最多的。而家庭之中的纠纷"以兄弟之间的纠纷最为典型，其次是夫妇间的纠纷，偶尔也有父母和子女间的纠纷。纠纷的焦点通常是，但并不总是物质利益"。[②] 赵旭东对华北一个村落的研究中，指出了这个村落中分家、赡养及离婚等家事纠纷的多发性。[③] 董磊明则把河南某个村落的家事纠纷

---

① 费孝通：《江村经济——中国农民的生活》，商务印书馆 2004 年版，第 24 页。

② ［美］黄宗智：《清代的法律、社会与文化：民法的表达与实践》，刘昶、李怀印译，上海书店出版社 2001 年版，第 25 页。

③ 赵旭东：《权力与公正——乡土社会的纠纷解决与权威多元》，天津古籍出版社 2003 年版，第 62—115 页。

分类为代际纠纷、兄弟间纠纷、夫妻间纠纷和兄弟（妯娌）间纠纷。① 陈柏峰也从分家与赡养、订婚、结婚与离婚、夫妻矛盾与家庭暴力三个方面对鄂南某村落的纠纷进行了研究。② 从这些研究成果中，我们可以看出，分家、婚姻、赡养等一直都是我国农村纠纷的主体部分。从龙村情况看，主要的家事纠纷类型是婚姻纠纷等，分家纠纷并不突出，赡养老人的纠纷极少出现。在龙村，因订婚、结婚与离婚发生的纠纷以及结婚后夫妻之间在日常生活中发生的纠纷是发生频次最多的纠纷。

一　订婚纠纷

恩格斯指出："在整个古代，婚姻的缔结都是由父母包办，当事人则安心顺从，古代所仅有的那一点夫妇之爱，并不是直观的爱好，而是客观的义务，不是婚姻的基础，而是婚姻的附加物。"③ 婚姻缔结上的父母意志在中国古代体现得更为明显。在瞿同祖先生看来，深受儒家思想影响的中国古代的婚姻的目的在于传宗接代，所以，"男女的结合而须顾到夫妻本人的意志实是不可想象的事。婚姻所以合二姓之好，只要二姓的家长同意于其子女的结合，经过一定的仪式，婚事便成立了……父母的意志在法律上成为婚姻成立的要件，子女即使在成年以后，即使仕官买卖在外，也没有婚姻自主权，除非得了父母的同意"。④ 与许多少数民族一样，在历史上，苗族青年男女恋爱、结婚较为自由，没有受到如汉族那样深厚的儒家思想的影响，保留了较多人的自然天性。只是，虽然男女青年能够自由恋爱，但婚姻的缔结却有着很正式的形式。

我曾经询问过村民，在龙村男女青年是如何结识并产生感情的？他们告诉我，因为滇中地区花苗本来就不多，只有几万人，平时互相来往较多。尤其是龙村附近的几个苗族村寨，几乎就在相邻的几座大山间，平时走亲戚、赶集、参加花山节活动以及到基督教堂做礼拜等，大家都能经常见面，慢慢地也就熟悉了。因为熟悉，青年男女间也就开始自由恋爱。当

---

① 董磊明：《宋村的调解——巨变时代的权威与秩序》，法律出版社 2008 年版，第 102—113 页。

② 陈柏峰：《暴力与秩序——鄂南陈村的法律民族志》，中国社会科学出版社 2011 年版，第 45—69 页。

③ 《马克思恩格斯选集》第 4 卷，人民出版社 1972 年版，第 74 页。

④ 瞿同祖：《中国法律与中国社会》，中华书局 1981 年版，第 98 页。

然，他们婚姻的缔结也不全是自由恋爱的结果，很多情况下，通过亲戚、朋友的介绍仍然是重要的途径。无论采取什么方式认识、恋爱，到了提亲时，均要履行一定的程序。

在过去，整套提亲、订婚的程序和仪式较为正规。比如，到了提亲的时候仍然需要请媒人一同前往，由媒人带着男方及其伙伴带上鸡、鸡蛋和米、面等物，先来到女方家所在的村，找到一户德高望重、为人正直的人家，向这家人打听女方及女方家的情况，如果对女方家的情况比较满意，便在当晚由这位德高望重、为人正直的人带领着到女方家去提亲，双方通过问答式的对唱，互相表明各自的态度。按照传统，在男方前往女方家提亲的时候，女方的父母也会用各种方法考验男方的人品、能力等。如若女方家中意应允，女方家就会留客一天，并杀鸡宰鹅进行款待，亲事就算初步订下来了。

接下来就是订婚。滇中苗族订婚，男方通常要给女方家送去"五色礼"，即订亲布（或订婚钱）及两壶酒、一包茶叶、两把面条、两升米、一块肉，在媒人的陪同下择吉日送到女方家，以对歌的形式向姑娘的父母求婚。接下来双方便商定婚期及结婚事宜。旧时苗族彩礼仅送一二斤炒面、一两百鸡蛋，后来改为一头礼猪、一对鸡、三双麻制草鞋。猪、鸡杀好后送，但头、脚及内脏一点都不能少，哪怕少了一截肠子女方家父母都会计较。

时代、观念、条件在变，礼俗也在改变。近些年来，虽然也有请媒人提亲、订婚等程序，但已简化了不少。同时，新娘家给的陪嫁品已多变成了被子、皮箱、柜子、火盆等居家过日子都用得上的家什。而现在，也与很多地方一样，彩礼的内容和价值呈现向多样化、贵重化发展的趋势。有的要求男方家送牛羊等牲畜，以及家电、摩托车等。

由于龙村青年订婚、结婚程式上的传统与现代相互缠绕这一特征，以及彩礼的多样化、贵重化等，围绕订婚等的纠纷由此发生了。

【案例1】2010年3月龙村女青年潘英通过媒人撮合与外村的男青年王某订立了婚约，议定年底举行婚礼。但在接下来的时间里，潘英了解到王某为人懒惰，不喜农活，经常到镇上喝酒、玩耍，恐怕成家后难以养家。于是，潘英就不听父母的劝告请人转告王某取消婚约，并与另外一个男青年开始交往。王某知道这一情况后非常生气，带着几个人来潘家讨要说法。潘英父母只得把此事打电话告诉了村委会，村委会干部随后到潘英家进行调解。经过了解，得知王某在定亲时拿给潘家的彩礼钱 5000 元已经被潘父拿去购买农资用品，无法及时偿还。在村委会干部的监督下，潘家写下字据，在 10 天内凑钱偿还彩礼，而后方可解除婚约。过了 5 天，潘家凑足了钱，村委会干部随即打电话把王某叫到村委会，由潘家交还给王某 5000 元彩礼钱。村委会干部同时制作正规的调解协议书，让双方当事人签名认可，取消了婚约。

在滇中苗村，一次性拿出的五六千元彩礼钱已不是小数，因此双方都会很在意，当男方遇到女方退婚的时候，一般情况下是要回已经给付的彩礼钱。男女双方家庭好说好散，只要女方退回彩礼钱，男方家也不会不依不饶。在村委会几年来调解的订婚纠纷中，从来没有出现男方家动用家族势力，到女方家兴师问罪甚至大打出手的情况。周围人对解除婚约的男女双方并不会有什么特别的看法，男女双方也不会有"掉价"的心理感受，以后还能够正常恋爱、结婚。这种情况，反映出滇中花苗所受的儒家文化影响并不深，人们对于订婚涉及的面子问题的看法与汉族有所差异。

二　离婚纠纷

在龙村，夫妻之间发生争吵的时候很多，起因均为一些日常琐事，尤其是有关钱的用度方面的分歧，极少会出现因为一方有外遇而引发的纠纷。[①] 多数情况下，纠纷的起因为家庭开支、性格不合、家庭事务分担、生活习惯等方面的矛盾，有时候，夫妻双方也会因为怀疑对方不忠而发生争吵到村委会进行调解。偶尔，夫妻之间也会发生暴力冲突，一般情况是丈夫殴打妻子。村里有一对夫妻，家庭矛盾不断，丈夫经常酗酒发酒疯，回家后会殴打妻子。妻子龙某多次到村委会要求主持公道，处罚其丈夫，

[①]　在我国不少农村地区，婚外性关系已经成为很突出的夫妻矛盾诱因。如董磊明调查后指出，在华北平原农村，"虽然引发夫妻矛盾的问题很多"，"但最容易引起双方剧烈冲突的是婚外性行为"。（董磊明：《宋村的调解——巨变时代的权威与秩序》，法律出版社 2008 年版，第 107 页）。陈柏峰也认为，在两湖地区，"性侵害和婚外性关系引起的矛盾在乡村非常突出"（陈柏峰：《暴力与秩序——鄂南陈村的法律民族志》，中国社会科学出版社 2011 年版，第 95 页）。

并提出了准许离婚的请求。① 在对这个案子的最近一次调解中，村委会让双方达成了调解协议，调解协议上写明：丈夫承担三分之二的责任，妻子承担三分之一的责任。同时，村委会干部们一边安慰、劝解女方，一边对男方加以训斥、教育，责成其当面给妻子赔礼道歉，然后要求两口子回去好好过日子。对于离婚请求，村委会干部们往往见怪不怪，不会很当回事。过一段时间两口子也许又会因为相同的争执事由闹到村委会，村委会也只按照上次的办法处理。在龙村，夫妻之间吵嘴是常有的事情，但闹到离婚的却很罕见。妻子受到委屈，一般是回娘家居住。丈夫在亲戚以及村干部的教育之下，过一段时间就会有所认识，主动请妻子回家，家庭的和睦又得以恢复。

在龙村，近五年来真正离婚成功的仅有一例。该户夫妻自结婚以来就闹别扭，关系不和已经好几年了，虽然现在双方已经生育了一名女孩，但还是时常吵闹。村委会调解了几次，看到丈夫不讲理，也就没有什么好办法了。妻子的父亲曾经在镇上当过站（所）领导，对女儿的处境也颇为不满，看到女婿太不像话，村委会又没有什么办法让其改正，就帮助女儿用法律武器解决问题。最后，女方向法庭提交了起诉书要求离婚。法庭到龙村村委会会议室进行了现场审理，最后判决离婚。这起离婚事件的成功解决，得益于女方父亲的决策，用提起诉讼的方式解决问题，而一般龙村妇女遇到这类事情，一般不会想起到法院起诉。村内低离婚率现象固然反映了龙村人的权利意识还较低，但反过来也许说明了龙村人相互间讲求和谐的意愿更深、对家庭的期望值更现实、夫妻间相互间的容忍度更高等。

三　家庭内部日常生活纠纷

黄宗智对民国时期的档案和"满铁"的"惯调"资料研究表明："除了兄弟阋墙导致分家外，夫妻争执显然是村庄调查中反映出来的最常见的一种纠纷。"② 这一判断与我国当前农村的情况是一致的，即"在当前大多数农村，夫妻间纠纷在村庄日常的纠纷中应占据首位"。③ 在龙村，家

① 由于村内离婚的人很少，村民们对如何离婚并不是特别清楚，因此会向村委会提出准许他们离婚的请求。

② ［美］黄宗智：《清代的法律、社会与文化：民法的表达与实践》，上海书店出版社 2001 年版，第 29 页。

③ 董磊明：《宋村的调解——巨变时代的权威与秩序》，法律出版社 2008 年版，第 106 页。

庭内部夫妻之间日常纠纷是村内最多的纠纷，只是这类纠纷虽然数量多，但大多数并不会请求村委会调解，所以在村委会调解记录中并未完全反映。夫妻闹矛盾时，气头上往往都会说要离婚，或把离婚作为口头威胁，故前面所论述的离婚纠纷实际上也是一种夫妻间的纠纷。

这类纠纷是家庭内部日常生活中最主要的纠纷，大都由家庭琐事引发，很多都和钱的用度有关，即家庭财务开支意见不同引发的。比如，妻子不满丈夫把钱拿去买摩托车引发家庭矛盾，以及妻子不满丈夫不和自己共同偿还贷款，要求丈夫负起责任来等。在这类矛盾中，起因很多都是妻子对丈夫的喝酒、懒惰和缺乏责任心等的不满。在龙村，女人和男子一样也要承担较高强度的农活，还要做家务，日常生活是很辛苦的。在龙村，经常可以见到有中年妇女背着很大一捆柴草在山路上艰难行走，而一些男子则在集市上喝酒、聊天。龙村妇女较为内向、含蓄，不会在外人面前斥责丈夫，但当回到家以后，免不了会埋怨丈夫，争吵由此发端。当然，这类争吵在每一个地方的农村都会有，一般是遵循"夫妻不记隔夜仇"、"家丑不可外扬"的逻辑自行化解或经过旁人劝解消除了。正如黄宗智发现的，"仅有很少的夫妻争执会导致离婚这种最极端的结局，即使在民国时期也是如此"①，多少年来夫妻之间都是这样争吵过来的，根本不算什么大不了的事情。应该说，相比于内地农村，龙村的家庭是较为稳固的，一般的琐事很少会引发家庭破裂，除了上面所述的那起成功离婚的案例外，近几年来，龙村没有出现过离婚的事情。这样，在龙村人的家庭日常生活中，虽然矛盾不断，但婚姻仍然是稳定的。

四　家庭内部其他纠纷

在龙村的家庭内部纠纷中，除了夫妻之间的纠纷外，还有兄弟间分家纠纷、代际之间纠纷等。

黄宗智经过研究"满铁"资料后指出："已婚而未分家的兄弟间的争吵是村庄中最为常见的纠纷，通常的解决办法则是分家。"② 这段话如果放在 19 世纪清代末期和民国时期的华北农村是适宜的，因为那时的中国

①　［美］黄宗智：《清代的法律、社会与文化：民法的表达与实践》，上海书店出版社 2001 年版，第 29—30 页。

②　同上书，第 25 页。

农村，限于经济条件，农村家庭的结构往往是复合型大家庭，几个兄弟及其妻子儿女们生活在一起，这是与当时农民生存能力相适应的一种家庭结构。因此，一个大家庭内矛盾的发生率必然较高，当矛盾无法调和时，分家以及由分家导致的财产争执就会频繁出现。反观这二三十年来的龙村，复合型大家庭已经不复存在，一个家庭中，父母与成年子女在一起生活是存在的，但不会出现几个兄弟及其家人生活在一起的情形。也即是，当一对夫妇育有几个儿子女儿时，女儿们到成年后一般嫁到外村，儿子们虽都在本村居住，但都与娶妻成家后另起炉灶生活，老人有可能与其中一个儿子（大儿子或小儿子）一起生活。如果他们仅育有女儿，没有儿子，则老人会让其中的一名女儿在家，招姑爷（女婿）上门。实际上，很多时候老人们只要自己能够自食其力，都不愿让子女来供养。弗里德曼认为，在中国东南农村，一旦完成分家后，"在法定意义上，两个或更多的兄弟之间便不再成为经济上相互协作单位的一部分。一个家户的成员对其他家户的成员也不再具有经济上的当然权利。他们之间的经济互动应该是合理地按与陌生人相同的处理方式来制订契约性条款"①。但在龙村，虽然分家后各自成为独立核算的经济单位，但相互间住得很近，出于赡养老人的事由还会经常互相走动。虽然对于赡养分担会大体有个口头协议，但子女们并不会十分计较。至于相互间的关系定位，仍然带有较多亲情色彩，虽然彼此已经按照"不同家庭"的区隔意识考虑问题，但还没有到"按与陌生人相同的处理方式来制订契约性条款"的地步。

当然，在分家的过程中，会涉及分家时父母的财产处置问题。一般情况下，父母会为儿子准备房子，但限于经济状况，往往只能为其中一个儿子新建房子，甚至只能把老房子一分为二，供分家后的两个儿子及其家人居住过活。在龙村，近些年来一户家庭育有三个及以上儿子的情况不存在了。实际上，假如遇到这种情况，老人们肩上的负担肯定会非常沉重，无法为全部儿子安排好住房。兄弟姊妹们在分家时，也会发生纠纷。但这类纠纷，仅仅限于财产方面的，至于谁来赡养老人，是不会发生争执的，儿女们总是会争着给老人提供吃住的。但即使是因财产问题引发的分家纠纷，在龙村也不多。这类纠纷一般在家庭内部就可化解，不会因提到交村

---

① ［美］弗里德曼：《中国东南的宗族组织》，刘晓春译，上海人民出版社 2000 年版，第30 页。

委会调解而在全村人面前露丑。查阅村委会调解记录，几年来仅有 1 例分家纠纷调解记录。自 20 世纪 80 年代以来，由于计划生育政策的落实以及人们生育观念的逐步改变，一个家庭生育三个及以上儿女的情况基本绝迹了，一个家庭中出现两个儿子的情况也下降了，村内甚至出现了少量独生子女户。大环境和思想观念的不断变化，导致多兄弟间的矛盾越来越无从发生。

　　代际之间的纠纷，在一些学者的研究中主要发生于父母与子女间由于赡养问题而发生的纠纷中。在黄宗智的研究中，指出"养赡纠纷"在清代末期和民国时期的华北农村发生的概率并不大，仅有的几个案例也反映出对这类纠纷父母一方拥有绝对的道德优势，其诉求一般能获得民间权威和官府纠纷解决机构的认可。[①] 龙村代际之间的矛盾发生得更少，在村委会调解记录中，几年来仅有 2 例涉及父母与子女之间的矛盾调解，并且这 2 例也是由于父母与子女间在生产、生活方面的意见不一致导致的纠纷。一例中有儿子嫌其母亲观念陈旧，经常用带有封建迷信的做法来预测凶吉，以此来安排出行、农活等，导致母子间发生口角，最后发生争吵。还有一例是有关家中用钱方面的纠葛。在龙村，真正因为子女不赡养老人导致的纠纷是不会出现的，其原因，也许如黄宗智所言，是因为"成文法律和村庄惯行之间的契合在村庄社区内形成了一种对子女的道德压力，使他们负担起对年老父母的责任"[②]。在龙村，如果有谁家儿女不供养老人甚而虐待老人，那是会招致全村人的非议和责难的。当然，婆媳之间的矛盾不可避免，但这类矛盾要么不严重，要么都能在侧重维护老人地位和利益的调解方案中被无形化解。

第三节　不同家庭村民之间的纠纷

　　龙村不同家庭村民间的矛盾纠纷种类较多，无法用几种类别就把它们罗列完毕。但总的来说，纠纷主要集中在土地、用水、牲畜损毁庄稼以及

---

　　① ［美］黄宗智：《清代的法律、社会与文化：民法的表达与实践》，上海书店出版社 2001 年版，第 32 页。

　　② 同上。

日常生活琐事等方面。

一　宅基地使用纠纷

滇中苗族是外地迁入者，到他们来时，好田好地基本都被汉族、彝族等占据了，他们只能到自然条件较为恶劣的高寒山区开垦荒地，依山就势构筑房屋过日子。所以，从耕地看，龙村人只有旱地，并且面积不大，每户只有2—3亩，随着人口的增多，目前人均耕地仅有1亩多点了。房屋地界也较为狭窄，建在山坡上，一家挨着一家，没有庭院，这和不少坝区农户圈建的带有宽大院子的家庭住房形成鲜明对比。这种紧密相挨，"鸡犬之声相闻"的居住格局一定意义上会成为矛盾纠纷的制造温床。由于住得近，"打个转身都会碰到别人家的墙"，加之水窖、猪圈、羊圈、厕所只能建盖在房前屋后，而这些地方往往是相邻各家各户都想利用的空隙之地，争议争执最易在这些地方发生。在人民公社时代，由于对自留地的限制以及不允许发展家庭副业，家禽养殖数量极少，人们对房前屋后的利用并不像现在这样迫切，由此引发的争执自然也少。直到20世纪80年代以前，人们对于房屋的期望值都较低，"有住的就行了"，能够建盖新瓦房的人家很少，因此因为宅基地引发的纠纷都很少。

20世纪80年代以来，龙村出现了建房的高潮。在此之前，龙村的房屋主要以土掌房等为主，在80年代后，在政府的帮助下，专门派泥水工匠到村里来教人们建盖瓦房，并给困难户一定建房补助。但龙村地界逼仄，相邻各家建盖房屋时难免在土地利用上发生争端。同时，近年来各级政府及扶贫单位支持龙村发展生猪养殖，欲使之成为一条致富门路，于是给予补助帮助龙村建盖标准较高的猪圈，并提供种猪用于繁殖之用。并且在各级政府及扶贫单位的帮助下，龙村人几乎每户都建有一个卫生厕所。对于这两项建设项目，有的人家是在原猪圈、厕所基础上翻建，而有的人家本来就不养猪，没有猪圈，或没有单独的厕所，在这个时候，就只能是另辟新址建盖。选址的时候，实际上可供利用的空地已经不多。而龙村每家在房屋前后都建有一至二个水窖，专供平时特别是旱季的生活用水，这些水窖需要与猪圈尤其是厕所保持一定距离，这势必进一步压缩建设猪圈和厕所的选址空间。有时候，在实在没有办法的情况下，只能在不符合用地条件的地方开工，由此引发邻居不满，导致纠纷发生。这类纠纷，涉及地权归属，非日常生活中的小摩擦，而是事关生存权的大问题，通常的做法是提交村委会解决。在村委会调解记录中，这类纠纷是较多的。面对这些纠纷，村委会在调解时会对一些占地较少、不是特别离谱的侵权者进行劝解，说服他们恢复原状，同时也劝被侵权一方适当作出让步，给予邻人一些方便算了，"都是哥哥弟弟的，让一点有什么关系"。因为争议的相邻各方大多数是亲戚关系，有的就是兄弟关系，因此调解达成协议的情况占大多数。但也有一些因为涉及占地较多或对权属有争议的情况，村委会难以调解，只能上报镇国土所，让这些部门来处理。

二 村内道路通行权纠纷

此类纠纷最为常见的是情况是，某村民建盖房屋或修建水窖、猪圈等占据了村内道路，影响人、牲畜和机动车的出行，构成了对村里几户人家的通行权妨碍。当出现这种情况时，通行受到影响的村民必然会出来阻止。受到影响的村民户数越多，出来阻止的力量越大，也就越有可能让侵权者停工。这时，往往不需要村委会出面，问题就解决了。但如果仅涉及一两户人家的通行权，则侵权者停工的可能性就会小一些。有时候，他会暂时停下来观望，视这两户人的反应决定下一步如何办。这种情形下，两户人家会把纠纷提交村委会，让村委会来施压。解决这类影响村内公众利益的侵权行为，是村委会义不容辞的责任。村委会干部会很及时地到场进行说服教育，让施工者停工并恢复原状。大多数情况下，问题能够顺利解决，但也不是所有预期都能如愿。遇到极个别不讲理的，村委会会把情况报到镇上，由镇上国土所、派出所等部门来解决。不过在龙村这么一个熟人社会、亲戚社会中，这种情况几年才会遇到一例。毕竟，在龙村，大家都还是顾及亲情和脸面的，不会做出太出格的事情。

三 用水纠纷

龙村历来是一个缺水的地方，缺水对当地的生产、生活制约非常严重。自2008年以来，不知道为什么，滇中地区的干旱一年比一年严重。连着几年的大旱，让广大山区群众陷入了窘迫的境地。滇中山区，山高坡陡，在山上一般难以形成常流的河水，即使有寥寥几条河流，也是河流切割严重，并且在雨季才能见到大股水在河床中奔流。龙村所在的这匹梁子，属于严重干旱的区域。据说，镇里曾经请上级的地质专家来勘察过，得出的结论是由于地质构造的关系，地层无法蓄水，虽然山上绿树成荫，但地下却无水可用。据村里老辈人讲，这里过去曾经有好几股常流溪水，苗族人历来把它们称为"龙潭"，但由于近几年几次地震，把"龙脉"震断了，从此山里就再也不出水了。对于这种说法，村民们半信半疑，但客观事实是，目前在龙村几个自然村中，只有3个村有龙潭在流水。其中，最大一条位于村委会所在地村。这是一条很小的溪水，流到山坡底部，形成一个小瀑布和积水潭，这是全村最为重要的取水点。我在村委会干部的引领下，曾经数次到这个龙潭来过。据村委会干部讲，这里几年前流水量还是很大的，村里建了比较大的蓄水池，又建了洗衣石板。但这两年来，水流量越来越少，常常装不满蓄水池，洗衣石板则因为水流不够而废弃不用了。2006年村里在上级有关单位的帮助下，修建了一个蓄水池，并建起了一个抽水站，自蓄水池往上沿集市到村委会办公楼架设了水路管网，每天抽水供龙村集市、龙村小学、村委会以及集市旁部分村民使用。该供水系统管路经过的集市各商户、小学、村委会等，虽然均安装了水表，但几年运作下来，纠纷不断。

【案例2】龙村供水系统管路是在集市建设过程中铺设的，那时商铺正在建盖，集市道路还未用混凝土浇灌，一些商家就不顾村委会的管理规定限制，在集市道路浇灌的前一天夜里私自接了钢管到自家屋内，第二天集市混凝土铺设完后，已经看不出哪家私接水管。抽水系统运转起来后，抽水站水泵运转乏力，供水总管后半段的用水户水流减少，难以满足需求。这些用水户想到一定有人私接了水管，就到村委会反映要求解决。村委会调查了几次，由于无法弄清具体是哪一家私接水管，就把此事一拖再拖。利益受损那几家用水户极为不满，看到村委会无法解决问题，就自行相约到那几户商家门口说理。但那几户商家自忖他们没有证据，拿自己没有办法，就很硬气地不理会他们，有时也会回骂几句。对待这样的纠纷，村委会也难以处理，只是出面劝解一番，但因为始终没有从根子上解决纠纷争议的实质问题，就仅仅是暂时让双方不再争吵而已。

我也曾经问过村委会龙书记，怎么这个问题这么难以处理，难道就不能查清楚谁家私接管网，从而予以取缔吗？龙书记告诉我，现在全部管子埋在路下，要真正查清楚，只能是把混凝土路面撬开来看，但因为具体在哪一段不甚明确，就只能是每一家门口都撬开。这样的做法，费时费钱不说，会得罪那些并不是真正始作俑者的商铺商家。这些人并不是龙村人，而是附近乡镇来做生意的客商，很多人财大气粗，蛮不讲理，他们肯定不会善罢甘休，而会让村委会下不来台。多一事不如少一事，还是让镇里来处理。经过反映，镇水管站也来过几次，最后在上级单位的帮助下协调资金，对于经过那几家商户的那一段管路重新铺设，从而一次性解决了这一问题。

2011 年，围绕这一供水系统又发生了一起纠纷。抽水站管理员借口劳务报酬没有兑现、维修设备花费欠账多等停止抽水，无理要求付给拖欠的劳务报酬，并且不交出抽水房钥匙。在村委会多次解决无果的情况下，几十户商户和村民自发联合起来，督促村委会把该管理员通知到村委会办公楼开会，面对面进行对话和谈判。经过仔细核算账目，付给该管理员合理部分的费用，拒绝其不合理的要求，并收回抽水房钥匙，不再要其抽水。同时，在这次会议上，还成立了龙村用水户协会，制定规章制度，实现了良性的用水管理。这一村委会想解决但又没能解决的纠纷终于在部分村民和商家的一致努力下，用民主化的方式解决了。从这件事情的处理上，可以看出，面对集市出现的"难缠"的人，商户和村民们并不是一味等待村委会或上级组织来协调、解决，而是自发组织起来，面对面与对方进行交涉、谈判，并由此建立集市的民间自治组织——用水户协会，实现自我管理，既解决了当前的纠纷，也为解决今后集市可能会出现的用水纠纷奠定了基础。这正如安东尼·吉登斯所言："定期集市促进的社会变迁开阔了当地人的世界视野。"[①] 龙村人在商品经济的熏陶下，自我意识和权利观念逐渐树立，在遭遇纠纷时能表现得更为积极、自信，并能采取更具"现代性"的方式加以解决。

除了因为该供水系统发生的以上两起较大的纠纷外，龙村内部还出现了一些用水方面的小纠纷，这些纠纷主要是围绕集雨型水窖发生的。在龙村，供水系统能够惠及的农户只是一部分，大部分村民只能通过修建集雨型水窖的方式来解决生产、生活用水。集雨型水窖利用每年雨季的时机接瓦楞滴水和沟渠流水蓄水，供各家独自使用，平时自行管理维护，并不涉

---

① Anthony Giddens, The Consequences of Modernity, Stanford University Press, 1991, 转引自刘绍华《中国西南诺苏（彝）地区的集市与现代性》，《思想战线》2010 年第 1 期。

及旁人及公共利益，按理应该很少发生纠纷。但几年来，出现几例私自取用别人家的水窖水引发的纠纷。但这种行为损害的利益不算太大，取用者也理亏，遇到水窖主人责问不会强辩，加之水窖主人念及熟人、亲戚关系，不会大加责骂，因此纠纷很容易就解决了。

四　农业用地纠纷

在滇中苗族地区，种植业一直是当地农户的主业。所以，土地对村民们的重要性不言而喻。虽然近些年来发展养殖业以及外出打工有所增加，但大多数人无法放弃对土地的依赖。正因为土地对人们的重要意义，所以关于土地的纠纷也就显得较多。龙村在 20 世纪 80 年代和全国大多数地区一样，完成了包产到户的历史性改革。几十年来，也与云南省其他地方一样，对分到各家各户的土地一直没有调整过，实行的是"增人不增地，减人不减地"① 的政策。在龙村，大多数人是不同意对土地进行重新分配的，因此分田到户以来土地都没有调整。前些年来，出现了少部分人把土地租给别人，甚至是无偿交给别人耕种的情况。其原因有二：一是自己外出打工，没有时间回来料理农活；二是种地很不划算，因此把地转给别人种。但是，自 2003 年国家出台废除农业税、农特税及其配套改革以来，农民不光不需要再交各种村"提留"、乡"统筹"，而且种地也有了补助。国家出台了一系列支农惠农的直补政策，云南省也实施了对种粮农民农资综合直补、种养业良种补贴、退耕还林政策补助等 10 多项支农惠农直补政策。如 2011 年对种粮农民农资综合直补补贴标准为每亩 63.01 元，对种粮农民良种补贴补贴标准为水稻 15 元/亩，玉米、小麦 10 元/亩，农户可以从"一折通"领到补贴款。由于看到拥有土地带来的好处，特别是能得到各种补贴，那几户早先把土地转让给别人耕种的村民开始反悔了。同时，自 2008 年全球金融危机爆发以来，在外打工的日子不好过，很多人找不到工作，由此出现了较大规模的农民工返乡潮。龙村虽然外出打工的人不多，但这几年每年都有几个人返村，其中就有当时把土地出租或者

---

① 关于这一政策的利弊，学者多有争论，参见贺雪峰《评"增人不增地，减人不减地"》，《中国乡村发现》2012 年 5 月 15 日；刘守英等《"贵州'增人不增地，减人不减地'24 年效果调查"》，《改革内参》2012 年第 7 期；赵俊臣《贺雪峰错评"增人不增地，减人不减地"》，爱思想网，http://www.aisixiang.com/data/54942.html? page=2，最后访问日期：2013 年 2 月 12 日。

转让给别人耕种的。现在，要么租期还未到期，要么耕种者根本没想过交还。双方的矛盾不可避免，由此发生了纠纷。

【案例3】潘某自2002年起就外出打工，在县城开了一家小饭馆，随后他把老婆也带出去帮忙，儿子在外面上学，女儿出嫁外地，而老人年事已高，盘不完更多的地了。为此，潘某就自2003年起把2.2亩地租给龙某种，并言明租期10年，在此期间土地的一切收益归龙某。由此，自2003年以后，龙某在租种潘某土地的同时，也领取了各种农业补贴。2009年潘某考虑到年纪大了，加之种粮获得的补贴一年比一年多，由此他带着老婆回到龙村，要求龙某退回土地，龙某以租期未到为由加以拒绝。在村委会的调解下，龙某最终退回了潘某的土地，但潘某也交还了未到期的几年的全部租金。

也有一些是老人随子女外出居住，从而把土地转给别人种，到回村时与别人发生土地权益纠纷。

【案例4】2006年王老倌的女儿嫁到邻县去了，王老倌也就随女儿去居住，走前把土地转让给其表弟耕种，2011年王老倌又回到了龙村，向其表弟要回土地使用权，但其表弟不让。在村委会的调解下，其表弟最终把土地交还了王老倌。

五　家畜、家禽误吃庄稼以及家畜互相咬伤的纠纷

龙村是一个农耕社会，从事农业生产和畜牧养殖，既是祖祖辈辈遗留下来的生存方式，也是龙村人得以安身立命的谋生手段。有学者对豫东地区和江汉平原的家禽家畜侵害庄稼的争议解决研究表明，这两个地方都存在较为严重的猪侵害庄稼的事件[①]，但在龙村，猪一般都是圈养的，绝不可能出现乱窜到田地里啃吃庄稼的事情，牛、羊等牲畜则一直习惯于放养。每天清晨，村民们（一般是家中的老人和不上学的小孩）把牛、羊

---

① 陈柏峰、董磊明：《村民行为、内生规范与村庄生态——家禽家畜侵害庄稼之争议解决的实证研究》，载徐昕主编《纠纷解决与社会和谐》，法律出版社2006年版，第162—173页。

赶到附近山上吃草，随处游走，到了傍晚则把它们慢慢吆回家中畜厩中歇息。如果家中没有老人和不上学的小孩，则只能由出工干农活的村民们顺带着看管牛、羊，既让它们在附近吃草，又不能让它们到田地里啃吃庄稼。老人放牛、羊往往会有精力不济的时候，小孩则会有贪玩的时候，而边干活边看管牛、羊往往会顾不过来，由此往往导致对牛、羊看管不严，使之到别的村民家的田地里啃吃或损坏庄稼，从而导致纠纷发生。

这类纠纷在龙村数量不小，每年都有十多起。牛羊啃吃的庄稼一般是小麦、苞谷、蚕豆，有时候还有食用菌、蔬菜等。除此之外，牛羊也会进入别人家的果树园内，把核桃、板栗等树苗啃吃、折断，造成果园主人的较大损失。处理这类问题的方式，在农耕社会中具有某些相似性。陈柏峰、董磊明的研究表明，豫东平原和江汉平原两地村庄生活存在一些普遍性准则，"在绝大多数时候，江汉平原和豫东平原的村民对家禽、家畜侵害庄稼的反应是一样的，都是保持容忍和克制"[1]，而且，"江汉平原的规范对家禽的主人似乎表现得更加宽容，尤其是当村子周围是水田或水塘时，家禽的主人没有很大义务去约束家禽，放养被认为是天经地义的，当家禽侵害水田或水塘主人的利益时，受侵害者只能容忍"[2]。这一行事规范和原则在熟人社会是普遍存在的，反映了人们祖祖辈辈传承下来的与人相处中的克制、协商精神。埃里克森在研究美国夏斯塔县牧民处理牲畜越界纠纷时也发现，大多数农区居民信奉着"邻人之间要合作"的主导性规范，信奉"自己活别人也要活"的生活哲学，支持这种规范和哲学的则是乡村生活的现实状况。在埃里克森的笔下，美国夏斯塔县牧民"对偶尔发生的摩擦，友邻的回应是相互包涵一下。越界受害人应告知牲畜业主越界发生了，并帮助主人赶回走散的牲畜"[3]。

在龙村，遇到牛羊等家畜到田地里侵害庄稼的事件，一般情况下受侵害的田地主人会及时驱赶走牲口，视情况也会到家畜主人家说理。如果损害较小，则只要求该户人家以后要好生看管牲口，今后不能再放任它们；如果损害较大，则会要求给予赔偿。一般情况下，饲养牲口的人家都会给

---

① 陈柏峰、董磊明：《村民行为、内生规范与村庄生态——家禽家畜侵害庄稼之争议解决的实证研究》，载徐昕主编《纠纷解决与社会和谐》，法律出版社 2006 年版，第 171 页。

② 同上书，第 170 页。

③ ［美］埃里克森：《无需法律的秩序》，苏力译，中国政法大学出版社 2003 年版，第 64—65 页。

予道歉，并表示今后要看管好牲口，不再发生此类事件，对于自认为合理的赔偿要求，也会予以兑现。但如果双方对赔偿数额有较大争议，则一般会让旁人来评理。旁人一般是双方的熟人，因此熟人评理往往是希望尽快弥合双方矛盾的随意行为，他们只是大致听一下双方的争议来由，就劝双方各自都忍让一下，在一个双方都能接受的赔偿数额上达成一致。如果双方都不给这位调解者面子，争执就会提交到村委会。村委会对待这一矛盾相对较为慎重，处理程序也较为规范。村委会调解人员会听取双方陈述，在双方当事人的陪同下，一同到受家畜侵害的田地里查看损失情况，有时候还要找证人询问。如果损害较为严重，整个调解过程会做成书面笔录。比如，2010 年 6 月 23 日上午，由于村民王某疏于看管自己家的两头牛，牛跑到另外一家村民的种植食用菌的地里吃草，把这户村民刚刚种下去的食用菌踏坏了。双方因为赔偿问题发生纠纷，在村委会的调解下，双方达成调解协议，由王某赔偿给对方 1000 元钱。同样的事情发生在同一年 10 月份，有一户村民的牛把另外一户村民地里的白菜吃了，被迫赔偿了 100 元钱。有时候赔偿也可以用实物来代替，如啃吃了别人家苞谷苗的人家会给予这户人家几十公斤苞谷作为赔偿。一般来说，最终的处理结果往往会与受损害方的要求有所出入，通常是赔偿数额在受损方要求的基础上有所降低。如某次一户村民刚嫁接成活的核桃苗被别人家的羊群折断了 12 株，核桃苗主人要求赔偿 1200 元，经过村委会调解，赔偿了 800 元。

有时候，庄稼和树苗被牲口糟蹋的农户会将牲畜扣留，要求牲畜的主人给予赔偿才予以放行。而在有的时候，有的农户看到自己的庄稼和树苗被牛羊糟蹋，实在是气愤难忍，免不了会打伤牛羊。如有一农户看到村里其他人家的 10 多头牛在自家苞谷地里大吃特吃，便气愤地拿起锄头挖伤了其中的 5 头牛，引起了较大的纠纷。

除了家畜侵害庄稼引发的纠纷外，龙村还有较多的家禽（如鸡）放养引发的争议。龙村的鸡都是随处放养的，它们没有什么"侵权"意识，遇有谁家喂鸡食的时候，鸡群往往会蜂拥而上"吃白食"。由于是放养，所以也会经常发生鸡进入别人家的菜园啄吃菜叶引发的纠纷。对于经常来犯的鸡群，如果经过菜园主人几次警告、交涉，鸡的主人仍然疏于管束，任由鸡群跑到菜园中啄食，菜园主人有时候会把鸡打死。这样的纠纷，解决办法一般是鸡的主人获得几十元的赔偿，而被打死的鸡也就归菜园主人。这样的处理原则也同样适用于被打死的"吃白食"的鸡。偶尔的情况下，有人会用鼠药把跑到菜园里啄食蔬菜，或进入自己家里抢食吃的鸡毒死。发生这样的事情时，双方的情绪都较为激动。对鸡下毒的行为性质是较为严重的，下毒的人家在村里会受到舆论的指责，会被认为行事过于狠毒，其在村内以后的人际交往中也会较不得人心。村委会对这类纠纷处理起来也较为棘手，因为没有证据，村委会干部不敢轻易下定论，致使这类纠纷往往不了了之，而当事人双方则可能会结下较深的怨气。

在龙村，也会发生牲畜伤害家禽引发的纠纷，比较典型的是狗咬伤、咬死小猪、兔子、鸡等引发的纠纷，以及骡子、马、牛之间互相争斗后导致伤亡引发的纠纷。前者如 2009 年 6 月 25 日杨某家的一头小猪跑到邻居家，被邻居家的狗咬死，获得 260 元的赔偿；2011 年 1 月 2 日，马某家的狗咬死、咬伤潘某家的兔子 27 只，造成潘某家较为严重的经济损失，经过村委会调解，马某赔偿了潘某 750 元钱。后者如 2010 年 7 月发生的一起骡子打架事件。

> 【案例 5】2010 年 7 月的一天，龙村有两户人家的骡子碰在一起，互相争斗，其中一匹把另外一匹踢伤致死，两户人家遂起争执。在村委会调解中，村委会干部认为这是一起属于牲口之间相互打斗引发的伤亡，不存在牲口主人看管不严的责任问题，也就口头调解和好了事。

六　畜禽伤人纠纷

在滇中广大农村，村民们都有养狗的习惯，一来可以在晚上或村民外出做活时看门，二来可以做伴。这些家养狗，对于熟悉的人一般不会攻击，只会对来到村中的陌生人吠叫、撕咬。那些不常到村子中"深入群众"的县乡干部，去农户家访问时候，如果没有村民陪同，往往会被村子中的狗群追咬。① 当然，这些年来，狗的习性似乎也发生了一些变化，显得比以前更为"狂躁易怒"，当遇到村中不是特别熟悉的村民或者小孩时，如果没有主人看管，会发生攻击行为，难免咬伤人。比如，2010 年 8

---

① 所以，当地县里领导经常说的一句话就是："要看一个干部作风实不实，是不是密切联系群众，只要看看他到村子里的时候，狗是围着他摇尾巴，还是对他吠叫就知道了。"

月的一天，当张某家的 11 岁的女儿经过李某家房子前时，被李某家的狗跑出来咬伤，经过村委会调解，张某付给李某家 300 元钱，用于注射狂犬病疫苗的费用。

除了狗咬伤人外，也会发生牛、马、骡子等伤人的事件。由于地处山区，龙村现在基本上还不用机械来进行耕作，牛是龙村人耕地的主要帮手。有时候，在地里劳作的时候，甚至在赶牛回家的路上，会发生人被牛角挑伤的事件。马和骡子、毛驴等一般不会伤到人，但有时候当它们受惊的时候，也会踢伤、踏伤人。发生此类事件，家畜主人都要负责受伤者的医药费，只是会在医药费承担数额上有些争议。

有时候，家畜伤人的事件会发生在村民制止家畜争斗的紧要时刻。这类行为，属于民法上所讲的无因管理，由此造成的人身伤害赔偿纠纷会在无因管理人与受益人之间发生。

【案例6】龙某在地里收苞谷时，看到有两匹毛驴在咬架，于是跑去拉架。在他试图把两匹毛驴拉开的过程中，不慎被毛驴咬伤了右手，伤势严重，到处求医，医药费高达 5000 多元。为了这 5000 多元医药费的问题，龙某与毛驴的主人家产生了较大争执。龙某要求这两户人家赔偿医药费及各种误工补助费、生活费共计 8000 多元，这一纠纷经过村委会调解没能达成协议，当事人只得向乡司法所申请调解。

七　家禽、家畜走失引发的纠纷

在龙村，鸡等家禽是放养的，主人会任由它们在房前屋后自由啄食。到了傍晚，鸡群则会自行归回主人家，到主人为它们搭建的鸡窝里歇息。由于各家各户都把鸡放养在外，放养的鸡就有可能被别的鸡带到其主人家。遇到这种情况，不等主人找来，这户人家当即就会把走错地方的这只鸡吆走，如果这只鸡经常"来访"，这户人家还会主动把这只鸡捉住抱回它的主人家。这样的事情在龙村人看来是很小的事情，相互的帮忙是理所应当的。近些年来，当地的壮鸡已经成为一个品牌，这一品种的鸡的价格上涨较快，一只大点的鸡可能会价值二三百元。由此，农户对走失的鸡比以往更为在意了，纠纷不可避免出现。

【案例7】2009年8月的一个清晨，潘文的媳妇就来隔壁潘亮家寻找前一晚上走失的一只公鸡，看到潘亮家关着的一只公鸡很像自己家走失的那只鸡。适逢潘亮家两口子都去赶街去了，潘文的媳妇就当着潘亮家两个老人的面把那只公鸡捉回了家。潘亮家两口子晚上回来后，到潘文家去要求抱回公鸡，遭到拒绝。当晚，两家人把争议提交到村委会解决。经过村委会临场调查，确认那只鸡不是潘文家走失的那只公鸡，潘文家当场把鸡交还了潘亮家。

在龙村，羊、牛、马有时候也会发生走失的现象。出现这样的情况时，发现家畜走失的人会及时通知家畜的主人来牵回。当家畜的主人一时来不了，或无法知道家畜是谁家的时候，发现家畜走失的人还会对家畜进行管护。这样的习俗和埃里克森笔下的美国夏斯塔县牧民的做法是一致的。在埃里克森笔下的美国夏斯塔县，发生牲畜走失时，"当地的所有居民都有电话告知这种标准的通信方式。一个电话打来算不上一个抱怨，而被认为是为牲畜业主的一个服务，因为，这个主人毕竟失落了一份有价值的财产。接到电话后，作为好邻居，一个牧人会迅速带回牲畜（如果需要，还会用卡车），为所发生的事道歉，并感谢告知者"①。当然，美国夏斯塔县的牧人与龙村人在对管护别人的牲畜的看法上存在差异。在美国夏斯塔县的牧区，"自己活别人也要活"的哲学要求放牧主们承受他人牲畜的暂居费用，并且，"放牧主们常常有意为他人的牲畜提供饲料，价值也许高达每头牲畜10—100美元。尽管夏斯塔县的放牧主们一般都认为自己经济上紧张，甚至有些放牧业主知道自己在法律上有权获得饲养费补偿，却还是几乎从未为代养离散牲畜而寻求货币补偿"②。在龙村，村民们对于走失的牲畜会加以管护、饲养，这是举手之劳，也是几百年来延续下来的符合人情的做法。有时候，当别家的羊被自己家的羊群带回自己家羊圈中，羊的主人来寻找时，两家人会协商，由收留羊的这家人出一个合理的价格给羊的主人，算是买下了这只羊。不过，在龙村，人们对别家大牲畜（如牛、马）主动跑进自己家院子怀有抵触心理。因为在龙村有一个禁忌

---

① ［美］埃里克森：《无需法律的秩序》，苏力译，中国政法大学出版社2003年版，第64页。

② 同上书，第65页。

习俗，即认为大牲畜主动跑到自己家来是不吉利的，会影响到自己家的财运，所以应该由走失牲畜的那家人来"开财门"，一般是付给一定的金钱来消除不利影响。①

【案例8】2010年5月6日晚上，一头没有人看管的牛跑到了杨某家的院子里，杨某不知道牛的主人是谁，就把这头牛在自家牛圈里关了一晚上。第二天一早，牛的主人找到杨某家，杨某要求他"开财门"后才能把牛牵走，但牛的主人不愿意出钱。双方把争议闹到了村委会调解，村委会充分尊重"开财门"的民俗，说服牛的主人交出100元钱开了财门。

八　交通出行纠纷

龙村处于县乡公路的必经之地，人流量、车流量较高。如果出远门，比如到县城，人们习惯于坐班车；而如果是到镇里或其他乡镇赶街，人们一般坐手扶拖拉机和摩托车。在龙村，拥有手扶拖拉机的户数是很多的，可以说，手扶拖拉机既是当地人农活上的重要帮手，也是人们出行的重要交通工具。它既可以用来拉化肥、籽种、柴火等物资，也可以用来载人。虽然政府部门三令五申不准农用拖拉机违法载人，但人们仍然在赶街时开着拖拉机，并且拉上不少人。拖拉机载人的现象较为普遍，一辆拖拉机上坐满了村民，摇摇晃晃开在崎岖的山路上，是当地赶街天常见的场景。政府部门对于交通的管理虽然不断加强，但很多时候也是鞭长莫及。桥镇设有一个交警中队，但只配备有3人，人手不够，无法对全镇10多个村委会的所有道路进行巡查，只能把工作重心放在镇政府所在地的集镇道路以及镇境内的国道省道的监管上，山区跑着的很多拖拉机、摩托车都无法得到及时有效监管。在对交通行为的监管上，拖拉机归口农业部门管理，驾驶拖拉机出事由农业部门会同交警部门处理。镇农业推广中心是全镇的农业行政主管部门，但精力主要用于农业技术推广和服务，对于拖拉机等农

---

① 根据杨渝东先生的观察，在云南屏边苗族自治县也有类似观念："在苗族的观念中，这就会给自己带来污浊，需要举行挂红仪式来扫除污浊物。"——杨渝东：《永久的飘泊——定耕苗族之迁徙感的人类学研究》，社会科学文献出版社2008年版，第174页。

用机械的监管往往只能做到例行的检查，无法做到常态化监管。近年来，镇上加大了交通安全宣传，并采取在赶街天交警和农业部门一起检查的方式强化道路安全监管，使乘坐农用拖拉机出行的村民在慢慢减少，但一时难以杜绝，由此也造成了不少的交通事故。

【案例9】2011 年 7 月 5 日，龙村村民潘某应另外一个村民的请求，驾驶拖拉机载其到附近的村委会找一个亲戚，在回村的路上，由于天色已晚，潘某看不太清路况，导致拖拉机翻下路基。潘某只受了轻伤，但他载着的那个村民却不幸遇难了。死者的家属要求潘某赔偿，经过交警、农业等部门和村委会的调解，最终由潘某赔偿了两万多元钱。

另外，近年来，随着龙村群众生活水平的提高，购买摩托车的人多了起来，基本上做到了户均一辆，摩托车成了青壮年门出行的便捷、快速的交通工具，但由此导致的交通事故逐渐增多起来。

九 日常琐事纠纷

这类纠纷在龙村很多，但由于性质上属于"鸡毛蒜皮"的小事，当事人和纠纷解决人都不太把它们当回事。在村委会的调解手册记录中只是寥寥几句话就带过了，而按照村委会干部的说法，有很多这类纠纷通过口头调解就化解了，没有必要把它们全部记录下来。这类纠纷虽然最为常见，但并不一定是最为容易化解的。引起这类纠纷的琐事很多，主要有酒后打闹、玩牌引起的吵架打架、闲聊引起的吵嘴斗狠、孩子打架等。

其一，喝酒引发的纠纷。滇中少数民族地区群众有喝酒的风俗，喝酒是当地群众生活中不可或缺的事情。由于滇中山区位于海拔两千米以上的高海拔地区，气候冷凉，加之当地村民劳动强度大，一天农忙结束后很多人喜欢借酒来舒筋活血，消除疲劳，因而养成嗜酒的习惯。而根据有关学者在贵州苗族地区的调查，在对待饮酒的态度上，苗族比汉族持更开放的态度，显得更喜欢喝酒。[1] 敬酒是热情好客的龙村人招待客人的必备程

---

① 金泰安、万学东、欧阳杏娟、袁平、曹玉鸣:《苗汉两族人群对饮酒认识的差异》,《中华精神科杂志》1999 年第 2 期。

序，在当地有拦门酒的习俗，即当客人到村子里或到家里来的时候，村里人或这户人家要用羊角盛满酒，端着这杯酒站在门口，为客人唱酒歌，然后转一个圈双手把酒献给客人，客人只有喝了这杯酒，才能被迎进门，否则就不让进门。这样，招待客人要喝酒，平时村民们相互往来也少不了喝酒，甚至部分村民有了酒瘾，一个人在家也要喝酒，由此导致的多种纠纷不可避免出现了。

一种是敬酒（劝酒）引发的纠纷。当地人喝酒喜欢敬酒，有时候会变成劝酒，别人能喝一两，要劝他喝二两甚至半斤。劝酒也是一种敬酒，体现了面子的相互给予。劝别人喝酒是尊敬别人，看得起别人，被劝的人喝下这杯酒也是给劝酒人面子。如果不喝主人（劝酒者）端给你的这杯酒，既是不给面子的行为，对自己而言也属于"给脸不要脸"的行为。"给他人面子就是对他人重要性的承认，也就是对他人成功、德性或善举的肯定、羡慕、欣赏、尊重、敬佩等。如果一个人虽有物品、财富、地位等，但他想找人分享时，别人都表示出轻蔑、不愿搭理，或拒绝要他的东西，即不愿分享他的资源、沾他的光，那么就是不给他面子"①。虽然仅是一个劝酒行为，但当地人赋予了它很严肃的性质，是关乎面子这一重大问题的②，因此，如果劝酒过程中出现被劝者不买账的举动，势必让对方下不了台，僵持下去的结局很可能就是发生纠纷，如当场翻脸等。"由于面子是个人的地位和贡献而从他人那里获取到的尊重，一旦这种地位和贡献得不到尊重，就意味着个人的自尊、认同感受到伤害，因而会引起一些社会不满、人际关系紧张和矛盾。"③ 当然，这种矛盾很可能当场发作，相互发生斗嘴；也有可能当事人能够隐忍，但心里这个疙瘩始终存在，对那个不给面子的人怀有的怨气，会在以后的生活中表现出来。比如，在遇到对方找自己帮忙的时候，自己就可以理直气壮地不再帮忙；遇到对方请客时候，自己也就不再接受邀请。"既然你不给我面子，我也就没有必要

① 翟学伟：《人情、面子与权力的再生产——情理社会中的社会交换方式》，《社会学研究》2004年第5期。

② 实际上，在当地，敬烟也是一种面子交往。不过，敬烟和敬酒稍有不同，敬酒时对方不喝是一种不给面子的行为，而抽烟与否是个人喜好，被敬者可以以自己不会抽烟、身体欠佳等为由不接受，这并不会引起敬烟者不满。

③ 易军：《面子与纠纷解决——基于法社会学的分析》，《西北民族大学学报》2011年第4期。

给你面子。"双方不自在的感觉会持续一段时间,才有可能在某种机缘下恢复正常。

另外一种是酒后闹事引发的纠纷。酒能助兴,但饮酒过量,人们易于说话无遮拦,引发斗嘴甚至打架。在龙村,这一类事端时有发生,事后想想,都不是什么大事,但就是因为一两句话,双方就互相不服气,继而打斗起来。当然,在这种场合,旁边的人都会及时劝解,不至于酿成大的祸事。有时候,当事人也会拿屋子里面的东西撒气,造成物品损毁。如在2011年的一次酒后纷争中,当事人潘某就把另外一家人的不少碗、盘砸坏,事后作了赔偿。遇到出现酒后打闹事件的时候,旁边的人不能无动于衷,让他们吵闹下去,而是必须适时进行劝解,这是一种不成文的规矩。在劝解过程中只能采取和稀泥方式,让双方先冷静下来,不让他们再对峙下去。至于争端的是非曲直,则待双方酒醒后再评判。如果在场的村民遇到酒后打闹的人不问不管,造成当事人伤及对方,则会被村里的人认为是不讲人情、不会做人。酒后打斗引发的纠纷,虽然较为常见,但都容易调解。当事人酒醒后都会对自己先前的行为很后悔,很多人甚至连喝酒后说了什么、做了什么都不记得了,一般也不会记恨对方。

还有一种是"发酒疯"引发的纠纷。由于饮酒成风,村内一些人有了酒瘾,一天不喝酒就浑身难受,其中的少数人就成了"酒疯子",时常酒后撒泼,在村内引发了不少事端。董磊明在论述河南宋村村民对待发酒疯的人时,提出了"互让伦理"的观点,即"当发酒疯的人是弱势村民时,挨打的村民会认为,他平常没有这个胆量,只有喝酒了才会来招惹我,我是正常人,不和他一般计较",而"对于那种经常喝酒,酒后就发酒疯打人的村民,如果又喝酒闹事,你去揍他,村民普遍比较欢迎","尤其是当发酒疯的人一贯做事霸道时,村民可以喊派出所来处理"①。在龙村,情形基本上是一致的。村内人一般不会与酒疯子认真,当酒疯子发酒疯时,能避让则尽量避让,因为大家都知道这个酒疯子并没有什么大的毛病,无非是喝酒以后发泄一番,平时和大家都是一样的,甚至他们中的大多数人还是村内人缘不错的人。如果避让不了,被酒疯子打了,大多数人也不会太当回事,不会当场反击,而是在他酒醒后和他说理,并要求他

① 董磊明:《宋村的调解——巨变时代的权威与秩序》,法律出版社2008年版,第115—116页。

的家人今后要看管好他。遇到那些酒疯发作时间较长和次数较多的酒疯子，村民们如实在觉得有碍观瞻，并妨碍了大家的正常生活秩序，则会要求村委会对他进行教育，要求他尽快戒除酒瘾。对有的酒疯子，有时候小孩子们会把他当作取笑、捉弄的对象，围着他逗他生气，或者往他身上扔石子。但家长们都会立即把自家的小孩叫回家，不让他们招惹酒疯子。

其二，玩牌引发的纠纷。这类纠纷的起因都不值一提，往往在旁人看来十分可笑。在当地，人们喜欢玩一种叫"双抠"的扑克牌游戏。一般情况下，人们会搞点"小刺激"，一把牌下来输牌的人会给对方几元至十几元钱。由于玩牌比较投入，很多时候就会发生些小摩擦，比如，指责对方偷看本方的牌，指责对家出牌太臭，等等。

【案例10】2011年3月20日，龙村有四个人在玩"双抠"时，张某指责对手该出对牌而未出，属于作弊行为，由此引发对手的不满，双方先是吵，继而动了手，相互推搡。后来这一纠纷被赶到的村委会干部及时制止。经过调解，对方当时就向张某道歉了，双方后来也没有因为此事而结下仇怨，因为大家都知道这种事情很是无聊。

其三，闲聊引发的纠纷。刘芳在川滇黔交界的一个苗乡进行田野调查时，曾经感叹当地乡民对于闲聊中讲述别人故事的兴味盎然："在这样一种人际关系如同网织一般的乡土社会里，每一个人的形象都是栩栩如生，每一个人的背后都有无数的故事被人们在茶余饭后提起，并加以评论和总结，有的人的故事甚至在他百年（去世）以后仍旧会被提起，还不断有新的版本出现。"① 在龙村，闲聊同样也是人们日常生活的重要组成部分。由于居住在一个相对集中的区域内，落后的交通、闭塞的环境无形中使人们的对外交往受限。方圆十几公里的地盘上的村民们都是熟人，大家在干农活、赶街的路上见着都要停下来聊几句，如果是关系很好的，免不了还要拉着到家里去喝茶喝酒。村子里公共交往的场所一直存在着，在集市没有形成前主要是村里面那几棵麻栗树下的空地，在集市开市以后人们则把街面上的几个铺面当作了公共交往的场所。有学者指出，农村公共空间已

---

① 刘芳：《枧槽苗乡——川滇黔交界民族散杂区社会文化变迁个案研究》，博士学位论文，中央民族大学，2005年，第34页。

成为农村社会结构的一部分，对农村社会的影响是多方面和深层次的，"它不仅体现在相互信息交流、互动人情往来的浅层次上，而且可以起到整合民间力量，培育意见领袖和形成舆论压力的作用"。① 赶街天人们会聚集在铺面中喝水、喝啤酒，一起聊聊近段时间的见闻，不赶街的时候人们也会经常到店铺来坐坐。老板娘为了方便大家，同时也是为了招揽生意，特意在铺子里外放置了几条长椅子。随着集市的发展，在铺子前聚集闲聊的人的范围扩大了，除了本村村民外，附近来赶集的村民也逐渐增多。

铺子里外的聊天人群往往分作不同的圈子，男人一般坐在店铺外的长椅上谈天说地，如果聚集的人很多，或者说到起劲的时候，他们会站在路中间围在一起高声谈笑。而女人们则一般在店铺里面散坐着闲聊，声音一般较小，谈的话题往往是一些家庭琐事。从年龄上来说，年轻人和老年人一般聊不在一起。

从聊天的时间上看，主要在白天，晚上余暇时光大多被电视占据了。近些年来，随着卫星电视"村村通"工程的实施，每家都有了电视机，家门前或房顶上都安装了卫星电视接收装置（"锅盖"和机顶盒）。电视信号很好，能收看到几十个电视台节目，大大丰富了村民的业余生活。山里昼夜温差大，夜晚气温下降，即使是夏天，待在外面也会觉得丝丝寒意逼人。本来夜晚在公共场合聊天的人就不多，现在有了电视节目后，晚上人们就不再到店铺里聊天了。同时，由于看电视的时间多了，相互串门的时候也减少了。

关于公共空间的闲聊行为对于村内秩序的影响和关联，郭亮在研究赣南村治模式时曾经指出："也正是由于这种聊天的公共影响，其一方面容易导致村民之间的吵架和纠纷。如一个村民说了某人或者其家庭成员的'坏话'，而又传到了该人的耳朵里，爱好面子的竹村人势必会与其进行理论，从而引发双方的矛盾。然而，另一方面公共场合的聊天同样有着积极的一面，它事实上为村庄提供了一个信息交流的平台。"② 实际上，公共聊天容易导致纠纷，主要就在于"讲闲话"上。"在消遣经济主导的乡

① 熊芳芳、赵平喜：《公共空间人际传播对我国农村社会结构的影响分析》，《新闻界》2009 年第 3 期。

② 郭亮：《走出祖荫——赣南村治模式研究》，山东人民出版社 2009 年版，第 21 页。

土社会中，池塘边、大树下、小店等都是村庄的公共空间，是舆论、闲话的集散地。传统村落对外具有封闭性，对内则不厌其烦地讲闲话。闲话是群体边界的标记，大量闲话和流言的知识库（vast store）成为强力纽带起着联结维持群体成员的团结作用。"[1]　在很多学者的研究中，发现了一个规律，即随着乡土社会的解构，公共空间日益缩小，"闲话空间"不断缩小。同时，随着外部世界的打开，人们的观念和视野都发生了较大变化，讲闲话的人少了。[2]

　　但从龙村的情况来看，讲闲话还在一定范围内存在。虽然按照当地人淳朴的天性，总是把在背后随便议论别人视为不好的行为，但村子相对隔绝的地理空间，没有更多的信息资源供人们谈论，人们在聊天中往往会把一些陈年旧事反复回味、讨论，这样出现议论别人的情形也就难以避免了。讲闲话容易招惹是非，如果讲闲话引起矛盾，大家直接怪罪的将是讲闲话的人，因此，时常会发生因为讲闲话引发的吵架。对于这类纠纷，如果没有旁人出来作证，往往难以证明闲话是谁说的，说的内容是什么，由此导致是非难断。如果闹到村委会，村委会干部们面临的往往是一笔糊涂账。如果涉及的问题性质较为严重，非弄个是非曲直不可，则要求双方坐下来细细辨别清楚有没有这回事，在此基础上形成书面协议，让双方签字认可，并写明此事今后永不再纠缠。如果只是一般东家长西家短的鸡毛蒜皮的小事以及捕风捉影的子虚乌有之事，则口头上教育双方要讲求和睦，不得再讲别人闲话等，大多还是能让纠纷平息、化解。

第四节　与外村人的纠纷

　　传统上看，龙村如同不少苗族村落，与外界的交往相对并不太多，显得有些封闭，与外村人的纠纷也不多见。近些年来，随着经济交往、文化交流的不断扩大，以及人们观念的不断改变，龙村人与外界的交往大大增加了，无形中与外村人的纠纷逐渐多了起来。同时，在烟草产业的发展等因素作用下，村民们与政府之间也出现了一些纠纷。

---

[1]　王会：《闲话的变迁及农民价值世界之变》，《文化纵横》2012 年第 6 期。

[2]　同上。

一　日常往来纠纷

在花苗迁徙至滇中地区后，虽然经常性地还进行近距离搬迁流转，但他们的居住范围相对较为集中。并且滇中苗族村落往往整村全部是苗族，传统上，村民们与周围汉族、彝族等较少通婚，只是在日常生活中有一些货物交易等活动。他们虽然也经常去外地，但大都是去别的县和乡镇的苗族地区会亲戚、朋友，与外界的汉族、彝族的交往不是很多。苗族能歌善舞，喜欢各种文体活动，小伙子们喜欢打篮球，妇女们则喜欢跳民族集体舞蹈。苗族村村寨中，几乎大一点的村寨都会建有一个篮球场。传统上，一年一度的花山节主要是苗族村寨之间村民的聚会活动。每年的花山节，龙村的苗族村民都会去参加本县另外一个乡镇举办的斗牛赛、歌舞表演，而外乡镇的苗族也会到龙村来参加各种活动。但近些年来，苗族与其他民族的各类交往增多了。每到春节、花山节等节庆以及农闲时节，除了苗族外，附近村子的一些汉族、彝族群众也会到龙村来一起打篮球，观看当地苗族的歌舞和斗牛表演。并且随着龙村集市的出现，每天进出龙村的人络绎不绝，龙村人与外村人交往增多了不少。每到集市赶街天，到龙村来赶街的外村村民都习惯到苗族开设的饭馆用餐，也喜欢到苗族开设的商铺里和门前长椅子上坐着聊天。集市上的两名村医均为苗族，医术和医德得到了附近村子众多群众的肯定，还会用一些传统苗医医术看病，很多人都喜欢来找他们就诊。

随着交往的增多，龙村人与外村人的日常纠纷逐渐增多。这些纠纷主要集中在经济交往中。商品经济对龙村人来说是一个新生事物，在经济交往中，龙村人显得较为纯朴，不太适应。这一特点带来两个后果，其一是龙村人很少与人发生经济方面纠纷，其二是龙村人与人发生的经济纠纷在外界看来往往都是不应该发生的。从前一方面来说，龙村人在买卖东西的时候显得不精明，不会斤斤计较，对于价钱、重量、数量等重要指标只要出入不是太大就可以了，所以，与外地人的计较、纠葛较少。就后一方面而言，正因为龙村人的纯朴老实，往往会受到某些心思不正的外地人的欺骗和有意为难。比如，有时候外地人会在秤上做手脚，有时候会长期赊账甚至改变已经达成的协议，由此导致纠纷。如龙某在集市中开了一个小型加油点，平时从镇上加油站买几桶汽油、柴油储存起来，供附近过往的汽车、拖拉机、摩托车加油。在加油的人中，总有那么几个人提出赊账，并且长期不付款，令龙某很是为难。村民潘永良在集市上开设的一个摩托车代销店也面临着相似的问题。

【案例 11】村民潘永良在集市上开设了一个摩托车代销店，为县里的摩托车行代销摩托车，生意很好。在龙村附近山区，摩托车是当地最实用的交通工具，崎岖的山路上只有摩托车能畅通无阻，所以人们购买摩托车的愿望都很强烈。但是，一次性拿出七八千元摩托车购车款还不是每一个家庭都能做到的。由此，当潘永良在龙村集市上开设了摩托车代销点之后，很多买车的人都提出了分期、延期付款的要求。当然，作为回报，潘永良可以得到一些分期和延期付款的"利息"。比如，一辆车是 7000 元，如果先付 4000 元，延期半年付清尾款，到时潘永良除了可以得到 3000 元尾款外，还可以得到 200 元的"利息"。这样的买卖按照市场法则来说应该是公平合理的，但实践当中却出现了问题。虽然大多数人都能信守约定，按时付款，但也有一些人开始"不要良心"，不能做到严格按期按时付款。开始，潘永良总是念及情面不愿索要欠款，但看到那些欠钱的人像是没事一样地不愿还钱，他也撕破脸面向欠钱者索要欠款，但总有那么极个别人赖着不还钱。潘永良多次找到村委会要求主持公道，最后，通过村委会对赊账者施加压力才要回了欠款，但"利息"却泡汤了。

此外，龙村人与外村人之间也会在一些日常交往中因误会而发生纠纷。如 2011 年 7 月就发生了一起由于误会导致的和外村人的打架事端，经过调解达成了调解协议。

【案例 12】2010 年 2 月 14 日大年初一，羊角村村民朱某兄弟去县城游玩，路经龙村村委会大蛇腰村，发现自家祖坟山老墓龙树被人修砍过，于是向大蛇腰村民杨某询问情况，在此过程中双方发生冲突导致打架。当事人向龙村村委会及时反映了情况，经做思想工作，暂时缓解矛盾，双方各自回家过年。2010 年 2 月 18 日朱某兄弟再次到村委会要求解决纠纷，村委会于是与双方到现场进行调解。经实地调查了解，朱某兄弟祖坟老墓上的龙树被修砍实为大蛇腰村电网改造工程中施工队所为，非大蛇腰村民所为，双方由此化解了误会。

二　与外地来村搞工程的私人老板的纠纷

除了到龙村集市进行商贸活动以外，很多外村人还来建水窖、修路、盖房子等。由于龙村是一个贫困村落，是政府关注的扶贫地区，每年政府投入的扶贫资金以及各界爱心人士的各类捐款都有几十万元。这些钱大都以项目的形式下达，如"整村推进"项目、爱心水窖工程等。这些工程的承揽和实施者都是外面有资质有能力的老板及其施工队。外地老板和施工队到来后，在与当地人打交道过程中不免出现一些矛盾和纠纷。

一类是通行纠纷。拉材料的施工车辆一般吨位很大，而村间道路基础较为脆弱，因此每次施工过后，道路都会被压坏很多。前些年村民都能从大局出发，认为施工队和老板们都是来帮助自己的，因此压坏了路也没有什么，但近些年来，大家逐渐认识到，老板和施工队来建设都是属于挣钱的商业行为，并不是无偿的援建行为，因此在遇到施工队车辆通过的时候，很多人开始对损坏道路的行为提出赔偿要求。在此过程中，大多数村民所提的赔偿要求都是有所节制的，基本符合损坏程度，并能得到村委会的支持。

【案例13】2010 年 4 月的一天，施工队老板李某来村委会反映，说村民张某不让拉材料的施工车辆从他家地边的便道通行，要通行必须付给他家 500 元钱。村委会干部经过查看现场，确认施工车辆损坏了张某家一部分烤烟地，压坏了一部分烟苗。村委会从大局出发，把张某找来，反复对他讲这个工程对全村的重要意义，要求他守本分不能得寸进尺，并让施工队老板李某付给了张某 300 元钱，化解了这一纠纷。

还有一类是对施工质量的争议。近些年来，在龙村进行的水窖工程很多，这些工程都是上级扶贫项目，一般不需要农户自己出钱。这些水窖大都修在各家各户门口或其责任田附近，完工后交给各家管理使用，并且自 2011 年"五小水利"产权登记实施后，小水窖的产权也登记为各家各户所有了，所以，每户人家对小水窖的修建都十分关心。在施工时能主动帮忙干些基础性的活计，如开挖土坑、运土等，并在施工队施工过程中时刻盯着，生怕质量有问题。由此，农户与施工队关于质量的争执也就时常出现。

【案例 14】2010 年，潘某在他家的水窖修到一半拆除钢模的阶段要求停工，他认为钢模拆除后水窖墙体不光滑平整，说明当时混凝土浇灌得不好，以后肯定会漏水，因此要求老板张某返工；如果老板不答应，以后水窖漏水、不装水，老板要负责。经过村委会调解后，双方达成了协议，老板最终同意了龙某的要求，对水窖墙体进行了二次处理。

三 外出打工和雇用纠纷

一直以来，龙村人外出打工的不多，外出经商的就更少。近些年来，随着人们观念的改变，外出打工挣钱的人有所增加。由于知识、技能水平等限制，他们到外面能找到的工作一般是报酬不高的苦活累活，如在一些矿山、小型加工厂做工，或在建筑工地上挑沙灰、打下手，以及为修路的工地挖土石方，等等。龙村村民出去做工都没有经过专门的技能培训，工作熟练程度不够，加之这些矿山、工厂和工地大多设施简陋，劳动保护设备缺乏，老板们一般也不会为工人购买劳动保险，导致在工作过程中，会出现一些工伤事故，并在出现工伤事故后得不到赔偿，引发纠纷。

除了少数人外出打工外，更多的村民只是在村内或附近村子尝试一些临时性的工作，如帮人运送货物、帮人建盖房屋等。在干这些临活的时候，也会出现一些人身伤害事故，导致纠纷发生。

【案例 15】2009 年 7 月龙村村民潘某在另外一个村委会帮人干活，装修一户人家的大门。在施工过程中，大门头上的水泥板面突然翻落，使潘某从门头摔落在地，造成其腰椎 2—3 个关节压缩性爆裂，不得不住院治疗。出院后，潘某与那家人因为住院费用发生争执，通过村委会调解没有达成协议，后在镇司法所主持下双方达成协议，潘某获得了 5600 元医药费赔偿。

除了自己替别人打工会出现意外，自己请别人干活同样也会出现意想不到的事情，由此引发纠纷。

【案例16】2010年8月5日下午，张某因为有一袋猪饲料要运到附近一个乡镇的亲戚家，但自己的摩托车坏了，因此就请了一个到集市来干活的外村人王某用他的摩托车把猪饲料运送过去，并谈好劳务费60元。没有想到，在到达目的地后该外村人在路边停摩托车的时候，不慎连人带摩托车翻下沟，经医院抢救无效死亡。

这是龙村这么多年来遇到的第一起请人干活造成死亡的事故，龙村人对这样的事情显然没有经验，不知道如何处理。张某开始以为，只要给这名外村人家一笔安慰性的钱就可以了，没想到王某家属认为王某是在帮张某家干活的过程中意外死亡的，因此张某家应当负责，并提出了26万元的天价赔偿金。张某则认为王某的死亡属于他不小心，并且这是一个意外，要让自己为此负责无论如何也难以接受。因为这件事影响很大，村委会及时介入调查。村委会干部多少知道一些法律知识，也看到过外面对此类事情的处理方式，因此不断地给张某做工作，阐明他聘请外村人运送猪饲料已经构成雇佣关系，必须负相应的责任。同时，也给死者家属做工作，强调事故的发生原因主要是死者本人的不当停车造成的，加之张某家也没有多少钱，还是要让他们家以后能生活下去，因此赔偿要求必须减少。经过几天调解，促成双方达成了调解协议，张某给付12万元赔偿金，在一年半时间内分三次付清。张某为了付清这笔钱，卖了家里的牲畜，并向亲戚朋友借了钱，背上了沉重的债务。

这件事在村里一直是人们议论的热点，很多人认为村委会在这件事情上没有把握好法律和政策，张某吃了哑巴亏。直到几年后的2011年我到村里的时候，还有人向我询问当时的处理到底合不合理，是否符合法律规定。

四 交通纠纷

随着县乡公路贯通龙村，以及龙村集市的出现，路过龙村的人流和车流量都增加了，由此导致的人车纠纷和车车纠纷多了起来，其中涉及摩托车的纠纷最为常见。虽然村内还未出现死伤多人的交通大事故，但小事故导致的小纠纷长年不断，成为龙村增长较快的新型纠纷。这些纠纷有些是在龙村本村人之间发生的，更多的是在龙村人与外村人之间发生的。

【案例17】山区很多人有饮酒的习惯，酒后开拖拉机、骑摩托车那是常有的事情，但都难以禁止，酒后发生交通事故时常出现。2010年3月的一天，外村人李某开着拖拉机从镇上回村路过龙村集市道路时，与正在骑摩托车的龙村人朱某相会，错车时李某的拖拉机翻进了道路下的背沟里，幸好车上只有李某一人，没有造成人员伤亡。事故发生后，李某认为是朱某占道行驶导致他让车时掉下背沟，要求朱某赔偿损失。正在争执的过程中，村委会干部下村回来看见，当即对他们两人的纠纷进行了调解。在现场，村委会干部发现李某酒气熏天，明显喝得不少，于是便对他进行了口头教育，责令其回家醒酒，并认定此次事故李某要负全责，朱某没有责任。

五　村与村之间的纠纷

与龙村相连的几个村大多是彝族、汉族村子，多年来，几个村子之间虽然也有矛盾，但都能和睦相处。特别是这些年来，随着人员互相往来的增多，村与村之间的关系更为密切，经常性开展着"官方"性质的正式联谊活动。比如，龙村会在定期举办花山节篮球赛、歌舞表演时，向附近村子村委会干部发出书面请柬。在2011年村委会大楼正式落成时，龙村还在村委会篮球场上举办了盛大的庆祝宴，邀请了附近村委会干部来参加。收到请柬的临近村委会干部都代表各自村子来参加了，并送了贺金。诸如此类的交流活动，在龙村周边几个村子间经常举办，在实现着"礼物的流动"的同时，也不断加深了村与村之间的感情。

不过，由于龙村与附近几个村之间的历史遗留矛盾没有完全解决，加之近些年来林权制度改革以及干旱引发的用水矛盾，导致龙村与少数几个村之间在林权、土地以及用水权方面发生了一些纠纷。

一是关于林权方面的纠纷。林业是当地村民的收入来源之一，有了林地，村民们可以养羊、牛，栽种核桃、板栗以及其他果树。每年5—9月份，还可以在松树林里找寻野生菌拿到县城出售而获得一些收入。近些年来，发展畜禽养殖成为山区群众脱贫致富的重要支柱产业，种植核桃获利颇丰，野生菌的价格也在不断攀升，因此，人们对林地的开发、管理和利用日益重视起来。随着2007年林权制度改革的开始，一些多年没有解决的矛盾暴露出来，突出表现为确权过程中村与村之间关于山林权属的争议。比如龙村村委会与毗邻的后山村于 2009 年就发生了林权争议。这一林权纠纷，通过镇林业局的调解最终达成了调解协议。

二是关于用水权方面的纠纷。这方面的纠纷主要起因于几条小溪水的利用争议。

【案例 18】为了增加用水供应，龙村在上级有关单位的帮助下，在村内最大的一条小溪上建了抽水站。这条小溪在附近山区非常难得，它不仅仅是龙村的用水来源，龙村下方山脚上的水沟村也仰仗它来作为生活用水。在龙村抽水站没有建立前，溪水从龙潭溢出后，流到下游的水沟村，那里的村民又把水接到家里使用。但自 2006 年修建龙潭抽水站后，恰巧连年干旱，水量减少，不多的溪水都被龙村抽到村里使用去了，很少有水再流到下游。水沟村村民十分不满。于是在 2008 年出动了几十人到龙村龙潭，把蓄水池撬开，把朝着下游的一面挡墙推倒，使得水蓄不起来，从而流到下游去。为此，两村械斗一触即发。镇领导带着镇派出所干警及时赶到才制止了一场惨剧。纠纷的处理持续了很长时间，双方的要求都有合理之处。龙村村委会龙书记在谈起这个事情的时候对我说："把事情做得太绝不是我们为人处事的做法。自己有一口饭吃，也应该给别人一口饭吃。水沟村一直在用这股水我们是知道的，但因为这几年水量太小了，集市上用水量又越来越大，我一直让抽水员不要抽完蓄水潭的水，给水沟村留一点，但实在是难以顾及了。"镇里也知道这股水的重要性和处理这件事情的复杂性，"按下葫芦浮起瓢"，双方的利益都要考虑到。后来，镇里出资把蓄水池修好，并达成了协议，要求龙村必须减少抽水量，预留 40% 的水流到下游供水沟村使用。龙书记对我说："也只能这样了，这几年大家用水都难，分着点用吧。"

三是关于土地及道路通行方面的纠纷。在滇中山区，村与村之间的土地争议也时有发生。过去，由于土地制度较为规范，且土地在 20 世纪 80 年代初就已经承包到户，因此土地界线相比林地而言较为清楚，村与村之间的争端不似林权争端那么集中爆发。这些年来，随着"整村推进"扶贫项目、村级建设"一事一议"项目以及其他建设项目的实施，村与村之间的道路通行纠纷多了起来。较为典型的是：一村修路不得不经过另外一个村的林地，由此导致补偿问题；还有就是一村要修路，大型机械必须通过邻村道路，由此导致的损害补偿等。对这些问题的磋商程序和补偿标准，往往成为两个村争议的焦点。比如，龙村在 2011 年就发生了一起这样的纠纷。

【案例 19】2010 年 5 月，在县民宗局的关心帮助下，龙村村委会大箐村争取了村间道路建设项目一个，但是必须经过赵村村委会山泉村的山林地段。为了把工程项目保住，大箐村干部召开了村民户长会议，拿出方案以后，于 8 月 27 日找到山泉村长王福，把情况讲明。王福把涉及山林受损的共计 15 户全部召集起来开会，与大箐村干部协商。通过会议协商，双方达成共识。10 月 6 日施工方李有才开挖机挖路，5 天后路基修通，大箐村按照预先协商达成的办法，以实际量出的路面再扣除原有的路面面积后得出实际占用面积，补偿山林受损款每亩 1000 元。但山泉村说，前次开会时只是口头讲，没有什么凭据，再说，不能扣除原来的路面面积，只能按照现在量出的面积来算补偿款，否则一律不准通过。此事一拖就到了春节。过了春节，大箐村开始拉运材料，才拉了 7 个来回，路就被山泉村 15 户人挖断，拉着材料的拖拉机只能停在山上过夜。于是双方争执起来，发生了纠纷。

这类纠纷，只能由镇土地部门调解，处理程序一般是充分听取双方意见，然后做出调解方案，只要在钱的问题上一方做出让步，一般都能达成调解协议。该案经过调解，达成了协议，确定仍然以早先两个村议定的补偿办法执行，但大箐村要多给予山泉村 15 户受损户每户 200 元补偿。据村委会龙书记讲，经过这次调解后，后来的施工很正常，再也没有发生扯皮的事情。

六　官民纠纷

一直以来，龙村村民与政府的关系是融洽的，然而，近些年来，政府为了尽快实现滇中苗族村落的脱贫致富，使这些地方与其他地方一样走上现代化的发展道路，积极推进烟草产业的标准化建设。实践下来，这样做虽然经济效益是可观的，但由此造成的村民与乡镇政府以及烟草企业间的矛盾却凸显出来，形成了对村落秩序的冲击。

烤烟产业是云南的最大产业，其税收占云南财政收入的60%以上，对地方经济的重要性不言而喻。经过30多年的培育和发展，滇中地区的烟草产业已经成为拉动地方经济增长、财政增效的重要支柱产业，在地方经济发展中具有举足轻重的地位。在当地，种烟是农民增收的一个主要途径。按照2011年价格，即平均每亩单产120公斤，平均售价19元/公斤，平均每亩产值2280元计算，农民种烟亩均增收2000元以上是有的。为了推进烤烟产业，上级政府把烤烟种植计划任务作了分解，下发给各乡镇，要求作为政治任务必须完成。同时，把任务完成情况纳入政府年度工作考评重要内容，哪个乡镇如果完不成，年底不得评为综合先进，并通报批评。接下来，任务被层层分解。为了推进烟草种植，镇政府和村委会都下足了功夫，千方百计保证烤烟种植任务的完成，把种烟作为全年工作的重中之重予以安排。

每年春节后各乡镇都要召开烤烟生产动员会，镇政府要与各村委会签订烤烟生产责任书。随后各村就开始了一年一度繁忙的烤烟生产。3—4月份动员各农户进行烤烟预整地建设，然后是进行烤烟移栽，5—6月份进入烤烟中耕管理后，任务仍然繁重。烤烟以叶片为收成品，产量质量的高低与叶片有着密切的关系，因此，要在田间管理中适时施用农药、浇水，对不留种的烟叶现蕾时打顶，摸杈，以保证叶片质量的提高。到了7月下旬以后，进入收摘季节，农民们要把烟叶从上到下分步摘下，运回家后在自家烤房内将烟叶烤黄、烤熟、烤香、烤干，然后分级扎把出售。

在这些环节中，最容易引发官民之间矛盾纠纷的是烤烟种植的开始阶段和出售阶段。在开始阶段，主要是部分村民不愿意种植烤烟。他们认为，种烟较为辛苦、机械，必须按照标准的现代烟草农业操作规程安排生产，一年到头都得围着种烟忙碌，收货后交售时还要受气。因此，有些农民就不听招呼，不按照镇、村的部署行事，如有的村民不及时收取小麦使烤烟预整地无法实施，有的村民把自家已经被镇、村规划连片种植烤烟的土地用来种苞谷等。而烤烟种植是有一套现代化、规模化的种植要求的，尤其是为了保证产量和质量，都要求连片种植。镇烟叶站站长告诉我："十多年前，我们镇就要求连片种植，不连片的话，只要哪家在一片烤烟中种植其他作物，如苞谷，就会影响周围烤烟质量。所以，对不连片的其他作物我们是采取强制措施铲除的。今年我们规划了19片，都是百亩连片，另外还有两片千亩连片的。"为了完成种植任务，尤其是连片种植任务，镇政府会组织人员下到各村进行检查，对自行其是不按规划进行种植的村民进行劝说，如到了最后还有不听招呼的，则强行铲除其田地里的非烟草类农作物，要求他们补种烤烟。这样，每年的3—4月份都会发生镇、村干部与村民之间的纠纷。而在烤烟的出售阶段，乡镇政府要在通往外乡镇的各条路上设卡堵烟（俗称"堵卡"），禁止烟农把烟叶运出去卖给外地收购者。在这些过程中，也会发生一些纠纷。

　　H. 孟德拉斯考察了18世纪法国农民面对杂交玉米的出现给当地农村带来的变化时说："一个表面看起来是十分温和的技术变化，其间接结果却可能是非常具有革命性的，它的出现必然伴随着嘈杂之声和神话般的虚构，带来由于它的导入而加剧了的农业劳动者内心深处的焦虑以及社会的和政治的紧张局面。"① 烟草产业作为一种需要现代栽种技术的新型农作物，政府对它的倚重和强行推广，引发了一些农民的不适。这与法国农村当时的情况一样，"人们想以杂交玉米来拯救他们，但却很可能毁掉他们身上最独特的东西"②，"因为它扼杀了小农，随之也就扼杀了整个社会分层系统和社会生活方式"③。并且，在烟草产业巨大利益驱动下，政府、烟草企业和农民之间出现了关系的紧张，使和谐的官民关系出现了裂痕。也许，"在缓慢变化的社会，人们更为关切的是维护传统，而不是弹性和适应，当这种社会和处在这种社会中的人们必须跟上迅速变化的工业社会的节奏时，他们就茫然不知所措了"④。龙村情况表明，农民对现代农业的规模化、标准化一时还难以适应，对由此带来的生产、生活方式变迁是怀有戒心的，这也许是龙村等地围绕烟草种植发生官民纠纷的内在原因。

----

　　① ［法］H. 孟德拉斯：《农民的终结》，李培林译，社会科学文献出版社2010年版，第100页。

　　② 同上书，第93页。

　　③ 同上书，第100页。

　　④ 同上书，第40页。

第五章

纠纷的抑制性因素

纠纷与人类社会的发展相伴而生，自有人类群居生活以来，纠纷就是不同族群人们必须共同面对的事项。散落在滇中群山中的苗族村落，不可避免地也经历着各种纠纷的困扰。不过，与其他地方相比，这些村落中的人们似乎显得更平静、闲适，村落中的纠纷显得更少、更简单，人们解决纠纷的方式显得更平和，尽量通过和解、调解来化解矛盾。形成龙村无讼村落秩序的原因是多方面的。

第一节 地理环境

地理环境，通常指环绕在人类周围的自然界，包括地形、地貌、气候、土壤、生物、水文、自然资源等，它是人类生活和生产的物质基础，也是文化形成和发展的基础。孟德斯鸠从文化等诸多综合因素入手来考察社会政治制度，尤其强调地理环境的重要意义。在他看来，地理环境决定人们的气质性格，人们的气质性格又决定他们采用何种法律和政治制度，也即是说一个民族的性格、风俗、道德和精神风貌及其法律制度和政治制度主要取决于社会赖以存在的地理环境。① 黑格尔是继孟德斯鸠之后另一位重要的"地理环境决定论"者。黑格尔视地理环境为"历史的地理基础"，他把世界上的地理环境划分为三种类型：干燥的高地，广阔的草原和平原；巨川、大江所经过的平原流域；和海相连的海岸区域。他认为各种不同地理环境中的人们形成了不同类型的生活和性格。他认为："我们所注重的，并不是要把各民族所占据的土地当作一种外界的土地，而是要

---

① ［法］孟德斯鸠：《论法的精神》（上册），商务印书馆 1961 年版，第 227—228 页。

知道这地方的自然类型和生长在这土地上的人民的类型和性格有着密切的联系。这个性格正是各民族在世界历史上出现和发生的方式和形式以及采取的地位。"① 我国古代思想家对地理环境对人类文化的作用有过很多论述。《周礼·考工记》作者看到了自然地理对人类物质文化发展的影响："橘逾淮北而为枳。"成书于战国时期的《礼记·王制》的作者认识到了地理环境造成地域文化的差异："凡民居者，必因天地寒暖燥湿，广谷大川异制，民生其间者异俗，刚柔轻重，迟速异齐，五味异和，器械异制，衣服异宜，修其教不易其俗，齐其政不易其宜。"当代学者冯天瑜说："如果把各民族、各国度有声有色的文化表现比喻为一幕接一幕悲喜剧，那么，这些民族、国度所处的地理环境便是这些戏剧得以演出的舞台和背景。"② 这些，都充分说明地理环境与文化的深刻联系。马克思、恩格斯并不否认地理环境在人类发展中的重要作用，而是辩证地、历史地看待地理环境的作用。一方面，他们将地理环境视为人类物质生产活动的参与者，是劳动过程的要素之一。他们认为，地理环境中的土地、森林、河流、矿藏等是劳动材料、劳动对象，而劳动材料、劳动对象是劳动的要素之一。因此，作为物质生产活动要素的劳动材料或劳动对象的这些地理环境因素，当然会影响人类的物质生产活动，并对社会经济关系以至人类文明的其他方面产生影响。另一方面，恩格斯也批判了孟德斯鸠、黑格尔等"地理决定论"的片面性，指出他们只看到"自然界作用于人，只是自然条件到处决定人的历史发展，它忘记了人也反作用于自然界、改变自然界，为自己创造新的生存条件"③。

　　纠纷属于人们的权利表达方式之一，是一种上层建筑范畴内的斗争和博弈。人们对待纠纷的观念以及在此基础上形成的纠纷解决机制内在地反映了社会生活的内在机理，体现出了一种文化意义上的存在。纠纷都是发生在一定环境和场域中的事件，其发生、发展和演进受到其所处的各类环境的影响。地理环境对文化具有深刻的影响，体现不同民族的价值追求和准则的纠纷文化，同样不可避免地由于迥异的地理环境而形成殊异的面相。人们对待纠纷的态度如何，以及纠纷解决方式怎样，都与一定的地理

---

① ［德］黑格尔：《历史哲学》，商务印书馆 1963 年版，第 123 页。

② 冯天瑜：《地理环境与文化创造》，《理论月刊》1991 年第 1 期。

③ 《马克思恩格斯选集》（第三卷），人民出版社 1995 年版，第 551 页。

环境有关，只是这种关联度有大有小，并随着时间的不同而不同而已。从龙村等滇中苗族村落情况看，地理环境对纠纷的影响力体现在以下几个方面。

一　地理环境与纠纷观念的形成

许章润指出："一民族生活首先在于它是特定时代之地域生存经验与知识，一种组织人事而安排人世之有限的能力与智慧，而迄今为止，任何生活均可谓一种地域性生活，任何生活经验及其知识、能力与智慧，均可谓一种地域性生存力量。"[①] 俗话说，"一方水土养一方人"，自然地理环境对人类的文化生成具有重要作用。人类的古代文明发祥于富饶的黄河流域、恒河流域、尼罗河流域和幼发拉底河流域的史实，说明地理环境对社会发展有重大的影响。从地理上看，中国东临大海，西北是戈壁和沙漠，西南有世界上面积最大的青藏高原以及云贵高原。这种近乎封闭状态的地理环境，非常有利于形成一种自给自足的生产方式——农耕文明的形成。封闭的生存空间，不仅无法借助外部力量，使中华文明与其他文明的联系和影响很少，处于一种与世隔绝的状态。自给自足的小农经济形成了中国人一系列独特的文化观念如知足、中庸、稳定、和平的社会环境及"家国一体"的宗法制度等，形成了中国文化传统和特色。在处理人与人的关系上，中国人喜欢采取中庸的态度，对人谦让，对上尊敬，不喜欢与人发生分歧和争吵。这与地理环境有一定关系："中国地处温带大陆，温带气候适中，就使中国民族形成温和的性格，在天人之际和人伦的关系上采取持中的中庸态度。"[②] 贺雪峰也认为："中国季风性气候和精耕细作农业，使中国传统社会有能力养活大量人口，同时也产生了强烈的生产和生活合作的内在需要。"[③]

对于云南苗族的地理环境，凌纯声早年曾经写道："苗族的迁徙，在西南各民族中，时代最晚。滇越虽说地旷人稀，而山上可耕之地早为倮罗等山居民族占有。苗族后至不易找到广大山地，不能聚族而居，势必四散，各找出路……所谓的垂直分布，是说滇、越境内，地形复杂，多高山

---

① 许章润：《说法、活法、立法》，中国法制出版社 2000 年版，第 3 页。

② 庞天佑、于卫青：《中外历史与文化概论》，中央民族大学出版社 2006 年版，第 121 页。

③ 贺雪峰：《村治的逻辑：农民行动单位的视角》，中国社会科学出版社 2009 年版，第 35 页。

峡岭，与深箐峡谷，各方迁来的民族，多限于其过去的地理环境，择居其适宜之地而居。……苗族老家的贵州海拔在一千公尺以上，西南诸省中，山坡较好之地，早为先至诸山居民族占有，苗族后至，只得居在山巅，故其垂直最高，有'高山苗'之称。"① 滇中花苗自清朝中后期才从黔西等地迁入，并且来时的身份是家奴，随后才出现了佃户等。由于社会地位较低，饱受汉族、彝族地主的欺凌，基本上只能仰仗地主才能生存下去。实际上，到他们来到滇东北、滇中地区时，好田好地早已被汉族、彝族所占据。他们只能到人迹罕见、自然条件恶劣的高寒山区开荒生存。在龙村附近，这一特点就体现得很鲜明。在当地，汉族一般居住在土地肥沃、开阔的坝区，彝族以居住在半山区为多，一部分也居住在山区，而苗族则都是居住在高山上，很多是在深山密林之中。

　　高山之上气候冷凉，交通不便，环境闭塞，土地贫瘠，无论对于农牧业生产，还是对于对外交往来说，都殊为不易。山箐之中路途难走，周围都是高山峻岭，更加显得辛苦难忍。我在当地体验过，从镇政府到龙村29公里路，是一个不断爬坡的过程。桥镇处于坝区，地势平坦，河流水量充足，往龙村方向前行，就慢慢开始蜿蜒着上坡。过了几公里后，就到了半山腰，海拔还不高，气候与坝区相差不大。再往上走，几乎都是在绕着山腰在不断地攀爬。随着远处坝区的景致越来越远、越来越小，差不多已经身处2000米以上的高海拔地带。此时两旁山岭陡峭，远处山崖如削，莽莽苍苍的黛绿色山峦一眼望不到头。龙村就置身于这些群山中的一个山梁上。这样艰险的路途，在县乡级公路没有修建之前，班车无法通行，村民出行全靠拖拉机和摩托车。遇到雨季，泥滑路烂，车辆打滑，不敢再开，村民只能步行下山，或者只能把待办事项暂时搁置起来，待天晴时坐摩托车或班车到镇上和县上去办理。在这样的环境中生活的人们，每日面对的都是默默无言的崇山峻岭，接触到的生人少而又少。大部分人靠耕种不多的田地，放养一些不多的牛、羊以及圈养一些鸡、猪等为生，自然环境塑造出人们的乐天知命、与世无争的处事原则。由于日常生活中缺乏外界的刺激，人们自然形成一种安静自适的精神状态。其实，整日生活在平静的山村，人慢慢地不想多说话。龙村发生的纠纷不多，与地理环境偏僻、与外界接触不多有关，但更重要的也许是，闭塞的地理环境往往让人

────────

① 凌纯声、芮逸夫：《湘西苗族调查报告》，民族出版社2003年版，第27—28页。

们变得更加沉稳、平静、中庸，对人对事不再斤斤计较。自成一统的自然环境，无形中使人与人之间形成了一种地缘性的亲密和体贴。

从行为选择理论上讲，地理环境影响着人们对待他人的行动原则。由于地理环境限制，龙村是一个典型的熟人社会，交往间的利益博弈是一种长久的"重复博弈"。顾名思义，重复博弈（repeated game）是指同样结构的博弈重复许多次。按照罗伯特·奥曼（Robert J. Aumann）提出的重复博弈理论，当博弈只进行一次时，每个参与人都只关心一次性的支付；如果博弈是重复多次的，参与人可能会为了长远利益而牺牲眼前的利益，从而选择不同的均衡策略。因此，重复博弈的次数会影响到博弈均衡的结果。"虽然人们每天都要面对一些所谓的对手和竞争者，战略情形也大量重复出现，个体间也常常发生直接的利益冲突，但是达成合作的概率还是会上升。"[1] 如果是在一个每天面对陌生人的社区，互不相识的人之间很可能为了一点点小事争吵、打架，因为彼此都知道，这是一次性博弈，吵过、打过以后谁也不会再见到谁，因此谁都不想吃亏。但是在龙村这样的村落中，很少有陌生人，发生矛盾的都是以后将要经常见面的人，因此，大家都会互相谦让，免得以后抬头不见低头见时尴尬。因此，在传统的村落中犯罪率都会很低，人们之间处理纠纷的方式也显得比起城里人更注重关系的维护，不会轻易让一两次纠纷打破以后长久的和谐关系。

隔绝、单调的环境，迫使人们共同生活在一起，虽然相互交往增多必然会发生更多的分歧和日常生活的摩擦，但这种日积月累的密切接触，也能使彼此间更熟悉，加深相互间的感情与理解。所以，俗语说"远亲不如近邻"，表明长期的相邻而居能够形成一种亲热和默契，这种感觉使他们之间在进行交往显得更能宽容和亲近对方，进而构筑起和谐的关系网络。从更深的意义上说，长期的共同生活，为形成一种共同的村落文化提供了条件。尽管"在稳定的社会中，地缘不过是血缘的投影，不分离的……血缘与地缘的合一是社区的原始状态"[2]，但"没有共同的地域，也就没有中国的村落家族"[3]，所以，"共同地域是十分重要的，它对透视

① 伍泽君、单瑜：《竞争中的合作——罗伯特·奥曼的重复博弈理论评述》，《云南财贸学院学报》2005 年第 6 期。

② 费孝通：《乡土中国》，北京出版社 2009 年版，第 105 页。

③ 王沪宁等：《当代中国村落家族文化——对中国社会现代化的一项探索》，上海人民出版社 1991 年版，第 75 页。

村落家族的意义，不低于血缘关系。因为一定规模的血缘关系网络，都是在能提供一定的物质资料或生活资料的地域上发展起来的，没有这一项条件，定居型的村落家族文化难以形成。"① 身处同一村落文化范围下的村民们，能够保持一种较为一致的行动逻辑，形成一种较为相似的待人接物方式，彼此间也更容易沟通和理解，从而形成村落人际秩序的和谐局面。

二　地理环境与纠纷类型表现

龙村的纠纷类型中有几类是与地理环境紧密相关的。其一，山区交通肇事纠纷。山区路途遥远，很多村民为了出行方便或到集市街，都骑摩托车和坐拖拉机出行，但由于路况差，安全系数低，导致近年来摩托车、拖拉机翻车等事故频频发生。其二，喝酒引发的纠纷。龙村男性村民喜好喝酒的人不少，因为喝酒导致的吵架、打架等纠纷出现较多。龙村村民喜欢喝酒的原因，除了个人习惯外，还有气候、地理方面的原因。龙村地处高寒山区，平均气温总要比坝区的低几度，人们为了驱寒，总是喜欢喝酒以达到暖身的作用。而封闭的自然环境，让人生活在一个熟人社会中。村民们总喜欢围坐在一起喝酒、聊天，往往会因为喝酒斗嘴引发纠纷。并且嗜酒也会引起家里人的不满，导致家庭内部的争吵。其三，家庭内部纠纷。在闭塞的地理环境中，家庭内部的纠纷一直是数量最多的纠纷类型。这也许是由于封闭的环境更容易让人们眼光向内，专注于家庭生活，对家庭矛盾无处排遣，由此矛盾纠纷增加。其四，资源争夺纠纷，突出的是争水纠纷。由于龙村地处滇中干旱区，缺水问题历来严峻，致使争水导致的纠纷这些年来在龙村一直占有较大比例。这些纠纷，既有本村人之间发生的，也有本村人与外村人之间发生的。

但是，地理环境也会使某些纠纷出现的可能性降低。比如，由于封闭的地理环境，龙村商品经济不发达，村民的经济交往活动不多，经济纠纷自然就少，至于名誉权、知识产权等方面的纠纷更是闻所未闻了。并且地理环境也会使纠纷发生的范围较为局限。比如，封闭的地理位置导致对外交往匮乏，与陌生人之间的纠纷发生频次少，纠纷主要发生在本村人之间，或者是与邻近相交往的人员之间。正因为这样，才使龙村纠纷显示出

---

① 王沪宁等：《当代中国村落家族文化——对中国社会现代化的一项探索》，上海人民出版社1991年版，第75页。

了熟人社会的诸多特征。

三　地理环境与纠纷解决方式的选择

埃文斯·普理查德在《努尔人》中论述了空间结构与政治机构之间的关系，认为一定的空间结构影响着政治结构及其政治价值观念，即"努尔人把构成其政治结构的某些价值观念赋予到了这些分布中去"[①]。在普理查德笔下，空间结构包含了物理距离与生态距离。物理距离，是"棚屋与棚屋、村落与村落、部落区与部落区等之间的距离以及它们各自所占的空间"，而生态距离则是"社区间的一种关系，这些社区是以人口密度及其分布状况来界定的，同时也与水源、植被、野兽以及虫害等情况有关。比较而言，物理空间的"意义非常有限"，因为"尽管生态空间受着物理距离的影响，但它并不仅仅是物理距离，因为它还要通过介于地方性群体之间的土地的特性以及它与这些群体成员的生物需要之间的关系进行推算"，因此，以"价值观表达"的"人们群体之间的距离"更为重要。[②] 在这里，普理查德的研究旨趣在于探寻空间结构对于社会中政治行为的影响，以及空间结构距离与关系距离的可变关系。

普理查德所讲的空间结构，其含义虽与地理环境有一定出入，但地理环境应该是空间结构的一种表现。从具体的一个村落或一个社区的人们的行为方式来看，探讨地理环境的影响是较为贴切的。其实，空间结构距离不仅能对政治结构产生影响，也能对人们的纠纷解决发生作用。从我观察到的龙村实际纠纷解决来看，这种作用在多个方面都有体现，但其中最应该引起注意的是，地理环境对村民们纠纷解决方式的选择有着不可忽视的影响。

具体而言，这一影响主要体现在人们对纠纷解决主体和纠纷程序的选择上。在龙村，当人们有了纠纷，最能寻求的解纷者首先是村内的有名望的人，这些人包括宗族中的长者、退休回家的曾经在外面工作过的人，等等。这些人就生活在村民们中间，与纠纷当事人的"空间距离"基本处于无缝隙状态。请他们解决纠纷，较为方便快捷。如果他们解决

[①]　［英］埃文斯·普理查德：《努尔人——对尼罗河畔一个人群的生活方式和政治制度的描述》，褚建芳、阎书昌、赵旭东译，华夏出版社 2002 年版，第 128 页。

[②]　同上。

不了的时候，村民们往往会把纠纷提交到村委会解决。相比村内权威的解决而言，村委会解决带有"公"的色彩。而从地理距离上看，到村委会解决纠纷需要花一定的成本。如果是属于村委会驻地的村民，到村委会很是方便，不需要花过多时间。但龙村另外的一些自然村，分布在方圆几公里远的范围内，崎岖的山路决定了这几公里路具有比坝区平路上同样里程远得多的物理距离。如果青壮年，可以骑摩托车和驾驶拖拉机，这点路程倒不算什么，但对于妇女和年老者来说，只能步行，这就不是一件很轻松的事情。所以，当遇到纠纷的时候，住得离村委会较远的村民就会掂量一下有没有必要跑这么远寻求解决。在实践，普遍的做法是等到每周一次到龙村集市赶街的时候，顺便到村委会反映问题，寻求解决。有的时候，纠纷双方能够一起到场，这样村委会干部就能很方便地进行调查、调解；但很多情况下，只会有一方先来反映、控诉，这样，村委会干部就只能用电话通知另一方到村委会来参加调解，或者约定一个时间让双方同时到场进行调解。

在龙村，村民们很少把纠纷提交到镇里、县里解决。我在镇司法所看到的一些案例，往往都是司法所主动送法下乡，为村民解决纠纷的结果；而在派出所看到的案例，一般也都是派出所主动出击进行治安调解的成果。造成这一现象的原因，除了观念方面的外，很重要的一点就是地理环境。几十公里远的路程让村民们在选择解纷机构时，往往都会把镇里、县里的正式解纷机构排在最后。只有那些在村委会确实难以调解成功的事情，当事人才会"不计成本"地到镇里寻求解决，一般情况下，大家都觉得到镇里、县里请求解决纠纷是一件"划不着"的事情。并且地理条件还会影响人们对纠纷解决结果的认同。在当事人不认可村委会调解意见的时候，如果镇司法所就在不远的地方，当事人肯定会到镇司法所请求再调解。但如果镇司法所在得很远的话，当事人也许就会认为"算了，不想花时间和精力了，亏一点就亏一点吧"，从而对村委会的调解意见予以认同和接受。

唐纳德·布莱克的研究从"关系距离"的角度阐明了这样一个道理："关系距离的存在容易引起法律的使用而亲密性排斥法律的使用。"① 而关

---

① ［美］唐纳德·布莱克：《正义的纯粹社会学》，徐昕、田璐译，浙江人民出版社2009年版，第71页。

系亲疏的形成，很重要的一个原因就在于地理位置的远近。龙村这种封闭的地理环境形成了人们之间密切程度很高，关系距离很近，大家都是乡里乡亲的，当有了矛盾的时候，都顾及相互之间的情面。在龙村，选择到镇里去反映、去打官司等举动，都会被视为不讲情面的贸然行为，将会使对方产生心理排斥，今后两家关系面临着断绝的危险，至于纠纷处理结果如何，反而倒不是很重要了。因此，人们一般通过调解等方式解决纠纷，不到万不得已，大家不会选择提起诉讼，"当一个纠纷当事人完全有可能诉诸法律时，为了和对方当事人保持良好的合作关系，他极可能会选择忍受对方对自己的伤害或者选择非正式的程序解决自己所遇到的纠纷"[1]。多年来，虽然村民之间也会有纠纷发生，但大多属于鸡毛蒜皮的小事，村民们在处理这些纠纷时都显得较为克制，一般通过相互协商或村内权威人物调解得以化解，很少提交到国家正式解纷机构处理。因此，龙村村民在解纷方式上的选择，与当地的地理环境有着内在的联系。

第二节　经济发展水平

范愉认为："纠纷作为一种社会现象，其产生不是孤立的。在研究纠纷解决问题时，首先需要注意的是纠纷产生的社会因素。"[2] 她认为，包括社会的基本生产方式、政治制度、组织结构等的社会结构，决定着"社会秩序状况、社会成员的行为方式以及纠纷解决的基本方式和规范等"[3]。社会结构指的是"社会诸要素及其相互关系按照一定的秩序所构成的相对稳定的网络"[4]。社会结构包含的内容相当丰富，在这里，主要从社会结构的重要方面——经济发展水平的角度讨论其对龙村村民纠纷观以及纠纷解决机制的影响。龙村是一个生产方式落后、小农社会的自然经济特征明显、村民生活较为贫困的苗族村寨，这些都对当地村民的纠纷观

---

[1]　王鑫：《纠纷与秩序——对石林县纠纷解决的法人类学研究》，法律出版社2011年版，第273页。

[2]　范愉：《纠纷解决的理论与实践》，清华大学出版社2007年版，第73页。

[3]　同上书，第74页。

[4]　李培林：《关于社会结构的问题——兼论中国传统社会的特征》，《社会学研究》1991年第1期。

念、村落秩序以及纠纷的解决产生了深刻影响。

一　精耕细作的生产方式造就了村民之间的团结协作

马克思和恩格斯在《共产党宣言》中批判资产阶级的观念时指出："你们的观念本身是资产阶级的生产关系和所有制关系的产物，正像你们的法不过是被奉为法律的你们这个阶级的意志一样，而这种意志的内容是由你们这个阶级的物质生活条件来决定的。"①　这说明法律等意识形态是由物质条件决定的。因此，纠纷观念的形成与经济发展水平相关，经济发展水平制约着人们纠纷观念的形成和变迁，相异的生产生活条件下产生的纠纷观念各有不同。

龙村经济发展水平处于较低层次，这有几个方面的表现。一是龙村的生产工具较为落后。新中国成立前很长时间内，滇中苗族居无定所，辗转迁徙在群山间，习惯于靠简单农业和打猎为生，对于农业生产技术的掌握远远不及汉族群众。他们到一个地方后，往往开荒种地，但实行的是广种薄收，"种一撒坡，收一箩筐"，收成极为有限。当这个地方的土地经过几年的耕种肥力耗尽之后，他们又开始搬迁到新的地方继续生活。所以，有民谚说："桃树花开，苗族搬家。"直到目前，还有部分龙村人在田间劳作时仍然以锄头、镰刀作为劳动工具，靠牛犁来完成耕地等重活。这些年来，一些村民用上了微耕机、拖拉机等，但总体而言，龙村人的生产方式仍然是较为落后的。二是龙村的经济结构较为单一。龙村人现在主要从事以家庭为单位的种植业和养殖业，规模小，产品结构、产业结构较为单一，自然经济的特征较为明显。三是龙村生产的商品化、市场化程度较低，生产出来的产品除了烟草、豌豆以及少部分畜禽用于出售外，大多数是满足生活自用。人们头脑中的商品经济意识较低，对外交往有着很大的不适应性。四是龙村人的生活水平较低，增收困难，一些人还未脱离温饱，多年来都是靠政府救济生活。这正如马克思指出的，小农家庭的"生产方式不是使他们互相交往，而使他们互相隔绝"，"每一个农户差不多都是自给自足的，都是直接生产自己的大部分消费品，因而他们取得生

---

① 《马克思恩格斯选集》（第一卷），人民出版社1995年版，第268页。

活资料多半是靠与自然交换，而不是靠与社会交往"。①

客观地说，龙村的人均耕地面积不多，尤其是土地质量不高，没有水田，无法进行水稻栽插。只有人均 1.08 亩的旱地，人们在有限的土地上种植旱作作物。由于干旱，村民们只能用水窖储存的有限的水有计划地进行农业生产。由于不断迁徙的缘故，苗族擅长狩猎等活动，花苗在一百多年前来到滇中后，才逐渐对农业生产熟悉起来。自新中国成立以来，广大滇中农村仍然延续着传统模式的农业生产，农民只能在固定的土地上进行传统的农业生产。在人民公社化时期，龙村也与全国大部分农村一样，成了人民公社中的一员。现龙村村委会过去是龙村生产大队，现龙村村委会下辖的 10 个村民小组当时则是 10 个生产队（小队）。但这一集体化时期的村庄，"相对于传统时代的村庄而言，这是一种更为孤立和封闭的社会结构单元"②。20 世纪 80 年代以后，龙村实行了分田到户，开始了以家庭联产承包为主的生产责任制改革，各家各户成为单独的生产单位。而自2006 年以来，龙村也加入了林权制度改革中，林地分到了各家各户。这些改革，固然使各农户的生产经营权得到了明晰，调动了生产经济性，但也造成了生产的碎片化、个人的原子化等问题。尽管近些年来不少地区开始了土地流转以及生产规模化改革，但龙村限于本身的土地特点以及环境状况，难以实现规模化经营。因此，龙村的农业生产仍然延续着精耕细作的方式。在历史上，精耕细作的生产方式是中国传统农业技术体系的一个重要特点，在几千年的历史进程中，对中国社会经济制度及其发展产生了重大而深远的影响。所以，有学者认为："精耕细作是联结中国自然条件和中国社会的中轴，也是中国社会发展的一切有异于西欧特点的最终归宿。"③ 精耕细作建立在一种具有较强独立性的小农经济经营方式之上，而这正是龙村农业的现实特点。在这种生产模式中，人们的土地占有基本平均，不存在差异化带来的人心离散与经济上的相互倾轧和掠夺，人们的

---

① ［德］马克思：《路易·波拿巴的雾月十八日》，载《马克思恩格斯选集》（第一卷），人民出版社 1972 年版，第 693 页。

② 陈柏峰认为："如果着眼于村庄日常生活，我们可以发现，集体化时代的实践在某种意义上塑造了一种真正的'小国寡民'的村庄生活，那时相邻两个自然村的村民之间，很可能就是'鸡犬之声相闻，老死不相往来'，而在集体化之前，这些都只是理想。"——见陈柏峰《乡村江湖：两湖平原"混混"研究》，中国政法大学出版社 2011 年版，第 55 页。

③ 席海鹰：《论精耕细作和封建地主制经济》，《中国农史》1984 年第 1 期。

关系紧密而亲切。虽然各家在从事自己独立的生产经营，但相互间的帮助还是必不可少的。如农忙季节为抢收抢种而结成暂时性的互助联盟，以及平时从事农业生产在生产工具以及畜力方面的相互借用。① 在龙村，这种协作显得尤为重要而普遍。由于家庭收入有限，人们不可能家家户户都有大牲畜和拖拉机、微耕机等机械，在农忙的时候就需要相互借用；由于用水紧张，人们必须相互协作，在给水窖蓄水以及用水浇地的时候，相互补给，以便让每家每户都能蓄够水、用上水；在烤烟栽种的繁忙时节，人们为了在预定的时间内完成移栽、打杈、采摘、烘烤以及运输交售等任务②，必须相互帮忙，才能完成各个步骤的生产任务；在平时出行等活动中，人们只有相互搭载交通工具才能顺利到达目的地；在日常生活筹办红白喜事等活动中，人们也只有相互帮助才能完成人情交换，达到共同生活的预期。看似分散的小农经济模式，仍然是使"村落内部团结有了基础"③。正如苏力所言："在农村这样一个人际关系紧密的、人员较少流动的社区中，村民必须相互依赖、相互帮助才能克服一些无法预料的事。……（他们是）因生活之需要紧密联系在一起的，在一定意义上他们是'一损俱损，一荣俱荣'。"④ 可以说，小农生产方式以及在其基础上形成的熟人社会，把一户户看似分散的家庭联系在一起，共同应付生产和生活中的难题，在这种团结协作中，人与人之间的亲密关系以及维系这种亲密关系的"关系"、"面子"和"人情"等得以塑成。人与人之间讲求以和为贵，尽量避免矛盾发生；当矛盾确实发生的时候，人们为了长期的共同生活的预期，采取忍让、宽容的态度化解矛盾，及时修复破裂、受损的面子和人情，维持一种和谐的人际关系，形成一个"守望相助，疾病相扶"的村落。在这样的村落生活中，纠纷被视为对井然生活秩序的破

---

　　① 易军先生曾经描述了滇东北某农村村落中充满田园诗意的互助协作现象。——见易军《关系、规范与纠纷解决——以中国社会中的非正式制度为对象》，宁夏人民出版社 2009 年版，第 134—135 页。

　　② 烤烟栽种步骤较多，主要有漂浮育苗、晒棚剪枝、翻地、画线和理墒、移栽、盖膜、浇水保苗、烟苗自由成长、开花、封顶打杈、采摘、编烟、复烤、挑选出售等过程。随着现代烟草技术的发展，现在的烤烟种植的各个环节都能做到精确的时间计划，开花、封顶打杈、采摘等关键环节甚至能做到以天为单位计算。

　　③ 贺雪峰：《村治的逻辑：农民行动单位的视角》，中国社会科学出版社 2009 年版，第 28 页。

　　④ 苏力：《法治及其本土资源》，中国政法大学出版社 2004 年修订版，第 30—31 页。

坏，涉足纠纷的人具有道德上的可谴责性。在这样的社会中，人们形成了有效的生活协作中的互助规范，调整着人们礼尚往来的义务性交往，使村落成为在生产上协作，进而在生活中互助的共同体。这个过程，也就是一个"从纯粹的地缘共同体发展和演变为精神共同体，一种高度紧密化的共生群落"① 的过程。在这种共同体中，一个人违反已经形成的关系规范代价也是沉重的，会导致被拒绝交往，以及遭受议论，最终"落得个坏名声，并在核心关系群成员的心理上被逐出了关系网，就被孤立了"② 的结局。

二　带有浓厚自然经济特征的经济结构使村落生活恬静有序

建立在物质生活贫乏基础上的自然经济具有两面性，一方面，它可能会使人丧失信心，听天由命。美国人类学家奥斯卡·刘易斯（Oscar Lewis）于 1959 年提出了贫穷文化的概念，认为贫穷文化的特点包括屈从感、不愿为未来做出计划、不能控制欲望的满足和对权威的怀疑，这些价值观在没有希望改善条件的环境下具有其适应性。③ 因此，贫困地区的群众如果放弃努力，很容易会产生不愿通过艰苦努力改变命运的惰性。但另一方面，建立在物质生活贫乏基础上的自然经济也会为建立一个秩序井然的"世外桃源"奠定基础。龙村浓厚的自然经济生产方式，对人们的生活态度和价值观念产生了重要影响。建立在自然经济基础上的村内秩序是和谐有序的，人们在一种满足的心态中享受着恬静生活带来的安稳，对世界和他人怀有朴素的亲切和感恩，不会为了一时的利益诱惑而丢弃做人的本色。这种对幸福生活的感受源泉来自熟人社会中人与人之间的友善以及家庭成员之间的朝夕相处、相濡以沫。在法国社会学家孟德拉斯的笔下，记述了前现代社会时期法国农民来自家庭和村庄生活的幸福，并认为："从这种人与自然的结合和这种处于传统社会结构里的生活中，产生了一种'长期积淀而成的'高度的明智：'法国的农民在自己宁静的田野中保持着清醒的和冷静的头脑，他们最重要的优点就是通情达理。'他们在现代

---

① 易军：《关系、规范与纠纷解决——以中国社会中的非正式制度为对象》，宁夏人民出版社 2009 年版，第 137 页。

② 同上书，第 138 页。

③ 沈红、周黎安等：《边缘地带的小农——中国贫困的微观理解》，人民出版社 1992 年版，第 187 页。

生活的漩涡中依然泰然从容。某些人指责他们'缓慢',但这'缓慢'是上千年以来了解'自然的生物节奏'和'田野的永恒秩序'所得到的成果,田野的秩序永远不会服从于规划人员的理性秩序。"① 这种与世无争的状态,是农村生活的特性使然,与一个地方的经济发展现状有着直接的关系。在龙村,由于人们的生活水平较低,并且人与人之间的差距很小,人们对外界的接触有限,平静的村庄生活没有给人们带来更多欲望的想象空间。在村民的日常生活中,闲适、慵懒使得人们对生活的奢望和对利益的追求化为无形。在农忙季节,人们的闲暇时光被压缩到了最短,但人们仍然在农忙之余喝几口酒,以忘掉生活的劳顿。到冬季来临,农活都忙得差不多了,滇中高原晴朗的蔚蓝天空中高悬着温暖的太阳,人们三三两两围坐在村子空地或者集市商铺门口长椅上,无所事事地晒太阳消磨时间。这种向内用力的人生态度源自对生活的自足,也使人与人之间的关系由于缺乏竞争而维持在一种温情之中。

春秋时期的管仲曾经说过:"仓廪实则知礼节,衣食足则知荣辱。"② 说明粮仓充实、衣食饱暖,荣辱的观念才有条件深入人心,老百姓也才能自发、自觉地注重礼节、崇尚礼仪。这句话如果反过来理解,似乎也可以说:如果人们生活较为贫困,就不会懂得礼义廉耻。实际上,这句话的正反两方面理解都是片面的。"仓廪实、衣食足"是"知礼节、知荣辱"的必要条件,而不是充分条件,"仓廪实"和"衣食足"是"知礼节"和"知荣辱"的基础,但"仓廪实"和"衣食足"未必就一定"知礼节"和"知荣辱"。反过来讲,一个地方经济发展水平较低,民众生活困顿,不一定这些民众就会成为"不知礼节、不知荣辱"的人。实际上,在有些传统型的村落之中,人们生活并不富裕,但却往往会成为礼仪之乡。形成这种现象的重要原因,是这些村落传统价值观念并未式微,村落内部人们的人生取向是一种义务型的追求。而形成这种价值观念的物质性基础,则是当地较为封闭的环境和较为传统的经济模式。这样的环境较少受到以利益追求为取向的外部市场的冲击,经济运行保留着较多传统元素,精耕细作的生产方式、低水平的商品经济等,实际上造就了人们之间的和谐协

① [法] H. 孟德拉斯:《农民的终结》,李培林译,社会科学文献出版社 2010 年版,第173 页。

② 《管子》,李山译注,中华书局 2009 年版,第 2 页。

作与和睦相处，使人们的集体主义观念得以维护。传统的小农生活逻辑赋予村民们一种安全感和归宿感，让村落社会充满了和谐和友善。

另外，缺少变化的没有竞争的经济环境，使村民们处于一种较为平均的生活水平上。费孝通先生指出："知足、安分、克己这一套价值观念是和传统的匮乏经济相配合的，共同维持着这个技术停顿、社会静止的局面。"① 龙村村内没有出现实力雄厚的老板、大款，也没有哪家冒出过在外面做大官的人，人们的境况都差不多，人与人之间的经济、政治甚至文化的差异都很少（在龙村，人们的文化水平很相似，大部分在初中及以下，小部分是高中，村里至今还没有出过一名大学生）。这样的尚未分层的均质化村落，能够为传统的价值观念提供安置和生长的环境，让那些传统的伦理道德得以维系并不断教牧着人们的心灵，使人们成为注重亲情、与人为善的人。

三　长期扶贫使村民更懂得感恩

贫穷是长期困扰滇中苗族群众的大问题，一百多年来他们始终与贫穷相伴为生。滇中花苗一百多年前进入滇中境内后，由于居住在山区，只能生产苞谷、洋芋、燕麦、小麦、荞麦和各种杂豆，产什么吃什么。由于生活困难，加之土地全系租佃，一旦土地盘肥后，地主往往以加租加押重利剥削。苗族由于交不起租，只得另找地方搬家，不得不走上半农半游猎的生活道路。所以新中国成立前苗族住房全部都是茅草房或者柴垛房。进入新中国后，苗族得到了党和政府的关怀，过上了平等的全新的生活。在财政十分困难的情况下，政府立即解决山区贫困群众的生活生产问题。在龙村所在的县，仅1950年10月，就发放救济粮15万公斤，贷出积谷90万公斤，发放农业贷款4万元。同时，在清匪反霸的同时进行减租退押和土地改革，废除了封建土地所有制。广大苗族群众从中得到极大好处，使当时数万名无地少地的苗族农户获得了数万亩耕地，成为土地的主人。

在接下来直到1981年经济体制改革的二三十年的时间里，获得土地的苗族群众与全国人民一样经历了从互助合作、初级社、高级社到人民公社四个阶段。由于长期的集体劳动和阶级斗争，影响了农业生产，使得山

---

① 费孝通：《中国社会变迁中的文化症结》，载费孝通《乡土中国》，上海人民出版社2006年版，第119页。

区苗族的生活较为困难。尤其是20世纪70年代中期以前政府的投入和精力主要集中在坝区，使得山区的农田、水利、公路等基础设施建设受到忽视。20世纪70年代中期开始掀起"农业学大寨"，才加大了山区基础设施建设力度，全部坡地得到改造，实现梯度化，保土保肥保水，保证了山区的粮食生产。

进入20世纪80年代以后，由于实行土地联产承包经营，极大地调动了苗族群众的生产积极性，山区苗族的经济收入和粮食逐年提高。与此同时，政府对苗族地区的扶贫力度逐渐加大。修建了各种等级的道路，山区也能通行农用拖拉机甚至汽车。同时，国家还架通了山区的高压电线，实现了农村照明、粮食及农副产品的加工粉碎电力化。在生产上，普遍使用化肥，不少苞谷、蔬菜种植都使用了塑料薄膜覆盖。除了粮食种植外，苗族群众们还可以上山捡取各种野生菌，获得一些经济收入（见表5－1）。

表5－1　　　　1979—2011年龙村村民粮食生产和经济收入增长情况

年份	人均生产粮食（斤）	人均收入（元）	备注
1979	532	95	人均总收入
1990	466	357.5	人均总收入
2000	497	1226.9	人均总收入
2004	534	864	人均纯收入
2011	592	1926	人均纯收入

资料来源：桥镇档案室所藏历年经济统计表册。

说明：由于统计方式的不同，在人均收入方面，有的年份统计的是人均总收入，有的年份统计的是人均纯收入。农民纯收入是指农村住户当年从各个来源得到的家庭总收入扣除所发生的费用后的收入总和，农民人均纯收入指的是按农村人口平均的农村居民所得。农民人均纯收入的计算方法全国是完全统一的，计算公式为：农民人均纯收入＝（农村居民家庭总收入－家庭经营费用支出－生产性固定资产折旧－税金和上交承包费用－调查补贴）/农村居民家庭常住人口。

不过，与其他地方相比，滇中苗族地区的经济发展仍然处于较为落后的水平，人们的生活状况与其他地方相比仍然较为贫困。比如，在龙村，虽然目前已经不存在村民温饱得不到保证的情况了，但整体生活水平仍然处于较低的层次上。比如，绝大多数家庭只能维持简单的吃穿住，家庭内基本没有结余，大部分村民家庭没有存款。住房方面虽然基本都住上了瓦房，但大都低矮简陋。大部分家庭中都没有像样的家具，仅有电视机、收音机等为数不多的家用电器，没有冰箱、洗衣机、电脑等电器①。人们对于医疗的要求很低，用于这方面的开支不多②。多年来，贫困一致困扰着龙村村民，并且随着近年来附近不少地方加快了发展步伐，让龙村的贫困问题相比显得更为严峻（见表5－2）。③

表5－2　　2010年龙村与镇、县、州、省、国家的农民人均纯收入比较

（单位：元）

龙村	桥镇	W县	楚雄州	云南省	全国
1926	2320	3223	3896.4	3952	5919

资料来源：各级官方统计部门公布的数据。

新中国成立60多年来政府一直持续地对龙村进行帮扶，特别是近些年来，扶贫力度进一步加大。各级各部门积极协调资金、项目，选准突破口，全力帮扶。这些措施很多，比如，2006年以来，各种渠道共投资100余万元，建成293座集雨型水窖和1座二级抽水站。目前，全村委会达到户均1.7个小水窖，部分农户有2～3个小水窖，有力缓解了吃水用水难题。同时，投入资金、物资帮助该村发展核桃种植、旱青豌豆种植和畜禽养殖等产业。另外，还积极开展教育智力扶贫工作，如落实贫困家庭学生"两免一补"政策，采取勤工助学、"1＋1"结对帮扶等措施，解决贫困家庭学生"就学难"问题；全力推进新型农村合作医疗工作，2010年村委会新型农村合作医疗参合率达98%；举办种植、养殖技术培训班；有针对性地举办劳动力转移培训班，传授外出务工技能等。多年的扶贫，让龙村的基础设施建设发生了较大变化，提高了村民生产生活水平，也让村民们的思想观念发生了很大变化。人们对政府的关怀有着真切的感受，对于政府充满了感激。这种感恩的心态，使村民们对于政府的信赖感较高，对于政府的正面评价要比其他地方高。苗族本就是一个懂得感恩的民族，

---

① 当然，由于缺水，洗衣机买来也无水可用。

② 也许是由于空气清新、处世淡然等方面原因，村里长寿老人不少，很多七八十岁的老人仍然在地里和山上劳作、放牧等。

③ 苗族地区普遍贫困，究其原因，既有历史的，也有自身思想观念方面的。潘英年先生认为，因循守旧的思想观念也是造成苗族地区贫困的重要原因之一："总体来看，苗族是要比汉族和布依族更加依恋传统的，这里涉及民族历史及历史形成的生活方式，也许是传统的游耕和狩猎习惯的影响吧，苗族对生活的追求往往富于一些浪漫色彩，甚而对贫困有一种麻木和习惯。"——潘英年：《百年高坡》，贵州人民出版社1997年版，第161—162页。

长期形成的与人为善、感念别人的民族心理一直存在着，特别是近代以来基督教传入后进行的宗教感恩教育更是让村民们在日常生活中时刻不忘感恩，可以说，苗族文化中已经形成了一种显著的感恩文化。这种感恩文化，让村民之间显得较为友爱，也让村民们能记住多年来扶持帮助他们的各级政府的"恩德"。有学者曾经认为，新中国成立初期的土改中国家通过"诉苦""忆苦思甜"等活动重塑了普通农民的一种"感恩型的国家观念"①，这种观念与龙村村民对政府的感恩心态不太一样。龙村村民的感恩心理是村民们看到国家在资金、物资、技术等方面帮助他们而产生的知恩、感恩、报恩心理，并不是国家有意识地通过思想革命而带来的结果。所以，龙村人感恩心理显得更真实而深厚。在滇中苗族地区，曾经流传过这么一首歌——《苗家歌唱新时代》：

> 我们苗家要一条心跟党向前走，共产党毛主席领导我们把身翻。我们不能忘记过去，要牢记过去。那时没有土地房屋，现在有了土地有了房屋，我们要团结友爱，互相帮助，搞好生产，提高我们生活，向前进。今后我们要学习知识文化，要学习政策，我们的思想才会进步，苗山才会换新装。②

这种心态，使他们对于政府及其工作人员的各种行为容忍度更高，计较得更少，从而与政府的纠纷显得比其他地方少。在贺雪峰、董磊明、陈柏峰等学者的笔下，两湖平原、华北平原等地这些年来干群关系的矛盾日益加深，官民之间的冲突越来越多，政府与村民之间的离散化非常突出。如一些地方出现了较多的农民与政府间对峙的群体性事件、上访问题突出、农民对政府的安排采取抵制等。但从龙村情况看，这些现象并没有出现。村民对于到村里来的干部较为尊敬，干部与村民之间关系也很亲热，村民们见到外来人员包括镇里的干部时，都很热情地邀请他们到家里做客。村民们对于镇、村干部的工作安排较为认同，都能力所能及地完成好自己承担的任务。除了对政府的某些烤烟种植安排的抵触外，几年来很少

---

① 郭于华、孙立平：《诉苦：一种农民国家观念形成的中介机制》，载《中国社会学》（第五卷），上海人民出版社 2006 年版。

② 楚雄州文化局编：《楚雄州民间歌曲集成》，国际文化出版公司 1991 年版，第 444—445 页。

发生官民之间的冲突。村民们对政府较为信赖，遇到难题都会在第一时间找村委会，进而找政府，希望政府为他们做主，解决问题。当村民们到镇上来的时候，都会经常到政府部门来坐坐，款几句话才走。龙村一直没有出现过上访人员，而其他地方包括本镇的几个坝区村委会，已经出现了多起到县里、州里上访的事件。另外，龙村村民显得较为好说话，当遇到争执之事，甚至是利益有所损害的事情时，只要政府有关人员说几句好话，他们大多会宽厚地接受下来，显得通情达理，能体谅政府。

第三节　血缘关系

在第二章中，我对龙村的家庭结构和血缘关系作了叙述。确实，龙村人具有特殊而紧密的血缘关系。首先，根据有关史料和传说，龙村人的祖先就是由从贵州威宁迁徙而来的 17 对青年男女繁衍而来的。其次，从龙村的亲属关系看，村内是一个密如织网的血缘关系图。龙村这种同宗相聚的村落特点，造成了每个村落不仅仅是一个熟人社会，而且是"亲戚社会"。在这样一个社区里，虽然也有纠纷，但由于紧密的血缘关系的制约，在纠纷的样态、起因以及解决方式等方面都表现出了很鲜明的特点。

一　血缘关系与人际关系的处理

中国古代社会自西周起就建立起了一套以家族为本位的宗法统治体系，即所谓宗法制。而宗法制，"就是自西周时期创立的根据亲属关系的长幼、嫡庶、远近来决定政治上不同的地位或权利义务（尊卑），实现国家政治机器与王族的家族组织结构合一的制度。简单地说，就是以宗为法或以宗子为法"[1]。千百年来，宗法制度造就一个个具有特点的自然村落。"他们生活在彼此隔绝的村落里，用不着买什么，也无须卖什么，就能世代存在下去。在自给自足的自然经济土壤上，宗法家族根深叶茂、大树成荫。宗法家族是人们生产、生活的基本单位。宗法组织像一张巨大无比的网，通过血缘的和姻亲的纽带把一个个封闭的村落联结起来，并进而组成国家。……自然经济与宗法结构互相促进、互为条件、携手同行，达到和

---

① 范忠信：《中国法律传统的基本精神》，山东人民出版社 2001 年版，第 85—86 页。

谐的统一。"①

　　具有血缘关系的人之间天然地具有一种亲情在其中，这是一种生物学意义上的存在，这似乎是一种无须证明的自然法则，从一些动物身上我们都可以看到这一点。从生物学上讲，受 DNA 排列和设置的影响，血缘亲属间具有本能性的亲和力，这是一种天然属性。血缘亲属间的这种非理性的亲和力，一方面使血缘关系极为牢固，另一方面也有碍于不同血缘的人与人之间的关系的平等，在人与人之间设置了血缘的鸿沟。它同理性的人际关系原则也会发生冲突。费孝通先生在《乡土中国》中称中国传统社会的人际关系格局为差序格局，在此格局中以己为中心向外推，推出夫妇、父母、子女、兄弟、亲戚、朋友关系，而且亲属关系愈推愈远。"好像把一块石头丢在水面上所发生的一圈圈推出去的波纹。每个人都是他社会影响所推出去的圈子的中心。被圈子的波纹所推及的就发生联系。"②自己与他人联系的紧密程度，也与他人在这种"波纹圈"中与自己相距的远近来决定。自己和他人之间的亲疏关系，就像水的波纹一样，以自己为中心，"一圈圈推出去，愈推愈远，也愈推愈薄"③。费孝通先生所述的差序格局，是一种基于血缘关系来确定人与人之间亲疏远近的分类方式。在差序格局中，人的血缘成分在确定关系时具有决定性的意义。可以说，由于血缘关系的存在，就使人们在处理人际关系时具有了差别。在中国乡土社会中，一般说来，血缘关系高于其他关系。在处理人际关系时，由于有了血缘成分的考虑，一个人对待自己的亲人、亲戚与对待外人的态度就会截然不同。中国古代《唐律》中就有"父为子隐，子为父隐"的规定，除了叛国和谋反罪外，亲属之间相互隐瞒犯罪，可不受法律惩罚。费孝通先生指出："中国人在运用法律面前首先弄清对象是谁并且和自己的关系是什么，然后才做出衡量的标准，采取一定的方式。这种衡量的标准最关键是置亲属关系于其他社会关系之上，给予亲友以无限的宽容和庇护。可见中国人对血缘关系的观念是建立人际关系的前提，血缘关系构成了中国社会关系的中心和重心。"④

---

　　① 武树臣：《中国法律思想史》（21 世纪规划教材），法律出版社 2004 年版，第 22—23 页。

　　② 费孝通：《乡土中国》，三联书店 1985 年版，第 23 页。

　　③ 同上书，第 25 页。

　　④ 费孝通：《乡土中国　生育制度》，北京大学出版社 1998 年版，第 71 页。

二　龙村社会的血缘亲情

在龙村，村民之间构成了普遍联系的血缘之网，讲求亲情，注重团结，是人们根深蒂固的观念。在龙村等地流传着一首古歌谣《张郎李郎造天地》，反映了只要兄弟俩齐心协力就能改天换地的思想：

> 开天辟地后，洪水满天泛；地下稀泥像鸡屎鸭屎，洪水泛滥天不平、地不稳。后有张郎和李郎，他们是两兄弟，张郎来造天，李郎来造地。张郎造天造得窄，李郎造地造得宽。张郎李郎同商量：宽处要缩小，平地缩成山头，山头缩成斧头，山脚缩成雨伞。地宽处缩小了，天和地才一样大。

苗族历来是一个极为看重血缘关系的民族，对于处理有血缘关系的人们之间的关系遵循着一定规则。苗族谚语说："逢老要尊老，逢小要爱小，老爱小，小敬老，敬老得寿，爱小得福，处处讲礼貌，才成好世道"；"敬老是德，爱幼是福"；"有山才有水，有老才有少"；"圈有牛才好，家有老才重"；"尊老爱幼好，家庭和睦牢"。[①] 老人在村中是最受尊敬的，虐待老人的事情极少发生。无论是谁，遇到老人都要主动打招呼，只要老人进到自己的屋子，必定热情接待。首先给老人让座，然后敬茶、点烟，问寒问暖。路上遇到老人，不论认识与否，都要亲切地称呼为爷或奶，并让路给老人先走。如果遇到家族或亲戚，则必须按辈分称呼，否则将会被视为无礼而受到斥责。在宴会及公共场合，长辈及老年人先入席落座，小辈方可入席。逢年过节，宴席中的鸡肝、鸡头、翅膀和鸡爪，必敬席上长者或尊贵客人。

龙村等滇中苗族对于血缘关系的看重，源于共同的祖先意识。苗族历来具有祖先崇拜的传统，在滇中苗区，历史上随着基督教的传入，禁止祖先崇拜，不允许上坟、磕头、敬香等活动，祖先崇拜的观念逐渐淡化。但由于历史惯性，村民们对祖先的怀念、崇敬感情是不可能消除的。祖先崇拜可以说是一种生存策略，具有安抚感情、凝聚社群的作用，正如华裔美

---

① 吴德杰、杨文瑞：《苗族谚语格言选》，转引自石朝江、石莉《中国苗族哲学社会思想史》，贵州人民出版社2005年版，第159页。

国社会学家杨庆堃所言，当一个家庭成员突然失去生命，不再回来，他带给生者的不仅有情感上的悲痛，而且也有精神上的压力——死亡仍然萦绕在他们中间，人们敬畏死亡，在情感上拒绝接受它，但还要承担起忘掉死亡，继续生活下去的责任。为了消除因死亡而带来的负面影响，人们假设死者继续存在，以此减轻可能出现的悲伤和颓废消极，目的是让家庭成员再次凝聚力量，继续生活下去。这种假设表现为人们相信灵魂存在，并将对死者的纪念作为永恒的形式，由此发展出祖先崇拜。① 在滇中苗族古歌、传说以及各种仪式中，都透露着敬重祖先、怀念祖先的观念和情怀。共同的祖先的观念深深植根于人们头脑之中，祖先崇拜的思想无形中让有血缘关系的人产生一种休戚与共的感情，成为规范大家行为方式的力量，维系着村民之间的和睦相处。

祖先崇拜在滇中苗族历史上很盛行。人们认为，人死后有三个灵魂：一个守坟，一个看家，一个到祖先发祥地去转生，所以苗族人民过去对祖先的崇拜非常真诚，每隔几年要祭祖一次。最隆重的祭祖活动是"吃鼓藏"，七至十三年举行一次，一村同姓者以村进行，杂姓同居的按姓氏举行。每当"吃鼓藏"的时候，由群众推选出五名鼓藏头（已婚的）来主持庄严的祭祀大典。群众认为鼓藏头的一言一行都关系着全寨的幸福和安全，所以鼓藏头有很多禁律不能违犯，凡担任鼓藏头的不能杀生、捕鸟和"游方"。杀牛之年，鼓藏头家只能娶媳妇不能嫁女儿，说话也有许多不可违背的禁忌，否则，发生了不祥之事就会遭到群众的责难。吃鼓藏在物力和财力上都带来极大浪费，鼓藏牛要养三年才杀，三年中，每天需要一个劳动力来饲养，禁止用于耕耘。这些习惯，自基督教传入以后有所淡化，即一些信教苗民只过圣诞节了。

由于血缘亲情及祖先崇拜意识的存在，龙村人传承、保有着苗族的伦理道德思想，奉行着尊老爱幼的优良传统，也极为珍视家族之间、亲戚之间的亲情，建立起了以亲情为基础的村内人际交往规则。亲情对人们交往规则的维系，除了体现于平时的往来外，还体现在对待人际冲突的态度上。在龙村，村民之间发生矛盾纠纷时，都能念及亲情，保持一种克制和忍让的态度。即使有一些性子比较大的人，村里的老人也会劝解他们说：

① ［美］杨庆堃：《中国社会中的宗教：宗教的现代社会功能与其历史因素之研究》，范丽珠等译，上海人民出版社2007年版，第42—43页。

"都是哥哥弟弟的，有什么好吵闹的。""当哥哥的，你就让着点当弟弟的吧。"如果是小辈非要和长辈较劲，会引发村里人的公愤，大家都会觉得这个小辈不明事理，不会做人。

【案例20】2009年8月的一天，龙村年近70岁的一位老人外出放羊的时候，因为看管不力，导致到处乱跑的羊群把张某家的核桃苗啃坏、挤断了好几棵。张某与老人有远房亲戚关系，按辈分讲，张某要叫老人为叔叔。开始张某也不想要老人赔偿，只是在去和老人说理时遭到了老人的斥责，认为他斤斤计较，才引发了他的火气。于是张某也不想再忍让了，向村委会投诉，要求老人赔偿300元钱。在这个过程中，村内很多人都觉得张某太过分了，既向老人要钱，还把矛盾闹到村委会，是一个不懂得尊敬老人的不讲人伦亲情的人。对于此事，村委会也只能尊重村民的舆论，想让村内的人来劝说张某。后来，张某的父亲亲自带着张某来到村委会，让张某当着他的面撤回了调解申请才作罢。

这个案例并不是偶然的。在龙村，由于很多人都有亲戚关系，有些即使没有很亲的关系，也是"挂角亲"，追根溯源起来总会续上亲戚关系。由于有了这份或显或隐的亲情关系的存在，彼此之间都讲求人情，讲求和睦，纠纷就在这样的气氛中避免了。即使有纠纷，很多纠纷都会在"亲情为大"的原则下达成调解协议，大事化小，小事化了。当然，我注意到一个现象，龙村人对待纠纷的态度上的内外有别、亲疏有别这个特征很明显。龙村人都能小心地避免与亲属之间发生矛盾和纠纷，即使有了矛盾也大都能化解；但龙村人在与外村人、陌生人打交道时，处事原则由于没有了亲情左右，在态度上就与面对本村人尤其是关系密切的亲戚有所区别。所以，从这些年的情况看，龙村人与外村人之间、与外部企业之间的矛盾是处于上升态势的。

三　血缘关系与纠纷解决方式的选择

"人们选择什么样的方式解决争端只看争端参加者的利益诉求是远远

不够的，还要看关系对争端者的重要性程度。"① 有学者通过研究表明："我们一般不会怀疑这样一个结论：即在一般情况下，社会关系的距离越近，人们越倾向于选择更加非正式的程序解决纠纷。相反如果社会关系的距离越远，人们越倾向于选择正式的程序解决纠纷。"② 在龙村，血缘亲情在人们选择纠纷解决方式上具有很重要的作用，是左右人们选择的重要因素。亲情的维系对于他们来说是一件极为重要的事情，很多时候，人们必须压抑自己的诉求和怨愤以保证亲情的一如既往的稳固。人们常说："兄弟和睦，强盗不欺"，"和睦相处一辈子也嫌短，吵吵闹闹半天也难熬"。和睦相处能保证家族亲人间的亲密无间，因此，能否做到以大局为重，维持和睦局面也是衡量家庭威望、个人人品的重要指标。唐纳德·布莱克提道："那些具有亲密关系的人们，像夫妇或者是朋友，他们不大可能通过法律条文的逻辑运用来解决他们之间的纠纷。"③ 所以在家族亲人之间出现纠纷时，人们一般选用更为"私"的纠纷解决方式，如请求家族中长者调解、相互协商等。即使当这些比较"私"的方式不能解决问题，不得不请求村委会调解时，他们也不会把纠纷很正式地提交村调解委员会要求"公事公办"地解决，而是私下请村干部到他们家中，大家围坐在一起，往往边喝茶、酒，边由当事人当面向村干部诉说事由，再由村干部居中提出看法。这样的方式，由于不在村委会调解室那个"场域"中进行，更像是一种私人间的交心谈心。

相反，当龙村人与关系距离较远的人发生纠纷时，选择"私"的解纷方式的可能性就很小，而是较多地选择"公"的解纷方式，即把纠纷提交村委会、镇司法所、镇政府等要求"公了"。这种方式恰恰也较容易被对方认可，因为外村人生怕龙村人会相互偏袒，所以更希望把纠纷提交村委会甚至镇上有关部门解决。当然，龙村人与政府、外来企业之间的纠纷当然更不可能由龙村民间"私"的力量来调解。

这种对"私"与"公"的纠纷解决方式的选择，还会随着当事人之间亲情关系的有无、多少而呈现反向移动。也即是说，如果当事人间没有

---

① 尤广辉、胡水君：《关系结构中的法律》，《学习与探索》2003 年第 1 期。

② 王鑫：《纠纷与秩序——对石林县纠纷解决的法人类学研究》，法律出版社 2011 年版，第 273 页。

③ ［美］唐纳德·布莱克：《社会视野中的司法》，郭星华等译，法律出版社 2002 年版，第 25 页。

亲戚关系，选择村委会调解、镇司法所调解甚至向法院诉讼的可能性就较大；而当纠纷是与外村人、政府部门或外来企业间发生的时候，由于不涉及亲情关系，人们的选择就较为趋向正式。而当涉足纠纷的外村人、政府部门或者外来企业中有与龙村本村人有亲戚关系的人时，情况会发生一些微妙变化，即纠纷解决方式有可能又会朝着"私"的方向摆动位移。这种纠纷解决方式钟摆式向"私"和"公"两个方向的不定位移的驱动力，就是亲情关系的有无和多少。

唐纳德·布莱克指出："人们的关系越紧密，介入他们之间事务的法律越少。"① 他认为，法律与关系距离呈曲线形（U形）关联，"在关系密切的人们中间，法律是不活跃的；法律随人们之间的距离的增大而增多，而当增大到人们的生活世界完全相互隔绝的状态时，法律开始减少"②。布莱克提出的这种 U 形结构，与上述钟摆式位移基本思想是一致的，都是强调人际关系距离（如亲情关系）对于人们选择纠纷解决方式的影响，即人们选择"私"的、非正式的解纷方式与选择"公"的、正式的解纷方式取决于纠纷当事人之间的关系距离，关系越近，越可能选择"私"的、非正式的解纷方式，反之则不同。

另外，人们之间亲情关系的有无和亲密程度大小，对于人们能否达成妥协具有重要影响。如果纠纷当事人之间本身就有着很近的亲戚关系，人们碍于亲情，很少会得理不饶人。大家都觉得既然是"亲亲戚戚的"，就没有什么不好说的，所以都很容易达成和解。而如果是很远的"挂角亲"或者没有亲戚关系，大家就能拉得下脸，该要求什么就要求什么，即使是得理不饶人似乎也没有什么心理上的歉疚，导致难以达成妥协、形成和解。总的规律是，人们的关系越亲密，妥协的可能性越大；人们的关系越疏远，妥协的可能性越小。当"和陌生人交往时，往往倾向于斤斤计较而尽量做出理性的行为"③，而当和熟人尤其是有亲情关系的人交往时，则倾向于用把利益得失模糊化的"算了"的方式来达成妥协。

---

① ［美］唐纳德·布莱克：《社会学视野中的司法》，郭星华等译，法律出版社 2002 年版，第 9 页。

② ［美］唐纳德·布莱克：《法律的运作行为》，唐越、苏力译，中国政法大学出版社 1994 年版，第 47—50 页。

③ 黄光国、胡先缙：《面子——中国人的权力游戏》，中国人民大学出版社 2004 年版，第 9 页。

这一规律与易军先生的研究结论是一致的。易军先生对熟人社会中的关系与非正式纠纷解决关系作了深入细致的研究，认为主要是差序格局中的亲疏性决定着熟人社会中的关系与非正式纠纷解决二者之间的关系，二者间呈现的是一种梯度性的对应关系。"第一级别的堂亲——家庭、家族和宗族；第二级别的亲戚——母亲的外家、父亲的外家以及妻的外家；第三级别的地缘（邻居、街坊、院落）；最后是业缘（同事、交易伙伴、同学等）和朋友关系。非正式纠纷解决随梯度的层次性相应地外向化和关系实践的正式化，甚至正式制度解决纠纷，妥协性和谦让性就相应越弱，但越溯自前，关系越紧密。"①

所以，龙村这些年来人们发生纠纷时到镇司法所和法庭解决问题的一直不多，很多都是在村内解决了。对于乡土社会很少有人把纠纷主动提交镇上有关部门以及向法庭起诉的原因，很多人仅看到"惧讼"心理，以及路途遥远、成本较大和对政府、法庭不熟悉等，但实际上，乡土社会很多人之所以不愿意到这些官方部门采取正式方式解决纠纷，很重要的原因就是在于乡土社会中人们很多都是沾亲带故的，不愿意到这些正式的地方对簿公堂，以免伤了亲情。在龙村人的眼中，两个熟人在大庭广众之下争吵，不论争的是什么，本身就是一件不顾人情的很丢脸的事情，更遑论到司法所、法庭不识体统地闹了。

第四节　性格特征

一　性格特征在纠纷解决中的意义

民族性格，亦即民族心理素质，是一个民族社会经济、历史传统、生活方式以及地理环境等在民族精神面貌上的反映。根据《现代汉语词典》，"心理"有两层含义：一是人的头脑反映客观现实的过程，如感觉、知觉、思维、情绪等；二是泛指人的思想、感情等内心活动。② 我们这里

---

① 易军：《熟人社会中的关系与非正式纠纷解决》，《云南大学学报》（法学版）2008 年第5 期。

② 《现代汉语词典》，商务印书馆2007 年第 5 版，第 1513 页。

讨论民族心理素质与纠纷解决的关系时，显然应该取第二种含义，即这里要讨论的是村民的思想、感情等内心活动在纠纷解决中的作用和意义。不同的文化类型会塑造出不同的人格结构，正如本尼迪克特（Ruth Benedict）所言："真正把人联系起来的是他们的文化，亦即他们共同具有的观念和标准。"①黑格尔早就指出："人之所以异于禽兽由于人有思想。"②奥地利经济学家米塞斯也说："思想和行为是人类所专有的特征。所有的人都具有这两个特征。"③由此，能思考，有感情，是人之为人的重要特征，人主要是一种精神性存在物而非物质性存在物。思想是一种高度复杂的心智活动，是"已存有物之为存有物及其本质关系为对象之非直观的认识方式"，"目的是运用判断决定性地（或自认为决定性地）把握某一事态"。④换言之，也即是人通过对事物的观察、感知来把握事物的本质，从而做出相应的行为，形成相关的理论。人的心理活动本身即是一种思想活动，是构成人的思想认识的重要源泉。人的心理活动不仅是人对事物的感知和观察，而且还具有对人的行为进行指导的功能。自西方文艺复兴以来，人的主体性就成为讨论人与自然、人与社会关系的重要出发点。马克思、恩格斯也从肯定人的主观能动性出发，认为人的意识能够对物质世界产生反作用力，从而影响实践的效果。人的心理状态影响着人们的行为逻辑和选择偏好，使人们的行为呈现不同的样态和价值取向。

心理学告诉我们，性格特征的形成是一个漫长的潜移默化的过程，是一个受到遗传、历史、文化、经济、社会等多方面先天和后天因素共同作用的结果。人的性格特征形成后，就具有了独立于物质世界的稳定性，并能在一定的人的共同体（如村落）中普遍表现出来，形成一个族群性、地域性的共同的心理特征。换言之，生活在同一民族族体中的人，由于相同的生存环境、文化背景以及共同的宗教信仰、共同的习俗等，铸就了其相同的民族群体人格和心理。由于特殊的文化传统、地理位置，以及在此基础上形成的独特社

---

① ［美］露丝·本尼迪克特：《文化模式》，何锡章、黄欢译，华夏出版社1991年版，第12页。

② ［德］黑格尔：《小逻辑》，贺麟译，商务印书馆1980年版，第38页。

③ ［奥］米塞斯：《人的行为》（上），夏道平译，远流出版事业股份有限公司1991年版，第69页。

④ ［德］布鲁格编著：《西洋哲学辞典》，项退结编译，先知出版社1976年版，第420—421页。

会结构等，使龙村人形成了富有特色的性格特征。在龙村人从事纠纷解决等社会活动时，这些性格特征就会在无形中发挥出影响力。

二　龙村人的性格特征

苗族有着诸多值得继承、弘扬的传统美德，如豪爽大方、热情好客、诚实守信、勤劳勇敢等，尤其是苗族具有温和的文化个性[1]，这些都是苗族性格的主流。

但不可否认的是，部分群众中也存在一些诸如缺乏自信心，凝聚不足等特点。[2] 有学者通过对湖北苗族的调查后认为，"苗村人在长期受欺压及逃难之中形成了压抑封闭的心理。很多民俗禁忌和道德要求都反映了这一心理。如苗年禁忌：不吹风打哨，不惹是生非，忍让，忌见血和凶死，怕恶鬼等。"[3] 有人认为，民族地区心理障碍的存在会减弱人们对于社会发展的承受能力，封闭的、自我为中心的心理倾向以及不思进取的处事观念会使不少人习惯稳定平静的生活，对于社会的变化、发展缺乏足够的心理准备，会出现一些毫无把握、无所适从的心理倾向。[4]

程芳、沈再新对贵州省大方县八堡彝族苗族乡苗族进行了调查，发现了一些较能反映当地苗族内倾性格特征的表现，如跳芦笙舞时始终低着头、唱歌时不愿面朝镜头、聊天时较为拘谨等。[5] 其实，在龙村，一部分村民也存在类似情况。龙村人十分淳朴友善，对待客人怀有一种质朴的感情，只是他们都不善于表露自己的内心世界，往往用沉默来面对尚不熟悉的人。很多人见到生人后，会有些许不自在。对于陌生人探究的目光，他们往往会加以回避。我在龙村的日子里，主动到村民家中访谈时，他们非常客气，但往往都腼腆地不主动开口讲述。不通过几次交往，或者旁人的点拨，你难以了解他们的内心世界。不过，一旦和他们相处熟了以后，他

---

① 游建西：《从苗族古歌看苗族温和文化的底蕴———值得深入认识的一种农业文化遗产》，《贵州社会科学》2011 年第 4 期。

② 陶兴波、熊元荣：《浅论苗族心理素质对经济社会发展的影响》，文山苗族网，http：// www. 3 - hmong. com/mxyj/ShowArticle. asp？ArticleID = 873，最后访问日期：2013 年 3 月 1 日。

③ 龙子建、田万振：《湖北苗族》，民族出版社 1999 年版，转引自刘伦文《从农民外出打工看苗族家庭生活变迁》，《湖北民族学院学报》2000 年第 3 期。

④ 颜恩泉：《云南苗族传统文化的变迁》，云南人民出版社 1993 年版，第 207 页。

⑤ 程芳、沈再新：《散杂居背景下苗族的人格结构分析——基于贵州省大方县八堡彝族苗族乡的调查》，《铜仁学院学报》2012 年第 5 期。

们往往就会打消顾虑，露出了淳朴自然的天性，对客人表现出发自内心的真实的热情和友善。我在龙村待了几个月以后，和他们中的一些人成了很好的朋友，经常被邀请去他们家里做客、吃饭。只是由于长期的环境限制，一些人形成了一种内倾的性格特征，如不愿主动敞开心扉，对别人尤其是外面来的陌生人怀有戒心。

龙村人内倾性格的形成有多方面原因。龙村人是花苗的后代，其性格特征的形成不能不从花苗的历史说起。澳大利亚悉尼大学名誉教授、著名的人类学家、民族学家格迪斯丽语说过："世界上苦难深重而又顽强不屈的民族，是中国的苗族和散居在世界各地的犹太人。"① 世所罕见的迁徙伴随了整部苗族的文明史，它后来被称为人类史上的"最古长征"。东汉、西晋、唐、宋、元、明、清时期，封建王朝都曾对苗族进行大规模的征讨，迫使苗族不断向西南山区深入，特别在元明清时期，大批苗族为逃避战乱，被迫迁入西南边远山区。"在这个苦难的民族中，际遇最悲惨的，又数流落在乌蒙山区俗称为'大花苗'的那一支系。这一支苗族约十数万人"②。而龙村人的先人们，是1860年后作为陪嫁的奴隶从威宁迁入的，一百多年来居无定所，食不果腹，饱受欺凌，生活十分困苦。

社会地位的不平等会在人的心灵深处烙下印记，被压迫、被歧视的生活，使部分花苗人在性格上出现了压抑、内倾的特征。在最先到达花苗聚居地贵州威宁传教的英国人伯格理写的回忆录《在未知的中国》一书中，他描述了他见到的花苗群众的性格状况，并分析了其形成原因：

> 一代又一代的花苗人，为失去了自己的土地而遭受痛苦，就好像不断往返游移于汉族与诺苏之间的一叶孤舟，并被汉族与诺苏认为是"大地上无所作为的一群人"，只适于充当他们的农奴与奴隶。由于内向和恐惧，加之被这些更为强大的邻居所包围，苗族就失去了维护自身权益的能力。花苗人居住在人迹罕至的、要穿过浓厚迷雾方能抵达的群山顶部，一见到他们，就给人一种身心憔悴的感觉。他们生活

---

① 郑吉平：《蚩尤的后代》，《南方周末》2007年3月22日。
② 张坦：《"窄门"前的石门坎——基督教文化与川滇黔苗族社会》，云南教育出版社1992年版，第12页。

在"沮丧的深渊"之中。①

除了历史原因外，花苗内倾性格的形成还与地理环境的影响和制约有关。花苗居住的"这些高山峻岭在历史上无疑是统治阶级鞭长莫及的地方，只有选择这些地方才能避难生存。长期的自然环境封闭，使苗族社会几乎处于与世隔绝的状态，加之居住环境不论村落大小，均为聚族而居，经济交往和信息沟通均限于族内进行，外界文化较少渗透，这在强化苗族内部团结和睦的同时，也形成了心理上的自我封闭"②。生活在一个相对封闭的环境中的苗族，与外界的接触不多，容易变得内向、自闭、保守，难以形成更自信、开放、包容的性格特征。另外，由于苗族长期处于封闭的小农经济环境，也容易形成思想保守，进取心、危机感和紧迫感不足等小农心理倾向。

其实，按照历史唯物主义的观点，小农意识不是纯粹意义上的社会意识，而只是一种分散的、不系统的社会心理。这种小农心理是中国传统封建文化带来的普遍的社会心理，不独存在于苗族群众中，也存在于汉族等民族中。周晓虹把传统中国农民的社会心理特征概括为四个方面：平均主义的倾向、保守主义的倾向、实际和狭隘的功利主义倾向、内向和压抑的封闭主义倾向。③ 这些社会心理特征，有的在龙村仍然能够找到其存在的影子。只有随着社会发展，苗族与全国各民族一道融入现代社会，才能逐渐消除某些不合时宜的社会心理，迎来一个广阔的发展空间。

三　性格特征与纠纷的发生

戈登·奥尔波特（Gordon Allport）是美国人格心理学的开创者，同时也是人本主义心理学的创建者之一。在对人格的研究中，他把人格构成的基本单元看作人格特质，认为人格特质在接受的刺激与行为的反应之间起着中介作用。正如他所理解的那样，"同样是火，它使黄油融化，却使

---

① ［英］伯格理等：《在未知的中国》，东人达、东旻翻译、注释，云南民族出版社2002年版，第396页。

② 陶兴波、熊元荣：《浅论苗族心理素质对经济社会发展的影响》，文山苗族网，http：//www. 3 - hmong. com/mxyj/ShowArticle. asp？ArticleID = 873，最后访问日期：2013 年 3 月 1 日。

③ 周晓虹：《传统与变迁：江浙农民的社会心理及其近代以来的嬗变》，三联书店1998年版，第68—75页。

鸡蛋变硬"①。因此，同样的刺激由于特质不同，可以诱发和引导出不同的行为反应。另外，心理学家荣格（Carl G. Jung）以人与环境互动模式的不同，将人分为外倾型和内倾型两大类。这两大类的性格特征没有好坏优劣之分，实际上，大多数人都是外倾与内倾的混合体，区别只在于哪一方占优势。克拉克洪（Clyde Kluckhohn）和莫瑞（Henry Murray）曾说过一句名言："每一个人（性格）都有若干方面像所有的人，若干方面像一部分人，若干方面则什么人都不像。"② 大多数心理学家都认为，外倾性格的人更善于与人交往，也能获得更好的人际关系效应。但是，就纠纷的发生而言，内倾性格的人并不会牵涉到比外倾的人更多的纠纷，实际上，情况恰恰相反，内倾性格的人有意识地减少自己的人际交往，当遇到纠纷时，能更多对纠纷采取回避、忍让的态度，导致纠纷发生频率大为下降。

有学者指出，传统村落中一个重要的传统观念就是注重别人对自己人品的评价，因此，"为了获得好名声，避免被视为坏人，人们在生活中逐渐养成了自我抑制型的人格，即强化自己的义务意识，不过分执着自己的私利，对传统和公共秩序、道德予以尊重，在和他人相处时注意维护他人的利益"③。在龙村这样的苗族村落中，一些人是具有这种自我抑制型人格特征的，尤其是内倾性格的人，这一特征表现得更为鲜明。内倾的人更注重别人对自己的看法，在道德上对自己的要求更高，在遇到纠纷时，他们能充分体谅别人，有意识放低自己的诉求，通过抑制自己的欲望和要求来获得"具有好品行"、"会做人"等评价。由此，在村寨中，如果有人对一点点小事或为了一些现实的利益，对村内其他人不依不饶，把关系闹得很僵，周围的人都会认为这个人不讲情面，不会做人。如果某人在与别人发生争端时，不是本着相互体谅的原则协商处理，而是把争端随意提交村委会甚至镇里、县里有关机构处理，会被村内人当作"无情无义之人"，大家以后会对他敬而远之。由此，受自我抑制型人格特征的左右，龙村发生的纠纷不多，而且即使发生了纠纷，也能尽量做到大事化小、小事化了。

---

① 周晓虹：《现代社会心理学》，江苏人民出版社 1991 年版，第 149 页。

② Clyde Kluckhohn and Henry Alexander Murray, Personality in Nature, Society, and Culture, New York：Knopf, 1953.

③ 王鑫：《纠纷与秩序——对石林县纠纷解决的法人类学研究》，法律出版社 2011 年版，第 271 页。

　　不过，内倾性格的人由于不善于与人交往和沟通，自己的真实意图可能很难被别人了解，这一方面容易导致人际隔阂，另一方面也容易使已经出现的人际冲突难以通过充分暴露和沟通得到弥合和消解。比如，龙村2010年发生的一个案子就反映了村民间缺乏沟通导致的纠纷。

　　【案例21】王某一家人在龙村集市上开了一家小卖部，由于待人和善、经营方式灵活，生意一直不错，附近村委会的村民都愿意到他家购货。遇到一时拿不出钱来的顾客，王某家也能让他们赊账，允许他们过些日子再来交钱。一直以来，虽然出现少量的赊账顾客拖欠付款的情形，但由于赊账者最多拖欠半年都能还上钱，所以一直以来没有出现大的纠纷。2009年1月的时候，一名外村顾客李某到王某家购物，差了他家900元钱，一直没有付款，拖欠了1年多。王某开始的时候没有催促，后来不得已催了李某几次，但李某都是嘴上答应着但实际上一直没有还款。2010年5月的一天，王某看见李某到龙村集市赶街，但李某似乎仍没有还钱的意思，王某越想越觉得生气，决定今天要让李某付清欠款。于是，他就到街上去找李某。当他看到李某与别人在一家小饭馆里吃饭，于是就走了进去，准备向李某讨个说法。当他进去以后，看到李某前面的桌子上放着李某的手表，于是他一把抓起手表，嘴里说"把这块表拿来抵债吧"，说罢准备离开。李某觉得当着朋友的面被王某点破欠债不还损了面子，于是阻止王某离开。两人拉拉扯扯中，李某倒地受了轻伤，随即向正在街上执勤的派出所民警报了案，民警迅疾到场处理。在询问中，民警问王某为什么要拿李某的手表。王某回答说，是因为对于李某长时间欠钱不还很生气，当时一看到李某还在喝酒，就更生气，既然没钱还喝什么酒！当看到桌子上放着的李某的手表，王某想也没想就把李某的手表抓起，想用来抵债。实际上，经过民警了解，李某未能还款确属事出有因，而他今天本来就带了钱来准备交给王某，只是遇到熟人，被熟人拉进去喝酒。他本打算吃完饭就到王某小卖部找王某付钱的。王某很后悔，觉得自己太冒失了，只要好好问问，就不会有这个事情了。最后他只得把李某所欠的900元钱当作付给李某的医药费，了结了这个案子。

四　性格特征与纠纷解决方式的选择

心理学家的研究表明，外向的人遇到问题和麻烦，往往喜欢向外寻求解决之道，而内倾性格的人则表现得较为平静和隐忍。"外向的人遇到问题时比内向的人更喜欢去寻求朋友的帮助"①，因此，对于纠纷解决方式的选择上，外向的人更倾向于向外表达诉求，而内向的人倾向于更多地采用内部方式解决。西蒙·罗伯茨说："在某些社会，和平与平静被视作根本，成员们无法忍受最小程度的争论或烦扰，而在另一些社会中，则不断出现吵闹和噪声，人们似乎喜欢争吵。"② 龙村这样一个安静的村落里，人们对待纠纷的态度也较为平和，讲求和为贵的理念，尽量避免争吵。进一步而言，即使有了纠纷，人们也不原意把纠纷提交给镇里、县里的官方解决机构。他们认为，把纠纷拿到外面去解决，"吵架都吵到外面去了，很丢脸"。于是，不轻易把纠纷提交外部公权力机关解决，而是更注重私人内部的和解、协商，以及村中长者、村委会调解委员会的解决，这是龙村人解决纠纷的基本路径，导致这一路径的深层次原因之一是人们的人格特征和心理认同。龙村人平和、回避、宽容等处事原则，使他们在面对纠纷时往往愿意选择通过民间的解纷机制解决矛盾，而不愿选择诉讼等外部纠纷机制解决矛盾。

在云南少数民族地区民间的解纷方式中，有一种较为极端的方式，即王启梁教授曾经论述过的"自杀式暴力性私力救济"，这种解纷方式在龙村也有所表现。

【案例22】滇中农村办结婚喜宴时都有客人送礼钱的习俗，并且这份礼钱一般是客人来吃饭的时候当面交给婚宴中负责挂礼、收礼的两个人，由这两个人收了钱后把它登记在礼簿上，待婚礼结束后交给新郎新娘。2009年1月的一天，一户人家办婚宴结束后，负责收礼的人发现自己装礼钱的一个袋子不见了，到处找都找不到。他怀疑袋子是被在婚宴中帮忙招呼客人的一个小伙子悄悄拿走了，就把自己的

---

① 〔美〕伯格：《人格心理学》，陈会昌等译，中国轻工业出版社2000年版，第208页。

② 〔英〕西蒙·罗伯茨：《秩序与争议——法律人类学导论》，沈伟、张铮译，上海交通大学出版社2012年版，第36页；另参见赵旭东《法律与文化》，北京大学出版社2011年版，第100页。

怀疑告诉了新郎新娘。新郎新娘就问那个帮忙的小伙子是否见到过那一袋子钱，帮忙的小伙子矢口否认，此事也就作罢。但后来，那个小伙子不时感到在有些场合有人对自己指指点点，并有一些风言风语在村内流传。在一天夜里，小伙子喝农药自尽了。

【案例23】龙村村委会小村村民小组长在本村集资修路而负责管理集资款的过程中，由于粗心大意，管理无方，莫名其妙地让三百多元钱不见了。有的村民不相信这个村组长的辩解，认为他是想侵吞大家的集资款，于是向镇政府反映。这位村组长觉得自己十多年来为了村里的事情一直勤勤恳恳工作，任劳任怨地为大家服务，想不到到老了还有人恶毒冤枉自己，一气之下喝农药自尽了。

救济包含多种方式，但采用自杀式的暴力方式应该是最为引人注目的了，其原因，就是其惨烈的方式和决然的态度，冲击了社会上人们的心理承受能力。"人们采取暴力性私力救济，必定和人们的主观世界有密切的关系，人们不会无端地做一件暴力性事件而不追求某种意义，无论其中的暴力是指向他人还是针对自己。"① 在王启梁教授笔下，自杀性暴力性私力救济有两个典型，即纳西族的"情死"和彝族的"死给"。对于纳西族青年为什么大量选择"情死"这种方式结束生命，王教授认为是纳西族宗教和生死观的作用②。而对于彝族的"死给"现象出现的原因，则是"对英雄的崇拜或者说是一种英雄主义和凉山彝族社会的结构的结合导致了世代绵延的死给和家支械斗"③。龙村出现的这两起自杀事件，与彝族的"死给"有类似之处。要探究这类纠纷的发生，必须回到当事人的内心深处。那个在婚礼上帮忙的小伙子和那个丢失集资款的村民小组长，在毅然决然迈向死亡时，脑海中大概没有英雄崇拜的心理。他们的死，更多的应该是一种"面子"受损后的激烈反应。"由于面子是个人的地位和贡献而从他人那里获得的尊重，一旦不能实现就意味着个人的自

① 王启梁：《意义、价值与暴力性私力救济的发生——基于对行动的主观维度考察》，《云南大学学报》（法学版）2007 年第 5 期。

② 王启梁：《迈向深嵌在社会与文化中的法律》，中国法制出版社 2010 年版，第 26 页。

③ 王启梁：《意义、价值与暴力性私力救济的发生——基于对行动的主观维度考察》，《云南大学学报》（法学版）2007 年第 5 期。

尊、认同感受到伤害，因而会引起一些社会不满、人际关系紧张和矛盾。"① 那个小伙子感到，被人怀疑为小偷，这是对自己的极大侮辱，严重伤害到了自尊。而那位村民小组长同样觉得，被人怀疑把集资款中饱私囊，也是一种奇耻大辱。这种严重伤及面子的怀疑和非议，无论对谁都是难以忍受的。只是在遇到这种不幸的事情的时候，性格开朗、外向的人可能更善于表露自己的愤怒情绪，也勇于想尽办法为自己讨回公道。虽然有时候他们会因为情绪失控而做傻事，但一般是采取攻击外人的行为来泄愤。而内向的人可能就不会采取这种表达方式，他们有时候会把愤怒和委屈埋在心里，不去找始作俑者理论，也不善于找人倾诉排遣。表面上看不出情绪变化，但实际上内心难以释怀。在这种情况下，往往会采取暴力救济方式，用自杀的行为证明自己的清白。这是一种极端的救济方式，说明了人们对无价尊严的追求和对良好面子的维护，也一定程度反映了当事人的性格特征。

第五节　公共文化活动

苗族是一个能歌善舞的民族，也是一个热爱体育活动的民族，每年滇中高原的苗族村寨都会利用花山节等节庆举办各种文化活动。在这些活动中，各村的村民们相聚在一起唱歌、跳舞，举办斗牛、篮球赛等活动，不少村民还到其他乡镇的苗寨里去参加活动。这些活动加深了村民之间的交流，对于平时出现的各类矛盾也起到了缓冲和化解的作用。

一　龙村的公共文化活动

苗族节日很多，但真正成为大家所公认的，并已经形成传统节日的则是花山节。花山节是川黔滇方言区苗族群众普遍认可的最具代表性的传统节日，它具有纪念性和社交性双重功能。"花山节主要流行于贵州西部、四川、云南等地的苗族中，有'跳花'、'踩花山'、'跳花坡'、'耍花山'等多种不同名称，其举行时间不定，有的于农历正月初一至十五期

_____

① 易军：《面子与纠纷解决——基于法社会学的分析》，《西北民族大学学报》2011 年第 4 期。

间，如云南屏边的苗族于正月初二至初六过节；有的于农历五月初五举行，如贵州威宁的苗族；也有个别地区于七八月份举行。"① 对于花山节，史书上多有记载。《续文献通考》记载："苗人仲春刻木马，祭以牛酒……未婚男女吹芦笙，以和歌词，谓之跳月。"② 林惠祥在《中国民族史》"苗瑶系"一章转述了《小方壶斋》的"苗俗记"中关于苗族花山节的记载："孟春合男女于野以择偶，名曰跳月，即马郎房麻栏杆而合成一会，此苗俗大礼也。"③

据滇中地区苗族老人介绍，花山节并不是苗族自己的称呼，而是由于苗族群众在过节时穿着花衣、花裙站立在山坡上，远看如同正在盛开的花山而得名。苗人先民称此节为"阿庭捞"（苗语音译）；近代一些苗族有识之士就其原在山上举行的本意，称之为"岛庭捞"（苗语音译）。"岛"即山，"庭"即变，"捞"即城，意为"人在山上变成城"。花山节，又名"踩花节"，于农历五月初五举办，此时正是山花烂漫、万物昌荣的时节，象征着一个民族的生长、繁衍。在这一天，滇中苗族同胞都要举行盛大隆重的庆祝活动。20 世纪初，英籍传教士看到穷苦的苗民为欢庆节日而耗资不少，就把它改成学生运动会，用运动会代替"花山节"。现在，花山节主要是青年男女进行接触、认识、娱乐的节日，同时，也是人们举行射弩、赛马、歌咏、斗牛、篮球等传统的文体比赛的节日。节日期间，整个苗山喜气洋洋，热闹非凡，人们沉浸在节日的喜庆之中，就连邻近村寨的汉、彝、傈僳等民族群众也从四面八方赶来参加这一年一度的盛会。这些年来，外地客商也会利用这个节日来举行商品展销活动。

龙村村民十分热爱歌舞和体育活动，村里每年花山节都要举行文艺表演和篮球赛。村里自发地成立了一个歌舞队，成员有 20 来人，男女都有，妇女主要是进行舞蹈排练，男子则负责吹芦笙，歌舞队平时农忙之余自娱自乐，遇到村里举行活动则要进行演出。由于排练较为出色，有几次镇里举行花山节或者其他文化、经贸活动，都要由龙村歌舞队去进行表演。歌舞队平时在村里也参加一些私人的聚会活动，如谁家娶媳妇，也会请歌舞队去热闹热闹，凑个人气。歌舞队有时候会把整个表演过程拍摄下来制成

① 东昊：《苗族非物质文化遗产研究》，博士学位论文，中央民族大学，2007 年，第72 页。

② 转引自吴荣臻等编《苗族通史》（五），民族出版社 2007 年版，第 621 页。

③ 林惠祥：《中国民族史》，上海书店出版社 1984 年版，第 212 页。

影碟，平时放映给过往村民看。

除了歌舞而外，龙村村民十分喜欢打篮球。村里除了村委会办公大院内建有一个篮球场外，还在三个村民小组各建设了一块篮球场，可见村民们对篮球活动的热爱。另外，龙村还在村子外边的山上了整理出了一块较大的平地，作为每年花山节斗牛比赛的场地。

到了花山节、春节等时节，龙村和各个村子都举行歌舞和体育活动，几个村子的村民们互相走访，轮流到各个村子里参加活动，所以在全县范围内，几乎哪个村的姑娘舞跳得好，哪个小伙的芦笙吹得好，谁家的斗牛打架厉害，都是有目共睹的。花山节以及其他文体活动，让各村的村民们加深了彼此间的了解，也丰富了村民们的精神生活。

二　公共文化活动对于纠纷解决的影响

文化的含义是很广的，英国人类学家泰勒认为，"文化，或文明，就其广泛的民族学意义来说，是包括全部的知识、信仰、艺术、道德、法律、风俗以及作为社会成员的人所掌握和接受的任何其他的才能和习惯的复合体。"[①] 李亦园先生以文化的内涵作为依据对文化进行了分类：因克服自然并借以获得生存所需而产生，包括衣食住行所需之工具以至于现代科技的物质文化（material culture）或科技文化；因社会生活而产生，包括道德伦理、社会规范、典章制度和律法等在内的社群文化或伦理文化（ethical culture）；以及因克服自我心中之困顿而产生，包括艺术、音乐、文学、戏剧和宗教信仰的精神文化或表达文化（expressive culture）。[②] 民族文化是各民族在长期的生产生活中创造出来的精神性产物，是各民族人民生命意义的凝聚，是各民族人民心底不可磨灭的信仰。公共文化活动既是各民族文化存在的一种方式，也是他们价值观念展示和人际互动的场域。苗族有着源远流长的灿烂文化，是中华民族文化百花园中的重要组成部分。滇中苗族作为苗族中的花苗支系，也继承了苗族优秀的文化传统。他们每年在花山节等节庆中举行的各种文体活动具有多种功能，除倾诉男女之间的爱慕之情、激发生产中的劳动热情、表达对婚姻的祝福和对幸福生活的向往之外，客观上也起到了加强相互沟通、化解彼此矛盾的目的。

---

① ［英］泰勒：《原始文化》，连树生译，上海文艺出版社 1992 年版，第 1 页。

② 李亦园：《文化与修养》，广西师范大学出版社 2004 年版，第 22—23 页。

　　首先，集体性文化活动能够为村民们提供一个公共生活空间，为村落和族群凝聚力的形成和巩固提供条件。在传统中国农村，乡村公共文化生活较为贫乏，比如，在20世纪二三十年代的华北农村，"农民除了耕种收获，娶妻生子，新年酬酢，逛庙烧香，墙根底下谈天等以外，很少有别种复杂社会的生活，尤其是社会的娱乐"①。阎云翔先生在《私人生活的变革》一书中，以黑龙江下岬村为例，指出随着经济条件的改善和私人生活的变革，农民的住宅出现了功能分区（如客厅的出现），住宅的功能分区又进一步减少了村民的相互串门，使住宅成为村民的私人空间，即"在住宅越来越与外界隔绝，对外人越来越不开放的情况下，串门子明显减少，邻里之间的关系也就随之而日益疏远"②。阎云翔先生仅仅从农民住房的角度就透视出了农民公共交往空间的逐渐消失以及由此给当地农民生活带来的影响。实际上，自改革开放以来，随着农村村民生活的去集体化，村民个人日益原子化，在不少村落里，以前的公共活动地点被占据，一些集体性的文化活动很难开展起来，形成了文化活动的荒漠化。从人际关系角度看，公共生活的缺失，导致村民之间的日常交流不足，使村民之间关系渐趋淡漠的同时，也不断削弱了彼此之间的理解心和容忍度。传统的面子、人情等观念可能会在一些村民头脑中淡化，村民会为了一点利益不顾情面地争吵。这种村庄生活的半熟人社会化，"使村民需要一种更加公共化的可以自由加入与退出的闲暇消遣方式"，"为农村提供可供有效消遣闲暇时间从而有效提高农民生活质量的公共空间"。③ 而龙村等滇中苗族村落的社会性质尚未发生急剧变革，总体上仍然是熟人社会。即便如此，尽管村民们对于公共生活空间的要求尚没有上述身处社会剧烈变革的地区迫切，但公共空间的重要性仍然不容置疑。

　　花山节等苗族传统节日本身蕴含着极深的文化意义，是远古以来苗族战争和迁徙历史的印证，并表达着苗族人对美好生活的向往和祝福，所以，每年借举办花山节进行的仪式性表演，成为村民们定期重温民族精神、强化民族凝聚力的活动。杨渝东先生在对云南滇东南一个苗族村落花

---

① 李景汉编：《定县社会概况调查》，上海人民出版社2005年版，第312页。

② ［美］阎云翔：《私人生活的变革—— 一个中国村庄里的爱情、家庭与亲密关系(1949—1999)》，龚小夏译，上海书店出版社2006年版，第142页。

③ 贺雪峰：《农村的半熟人社会化与公共生活的重建——辽宁大古村调查》，载《中国乡村研究》2010年第6辑，第149页。

山节进行论述时指出，"节日中，苗民跨越了自己村寨的边界，汇合到傍依山川的一个平坝，载歌载舞，尽情娱乐，以集体的欢腾呈现出自然的神圣。各个村寨的男女两性礼物的交换、情感的交流、相互的竞争把节庆的热烈提升到一个难以言表的强度"①，因此，"我们要把它置身于苗族山寨的社会结构、社会活动与季节轮回的关系当中才能理解它对苗族生活的意义"②。尤其是，村民们参加集体性文体活动，能够加深个人与个人之间、村与村之间的了解和交流，进一步强化团结意识。一些集体活动，如舞蹈表演、篮球赛等，对参与者提出了加强相互配合、相互鼓励的要求。比如，在一些地方花山节的对歌竞赛中，"青年男女手拉手，面对面站成两排，随着鼓和芦笙的乐声翩翩起舞。每队都向对方挑战，结成队的男女青年相互即兴应答"③，人们只有密切配合，互为默契，发扬团队精神，才能在比赛中取得好的成绩。

其次，集体性文化活动也能为村民们提供一个化解矛盾的场所，使村民们在参加活动的同时让纠纷也得到解决。无论是花山节中的斗牛、射弩赛，还是举行篮球比赛，村民都得在一起活动，有时还需要进行密切配合。即使是两个矛盾较深的人，在集体的活动中都会暂时把个人恩怨放在一边，为了集体的荣誉而共同努力。同时，分属不同群体的相互抵牾的村民也会在进行比赛时在公众面前注重礼仪，通过比赛这一形式把平时彼此间的矛盾正常释放出来，使之得以消解。另外，民间的一些权威人士也会利用花山节等集体文化活动场合对两个村子之间的矛盾进行调解。在节日的气氛中，人们会显得较为大气，最容易给调解人面子，使得矛盾更易于化解。当矛盾烟消云散后，人们往往会在芦笙声声中跳起欢快的歌舞。除苗族外，不少少数民族都有这一习俗。如滇西南拉祜族地区，族人们在私下处理完一些民事的纠纷时，对有过失的成员的惩罚就是请大家跳歌一场。究其实，就是通过民族歌舞艺术弥补因纠纷破坏的人际关系和族群关系。④

---

① 杨渝东：《永久的漂泊——定耕苗族之迁徙感的人类学研究》，社会科学文献出版社2008年版，第212页。

② 同上书，第226页。

③ ［法］葛兰言：《古代中国的节庆与歌谣》，赵丙祥、张宏明译，广西师范大学出版社2005年版，第130页。

④ 苏常青、张锦鹏：《少数民族民间歌舞艺术的新文化语境探索》，《云南艺术学院学报》2010年第1期。

再次，集体性文体活动能够促进人们的心理健康水平，使人们能够以更平和的心态处理好人际关系。龙村每年都要举行花山节，村民们也会到其他村子参加歌舞、斗牛等活动。对于这类身体活动（physical activity），有学者研究后认为，能够有益于人们的心理健康，使人民能够对世界和他人持一种更开放、包容的心态。所以，在发达国家有一句广为流传的俗语：运动造就性格，说明身体活动与人的性格形成有着密切关系。苗族文体活动具有竞技性和群体性等特点，能够为人际交往提供机会，使人与人之间在激烈竞争的同时，形成一种亲和力。在歌舞、体育等活动中的人们不必用言语即可相互交往，自发地产生一种亲密情感，并能获得较高的安全感和自信心，形成人们在人际交往中的平和心态，有利于纠纷的防止和化解。

最后，节日活动中的一些礼仪能够起到教化性情、化解纠纷的效果。节日活动中的一些礼仪会成为人们的行为规程，从而具有了一定的教化和解纷功能，如苗族敬酒礼仪就很有代表性。酒在龙村等地滇中苗族人生活中，可谓无处不在，饮酒、敬牛角酒、唱酒歌等都是典型的习俗和礼仪。在举办花山节时，人们会在村子前面设立拦门酒（迎宾酒），只有喝下酒的人才能入村参加活动。这种迎宾酒，是苗族最高的敬酒礼仪，一般是由身穿节日盛装的礼仪队伍组成方队，在贵宾到达时，芦笙队吹起欢快的芦笙并翩翩起舞，礼歌队唱起敬酒礼歌，敬酒队敬上双角酒，贵宾喝后方可从迎宾队伍中间穿过。迎宾酒只能自饮，不能回敬和转敬。接下来，在吃饭时，敬酒者左手握住牛角尖，以微微屈膝左侧身下蹲的姿势，将斟满酒的牛角自上而下缓缓呈现到长者或客人手中。长者或客人用上述姿势接一牛角酒或饮之或接到手上表示已经沾过手气、尝过酒，再以同样的动作返还牛角。在人们用这种流传下来的礼仪完成敬酒的过程中，受到了如何待人接物的传统文化教育，知道了只有尊敬别人、待人诚实，才能在日常生活中建立良好的人际关系。同时，敬酒的过程及其地点也可以是一个交心谈心、化解矛盾的过程和场所。如龙村等地滇中苗族待客时，有一种奇特的敬酒方式，叫"转转酒"，敬酒喝酒时，不准备菜肴，专喝酒谈心，一般是主人斟一大碗酒，由左边传递给下一个人，每位接到酒碗的人只能用右手接酒碗并喝上一大口，然后轮流传递下去，直至饮尽这一大碗酒。这样，一碗喝完，再斟一碗，一轮结束，又起一轮，一醉方休。这样，人们在酒的力量的催化下，沉醉在浓浓的感情之中，即使有矛盾和隔阂，也都烟消云散了。正如粟丹先生认为的，"酒在民族地区具有重要的地位和作用，在纠纷解决过程中发挥了确认功能、惩罚功能、警戒功能和教育功能。民族地区在纠纷解决过程中之所以要喝酒，是传统酒文化的影响，同时也是民族心理的反映。"① 从敬酒礼仪在龙村等地滇中苗村集体性活动中表现出的凝聚人心、化解纠纷的作用，我们可看出苗族传统礼仪在纠纷解决中的重要意义。

---

① 粟丹：《酒与乡土纠纷的解决——贵州省苗侗地区的法文化考察》，《甘肃政法学院学报》2010 年第 5 期。

第六章

基督教与纠纷解决

在《剑桥中华人民共和国史》一书中，费正清教授等人认为，从传统来看，农民对生活意义的想法、感觉，以及对道德规范的根本要求，都由一种构思完整的宗教系统来解释和证实。① 但这里所述的宗教，应该指的是中国农村民间信仰，如关于神仙、祖先、鬼魅等的崇拜。在中国几千年的社会进程中，作为"制度化的宗教"②，仅有佛教、道教，基督教是近代以来才从境外传入的宗教。但在广大黔西北以及云南花苗分布地区，却从近代以来形成了较大规模的基督教运动。直到目前，龙村等滇中苗族村落仍然有着较为完整的基督教信仰人群及其教会组织。鲁道夫·布尔特曼说："宗教信仰的真正意义在于使人们达到一种新的自我理解。"③ 一百多年来，基督教已经融入了龙村村民的日常生活之中，并进而对村民的价值观念以及处理人际关系的方式产生了深远影响。本来，基督教也是纠纷的抑制性因素之一，但因为围绕基督教与纠纷解决之间的关系需要探讨的内容较多，故单列此章予以论述。

① 〔美〕麦克法夸尔、〔美〕费正清编：《剑桥中华人民共和国史——中国革命内部的革命（1966—1982）》，中国社会科学出版社1992年版，第676页。

② 杨庆堃教授认为，"制度化的宗教"是指在教义上自成一体系，在经典上有具体的刊行出版典册，在教会组织上自成一严格系统，且与一般世俗生活区分开来的宗教。——见甘满堂《宗教·民间信仰·村庙信仰》，《福建宗教》2002年第6期。

③ 〔德〕鲁道夫·布尔特曼：《耶稣基督与神话学》"第五章"，转引自刘小枫主编《生存神学与末世论》，上海三联书店1995年版，第50页。

第一节　嵌入村民生活中的基督教

一　基督教在滇中苗族村落中的传播

"信仰基督教，对苗族人民来说，无论在历史上，还是在现实中，都是一件不可忽视的大事。"[①] 在基督教传入西南地区后，在 20 世纪一二十年代的西南少数民族中得到迅速传播。1920 年《中华归主》一书记载："各少数民族中（特别是西南各省）的布道工作发展较快。据报告，苗族与怒族部落中已经建立了近百所教堂。"[②] 经过二三十年的发展后，教会公布的数字显示，新中国成立时全国有教徒 100 余万，云贵川三省有教徒 58 万，以少数民族为主。云南信仰基督教的少数民族有苗族、傈僳族、佤族、拉祜族、怒族、彝族等 10 多个少数民族。在民国时期，云南省的基督教在少数民族中得到发展，表现在教堂数从 100 所增到 900 余所，信徒从 4 万人增到 10 万余人。[③]

滇中花苗普遍信奉基督教，且信仰基督教由来已久，信教的历史可以追溯到很久远的时代。花苗自清朝中后期起从贵州威宁等地迁徙到滇中地区，那个时候，他们尚未信仰基督教，民众中信奉自然崇拜和祖先崇拜。据《W 县志》记载："历史上苗族信仰原始宗教，拜山神、树神、猫神以及石头神。1906 年基督教传入，约有 20% 的苗民逐渐信奉基督教，1970 年以后增至半数以上。"[④] 1887 年英国"内地会"（基督教中的一个门派）传教士柏格理来昭通传教，逐渐使基督教在贵州西部苗族地区传播开来。1904 年柏格理带着澳大利亚籍传教士郭秀峰来 W 县洒普山传教。柏格理与县政府交涉后，得到同意在洒普山苗族聚居区建立修建教堂和兴办学校事宜。然后留下郭秀峰主持筹建工作。之前，郭秀峰已经在石门坎学会了

---

①　刘代霞：《毕节苗族聚居区基督教传播现状与构建和谐社会》，《毕节学院学报》2008 年第 6 期。

②　中国社会科学院世界宗教研究所编：《中华归主：中国基督教事业统计（1901—1920）》（上册），中国社会科学出版社 1985 年版（内部发行），第 93 页。

③　韩军学：《基督教与云南少数民族》，云南人民出版社 2000 年版，第 132 页。

④　《W 县志》，天津人民出版社 1990 年版，第 135 页。

苗语。来到洒普山看到苗族生活贫困，住茅棚、吃杂粮、衣不蔽体，郭也住茅棚，并用苗语同群众交谈，得到了群众的信任。郭秀峰在洒普山买了30亩地，契约上写着永远租赁。他在洒普山建内地会苗族总堂，办学校，管理14个县的教会。1912年以后，由于洒普山苗族教会已成为滇北苗族信徒信仰的中心，便自立门户独立于石门坎。后来，洒普山成为基督教的"圣地"。信徒有苗、彝、傈僳等6个民族，曾以"六族教会"名义活动。洒普山所辖的支堂，分布在附近9县、市。① 到新中国成立前，W县有基督教徒2400余人，新中国成立后，各级政府对宗教上层人士做了大量工作，宗教活动趋于稳定。"文革"时期宗教活动受到了限制，但有一些教徒仍然坚持信教，私下进行各种活动，基督教活动一直处于半公开状况。十一届三中全会后，正常宗教活动在落实政策后得到了恢复，由此，信教人数有所上升。

　　通说认为，自然条件差，经济落后，贫困面大，贫困程度深，交通不发达，是基督教在滇中得以立足和传播的现实基础。但一些学者从文化等角度出发，分析了基督教在某个地方、某种民族中生根、生长的重要原因在于文化、心理方面。在马林诺夫斯基看来，宗教就是这样一种满足了人类某种需要的文化制度。他认为，人类在面对各种危机时，会产生各种焦虑、恐怖和希望，这些张力需要以替代的行动来宣泄，以求达到身心平衡，而宗教正好满足了这一需求。② 由于苗族长期以来饱受驱逐，流离失所，在滇黔等地的苗族长期沦为汉族、彝族地主的佃户、奴隶，生活困苦，处于社会的最底层，人格上得不到尊重。西方传教士伯格理到达苗族地区后，对苗族群众关爱有加，视同兄弟姐妹，和他们一起生活，积极为他们争取权益，创办教堂和学校，创制苗文，吸纳苗族群众到教堂来活动，招收苗族子弟读书，提高他们的文化水平，启迪他们的智慧，这些都让广大苗族同胞得到了精神上的抚慰，似乎看到了"上帝"并没有抛弃他们，他们在上帝的眼中和其他民族的人一样都是平等的。当年伯格理最先传教的地方贵州威宁石门坎保存的《苗族信教史碑》上的记载清楚表明了这一点："苗族信教以前，没有开化，愚昧无知。没有土地耕种，向

---

　　① 张坦：《"窄门"前的石门坎——基督教文化与川滇黔边苗族社会》，云南教育出版社1992年版，第73页；另见杨光明《基督教循道公会传入威宁地区史略》，贵州省宗教志编写办公室编《贵州宗教史料》（第二辑），1987年3月印刷。

　　② 黄剑波：《马林诺斯基：宗教满足人类的需要》，《中国民族报》2011年11月15日。

彝族地主统治者佃地耕种，年年为彝族地方政权交重额租子。害怕其他民族凌辱。生活、穿着十分困苦。胆小怕事。有陋习；男女青年'宿夜室'、'踩月'，打老牛祭祖、祭山祭神树。生活散漫，酗酒成性。别族歧视、嘲笑，自己还不知道。幸有上帝差遣柏格理牧师到苗族地区传那稣神福音，指我们走出一条生路。"① 滇中的苗族老人在回忆录中也写道："郭秀峰向群众说：我们本是一家人，我们是大哥，你们是小弟，因为分散走远，互不认识。所以来找你们。现在找着了，要与你们长期住下去。你们如同迷路的羊，要领你们归回羊群，还要为你们盖教堂、建学校，为你们创造文字，教你们读书，上帝，领你们走永生的路。群众听了很喜欢。因为一个从不相识的人，一来就能用我们的话同我们交谈，讲了我们从来没有听过的事，大家都争着喊他到家里吃饭。"② 因此，政治上的不平等，经济上的极端贫困，文化上的极端落后，心理上的渴望是苗族接纳基督教的主要的历史原因。托克维尔指出："人要是没有信仰就必然受人奴役，而想要自由，就必须信奉宗教。"③ 这固然是在夸大宗教的作用，但宗教可以为民众增添对自由追求的勇气和向往，这一点是可能的。因为在宗教信仰之中，人们只承认一个绝对权威上帝，相对于彼岸的神圣，此岸并无任何法则能产生专制权威。另外，文化人类学家庄孔韶教授曾指出，基督教的迅猛发展与其强烈的传教意识有关："农人精神信仰之选择和不同宗教接触方式与机缘有关，就传道活动而言，基督教之主动性最强。"④ 这当然也是一个重要原因。我们从柏格理、郭秀峰等西方传教士身上就可以看出基督教强烈的传教意识。此外，"苗族信仰基督教的另一个原因，是他们在学习宗教教义的时候，《圣经》所载这些事迹，很多是和他们遗传的古代故事、古歌谣相融合的……这样，就因为基督教是他们祖先崇奉的宗教，于是相互传说，更作有兴趣的研究，从而虔诚地信仰基督教"。⑤

① 贵州省毕节地区政协编：《毕节地区苗族百年实录》，内部资料，2008 年印刷，第102 页。

② 见 W 县政协编：《W 县文史资料》，内部资料，第 189 页。

③ ［法］托克维尔：《论美国的民主》（下卷），董果良译，商务印书馆 1998 版，第675 页。

④ 庄孔韶：《银翅》，三联书店 2000 年版，第 442 页。

⑤ 《西南各少数民族皈依基督教五十年史》（未刊稿），见张坦《"窄门"前的石门坎——基督教文化与川滇黔边苗族社会》，云南教育出版社 1992 年版。

目前，在整个滇中苗族地区，有较多群众信仰基督教。在龙村，约有一半多村民经常性参与教会活动。①

二 新中国成立前苗族地区基督教会的纠纷解决

"明末清初，天主教已经传入川南、滇东北，在彝族、苗族、汉族中建立了小规模的教会组织。西方列强通过两次鸦片战争，洞开了基督宗教向我国西南传播的大门，天主教与基督教新教的众多宗派，纷纷组成差会，派出传教士向西南扩展。"② 随着基督教的传入，引起了"苗族社会、宗教、婚姻、习俗、文化的大变革"③。新中国成立前在西南少数民族中出现的基督教信仰的社会运动，对于苗族等少数民族地区的传统习俗和纠纷解决机制产生了较大冲击，其影响直到新中国成立后很久在国家法治化的强力推进挤压下才逐渐消退。然而，对于这段历史中基督教会对于当地纠纷解决的影响，有学者评价道："由于基督教所具有的教规和当时在中国所处的特殊政治地位，导致信教少数民族在行为规范、纠纷解决以及在国家诉讼中权位，诉讼选择上都发生了变化。在这种转变中，最重要的是少数民族教民在国家诉讼中权位结构发生了重构。这种法律文化的重构对这个时期少数民族信仰基督教是一种推动力。"④ 作为一种宗教，基督教自身拥有大量的宗教规范，这些宗教规范是信教少数民族的行为规范，在村庄社会中具有权威性，改变着村民们的生活习惯、行为方式和纠纷处理方法。如在禄劝地区的教民中要求遵守以下十条教规，即不抽烟、不赌钱、不喝酒、不种烟（鸦片）、不算命、不送鬼、不拜菩萨、不跳神、不择日子、不娶妾等。⑤

---

① 由于信教群众相对较多，给该村发展新党员造成一定困难。龙村村委会现在有党员 25 名，仅占全村人数的 4%，低于其他村委会的比例。村委会龙书记告诉笔者："每年动员村民入党是件头痛事。"

② 东人达：《近代西南少数民族基督教运动的经济动因》，《贵州民族研究》2010 年第 2 期。

③ 刘代霞：《毕节苗族聚居区基督教传播现状与构建和谐社会》，《毕节学院学报》2008 年第 6 期。

④ 方慧、胡兴东：《清末民国时期基督教传入对西南信教少数民族法律文化的影响》，《世界民族研究》2006 年第 1 期。

⑤ 云南省编辑组：《中央访问团第二分团：云南民族情况汇集》（下册），云南民族出版 1986 年版，第 56 页。

基督教传入苗族地区后，对于当地传统婚姻制度的规范具有很大影响。苗族普遍实行姑舅表优先婚、"踩花山"和"姑娘房"等制度和习俗。在信教后，教民在基督教的影响下，对这些婚姻制度和习俗进行改革，其过程中也发生了不少冲突。如由于教会规定"同村男女不通婚"，但现实上往往很难做到，引起了一些青年的反抗，由此酿成惨剧。"三年前（1948 年）在洒普山又发生吊死的事：一个姓陆的青年爱上姓潘的女子，不能结婚，双双吊死在树上。"①

在纠纷解决机制方面，随着基督教的传入，教民原有纠纷解决方式开始发生变化。教会要求纠纷解决应该由教会主持进行，由牧师、长老、执事等来解决民间纠纷，教徒不得把纠纷提到本民族传统的纠纷解决权威（寨老、理老等）寻求解决。在纠纷解决中，具体适用的规范和标准也不再是传统的规范和价值，而是基督教的教规和价值等。

在处罚方式上，教会也会采用各少数民族传统处罚方式和解决方式的。根据 1951 年中央访问团在滇中武定县的调查，当地教会采用传统的方式惩罚通奸男女，女的采用剪光头游村，男的"放大牛"（即抄没家产和驱逐出寨），而"类似的事情外国牧师在洒普山处理了很多"。②

三　龙村信教村民的宗教生活

观察龙村信教村民的组成，有这样几个特征：首先，信教群众各个年龄段的都有，但参加教会活动的以中青年居多。20 世纪 80 年代以来，不只是年纪比较大的原来信教的村民重新走进教堂，那些比较年轻的人也纷纷到教堂里来参加活动。在龙村人常去过星期天礼拜的那个中心教堂——石岭教堂中，参加活动的村民年纪大的有一部分，大部分还是年轻人，甚至还有一些八九岁的少年儿童。在唱诗班中，几乎是清一色的年轻人，前排站着的有好几位都是稚气未消的小姑娘。老年人参加中心教堂礼拜活动的人数不多，原因是山路不好走，那些离中心教堂较远的老年人难以前来参加活动。其次，参加教会活动的女信徒多。从观察来看，龙村信教群众男女比例大致差不多，并没有什么明显差别。但从每次教会举行的礼拜日

---

① 云南省编辑组：《中央访问团第二分团：云南民族情况汇集》（下册），云南民族出版1986 年版，第 17 页。

② 同上。

活动看，女性的人数要多一些。造成这一情况的原因是多方面的。一是男性下地干活的时间更长、承担的任务更多，影响了他们到教堂来参加活动。二是在龙村，比起男人来说，女人的生活圈子更为狭窄。男人们空闲时可以去串门子、喝酒，但女人就无法这样做了。她们在家的时间更长，除了少数人有时候参加歌舞活动外，大多数妇女的文化娱乐活动是贫乏的，而频繁而有规律的宗教活动为她们提供了聚会和放松身心的场所。三是从心理学上看，女性比男性更向往群体性活动，更追求内心世界的丰富，具有趋众心理，也更容易接受宗教教义的诱导。有学者认为女性皈依宗教，成为虔诚的信教徒，有其深刻的历史、社会、认识、心理等方面的原因："正如西蒙·波娃所说：'如果妇女非常愿意接受宗教，归根到底是因为宗教满足了一种深深的需要。'在中国社会中，妇女的这种需要表现在：①是寻找精神的依赖和归宿；②是自我价值实现的需要；③是感情补偿和道德追求；④是社交需要。"① 纵观人类历史，妇女和宗教的关系一直比较紧密，妇女始终是宗教的积极支持者和虔诚信仰者。最后，教徒中没有村组干部。根据现在的格局，在3年一次的村"两委"（村民委员会与村党总支）选举前，上级党委、政府在指导选举工作时都会强调最好做到书记、主任"一肩挑"。所以，在绝大多数村委会，村委会主任与村党总支书记都是一人担任。在村民小组，村党支部和村民小组组长由一人担任的情况虽然较村委会的比例低一些，但大多数村民小组也都是"一肩挑"。当然，除了村委会、村民小组的一把手外，还有其他一些村组干部，如副主任、副组长等，但一般情况下，这些干部中党员比例很高，往往都担任了支委等党内职务。作为具有党员身份的村组干部，他们是不参与教会活动的。

由于贯彻了国家宗教信仰政策，在龙村，普通村民信教是自由的，他们的宗教活动也是正常的。并且由于龙村村民信仰基督教时间已达百年之久，经过漫长的历史进程，基督教已经深深嵌入村民生活之中。目前，龙村建有一间小型教堂，可以容纳五六十人参加活动。每周一、三、五晚上，村民们都会到教堂来听牧师、传道员布道、讲解《圣经》，一起祷告、唱赞美诗等。到了星期天，则到离村子七八公里远的一个名为石岭的村子参加中心教堂的活动。在龙村，据观察，信教村民都只到基督教堂参

---

① 罗伟红：《宗教与妇女的心理需求》，《妇女研究论丛》1997年第2期。

加活动，村子里尚未见家庭教会。

比起各村的小教堂，石岭中心教堂显得较为高大、恢宏、宽敞，设施齐全，内部陈设也较为规整。从布局看，教堂前方有唱诗班的几台踏步，往下是布道讲坛，讲坛两旁放着脚踏风琴以及音响等。教堂中放着几十排靠背椅，教堂后面还有供教职人员使用的房间。整个教堂可以容纳 400 多人。星期日，附近几个苗族村子的信徒们都会到这里来过礼拜，农闲时的活动人数有 300 多人，农忙时有一二百。为了方便路远的教徒，石岭中心教堂的礼拜活动一般从上午 11 点钟左右才开始。滇中苗村村民们都没有吃早餐的习惯，一般于 10 点多钟吃饭。星期日当天，因为要到石岭中心教堂过礼拜，所以吃饭的时间会提前些。吃过饭后，大家或走路，或骑摩托，从四面八方赶往石岭教堂。

石岭中心教堂的礼拜日活动程序较为严谨。通常，先由长老或传道员带着大家做祷告，大家随着长老或传道员的祷告有节奏地附和着"阿门"。祷告完了后，由牧师或传道员布道。布道者一般有两个，先后依次讲解《圣经》。他们往往先从《圣经》中某些部分的内容讲起，联系日常生活经验展开，阐述其中深义，力图让众人通晓。牧师、传道员布道时使用的《圣经》是老苗文写就的，一般只有年龄较大的人才看得懂。布道时使用的语言是苗语，不通苗语者无法获知其内容。在整个布道过程中，村民们神情肃穆，安静聆听。布道之后，由教徒们自发地站起来作见证，讲述各自心得体会。接下来，由四五十人组成的唱诗班有序上台列队合唱六七首赞美诗。唱诗班唱歌时，表情庄严，唱出的歌声整齐、优美，充满深情，表现了高超的演唱才能。待他们唱完回到座位后，还要由教职人员带领大家一起齐唱赞美诗，并做最后一次祷告。一般整个周日礼拜活动持续两个多小时，最后牧师宣布当天的礼拜活动结束，大家纷纷踏上回家的路。

除了定期到教会参加活动而外，村民们在平时日常生活中从事的仪式性宗教活动并不多。有部分人会在家里祷告，只是由于懂苗文的人很少，所以独自在家读《圣经》的情况极为罕见。唱赞美诗离开了教堂这一特殊的环境以及唱诗班同伴的合作，同样是很难进行的。在村小学进行的教学中，教材和学习计划都严格按照国家《义务教育法》执行，不得进行宗教方面的宣传和教育。在村民日常对外交往中，所接触的外族人信仰基督教的不多，即使是本村人也有部分并不信教，所以教会外的村落日常生活中信教与否的表征显得并不明显。村民们出了教堂以后，似乎又回到了平常的世俗生活中，然而，每一个教徒内心存在着的宗教信念，仍然会发挥不可忽视的作用，悄然塑造着他们对待世界的态度，影响着他们为人处世的方式。

第二节　基督教对村落社会生活的影响

　　一直以来，龙村具有乡土社会的诸多特征，尤其表现为费孝通先生曾经指出的中国传统农村社会结构中最突出的特点——"差序格局"。亲缘关系和地缘关系的高度一致性，使村内人际关系的网络多限于以血缘关系为基础结成的宗族及亲戚，也包括一些以地缘关系为基础结成的村民之间的关系。在偏僻闭塞的云南中部苗族地区，由于一百多年前基督教的传入，使基督教信仰成为镶嵌于传统社会中的异质性结构要素。经过时间的浸润，龙村村民的基督教信仰与苗族存在了千百年的传统习俗产生了某种程度的对接，使当地村民的向善心性和守望相助的民风在信教的过程中得到了强化。这也许是基督教义与苗族传统伦理道德观具有某种程度的暗合的缘故。并且基督教在潜移默化塑造着村民行为的同时，还有助于村落社会公共生活品质的提升，并推动了当地社区社会交往模式的变革。滇中苗族村落因为信仰基督教而导致的一系列村民行为养成与村落社会变化，充分证明了"社会学之父"奥古斯特·孔德早就提出过的论断：宗教是促进社会整合的重要机制。

一　宗教生活对村民行为的塑造

　　首先，宗教生活使村民们更能与人为善。功能主义者认为，社会是一个建立在各组成部分相互联系、相互作用基础之上的有机系统，法律、道德、宗教等在其中都发挥着各自的独特作用，共同塑造着社会的整体面相。宗教乃是构成社会的要素之一，在促进人际和谐、维持社会稳定方面发挥着重要作用。正如美国当代社会学家波普诺所指出的，宗教可以通过几种方式维护社会现状，比如，宗教仪式能够让社会成员联结起来，宗教使社会基本规范和价值观念得以强化，宗教让人们对于生活中的艰苦和不平等现象更能妥协，等等。① 从龙村情况看，信教村民通过参加教会活动，接受了基督教的神学价值体系，并逐渐形成内心深处的处事原则和道德观念，进而外化为行为规范，而外部行为规范又不断强化着道德观念。宗教教规教义一般均具有启示人们向善的内容，信教村民们在教规教义和道德规范双重作用下，往往会形成与人为善的道德原则，产生向善的基本动机，因此，教会的道德教化功能让教徒们的思想和行为更符合一般社会标准。正如白舍客指出的："任何一种宗教伦理体系都相信超验的力量揭示了善，并促使人们行善。"② 基督教正是这样，主张爱主、顺从、爱人如己，提倡仁慈、博爱、行善。在基督教中，"爱人如己"是一条极为重要的戒命，其重要性仅次于第一戒命"爱主你的上帝"。"爱人如己"强调在上帝之爱中爱世界，强调在上帝之爱中爱世界，创立一个人人平等、互为兄弟姐妹的社会，在人类之中维持和谐的默契，使人与人之间共享一份亲情和善意。基督教这些教义，是基督徒人际交往的准则，体现了基督教基本的伦理思想。对于信奉基督教的龙村村民们而言，遵行与人为善就是实践神的意志的表现。这种善良德行在日常宗教生活中经过潜移默化，已然成为村民们内心的确信和行为的准则。根据我对一些信教村民的访谈，他们普遍认为，信奉基督教使他们心灵得到宁静，情感上有归宿，性格上变温和，愿意帮助别人、原谅别人。这种"由宗教文化传统所代表的那种对自身及其所属群体价值的深刻的历史认同"③，对于村民们形成推己及人的思维方式作用明显，并促进了在与人相处中的善意和体贴。

从历史上看，苗族人本就具有很鲜明的温和气质，这是千百年来民族文化浸润的结果。温和文化，造就了苗族人善良的心性和朴实的为人之道，并在人们日常生活中得到表达。在信教苗族群体身上，民族传统的温和文化与外来的基督教文化不谋而合实现了对接，共同铸就了龙村人与人为善的处世之道。根据我的观察，龙村人保留着同甘共苦、守望相助的传

① ［美］戴维·波普诺：《社会学》，李强等译，中国人民大学出版社 2007 年版，第493—495 页。

② ［德］卡尔·白舍客：《基督宗教伦理学》（第一卷），静也等译，上海三联书店 2003 年版，第45 页。

③ 钱杭等：《传统与转型》，上海社会科学院出版社 1995 年版，转引自贺雪峰《人际关系理性化中的资源因素——对现代化进程中乡土社会传统的一项评述》，《广东社会科学》2001 年第4 期。

统风气。构成这一风气传承的根本内在原因，除了得益于人们心中的善良心性外，也与信仰基督教密不可分。在龙村，由于没有大型机械，盖房子、修水窖等都需要大家互相帮忙才能尽快完成。在这一过程中，据我所见，村民之间能够互相帮助，形成了一个密切的劳动协作关系。信仰基督教，使村民们在对待钱物的态度上表现出与其收入状况不太对应的慷慨。

其次，信教让村民们的行为更符合社会标准。波普诺把社会控制分为内在控制和外在控制两种类型。按照他的定义，内在社会控制（internal social controls），是"指那些引导人们自我激励并按遵从的方式行动的过程"①。宗教的教化作用达到了一种内在社会控制的目的，人们信奉基督教是对神圣的超越性的外在神秘力量的发自内心的虔诚信仰和坚定遵从，有利于正常的社会秩序的稳定和维护。所以，"宗教信仰实际上就是以超自然的神秘方式实现社会控制"②。这正如美国人类学家威廉·A. 哈维兰所述："一种重要的社会控制是宗教制裁，它可能属于内在化制裁。"③

基督教是一种制度化宗教，基督教教规在调整教徒们的心理与行为方面起着不可忽视的作用，这种作用的影响力甚至是国家法律法规所不能达到的。国家法律法规的约束，往往只是强制性的外在约束，虽然能让公民循规蹈矩、遵纪守法，但只是达到了外部的人与人的和谐，远远没有能够实现人与自我的和谐，而人与自我的和谐才是人始终愿意遵守社会规范的内在动因。人与自我和谐的实现，往往有赖于宗教、道德等"软性法律"的作用。宗教信徒之所以能够自律，往往是因为坚信宗教的果报是真实存在的，因而他们愿意发自内心地遵从教规，并把遵从它们化为自身的内在要求。因此，较大面积村民信仰基督教，让龙村等滇中苗族村落获得了一种内在社会控制效应，有利于当地村落秩序的维护。

《圣经》的"十戒"，尤其是后六戒中明确规定的"当孝敬父母"、"不可杀人"、"不可偷盗"、"不可奸淫"、"不可作假证陷害人"、"不可

---

① ［美］戴维·波普诺：《社会学》，李强等译，中国人民大学出版社 2007 年版，第 170 页。

② ［美］塞雷纳·南达：《文化人类学》，刘燕鸣、韩养民编译，陕西人民教育出版社 1987 年版，第 283 页。

③ ［美］威廉·A. 哈维兰：《当代人类学》，王铭铭译，上海人民出版社 1987 年版，第 487 页。

贪念别人的一切"① 等，是对信徒在日常生活中为人处世的规范性要求，实为信徒必须遵守的日常行为准则。这些戒律，有利于家庭生活和睦、人际关系和谐、社会治安稳定，最终有利于和谐、安宁的村落秩序的形成。学者的研究普遍表明，信教的村寨，其社会风气比不信教的村寨要好得多。比如，在有 60% 以上信教人口的云南省怒江傈僳族自治州福贡县，20 世纪初曾经是一个酒鬼遍地、吸毒成风、闹事斗殴司空见惯的地方，后来随着基督教的传入，村民喝酒、吸毒人数不断减少，现在这个处于离缅甸金三角不远的边境县，成了远近闻名的"无毒县"，当地基督教徒刑事犯罪率几乎为零。并且教会还参与了一些社会服务活动，如消防教育、禁毒防艾宣传等，效果较好。② 龙村的情况也与此类似，很多年来，村内社会秩序良好，村民们遵纪守法，不做违背社会公德的事情。几十年来，该村几乎从未出现触犯刑律的刑事案件，村内也没有一名刑满释放人员，村内治安状况很好，极少发生偷盗、诈骗等事件。村内发生的一些牛羊被盗等事件，是外村人流窜作案所致。

信教还会让人养成节俭、勤劳的习惯。一首流传的民谣可以说明这一点："信耶稣，真上算，不喝酒，不抽烟，不烧香纸不赌钱，一年省下多少钱。省下钱，好吃穿，过日子，不费难，死后还把天堂上，你说上算不上算。"③ 另外，信教对于弘扬家庭美德、稳固家庭关系的作用也较为显著。据了解，在滇中苗族信教地区，夫妻之间相互忠贞不渝是一种普遍现象，村寨中离婚的现象较为罕见，这与基督教要求夫妻之间要相互忠诚、和睦相处当有直接的关系。

二　宗教生活对村民公共生活的影响

首先，信教产生的归属感有利于强化凝聚力。宗教社会学创始人之一涂尔干有一个根本性思想主题，即认为：宗教是社会的凝聚剂。宗教信仰实际上是一种世界观，即信徒们对世界的一种带根本性的一致认识，基于这样的认同，一个相对稳定的宗教共同体才得以建立。而在这个共同体中，信徒会产生一种认同感、归属感，进而产生共同的人生观、价值观，

---

① 见《旧约圣经·出埃及记》第 20 章第 12—17 节或《旧约圣经·申命记》第 5 章第 16—21 节。

② 黄大卫：《感动·触动——我的福贡之行》，《天风》2012 年第 11 期。

③ 韩军学：《基督教与云南少数民族》，云南人民出版社 2000 年版，第 178 页。

所以，信奉同一宗教的信徒之间会形成牢固的关系，这就是一种凝聚力。而且宗教的这种凝聚力功能能否得到发挥，与社会结构的复杂程度成反比关系，"在相对简单的、同质的社会里，宗教有助于社会凝聚的功能才会非常明显地表现出来"①。龙村就是这样一个简单、同质化明显的社区，信教群众间的认同感和凝聚力很强，相互之间以兄弟姐妹相称，彼此的信任非常牢靠，形成了一个关系密切的村落共同体。

除此而外，信教还有一种功能，即为人们提供安全感和某种慰藉，满足人们对爱的渴望，消除人们的愤感与怨气，使人的精神超然于现实，帮人暂时摆脱现世与人生的各种烦恼。由此，信徒们的情绪得到释放，心理上的焦虑、恐惧、紧张情绪得以释放和平复。一些教徒就对我说，没有信教以前心情经常不好，信教后，"心就宽多了，也不和别人计较了，家庭关系、邻里关系变好了，也不觉得生活苦了"。实际上，信奉基督教在一定意义上优化了村民关系，无形中减少了村内不少无谓的纠纷。在龙村等村落中，农闲时人们习惯聚在一起聊天。由于生活范围的相对狭窄、生活内容的相对简单，聊天的主要内容是日常琐事。这些村落故事在相互转述中往往走了样，甚至以讹传讹，导致无事生非，激起矛盾。而《圣经》要求人不能论断别人，因此，信教村民比起不信教村民来更少参与议论别人，因为他们知道这是《圣经》所禁止的行为。

其次，教堂作为公共生活空间有利于村民提升公共道德。滇中苗族村落广泛存在的教堂，为信教村民们创造了聚会的场所，填补了村落社会中公共空间的缺乏，"并在乡村社会的具体运作中构成了社区互动和治理的组织基础和资源"②。定期的宗教活动，使人们聚在一起，感受基督教义中的博爱、平等思想，无形中让村民对他人以及集体事务的责任感得以加强，公共道德不至于出现滑坡。同时，教堂作为一个在教徒心目中颇为神圣的公共活动空间，对进入者有着强大的心理暗示功能，能够培养人们的节制感、秩序感和规则意识，以及对他者权利的尊重，包括保持肃静，不随意出入礼拜堂等。参加聚会时，虽然人员众多，但他们均能保持安静，精神集中地聆听牧师布道。在教会布道过程中，人们都能自觉地不讲话、

① 孙尚扬：《宗教社会学》，北京大学出版社 2003 年版，第 123 页。
② 黄剑波、刘琪：《私人生活公共空间与信仰实践——以云南福贡基督教会为中心的考察》，《开放时代》2009 年第 2 期。

不接打电话，当有人违反时，也会受到其他信徒的侧目而视。因此，"教堂式的宗教分享，客观上弥合了他们曾经缺失的组织背景下的公共参与交往训练"①，并且基督教堂的各类活动能够再造业已习惯并依赖的熟人社会，即通过参加教堂活动，使信教村民们发展出的公共理念与基督教教义、乡村熟人社会的人际交往原则等相互交织、融合在一起，形成滇中苗族信教村民关于公共生活及其运行方式、纪律约束的观念和态度。从这个意义上说，以教堂为平台的宗教生活在一定范围内再造了乡村公共道德。

三　宗教生活对村民社会交往的影响

苗族历来喜欢唱歌，唱歌除了能用歌声表达自己的内心世界外，还具有促进交往的社会功能，即"以歌会友，以歌传情，唱歌对唱成为苗族同胞交往的重要媒介"②。苗族群众唱歌的天赋在唱赞美诗的活动中得到了弘扬，并且通过到教堂唱诗，还实现了信教群众的定期交往。滇中山区面积广大，一个村与另一个村之间的距离有数公里到几十公里不等，不同村子之间人们的交往殊为不易。尤其是这些年来，苗族传统的年轻人交往活动渐渐减弱，而劳动之余的娱乐活动又逐渐"家庭化"，因此很多年轻人都把到教堂来参加活动当作结交朋友、交流思想的重要渠道。对很多年轻人来说，一旦不到教堂来活动，他们当中有些人难免会中断经常性的交往。我在教堂礼拜日活动中看到，参加礼拜的年轻人中很多是结伴而来的，有几个小伙子还是用摩托车带着姑娘来的。定期举行的教会活动，为年轻男女提供了认识和恋爱的新途径。有学者通过观察花苗教堂后指出了一个饶有趣味的现象："诗班以未婚青年居多，更为青年男女的恋爱交往提供了条件。"③这说明唱诗班具有为年轻人恋爱牵线搭桥的作用。

除了村民在教堂内部的交往外，某些教堂的唱诗班还经常参加周边地区举行的宗教活动，特别是每年收获之后的农闲之际各村寨教堂举行的大型的感恩节或圣诞节宗教活动，这是他们彼此互相交流感情的大好时机。

---

① 伍娟、陈昌文：《神圣空间与公共秩序的规约——贵州安顺乡村基督教堂的空间布局及社会功能》，《中国宗教》2010 年第 5 期。

② 伍新福：《中国苗族通史》（下），贵州民族出版社 1999 年版，第 1063 页。

③ 李昕：《滇北花苗基督徒热衷唱诗原因解析——以云南昆明芭蕉箐教会为例》，《西藏民族学院学报》2011 年第 1 期。

　　当然，有一个现象我们必须加以关注，即在信教让人们关系趋于密切的同时，也给龙村等村落人际关系网络带来了新的变化和特征。信教村民们通过参加周期性的宗教仪式活动，结成了一种跨村落的具有归属感的新的社会关系。身处这种社会关系圈中的信教村民们，因为有定期的聚会，有亲密的互动，尤其是有共同的信仰，组成了一个以教会为核心的人际关系网络。他们不仅在宗教活动中"经由仪式的文化整合形成了对想象共同体的认同"①，而且还在日常村落生活中把这种想象的共同体从一种精神建构演变为具体可感的共同体实体，突破了以血缘、地缘为基础建立起来的村落人际关系网络和人际交往模式，使传统村落社会交往和人际网络受到了影响。换言之，龙村信徒与外村信徒由于宗教活动结成的关系网络，是一种基本不带有血缘、地缘关系的新关系网，是对原来的关系网络的突破，"是传统社会初级群体的再次整合，发挥了再造乡村熟人社会的社会功能"②。

第三节　基督教会权威进行的纠纷解决

　　在滇中苗族村落基督教传入和发展的历史上，教会的权威一度很高，群众对外国牧师的尊崇无以复加，外国教会俨然成为地方社会秩序维护的主导力量。外国牧师可以对教徒实施肉体罚，并能制定一些教规限制和排斥苗族传统的风俗习惯。而信教村民们对他言听计从，使他的权威达到了历史高位。虽然新中国成立后基督教的势力被排除出国家政治权力格局之外，外国牧师们被宣布为不受欢迎的人离开了中国，但他们所定的教规仍然很长时间左右着当地群众。新中国成立以后虽然有几十年时间基督教停止了活动，但作为一种精神产物，它仍然在不少信徒头脑中牢固地停留着。十一届三中全会以后，随着教会活动的正常化，信教群众人数有所回升，一些隐性信徒开始公开化，一些新的教堂建立起来，苗族中的一些传教人员经过政府宗教管理部门的认可，重新登记为牧师、长老、执事、传

---

　　① ［美］本尼迪克特·安德森：《想象的共同体》，吴叡人译，上海人民出版社2005年版，第35页。

　　② 伍娟、陈昌文：《神圣空间与公共秩序的规约——贵州安顺乡村基督教堂的空间布局及社会功能》，《中国宗教》2010年第5期。

道员等教职人员。这些地区的教会活动又得以恢复，教堂纷纷建立起来。这个时候的教会，又开始逐渐介入乡民的纠纷世界中。

滇中苗族村落基督教会教职人员的主要工作是主持教堂活动，如布道、祈祷、唱诗等。表面看来，他们的活动范围局限于教堂内部，在教堂之外的地方他们的权威难以体现。因为在日常世俗生活中他们的身份与普通人无异，在纠纷解决方面并没有他们发挥作用的途径。但实际上，教职人员在教堂内部通过自己的宗教活动，影响着教徒们的思想，充当着教徒行为规训者和纠纷化解者的角色。在教堂之外的世界中，他们也并非无所作为，他们仍然能把教会中的身份和影响力加以延续和拓宽，不断介入日常世俗世界的纷扰之中。"宗教对于纠纷来讲是一个重要的变量，它以各种各样的方式和可能塑造、影响着纠纷的发生和解决。"① 龙村等滇中苗村周期性的教会活动，为教会权威的树立创造了条件。这些教职人员通过布道、教堂管理等获得了宗教生活中的权威，同时，他们也会适时介入信教村民的世俗日常生活之中，如调解信教村民之间的矛盾和纠纷，对违反教规教义的村民进行劝谕和斥责等。他们的这些活动，实际上构成了村内秩序的一种维护力量，成为了村内纠纷解决的又一实践主体。

一　教会对村民纠纷观念的塑造

宗教信仰本就是带有某种心理强制特征的思想活动，信奉某种特定宗教的人们对所信仰的神圣对象（包括特定的教理教义等），会由认同进而产生坚定不移的信念乃至全身心的皈依。从这个意义上说，宗教本身就具有权威，这种权威通过教职人员的教理教义宣讲得到了体现和强化，也由此，这些教职人员获得了一种权威。教职人员的权威贯穿于特定的宗教仪式和宗教活动中，并随着教职人员在世俗生活中的活动而在世俗社会中获得了权威。滇中苗族乡村基督教会教职人员包括牧师、长老、执事、传道员等，他们的主要工作是主持教堂活动，如布道、祈祷、唱诗等。在教堂内部他们通过自己的宗教活动（主要是宗教布道），影响着教徒们的思想，充当着教徒行为规训者和纠纷化解者的角色。

布道是对某一段《圣经》，某一个圣经主题或教义、教规进行的解释，是对基督教信仰的陈述和应用。牧师、长老或传道员通过布道带领教

---

① 王启梁：《迈向深嵌在社会与文化中的法律》，中国法制出版社 2010 年版，第 41 页。

徒更深入地认识基督教的信仰，或劝诫教徒过一个更符合基督教信仰的生活，使他们更坚定自己的信仰。龙村村民文化水平普遍较低，大部分都是小学以下文化，难以读懂《圣经》，而教堂中使用的《圣经》都是用老苗文写成的，懂得的人就更少。所以信徒们对于基督教教义及知识的习得只能通过牧师、长老、传道员的布道来获取。

在龙村及石岭中心教堂中，布道内容很生活化，一般是对《圣经》中某段故事的讲述，然后再联系现实生活加以阐释。在这个过程中，布道者灌输给信徒们大量的劝谕和警示，如某某人不听从别人的劝告，懒惰成性，最后遭受到了惩罚，失去了全部家产。在这些布道中，教职人员往往把基督教义巧妙地与传统行为规范相联系，使信徒们更为易于认同，如宣扬"爱人"的基督精神，本来就与苗族文化中与人为善、团结友爱的传统规范是一致的；其他如基督教中的"十戒"，大多数都与苗族传统习俗和规范有某种程度的对应，这就为布道生活化、世俗化奠定了基础。布道中，教职人员可以借阐释《圣经》和教规对教徒们进行道德教化，使教徒在潜移默化中将教义教规吸纳个人生活中，指导自己在现实中的行为。这是一个不断"规训"的过程，在无形中深刻塑造着教徒们对待他人、看待纠纷的观点。实质上看，这个过程就是教职人员把民间传统规范与基督教教义相融合，指导教徒获得新的信仰基础的过程。

二　教会化解纠纷的种类

滇中苗族教会解决的纠纷种类可以分为教会内部发生的教徒之间的纠纷和发生在教会之外的纠纷两类。在教会内部，主要是教徒之间因为教会管理问题上发生的纠纷。许多学者都认为基督教的团体性为教徒提供人际温情和彼此之间的相互照顾的支持，具有凝聚人心的功能，因此基督教在农村具有潜在的整合功能。[①] 而且"只是在相对简单的、同质的社会里，

---

① 相关论述有：何明、钟立跃：《基督教信仰下的少数民族农村和谐社会建设研究——以云南三个苗族村寨调查研究为例》，《学术探索》2007 年第 5 期；颜敏：《中国农村基督教的重兴与农民的精神需求》，《唯实》2003 年第 8—9 期；李红菊：《乡民社会基督教信仰的原因探析——对豫北村教堂的调查》，《中国农业大学学报》2004 年第 4 期；黄剑波、刘琪：《私人生活公共空间与信仰实践——以云南福贡基督教会为中心的考察》，《开放时代》2009 年第 2 期；伍娟、陈昌文：《神圣空间与公共秩序的规约——贵州安顺乡村基督教堂的空间布局及社会功能》，《中国宗教》2010 年第 5 期。

宗教有助于社会凝聚的功能才会非常明显地表现出来"[1]。龙村就是这样一个简单、同质化明显的社区，在教堂这个场域中，教徒们由于怀着共同的信仰和追求聚集在一起，相互之间的沟通和交流具有一种难得的亲和力。大家形成一种拟制的亲属关系（兄弟姐妹），彼此之间的关系十分友好、亲密。但是，他们之间并不是不会发生冲突和矛盾，其原因有二。其一，在农村熟人社会中，许多教徒之间除了有共同的信仰对象之外，他们还有种种复杂的世俗社会的关系，在宗教生活之外的世俗生活中，他们中的有些人彼此熟悉，有各种各样的来往，也很容易把世俗生活中的种种利益、情感冲突带进宗教生活中。其二，教会活动本身也会产生意见分歧和利益冲突，导致矛盾纠纷的发生。比如，在教会中围绕做奉献（捐钱）的问题，会产生不同的看法，有的教徒会对一些奉献少的人有意见，有的说："每年评农村低保时，大家都体谅他家的难处，把低保的名额让给他家，但他却在教会中很少奉献，真是不应该。"另外，也有些人会对教会的经费管理提出疑问。还有的时候，在教职人员的任职上，也会产生争执。在一些大的教堂中，甚至会形成派别，在一些事务上相互抵牾，其情形似与世俗生活中的矛盾纠纷无异。教徒与教徒之间的矛盾不会过于表面化、激烈化，往往只是在背后议论，或者单独向牧师、长老、执事等反映，不会发生当堂吵闹的现象。而教会内部不同派别之间的矛盾，也似乎是波澜不惊的，往往用不作为的方式表达不满，如对于自己一派看不惯的传道员的讲道活动，自己就不到场或是提前离场，只有到自己一派的传道员布道的时候，自己才参加。对于这些纠纷，往往能在教会内部解决，解决不了的则由上级教会解决。一般情况下，教徒个人之间的矛盾并不大，适当的劝解就能解开心中的疙瘩，至少是不会再对看不惯的人喋喋不休。由于身处共同的教会之中，彼此结成了一个信仰、利益共同体，再怎么有意见，都能以大局为重，不会使矛盾破坏整个教会的团结和统一。当然，派别之间的矛盾和分歧是很难消弭的，但这些矛盾和分歧都能被控制、隐藏在平静的教堂活动之下，不至于危及教会活动的神圣和庄严。

另外，教会也会对发生在教会之外的信教村民大量的日常纠纷进行调解。虽然龙村及其附近苗族村子信教村民比例较大，村落生活已经形成了教会活动的传统，但村寨日常生活仍然是充满世俗气息的。在现实生活

---

① 孙尚扬：《宗教社会学》，北京大学出版社 2003 年修订版，第 123 页。

中，人们在处理涉及衣、食、住、行各方面的事务时，仍然会发生各种各样的矛盾纠纷。表面看来，教会教职人员的活动范围局限于教堂内部，在教堂之外的日常世俗生活中他们的身份与普通人无异，其实，由于身处大部分村民信教的乡村社会，教会教职人员借助其在教众中的影响力，在世俗生活世界中仍然具有相当权威，能对发生于教会之外的纠纷进行化解。教会对信教村民的矛盾化解大都限于婚姻家庭方面的纠纷，对于经济纠纷以及村民与政府部门、企业发生的纠纷，教会一般不参与解决。教会教职人员化解婚姻家庭矛盾时，运用的主要方式是调解。婚姻家庭类纠纷是龙村信教和非信教村民家庭都会发生的数量最多的纠纷。基督教把家庭看得十分神圣，要求妻子忠于丈夫，丈夫要爱妻子。对于违背夫妻之间忠贞义务的行为深恶痛绝。教会对于家庭夫妻不和导致的纠纷，都能积极介入调解，对所作所为违背教规教义的村民进行劝谕，尽力促使夫妻双方和好如初。2010 年，一名信教男子到外面去打工，打工期间起了外心，于是与妻子的关系出现了裂痕，两人经常吵架。在得知这一情况后，教会教职人员利用春节男子回家的机会到他们家进行调解，劝谕男子要珍惜家庭，不能做出违背基督教义的事情。经过劝谕，男子对自己的行为表示悔悟，在牧师面前进行忏悔，表示今后一定要对妻子好，绝不能做有损基督徒形象的事情。此外，遇到村里出现代际之间矛盾的时候，教会也能积极参与调解。① 曾经有一户信教家庭出现媳妇与老人长期为琐事斗嘴不和的事情，在村子里影响很不好，这家人的亲戚以及村委会都出面做过工作，但收效都不大，最终还是教会长老出面用基督教义进行训诫，才得以让这名媳妇"改邪归正"。苗族注重家庭和睦，尊老爱幼，民风一直较为淳朴。与外边一些异质化明显的村落相比，龙村是一个传统道德观念浓厚的社区。因此，教会在处理这类婚姻家庭纠纷时，往往都能获得满意的效果。

三　教会化解纠纷的方式

　　教会化解纠纷与村委会解决村民纠纷的方式是相似的，主要采用调解的方式。基督教在滇中苗区的传播过程中，教会曾经对教民们采取过比较

---

　　①　在孝敬父母问题上，基督教与中国传统伦理道德是一致的。《圣经》《申命记》第五章16 节中说："当照耶和华你神所吩咐的，孝敬父母，使你得福，并使你的日子在耶和华你神所赐你的地上，得以长久。"

严厉的规训手段。在新中国成立前的武定县洒普山，外国传教士郭秀峰曾经对教徒规定有几个不准，如不准吸烟酗酒，不准与教外的人的结婚，不准看戏、看非《圣经》的书报，不准小学毕业后读初中以上的学校等。对于违反的教徒，他可以指示其他教徒对他们进行一定的肉体惩罚。如有一名教内女子与教外男子私下恋爱，被郭秀峰知道后，郭秀峰命人把这对青年男女捆绑起来，当众对他们进行训诫。对于极少数做出严重违背教规的行为，如偷盗、酗酒等，教会甚至能对教徒们吊打。新中国成立以后，教会的这些惩戒权都不能再行使了，对于教徒们出现的各类违反教规的行为，教会只能采取口头方式进行劝谕，而对于各类矛盾纠纷，也只采取调解的方式解决。

教会处理的纠纷主要是婚姻家庭类纠纷，在对该类纠纷进行化解时，教职人员一般是主动到教徒家中，与教徒们谈心，化解思想疙瘩。这种谈心的方式，与教堂内部的活动相比，少了一些正式的色彩，显得较为随意、轻松，但更符合要解决的纠纷的特点，容易被信教村民接受。对于教徒个人行为偏差的矫治，也较为灵活，可以是亲自去教徒家里找当事人谈心，也可以利用其到教会参加活动的时机进行教育、训诫。教堂内相对肃穆的空间和气氛，往往能让教徒们体会到基督教的权威，有利于他们深刻认识自己的错误。

由于宗教能够产生信任和认同，因此，在某些时候，基督教调解能显示出比其他权威组织（如村委会、镇司法所）调解更多的优势。比如，教徒们对村委会、村内长者等权威组织和人物的话往往听不进去，不当回事，而当教职人员出面调解，用教会名义施加压力，往往能收到效果。信教者对教职人员一般较为尊重，在接受劝谕时能对基督教教义入心入脑，从而能较少抵触地转变自己的行为。很多村干部都说："有时候这些教徒就听教会的，政府的话他们都不愿听，村委会号召大家做个什么事情，他们就是动不起来，反而是教会长老出来说一句话，比村委会干部说十句还管用。"比如，村内有一名信教男子，人比较懒惰，成天喝酒，家里人很生气，就到教会去要求教会对他进行教育。教会长老引用《圣经》里禁止酗酒、懒惰的戒律，要求男子改正自己的行为，否则就会受到神的惩罚。在长老和周围信教者三番五次劝谕之下，该男子对自己的行为表示悔悟，不良习性有了明显改观。

四　教会化解纠纷的规范依据

从本质上看，宗教出现的意义并不在于处理人际关系，而是在于解决人的信仰问题。因此，宗教纠纷解决与世俗国家的纠纷解决所援引和依据的规范是有着明显区别的。前者所援引和依据的是教义教规，后者则是法律法规。因为，"简单地讲，宗教与特定的世界观相联系，其引发、解决纠纷都只能在特定文化的逻辑之内才能理解。而法律所要面对的是多元的宗教和文化，这要求法律具有相对较高的中立性，法律以其正义观应对来自社会的不同正义观；特定的宗教要求信仰者按照特定的'正确的'生活方式生活，并维护社会的和平，而不至于因何谓'正确的'生活方式的争议导致暴力的发生。"① 而法律则被要求维持社会秩序，容纳和保护各种生活方式，使持各种价值观念的人群之间不至于发生暴力。因此，在对待和解决纠纷时，宗教与法律有着不同的原则、评判标准和解决途径。作为一种源远流长的制度性宗教，基督教自身拥有大量的宗教规范。基督教神学家一般把《圣经》中《旧约经》前五卷《创世记》、《出埃及记》、《利未记》、《民数记》和《申命记》称为律法书，它以"十诫"和"约书"为核心，构成了基督教的教法体系。据统计，《圣经》共有戒律条文（包括格言、禁令、诫命、律例及规条）总计 613 条，其中训令式戒律共 248 条，禁令式戒律共 365 条。其中就包含有规定教徒的法律地位、权利和义务、婚姻与家庭、卫生风俗、起居饮食以及犯罪与刑罚、审判机构与诉讼等。② 这些宗教规范在一定程度上成为教民的法律规范。新中国成立前，教会就是依据这些规范对教徒的行为进行约束，形成了以教会权威为主体的纠纷解决秩序。苗族信教后，这些宗教规范也成为他们的规范，改变着他们的生活习惯、行为习惯和纠纷处理方法。这一情况，在当前滇中苗族基督教会进行纠纷化解时也不例外。在教会进行劝谕、调解的时候，引用的依据首先是《圣经》里的基督教义，如圣经关于"七宗罪"的训诫等。

值得指出的是，教职人员在化解纠纷时，往往也要引用国家法律法规和村内村规民约等作为劝谕和调解的补充依据，甚至作为教义教规失效后

---

① 王启梁：《迈向深嵌在社会与文化中的法律》，中国法制出版社 2010 年版，第 43 页。

② 梁工等：《律法书：叙事著作解读》，宗教文化出版社 2003 年版，第 136 页。

的强制性依据使用。当然，在很多情况下，教徒们违背基督教义的行为往往也是违反国家法律法规和村规民约的行为。比如，对于家庭夫妻不和、虐待老人以及邻里之间相互打骂以及某些村民好逸恶劳、偷奸耍滑等品性不端的行为，基督教规与国家法律、村规民约一样，都毫无争议地加以反对和禁止。在此情况下，只要能收到效果，教职人员总是能对各种规范综合采用。只是，在某些时候，当基督教义显得"失之于软"时，教职人员也会适当援用国家法律法规中的强制性规定，以便让教徒们彻底改正自己的行为。

五　基督教解决纠纷的意义

格尔茨指出："宗教之在社会学上令人感兴趣，并非像庸俗的实证主义所说的那样，是因为它描述了社会秩序（仅就它所作的描述而言，那也是非常间接和不完全的），而是因为它像环境、政治力量、财富、法律义务、个人好恶以及美感一样，塑造了社会秩序。"[①] 在人类历史上，宗教是一种"满足了人类某种需要的文化制度"[②]，始终是维系社会有序运转的重要结构性要素和塑造社会秩序的重要力量。随着社会现代性的不断发展，国家法律在社会生活中的规制作用日益成为主导性力量，宗教规范的影响力正在不断减弱，这是一个已经发生、正在加剧的趋势。这种变化的发生，是一种具有世界普遍意义的事实。不过，在现代社会中，除了国家法律以外，民间组织、基督教会等各种非正式权威适当参与纠纷解决活动是必要的。在我国，由于特殊的历史、文化、国情，以诉讼为唯一解纷途径的纠纷解决模式一直未能得到理论界和实务界的一致认可。当前，国家正在进行"主体性重建"[③]，朝着建立多元化纠纷解决机制方向推进改革。在广大少数民族地区，广泛存在的地方性知识语境使建立多元化纠纷

①　［美］克利福德·格尔茨：《文化解释》，纳日碧力戈等译，上海人民出版社 1999 年版，第 136 页。

②　黄剑波：《马林诺斯基：宗教满足人类的需要》，《中国民族报》2011 年 11 月 25 日。

③　主体性原则是现代社会贯彻的纠纷解决机制原则，强调个人主义、理性主义、人本主义理念，由此形成了诉讼至上的纠纷解决模式。近些年来，理论界普遍提出主体性重建，即变革现代司法模式，建构一套以合意为核心的多元化纠纷解决机制，纠正主体性原则给社会带来的诸如"滥诉"等负面效果。——见李拥军、郑智航《主体性重建与现代社会纠纷解决方式的转向》，《学习与探索》2012 年第 11 期。

解决机制更成了必然的选择。

在龙村，基督教教职人员是原生型内生权威，其权威的获得并非来自国家正式力量的支持，而是来源于一百多年来就绵延下来的基督教组织的固有影响力。从龙村情况看，村内各类权威共同构成了一种多元的格局，在村内矛盾和纠纷解决的过程中，几种权威都有可能参与，在它们的共同作用下达至对纠纷的解决，共同维护着村庄内的某些价值观念。其中，基督教会的作用是不可忽视的。龙村的情况给我们以启迪，某种意义上说，基督教会的纠纷解决也会构成对国家法律的补充。比如，国家法律无法管制的诸如道德领域的某些问题，往往会得到教会教规的调整。但也会发生这样的情形，基督教规与国家法出现抵牾和冲突，造成相互之间的关系紧张。一般情况下，当基督教规与国家法发生冲突的时候，国家法律将取得优势地位。因为国家法律在当前属于一种体制内的力量，具有"政治上的正确性"和无须证明的正当性。而教会权威这一非正式权威的力量毕竟属于一种非正式社会控制力量，非但难以获得主流意识形态的支持，而有些时候还会被视为国家法律和政府政策的掣肘和阻碍。因此，在乡村秩序格局中，它们往往处于弱势地位。但是，在推进国家治理体系和治理能力现代化，建立多元化纠纷解决机制的进程中，我们应该正视基督教会纠纷解决存在的历史性和现实性，不断规范其运作方式，充分发挥其在建构良好乡村社会秩序中的正能量作用，为少数民族乡村和谐社会建设增添新的积极力量。

第七章

村民在纠纷解决中的行动逻辑

人类学家冯·威尔逊在批判社会人类学的结构功能分析学派时认为，结构分析主要把社会的位置或地位之间的相互关系作为问题，对个人之间的相互关系或者个人的行动缺乏关心。各种规范或者行为的一般规则总是被翻译为现实的行为。这个过程终究是被个人在特定的状况下，为了实现特定的目的而操作的。因此，为了完整地分析复杂的社会过程，应该把研究的焦点放在现实中构成这些过程的个人行动层次上去。① 在分析了影响龙村纠纷的诸多社会因素之后，进一步探讨个人在纠纷中的行动逻辑，是非常必要的。龙村人在对待纠纷的问题上有着自己的观念和态度，那么在涉足纠纷当中以后，他们遵循着一些什么样的行动逻辑呢？

"逻辑"一词是英文"logic"的音译，原意指思想、思维、理性、规律等，一般理解认为，逻辑就是指事物的规律，逻辑行为也即是有理性的有规律的行为。行动逻辑也就是行动的规律和动因，所以贺雪峰认为："所谓农民的行动逻辑，意指农民行动所遵循的原则与规律。"② 有学者指出："对农民行为的分析必须放在其特定的、具体的生存境遇、制度安排和社会变迁的背景中进行。农民的选择在很大程度上受制于其生存境遇和制度性安排。"③ 由此，我们在讨论龙村村民的行为方式和逻辑时，要结合龙村人生存的各方面环境因素，注意历史、社会、文化、制度等诸多方面的

---

① J. Van Velsen, "Extended Case Method and Situational Analysis", in A. L. Epastein（ed.），The Crafts of Anthropology（Tavistock，1968），pp. 131. 136，参见［日］棚濑孝雄《纠纷的解决与审判制度》，王亚新译，中国政法大学出版社 2004 年版，第 5 页。

② 贺雪峰：《公私观念与中国农民的双层认同——试论中国传统社会农民的行动逻辑》，《天津社会科学》2006 年第 1 期。

③ 郭于华：《"道义经济"还是"理性小农"——重读农民学经典论题》，《读书》2002 年第 5 期。

影响，更清楚地认识龙村人在纠纷中的行为的合理性和必然性。在龙村这样一个经济欠发达、相对封闭的村落中，村民在"以和为贵"、"耻于纠纷"、"爱面子"等纠纷观念的主导下，在涉足实际纠纷解决时会作出不尽一致的行为选择，从中展现出了不同的行动逻辑。

第一节　村民对解纷方式的选择逻辑

龙村是一个平静的苗族村落，人们对纠纷有着很强的回避、拒斥心理，但纠纷的发生并不以人们的主观愿望为指令。正如有学者指出的，纠纷的发生是每一个社会都存在的事情，"在任何社会里，都不可能无讼而万事大吉，也不会所有事情都能以和为贵"①。因此，龙村人在日常生活中仍然有不少矛盾和纠纷要面对和处理，包括不得不对如何处理纠纷做出选择。

纠纷的解决方式是多种多样的，"纠纷解决既可以是双方当事人之间的活动（例如协商谈判），也可以是当事人在中立第三人（纠纷解决机构或主持者）的支持和协助下进行的（裁决和调解）；既可以通过社会民间力量，也可能需要依靠国家职权。"② 具体到龙村，村民遇到纠纷时可以选择解纷方式，主要由当事人自行解决（包含双方协商和解以及自决行为）、民间权威（村内长者和基督教神职人员等）调解、村委会调解、司法所调解、派出所调解、法院诉讼等。在这些方式和途径中，龙村人们将会做出何种选择？

千叶正士认为："个人的每一个选择都是由他作为一种法律权利的主体而自主地决定的，但事实上，各种各样的考虑可能偷偷地潜入到所谓的自主决定中，因为人们还是希望考虑某些特定的社会文化环境，以便使他/她的自主决定受到别人的尊重而不至于受到外界无理的干扰。"③ 所以，"中国人解决争端首先必须考虑情，其次是礼，最后是理，只有最后

---

① ［日］高见泽磨：《现代中国的纠纷与法》，何勤华等译，法律出版社 2003 版，第 1 页。
② 范愉：《纠纷解决的理论与实践》，清华大学出版社 2007 年版，第 71 页。
③ ［日］千叶正士：《法律多元——从日本法律文化迈向一般理论》，强世功、王宇洁、范愉、董炯、彭冰、赵晓力译，中国政法大学出版社 1997 年版，第 136 页。

才诉诸法。"① 对于传统乡土社会来说，人们对于纠纷解决权威的选择，一般遵行的是先"私"后"公"的顺序，这种顺序的形成很多时候是自发的，已经成为大多数乡民的自觉行动。如赵旭东认为："一起发生在乡村社会的纠纷，其经历的过程大体是一致的：最初或许是谋求在邻里之间获得解决，若此路不通，便会由村里的调解委员会来出面调解，再不行，才会上诉法庭，寻求由国家法律权威来作出判决。"② 龙村人也基本上遵循了这一逻辑顺序。

一　先尽量自行解决

龙村村民之间奉行着较为传统的人际关系处理原则，对于矛盾和纠纷的处理一直遵循着长期以来业已形成的思考路径。纠纷发生时，村民们第一想法总认为这是私人事务，没有必要向第三方请求解决。他们尽量让纠纷通过自己的克制、忍让得以消除和解决，不至于闹得人尽皆知，名誉扫地。由此，他们可以通过自己的一方行为，如口头上或者行动上作出让步（如自行退出争议的地块、道路等），希图化解纠纷。另外，他们也可能会主动与对方协商，通过相互沟通交流，对争议事项达成一致，从而结束纠纷对峙。

如若通过自己的高姿态忍让仍然不能让对方感到羞愧和歉意，从而作出相应的退让，或者双方经过协商也无法达成一致，则当事人面临三种可能。其一是再作出让步，或者再协商，这样做有可能会重复上一次的结果。其二是当事人干脆回避矛盾，放弃争议的利益，退出纠纷，从而使对峙状况得以消除。这是一种消极的纠纷解决方式，但却也能使纠纷得以化解。其三是向第三方提出纠纷解决请求，如向有威望的村内民间权威请求"评理"，或者请求村委会出面解决，这种方式的实施，表明当事人已经迫于无奈，只得向第三方请求主持公道。这三种方式当中，第一种一般会被使用多次，即村民们总是会很有耐心地再三协商，有一方也往往能一再让步。第二种也会是不少人的选择。在不少村民们看来，对那些不讲理的人，自己已经仁至义尽，但他们仍然那么不懂道理，如果是争议利益不

① ［法］勒内·达维德：《当代主要法律体系》，漆竹生译，上海译文出版社1984年版，第186页。

② 赵旭东：《权力与公正：乡土社会的纠纷解决与权威多元》，天津古籍出版社2003年版，序言。

大，忍忍也就算了，没必要和他们一般见识。所以，会采取以放弃纠纷利益的方式退出纠纷。由于这两种方式的优先采用，使通过和解这种方式了结纠纷的情况最多。这似乎也是村内为人们所熟知的解决纠纷的常态。

但是，纠纷的解决并不总能通过忍让和协商得以自行化解。在有些时候，遇到纠纷利益较大时，人们的让步可能性不会很大，即使能让步，幅度也很小。或者，如有一方当事人对于对方的让步"不要脸"地不肯作出相应退让，仍然咄咄逼人，而另一方也不肯再退让，那么双方的纠纷就会不可避免地公开化。他们会把纠纷提交第三方请求解决。这样，纠纷就走出了当事人自行处理的相对私密状态，踏入了有第三方居中调解的"准司法"阶段。

二　向村内家族长者等传统型权威请求解决

在纠纷的自行解决无法如愿的时候，纠纷当事人会选择向第三方请求调解，在此阶段，人们可能选择的第三方有家族长者、退休回村的在外工作者、能人、村组干部等，如是基督教徒，还可能会向教会教职人员请求解决。其中，在传统上人们最先选择的是家族长者，以及退休回村的在外工作人员等。

实践中，村民们对这两类人会根据情况选择。一般情况下，家庭矛盾或者邻里纠纷，请求村内家族长者调解的时候为多；而经济纠纷、与外村人的纠纷、涉及对外交往中的难事以及国家政策的理解等，则喜欢找村内退休老干部、退休教师请求调解，或是出主意、想办法。

然而，最近一些年来，人们遇到纠纷时，主动请求他们进行调解的情况已经比过去少了，出现这一情况的原因有多个方面。就家族长者而言，主要原因在于家族势力式微，而对于村内退休老干部、退休教师而言，主要在于随着退休时间越来越长，活动范围较为固定，对当今政策、人事等没有从前了解了。政府干部特别是领导干部变化很快，而桥镇又经历了乡镇合并，使退休人员认识的老同事越来越少。他们对于经济活动、国家政策等非传统事务的了解往往并不比年轻人更多。此外，他们还面临着共同的问题：随着他们年龄越来越大，如潘村的那位老人已经年过八旬，其他的老干部、老教师也已年过七旬，精力都有些不济了；他们调解的长项在于传统型纠纷，在快速变化的经济社会生活中有点"跟不上形势"，导致村里找他们请求调解的人越来越少了。

三　向基督教牧师、长老等教职人员请求调解

目前，龙村等滇中苗族村落中一些年岁较高、有一定造诣的牧师、长老在信教村民中具有一定威望，当信教村民有什么苦恼的时候，都喜欢找他们倾诉，牧师、长老们也会进行疏导和化解；当信教村民之间出现纠纷时，也会请求他们进行调解。

不过，这类教会教职人员在村民们的纠纷调解活动中有两个方面的制约。第一，向教会权威请求调解的一般只会是信教村民。他们会利用定期进行的礼拜活动时机向牧师、长老们诉说争端和烦恼，希冀给予解决。当然，牧师、长老们也不会对村民的世俗生活中的纠纷熟视无睹，尤其是信教群众卷入其中的纠纷，他们会择机进行调解。而不信教的村民，要么不来做礼拜，与牧师、长老们接触较少，与牧师、长老们相互并不熟识，故牧师、长老们一般不参与他们的纠纷解决。第二，教会牧师、长老们调解的纠纷一般以个人品行矫正、家庭婚姻纠纷类的为多，对于其他的事务，如集市中的经济纠纷、交通纠纷等难以介入，这是由教会主要从事精神活动的特点所决定的。在这方面，教会能够充分运用教义进行劝谕，矫治信徒们的行为偏差，化解信教村民间的矛盾纠纷，而对于一些经济类纠纷则由于教会的性质和牧师、长老们的知识所限，一般不参与调解。由此，教会权威纠纷解决与村内权威纠纷解决一样，也在近年来出现了权威下降的趋势。

总体上看，随着这些年来年轻村民外出机会越来越多，以及国家意识形态不断深入村民生活中，村民对于村内传统型的权威的信赖不同程度下降了。越来越多的村民，尤其是年轻的村民，在遇到纠纷时，更倾向于向村委会等请求解决。

四　向村内能人请求调解

在龙村，一些村民有时候会找村内的两位能人——王书记和张老板出面协调解决。尤其是王书记，每年往往都能参与到多起纠纷调解中。但他们两位有所不同，王书记会在得知某些纠纷发生后主动地介入调解，而张老板由于忙于各项工程事宜，无暇主动介入调解。村民请他们进行调解的纠纷，往往都属于较为"难弄"的，很多时候是通过村委会调解委员会都难以调解成功的纠纷。如果是村委会就可以解决的纠纷，村民还是会优

先提交村委会解决，毕竟，村委会处理纠纷更带有官方性，显得较为正式。在龙村集市中曾经出现了一件债务纠纷：潘树欠了同村的潘强 800 元钱一直不还，潘强已经宽限了潘树一年都不见潘树还钱，潘强最后没有办法，就提交村委会解决。村委会干部把潘树找来后，潘树总是推说手头紧，要求再等等。潘强左等右等不见潘树还钱，最后就把苦恼告诉了王书记，请求他帮忙把钱要回来。王书记第二天就到了潘树家，劈头盖脸把他骂了一顿，称龙村一百多年都没有出过像他那样的人，把祖宗的脸都给丢尽了。潘树当场羞愧地向王书记承认了错误，把钱交给王书记转给潘强。谈起这件事，王书记说："我们龙村历来是个讲求脸面的地方，从来没有出过不讲信誉的人。现在有些人慢慢变了，都是受到了外面那些风气的影响。还有就是现在的村委会干部不管事，凡事怕得罪人。这样下去是不行的！"在龙村集市的管理中，王书记也很有一套，往往能镇住集市上那些外地来的不良商户。所以，他的威信在附近几个村子都是公认的，由是之故，不少外村人也会来请求他帮忙解决疑难事情。

五　越来越多地把纠纷提交村委会调解委员会调解

在龙村，当人们尝试自力救济（自行解决）或请求村内权威或教会权威出面仍然不能解决纠纷，很多人会选择把纠纷提交村委会调解委员会解决。近些年来的趋势是，村民们选择把纠纷提交村委会调解的越来越多，村委会调解委已成为龙村占主导地位的调解组织，成为村内的解纷主角，解决了村内大部分纠纷。形成这一现象的多方面的：

首先，村委会调解委员会的成员们都是村里面与村民们朝夕相处的人，并且村委会调解的地点也没有出村，这些都表明这种调解方式还在延续着"自己的问题自己解决"的解纷模式，因此，村民们对村委会调解较容易认同。并且，"村干部长期生活在这个偏远的社区中，也许他们没有许多如今得到大社会承认的那种上得了台面的知识，但是他的独特生活环境确实是使他拥有许多可能令外来权力行使者要想行使权力就必须予以重视和考虑的具体知识……"① 特别是在龙村，村委会干部与本村很多人都有亲戚关系，他们本身就如同一个家族中的尊者一样，熟悉纠纷当事人及其家庭情况，对于纠纷的来龙去脉了如指掌，这是做好纠纷调解的重要

---

① 苏力：《送法下乡》，中国政法大学出版社 2000 年版，第 45 页。

前提。

其次，现代司法制度和法律条文与龙村的现实格格不入，导致"语言混乱"①，使"现代性的话语体系与村庄地方性知识、观念之间发生严重对立和冲突，从而带来村庄秩序混乱"②，由此，需要村组调解等民间解纷方式在农村发挥作用。作为连接国家政权与广大村民的桥梁和纽带，村委会在村民眼中是一个具有"官方"性质的组织，作为国家权力的"代理人"，村干部获得了从事解纷活动必备的合法性身份。村委会的科层制色彩使村调解委调解具有外观上的"官方"色彩，似能使调解显得更正式，且同时，它又使用了灵活的解纷方式，满足了当地纠纷解决的实际需要，比到镇上解决问题方便，这是其他解纷方式所不具备的。

再次，在上级有关部门关心、重视下，龙村村委会办公楼于2010年落成。该大楼造价一百多万元，功能齐全，除有党员活动室、农家书屋、医务室等，还设立了一个不错的村调解委员会调解室。调解室内配备有桌椅板凳，设计了当事人、调解员、记录员等席位，成为一个纠纷双方可以在调解员主持下进行充分表达意见的地方。人们在这里进行调解，能找到一种正式感，使达成的调解协议"更有效"。

最后，随着龙村集市的发展，集市上本村人与外村人之间、不同民族人员之间，以及各种非传统型纠纷不断增多。对于这些纠纷，外村和非苗族当事人更愿意把纠纷提交村调解委来调解，因为在他们的眼中，村委会干部具有官方的中立性、公正性，应不会偏袒本村或本族人。

村调解委现在不再像从前一样很主动地介入村民之间的纠纷中了，一般是争议事端较大，不及时处理可能会引发严重后果的情况，或者是争端涉及村内公共利益的，村调解委才会很主动地介入纠纷调查、调解。一般的村民间的家庭矛盾、邻里纠纷，则采取"不告不理"的原则。

另外，处于村委会之下的村民小组，也已经成为众多村民选择的解纷主体。村民小组既具有与村委会类似的"正式"解纷机构的组织优势，又具有与家族权威类似的与村民关系较近的天然优势，所以在当前龙村各村民小组内部，本村村民会选择其作为解纷主体。不过，村民小组拥有的优势，毕竟无法与村委会相提并论，因此，目前龙村各村民小组调解的数

① 朱晓阳：《"语言混乱"与法律人类学的整体论进路》，《中国社会科学》2007年第2期。
② 董磊明：《宋村的调解——巨变时代的权威与秩序》，法律出版社2008年版，第142页。

量并不算太多，大量的纠纷（尤其是"大"的纠纷）还是在村委会得到调解的。

六　万不得已时才会把纠纷提交正式解纷机构

　　尤伊克、西尔贝区分了现代社会中存在的三种法律意识，即：敬畏法律、利用法律和对抗法律①。尽管龙村已经日益纳入了国家法制化轨道之中，但由于国家法律与乡村社会的互通和对接仍然不够顺畅，使村民们依然存在着规避性法律意识，视法律为一种外在存在，与自身关系不大。对于龙村村民来说，镇政府、法庭、司法所、派出所等机构是遥远的、陌生的，他们中的大多数人仍然视寻求国家正式机构解决纠纷为畏途，因此村里把纠纷闹到镇有关政府和司法机构的情况是极少的。其原因：一是因为纠纷往往在村委会一级就已经"摆平"，无须再到村外解决；二是根深蒂固的"耻讼"心理影响。正如林语堂所说，"体面的人们都以自己一生从未进过衙门或法庭而自豪。"② 在龙村，人们总是对到外面打官司不太情愿。"人们把诉讼、打官司看成是一件很不光彩的事，因为他们认为任何一个安分守己的农民，是不容易惹上官司的。如果一个人吃上了官司，那说明他一定得罪了什么人或做了什么亏心事。"③ 三是村民们认为到镇上解决问题花费过大④、程序烦琐、对外界司法机关不熟悉，因而具有"惧讼"⑤ 心理。所以，作为韦伯所说的法理型权威的镇政府、法庭、司法所、派出所等机构，在解决龙村纠纷方面并没有起到主导作用，村民们往往是在村内调解无果的情况下才会去找它们解决问题。

---

　　① ［美］帕特里夏·尤伊克、苏珊·S. 西尔贝：《法律的公共空间——日常生活中的故事》，陆益龙译，商务印书馆 2005 年版。

　　② 林语堂：《中国人》，学林出版社 1994 年版，第 208 页。

　　③ 郑杭生：《当代中国农村社会转型的实证研究》，中国人民大学出版社 1996 年版，第 112—113 页。

　　④ 龙村至镇政府、司法所所在地有 29 公里路程，来回需花费 20 多元车费，并且一天只有三趟班车，最晚一趟在四点前返回，到镇上办事往往需要在镇上住宿，住宿花费也需要几十元。

　　⑤ 徐忠明教授认为："对传统中国的乡民们来说，由于他们在道德上贬抑诉讼，所以产生了'厌诉'或'贱诉'的态度；然而，他们对诉讼的基本态度则是'惧诉'，这是一种基于各种利益考量而后产生的诉讼心理。"——见徐忠明《传统中国乡民的法律意识与诉讼心态——以谚语为范围的文化史考察》，《中国法学》2006 年第 6 期。

第二节 村民在纠纷自行解决程序中的行动逻辑

这里所说的自行解决,与一般诉讼法学者所说的私力救济的意思不完全一致。徐昕认为,民事纠纷的处理机制包括私力救济、社会救济和公力救济三种,私力救济包括自决与和解,自决指纠纷主体一方凭借自己的力量使对方服从,和解指双方相互妥协和让步,两者皆依自身力量解决争议,无须第三者参与,也不受任何规范制约。① 但本书所说的自行解决,主要是从法人类学角度来讲的,即:自行解决,是一种当事人之间自主进行的私人行为,没有第三方的参与,没有严格的程序要求,反映了当事人的自由意志。其中,最为我们所熟知的就是用协商的方式来达成和解。不过,协商的方式需要两个人的语言交流和思想沟通,需要反复调整利益要求和心理接受程度,相对来说是一种互动解纷方式。只不过它仅仅经由当事人双方自行进行,没有第三种力量介入其中。

除了协商而外,大量的自行解决纠纷是当事人单方作为或不作为,并不与对方协商,甚至也不向对方作出表示。这些自行解决方式,其含义与布莱克所述的私力救济有所重合,但也不一致。② 因为这里所述的自行解决,主要并不是指"单方面的攻击性行为使不满得以表达的纠纷处理方式"③。实际上,这里所述的除和解以外的自行解决,更与美国人类学家劳拉·纳德尔所说的单项的(monadic)前冲突阶段(the conflict stage)含义相近。按照劳拉·纳德尔的描述,这种前冲突阶段是指"当事人意识到或觉得自己受到不公正待遇或权益受侵害,从而心怀不满,并可能采取某些单向的行动(诸如忍受、回避和提出问题)的过程"④。有学者研

---

① 徐昕:《论私力救济》,中国政法大学出版社2005年版,第97页。

② 按照布莱克的描述,这种私力救济包括简单的反对姿态(如怒视或皱眉)、直接非难、嘲笑、诅咒、巫术、骚扰、毁坏财产、流放、暴力(包括自杀)、决斗、纪律惩罚(如主人对奴隶、看守对囚犯、家长对子女、老师对学生)、反叛,以及家庭成员、朋友、熟人、群体和国家之间的争斗等,较常见的手段是报复。——Donald Black, "The Elementary Forms of Conflict Management", in Donald Black, The Social Structure of Right and Wrong, (Sandiego: Academic Press, 1993), pp. 27–46, 转引自徐昕《论私力救济》,中国政法大学出版社2005年版,第99—100页。

③ [美] 布莱克:《社会视野中的司法》,郭星华等译,法律出版社2002年版,第82页。

④ 徐昕:《论私力救济》,中国政法大学出版社2005年版,第103页。

究表明，云南少数民族地区存在大量的"非常规的解决纠纷或社会控制的方式"，包括"议论人、疏远人、忍受不利状况、回避相关成员以及暴力、超自然力和流言蜚语等"。①

在龙村人对纠纷程序的选择中，是把自行解决当作第一顺序的行动方式加以运用的。在生活中，他们尽量避免与人发生不愉快。当纠纷不得不出现以后，他们首先想通过自己的方式来消除纠纷。这些方式中最为常见的是协商达成的和解，也就是"好说好商量"。不过，在龙村人自行解决纠纷的行为中，有一些是不通过与对方进行语言中的交流和行动上的博弈就自行完成的，这些方式即是自决。在龙村等滇中苗族村落，在人们自行解决纠纷的过程中，包含忍让、回避、诅咒、巫术、流言蜚语、暴力等多种除和解之外的解纷方式。另外，有些民间习惯赋予了当事人有强制性的私力救济权。②

一　忍让

忍让就是忍受并退让的意思，表达的是一个人在矛盾面前的行动上的消极状态。中国俗话说，"忍字头上一把刀"，对不利情况的忍让需要一个人具有一定的心理承受能力。从心理学角度看，忍让是一种不够健全的人格特征，不符合现代社会的价值观念。现代国家的任务之一就是积极推行送法下乡，让村民懂法、用法，用法治精神改造乡民的传统落后观念，使法律成为乡村社会生活的统治者。在对待纠纷方面，现代国家认为应当破除传统纠纷观念，消除在卷入纠纷后可能会产生的道德内疚，树立现代纠纷观和法律至上的理念，面对不公正的以及自身利益受到损害的事情，积极站出来，拿起法律的武器，理直气壮地主张自己的权利和利益。与此对照，滇中苗族村落人们面对纠纷时的忍让等消极作为，显然是"落后"而需要改革的。然而，龙村人面对纠纷时的种种表现与村落中的价值世界无疑是默契的。

龙村村民遇到矛盾时，表现得较为消极和"好说话"。甚至对于利

---

① 王鑫：《纠纷与秩序——对石林县纠纷解决的法人类学研究》，法律出版社2011年版，第149页。

② 如在龙村有一个禁忌习俗，如果谁家走失的牲畜主动跑到别人家，会被认为不吉利，会影响到那家人的财运，所以应该由牲畜的主人家给那家人"开财门"，一般是给予一定的金钱来消除影响，如若牲畜的主人家不愿意出钱，则"受害"的那户人家可以扣留那头牲畜直到其主人家交出"开财门"的钱。

益，也没有显示出寸土必争的"权利意识"，而是显得过于淡漠。这种姿态的出现，原因主要是龙村人念及熟人社会的亲缘关系，不愿与朝夕相处的人发生不愉快。这是熟人社会"人情取向的乡土逻辑"的必然结果，体现了熟人之间的"情面原则"以及其衍生出的"不走极端原则"。情面原则是"从熟悉和亲密中生发出来的一种处事态度原则，是熟人社会人际关系的基本原则。它要求人们待人接物、处理关系时，顾及人情和面子、不偏不倚、合乎情理、讲究忍让"①。而不走极端原则，其道理就是"自己活别人也要活"，人们常常能忍则忍，能让便让，即使自己有理，也不能得理不饶人。这种处事原则，也即是埃里克森所谓的友邻规范（norms of neighborliness）中的典型规则"自己活，别人也活"的规则。②

　　背负着这些做人原则，龙村人遇到纠纷时，往往表现出一种宽容、忍让的态度。对那些不太讲理的人，自己让一让也无妨，对方的咄咄逼人，正显示出自己的宽宏大量，这种高风亮节终会被广大村民所感知和认同。短期来看，自己似乎有所损失，但长远来看，自己收获的将是全村人的赞誉。这种正面的评价，将会让自己在村里成为一个更有面子的人。

　　那么，龙村人忍让的限度是否存在？在陈柏峰看来，乡土社会的人们在一种长时段内围绕"给予"和"亏欠"形成了一种类似于"权利"和"义务"的账本观念③。这种账本观念，反映了人们的一种理性算计。人们之间讲情面、讲忍让，并不是毫无想法的、无偿的，而是把它们作为一种投资，作为日后收回的积蓄；当关系破裂时，还可以作为"算总账"的依据。但在龙村，根据我的观察，人们在忍让中虽确实也有一定的"账本"观念，但这种观念较之其他发达地区淡薄得多。龙村人的忍让态度似乎显示出了一种忍让的本真意义，人们的忍让更多出自内心的一种道德观和荣誉感，即获得更好正面评价的追求冲动，至于今后能否要回这些投资，是其次的。在他们看来，通过忍让获得人们的赞誉，使自己成为村内一个有

---

①　陈柏峰：《乡村江湖——两湖平原"混混"研究》，中国政法大学出版社2011年版，第47页。

②　在埃里克森看来，熟人之间起作用的不是正式的法律规则，而是友邻规范。——见［美］罗伯特·C.埃里克森《无需法律的秩序——邻人如何解决纠纷》，苏力译，中国政法大学出版社2003年版，第64—65页。

③　陈柏峰：《乡村江湖——两湖平原"混混"研究》，中国政法大学出版社2011年版，第48页。

品德的人，就是最大的回报。所以，相比下来，龙村人撕破脸皮"算总账"的时候极少。其中原因，除了忍让者这一方的"真实"忍让之外，更重要的原因也许是被忍让者出现那种"给脸不要脸"的情况较为少见。当对方作了让步以后，大多数人往往也不太好意思再向对方索要更多。一些旁观的村民也会在被忍让者还想再无理索要的时候站出来劝说、斥责他，让他难以迈出这一步。可以说，村内古朴、浓厚的传统解决纠纷观，使龙村忍让现象较为顺畅地延续和运行。试想，如果当事者一方丧失了这种发自内心的互让自觉和耻辱观念，而村内人又对其不顾脸面的大吵大闹不闻不问，龙村忍让现象的平衡必然会被打破，忍让这种风气随之也会崩溃、瓦解。

当然，任何事情都不会是铁板一块，龙村也会出现那种一意孤行的人，使得村内的忍让难以为继。

　　　　【案例24】潘明家的牛啃吃了潘良家的白菜，潘明面对潘良的赔偿索要，已经给出了较高的赔偿数额500元，这笔钱已经大大超出了潘良家所遭受的损失。但潘良还是不满足，要求再追加赔偿150元。潘明迫于无奈，把争端交给了村委会调解。村委会维持了500元的赔偿额，决定不再追加。潘良看目的达不到，三番五次在公众场合说潘明的难听话。潘明知道后，也不想与之理论。

不过，这样的人在村内只是极少数，且会遭到村民的鄙视。比如，在这个案例中，事后，村里人对潘良的评价日益降低，都觉得他是个不讲道理的人，不少人都不愿同他来往，见他家遇到什么难事懒得再去帮忙。

二　回避

回避，也称避让，指纠纷中的一方当事人主动放弃争执，从而使纠纷归于消灭的行为。这种回避，实质上是一种放弃纠纷利益的行为。王亚新先生认为回避意为"惹不起就躲起来"，即"当事人虽然不主动改变被侵害的状态，却作出了与对方切断关系的选择"。① 按照这种理解，回避指的是

---

　　① 王亚新：《纠纷，秩序，法治——探寻研究纠纷处理与规范形成的理论框架》，《清华法律评论》1999年第2辑，转引自王鑫《纠纷与秩序——对石林县纠纷解决的法人类学研究》，法律出版社2011年版，第151页。

"躲起来"、"与对方切断关系"，但这里所述的回避，虽然也包含"躲起来"，但主要是指在利益上的弃绝，即放弃利益，不再与对方当事人争执。

回避其实是一种古已有之的解决纠纷的方式。纠纷发生之后之所以有回避行为，存在多种原因。首先是畏惧。如看到对方处于强势地位，自揣不是对方的对手而主动放弃与对方的争执。对方的强势地位，可以是财富、权势方面的，也可以是武力上的，典型的如那些无恶不作的人尤其是黑恶势力。其次，一方当事人也可能出于对对方当事人的尊重、体谅等原因而放弃与对方的争执，或者满足对方的要求，从而使纠纷消灭。再次，有时候，一方当事人可能觉得争议利益实在是微小琐碎，不值得伤精费神与对方争执，从而放弃了对纠纷利益的要求。最后，还有一种情况是，当事人觉得对方人单势薄，与之争执会让自己有恃强凌弱之嫌；或者觉得对方品行不端，与对方争执下去势必让自己太掉价，于是放弃了争执。

在龙村，出现回避肯定不是出于对对方的畏惧心理。在龙村这样一个尚未出现社会分层的同质性村落，并不存在恃强凌弱的恶势力。村民与村民之间仍然维持着传承多年的团结友爱关系，讲求的是亲情。村内的村组干部能与村民打成一片，没有什么权势感。村里虽然有几户殷实人家，如干工程的张老板家、在集市上开餐馆的罗某家，但他们的财富并没有远远多于大伙，并且与大伙的关系仍然一如往昔。所以，村民即使与村组干部或几户殷实人家出现纠纷，也不会出于畏惧而回避。

遇到纠纷，龙村人用回避方式处理的情况主要有：别人家的牲畜损害了自己家的庄稼，如果损失不大，往往不会向对方索要赔偿；酒后互相争吵打斗导致一方轻微受伤，酒醒后一般不会向对方索要医药费；一些情况下相邻一方在建盖房子时往自己地界内多占了一点土地，也可能会默许，等等。这些回避行为与忍让的性质基本上是一致的，都是对利益的让与行为。只不过，忍让表现为争执行动发生后一方当事人的主动退让，而回避则是争执行动尚未爆发的时候，一方当事人主动地不让其发生的行为。

探究龙村人采取回避的内在原因，还得着眼于龙村人的内在道德观和处世原则。在龙村，回避发生的内在机理与忍让的发生机理基本一致。龙村人视陷入纠纷为耻辱，以及避免被看作做人不厚道的内在心理，促使他们有意避开纠纷，甚至为此遭受一定的经济损失也在所不惜。当然，龙村人回避纠纷，也包含了对对方的体谅和同情，体现了一种利他主义的价值取向。龙村人面对纠纷时的回避，没有受到强势人物的心理强制，这种心理状态使龙村的回避充满了一种传统的人与人之间的温情和关照。并且这种回避也不包含过多的理性计算，这种情况与王亚新先生的论断有所出入。因为在王亚新看来，不管是"忍受"还是"回避"，"它们往往都是当事人对这争议可能获得的收益和付出的成本以及力量对比关系进行功利计算之后的选择，因而经常是'理性的'，是一种普遍存在的处理纠纷的方式"①。龙村人的这种不"理性计算"的行为方式，印证了"在熟人社会中里，对纠纷的解决是为了未来生活和今后的交往排除障碍，而不是非要一个你错我对的界限分明的理由"，因此，"用'保守'、'落后'甚至'愚昧'来否定非正式纠纷解决机制的合理存在是不明智的，在历史的连续性发展过程中，这种不负责任的说法将严重误导实际上前进中的人们"②。龙村人的忍让和回避在现代社会中显得很难得，尽管不一定符合现代社会的价值追求，但显示了一种朴实的人际关系处理原则，这是值得我们尊重的。

三　超自然力

文化是人类为了表达其内在的感情而创造出来的东西，它是一种精神文化或表达文化，其中尤其包括人们对超自然的信仰——这种信仰自古以来一直是人类精神文化很重要的一部分，它一直是人类情感所赖以保持稳定的因素，也是人们投注心力最多的部分。③ 列维·布留尔认为："原始人的智力在对付什么使它感兴趣、不安或者畏惧的事物时，不是循着我们的智力所循的那个途径。它立即沿着不同的道路奔去。"④ 超自然力是人类从早期就开始认可的对付使人们"感兴趣、不安或者畏惧的事物"时的力量。按照现代人的理解，超自然力指的是人的理性无法解释的力量和手段，如禁忌、诅咒、发誓等。张永和先生认为："自然现象的永恒与偶然、人对自然物的依赖以及自然现象不以人的意志为转移等，使自然界对

　　① 王亚新：《纠纷，秩序，法治——探寻研究纠纷处理与规范形成的理论框架》，《清华法律评论》1999 年第 2 辑，转引自王鑫《纠纷与秩序——对石林县纠纷解决的法人类学研究》，法律出版社 2011 年版，第 152 页。

　　② 贺海仁：《无讼的世界——和解理性与熟人社会》，北京大学出版社 2009 年版，第96 页。

　　③ 李亦园：《文化与修养》，广西师范大学出版社 2004 年版，第 133 页。

　　④ ［法］列维·布留尔：《原始思维》，丁由译，商务印书馆 1981 年版，第 350 页。

人具有无限的神秘性。并且也使人对自然的依赖从物质的依赖过渡到观念的依赖。所以，当人们遭遇到任何不能解的问题时，试图寻求超然力量来调解存在于人们中间的诉求就成为必然。在人们的观念中，那种超然的自然力量是全能的。"① 因此，在很多村落社会中，这些超自然力可以成为人们解决纠纷的方式，尽管它们不被国家法律所认可，但却在某些地区某些事件中发挥着独特的作用。在龙村，村内秩序的维护以及村民在解决纠纷时会有几种超自然力发挥作用。

其一，禁忌。对于龙村人而言，尽管禁忌、诅咒和发誓等在一个由国家法律对社会进行全方位调整的情况下已经沦落在"另类规范"的位置上②，但它们在调节人们的行为方面仍然发挥着一定的作用。直到现在，滇中苗族村落中仍然盛行着很多的禁忌。这些禁忌主要表现在日常生活或礼仪交往之中。如：禁止在火塘上吐痰或倒烟筒水、洗脸脚水等，妇女严禁跨越火塘，否则触犯火神，会导致主人家业不顺；搬家后不能再回去住老房子，否则地神房神会因为你嫌弃它而加害于你；埋葬死者时不能把铁、铜之类的金属器物带入坟内棺中，以免死者阴灵在返回祖先故地时，过不了浑水河；小孩不能骑狗骑猪，青年男女除夕之夜吃饭不能泡汤，否则日后自己婚嫁时要下雨下雪；烧柴禁止从树梢烧起，以免家妇分娩时婴儿的脚先出来；产妇不满月，不能进别人的家，否则对他人不利，外人也不允许进产妇的房门，否则会踩走奶水和惊着婴儿；男人不得把妇人的裙子当枕头使用，否则这个男人将会一事无成；妇人不得在龙潭边晒裙子，以免日后怀龙胎（葡萄胎）；妇人禁食双生的果子和双胎的禽兽，以免日后自己也生双胞胎；小孩不要吃鸡爪、猪鼻、猪耳等，否则日后读书写字像鸡刨食，睡觉打呼噜等。禁忌在龙村直到目前仍然发挥着秩序维护的作用，因为"通过禁忌可以定义和抑制越轨行为"③，因此，村内人大都知晓这些禁忌，并在日常生活中恪守，若有人触犯这些禁忌，会遭到公共舆论的谴责，甚至会引发纠纷。

其二，"使鬼"、"闹鬼"。历史上，滇中苗族的信仰在基督教传入前都

---

① 张永和：《信仰与权威——诅咒（赌咒）、发誓与法律之比较研究》，法律出版社2006年版，第75页。

② 同上书，第98页。

③ 王鑫：《纠纷与秩序——对石林县纠纷解决的法人类学研究》，法律出版社2011年版，第158页。

处于自然崇拜阶段，人们相信万物有灵，并且盛行着鬼神观念。那时，人们普遍认为，万物有灵，山有山神，树有树神，鬼神无所不在、无时不有，人死鬼神不灭。鬼神分善神善鬼、恶神恶鬼。善神善鬼可以保佑、帮助人们平安得福，农禾丰收，人畜兴旺。人们对鬼神非常尊敬，对生得奇特的山岩石、大树、洞穴、龙潭等也丝毫不敢冒犯。因此，每村都要去森林茂密的青山里设祭坛，苗语叫"米色"，烧香献祭，求神保佑。恶神恶鬼却是会作祟，只要有人或牲畜得病，就要请"祭师"（苗语叫"婆牧"）端公来驱鬼神。基督教传入后，很多村民开始信仰基督教，接受了万事万物都有一个神（上帝）主宰着的基督教教义，多神观点受到了冲击。新中国成立后，随着国家对封建迷信活动的打击，以及科普知识的宣传普及，人们认识自然现象能力增强，鬼神观念逐渐淡化，但未完全消失。即使到近些年来，在滇中苗族村落中仍然有因为信鬼而导致的矛盾纠纷。

在滇中苗族村落，新中国成立后很长时间都存在着因为指控"使鬼害人"引发的纠纷。当村子里人畜害病（特别是流行性疾病暴发）的时候，有人就会把发生疾病的原因说成是村子里有人唆使恶鬼来害人，被指控的人往往就会遭受迫害，有的受火烤，有的遭受烙铁烙，有的被吊打致残致死，有的则全家受到株连被迫搬走。到了最近十多年来，这类事端大大减少了，但个别村子仍然没有绝迹。

【案例 25】2003 年某村发生猪瘟病流行，村里人看兽医医治无效，于是请端公来驱鬼。在端公的指示下，认定杨某"使鬼害人"，要她把鬼收走。杨某有口难辩，百般无奈，最后服农药"敌敌畏"自杀身亡。

除此之外，滇中苗族村落尚存有一些相信超自然力的风俗，如认为把铁、铜之类的金属器物埋入坟内棺中或某人家居住范围内，会给该户人家带来厄运。

【案例 26】1972 年，龙村附近的某村村民杨某认为另外一个村民家有吃有穿，出人才，是因为祖坟占着好地，就在一天把那个村民家的祖坟打通，把 15 公分长的铁器放入坟内，认为这样就可以使他家从此倒霉。事情发生后，引发死者家属极大愤慨，两家大打出手。

后来在县工作组的干预下，按照村内风俗，由杨某家摆酒席请客吃饭才了结了此事。

这种观念直到现在还不同程度存在。有些地方还发生过有人把一个铁环放置在邻居的猪圈内，意图给那家人带来厄运引发的纠纷。发生这样的事情后，肇事者轻则会被罚办酒席请被冒犯的村内人吃饭，重则可能被驱逐出村外。

在滇中苗族部分人头脑中，"鬼"是一种"超自然力"，"使鬼"、"闹鬼"之所以起效就在于其"超自然力"的作用。[1] 这种超自然力的成立和作用发挥是靠人们头脑中的想象，在这些村民的头脑中，这些神秘力量就是一种超自然力量，它们虽然看不见，但却能够在无形中发挥作用，导致人们的厄运、灾难和疾病。借助于这种力量，人们能够达到自己世俗中的目的。在他们看来，这种力量具有超验性，是经验无法证明的客观存在。这种"超自然力"是在鬼神、巫术观念等影响下形成的，与村民的信仰世界密切相连。苗族信鬼尚巫，史书上多有记载。[2] 在贵州苗族中，还相信有一种能够依附到人身上的"酿鬼"，这种"鬼"可以贻害人，并传染给子孙后代，凡被认为身附"酿鬼"或出自"酿鬼"家庭的人在婚姻上会遭到排斥。[3]

按照现代科学眼光，"使鬼"、"闹鬼"等建立在超自然力想象上的观念是一种迷信。不过，从人类发展史来看，这种超验性思想的产生又具有

---

[1]　滇中苗族中的"使鬼"、"闹鬼"与诅咒（赌咒）有所类似，因为两者都相信冥冥之中的超然的神灵力量的存在和作用，但与发誓不同，因为发誓"不需要任何的强制力，其中包括不需要任何超然的力量，只是需要内心的确定"。——参看张永和《信仰与权威——诅咒（赌咒）、发誓与法律之比较研究》，法律出版社 2006 年版，第 24 页。

[2]　《旧唐书·刘禹锡传》："予既贬谪于武陵，其地古郎之裔邑……民生其间，俗鬼言夷。"清人吴有兰说，苗人有"做鬼"之俗（《楚岗志略》）。严如煜说："苗中以做鬼事为重事，或一年三年一次，费至百金或数十金，贫无力者，卖产质衣为之。"（《苗防备览·风俗上》）。近人刘锡番说："苗人崇信神巫，尤其于古。婚丧建造，悉以巫言决之。甚至疾病损伤，不以药治，而卜之于巫，以决体咎。"（《苗荒小纪序引》）。凌纯生、芮逸夫说："苗人因信人间的祸福，全由鬼的主宰，所以畏鬼特甚。"（《湘西苗族调查报告》，民族出版社 2003 年版）。有学者研究后认为："即是在 20 世纪 50 年代以前，苗巫的活动亦几乎涉及苗族生活的方方面面，多数苗区甚至仍然无所不事巫。"（冯光钰、袁炳昌、赵毅主编：《中国少数民族音乐史》[苗族音乐史一]，京华出版社 2007 年版）。

[3]　贵州省编辑组：《苗族社会历史调查》（三），贵州民族出版社 1987 年版，第 103 页。

其一定合理性、必然性。康德认为："我们的一切知识都是以经验开始，这是没有任何怀疑的；……但尽管我们的一切知识都是以经验开始的，它们却并不因此就都是从经验中发源的。"① 因为人类除了通过感官、想象力和统觉这种可靠的经验性途径获取知识外，仍然会通过超验的力量获取知识，这种知识就是天生的知识，即纯粹理性。关于这种纯粹理性，康德说："我们现在所考虑的纯粹理性概念就是先验的理念。它们都是纯粹理性的概念，因为它们把一切经验知识都看作由诸条件的绝对总体性所规定的。它们不是任意虚构出来的，而是由理性的本性自身发出的，因而是与全部知性运用必然相关的。最后，它们是超验的，是超出一切经验的界限的，所以在经验中永远不会有一个和先验理念相符合的对象出现。"② 因此，"由这种纯粹理性最高原则中产生出来的原理将对于一切现象都是超验的，也就是说，将永远不可能有任何与这原则相适合的对它的应验性运用"③。这种超验性观念并非一个地方所独有，而是世界各地民族在早期发展中的普遍现象。如每一个民族都有的禁忌观念，实际上反映了人们对某些现象的超验性理解。

在埃文斯·普里查德讲述的苏丹南部的亚赞地人中，也流行着类似滇中苗族的"使鬼害人"的"妖术"（witchcraft）信仰：实施妖术的人被称为"妖人"（witch），这些人被认为能够导致他人生病甚至死亡的人，因为人们相信，这些人拥有一种特殊的力量，可以对他们的生活造成不好的影响。而且人们还会把部落社区中的许多不幸都归咎到一种妖术上去。赵旭东教授认为，疾病与死亡以及追求导致疾病和死亡的原因构成了妖术存在的可能性。这是一种社会制裁的手段，凭借这种手段，敌意的情绪在一个社会中得到了合法性的宣泄。④

与滇中苗族"使鬼害人"说法类似的还有一种"放蛊"害人的说法。蛊，相传是一种人工培养而成的毒虫，"放蛊"是我国古代遗传下来的神秘巫术，指用蛊来害人。中国历史上，官方和民间都认定"蛊"的存在，法律上还把"蛊毒"作为犯罪对待。"放蛊"这种说法在滇中苗族地区是不存在的。但在其他地方，如贵州黔东南等苗族地区，因指责别人"放

---

① ［德］康德：《纯粹理性批判》，邓晓芒译，人民出版社 2004 年版，第 1 页。

② 同上书，第 278—279 页。

③ 同上书，第 267 页。

④ 赵旭东：《文化的表达——人类学的视野》，中国人民大学出版社 2009 年版，第 211—212 页。

蛊"而引发的事端在研究文献中有所反映。① 黔东南苗族地区的放蛊与滇中苗族的闹鬼，性质上并不相同，但都是相信有一种超自然力能够对人发生作用，给人带来疾病和灾难。

因此，滇中苗族村落中的"使鬼害人"，实际上是人们借助想象中的"鬼"的超自然力来达到自己的目的的行为，对于陷入纠纷中的人们而言，这是一种表达自己对他人的不满的方式，尽管这种方式在我们看来是不道德的，但对于一些人来说，这也许是他们解决纠纷的办法。正如马德邻指出的，"巫术是一种利用虚构的自然力量来实现某种愿望的法术"②，因此，"'鬼'、'蛊'的信仰是苗族社会的文化控制"③。同时，村民们使用强制性手段对被怀疑使鬼者进行排挤、惩罚和驱逐，意图以此来达到缓解焦虑、解除病痛的目的，这种指责并处罚"使鬼者"的行为，存在很大的不合理、不合法性，被滇中绝大多数苗族群众所不认同，但这也许是社会发展程度较低的民族地区农村社区中的一种社会控制的方式，即一种私力救济型的解决纠纷方式。有学者认为，这种方式客观上起到了加强社会团结的目的："一个同质性极高的社会对偏常行为的排斥其意义在于加强社会团结，苗族文化将社会中偏常的人或家庭贴上'鬼'、'蛊'标识，具有凝聚社会共同体的功能。排斥是为了团结，即在社会中建构一个另类的'他者'，以加强集体意识。"④ 周相卿先生认为，在一些苗族村落中习惯法之所以能够被人们遵行不渝，其重要原因在于原始宗教宣扬的超自然力以及鬼神崇拜对人们的规制作用："由于人们信仰原始宗教，敬畏超自然力，从而奠定了与原始宗教相关的习惯法实施的基础。"⑤ 这一结论与世界上不少人类学家对原始社会原始宗教的作用的研究是一致的，如马林诺夫斯基认为："宗教使人类的生活和行为神圣化，于是变为最强有力的一种社会控制。"⑥ 霍贝尔也认为："每个社会都强烈

① 徐晓光：《为"蛊女"鸣冤——黔东南苗族"蛊"现象的法人类学寻脉》，《甘肃政法学院学报》2009 年第 2 期。

② 马德邻等：《宗教：一种文化观》，上海人民出版社 1997 年版，第 47 页。

③ 曹端波：《苗族文化的社会控制》，《中央民族大学学报》2009 年第 1 期。

④ 同上。

⑤ 周相卿：《黔东南雷山县三村苗族习惯法研究》，贵州人民出版社 2006 年版，第 113 页。

⑥ ［英］马林诺夫斯基：《文化论》，费孝通等译，中国民间文艺出版社 1987 年版，第 78 页。

地认为：神和其他超自然的力在他们的法律制度中是积极的，并且常常是决定性的力量。"①

四 暴力

龙村人待人友善，为人宽厚，在解决纠纷时一般不会主动对别人采取暴力行为。不过，自行解决纠纷过程中，少数情况下人们也会采取前面第五章所论述到的"自杀式暴力性私力救济"。在所列的两个案例（案例22和案例23）中，那个被别人怀疑偷盗结婚礼金的小伙子和那个被怀疑侵吞村民小组修路集资款的村民小组长，选择自杀的方式来证明自己的清白，就是使用这一方式来解决纠纷的。除外，在龙村还有少量的其他暴力救济方式的运用。如在前面述及的龙村等地的一个禁忌习俗，如果谁家走失的牲畜主动跑到别人家，是不吉利的事情，会影响被牲畜闯入的那家人的财运，所以应该由牲畜的主人家为那家人"开财门"，一般是给予一定的金钱来消除影响，如若牲畜的主人家不愿意出钱，则"受害"的那户人家可以扣留闯入牲畜直到其主人家交出"开财门"的钱；另外，庄稼和树苗被牲畜糟蹋的农户也可以将牲畜扣留，要求牲畜的主人给予赔偿才予以放行等，都是暴力性的私力救济方式。

第三节　村民在村组调解中的行动逻辑

龙村村民在遇到纠纷的时候，有多种解纷方式可以选择。在自行解决方式之外，还有家族权威以及基督教权威调解等解决方式。与这些"传统"的解决方式相比，村委会解决的方式稍显正式，也更具有官方色彩。而且村委会与镇上司法所、派出所以及法庭相比，就离村民们近得多了。因此，村民们对村委会调解较容易认同，近些年来村委会调解已经成为龙村最为重要的解纷方式。村民小组调解由于具有与村委会类似的乡土恰适性，也成为龙村不可或缺的纠纷解决主体。村民们在村委会、村民小组调解中的行动逻辑很值得我们研究。

---

① ［美］霍贝尔：《初民的法律——法的动态比较研究》，周勇译，中国社会科学出版社1993年版，第5页。

一　地位重要的村委会

在龙村，有两个组织（机构）能全方位影响村民的生活：村委会和教堂。两者相比，村委会的影响力比教堂大得多。教会活动虽然这些年来得到了恢复和发展，但毕竟龙村教堂活动只是在有限的三个晚上进行，即使加上石岭中心教堂的礼拜日活动，时间也并不算多。村民们把教会活动与世俗活动分得很清楚，在每周固定的日子参加教会活动，接受神职人员的教诲，而除此之外，则过着与柴米油盐打交道的世俗生活。最为关键的是，龙村及其附近村子并没有做到全民信教，并且基督教的讲道等活动似乎仅仅局限于思想和道德上的教育和灌输，是一种"关乎灵魂"的事业，对于村民的生老病死、柴米油盐等世俗生活介入并不多，也不能发挥实实在在的作用。人们最为关注的扶贫资金和项目的争取、分配和实施等，非得村委会来实行不可；村民们到外面活动以及子女就学需要的各类证明材料等，都需要村委会出具并加盖公章才行。即使仅仅是村民之间的纠纷，这些年来也越来越依靠村委会来调解。

龙村村委会原来的办公楼建于 20 世纪 80 年代，是一幢两层的楼房，有七八间房间。当时设计的房子较为低矮、狭窄，虽然会议室、厨房等都有了，但仍然显得较为简陋、破旧。并且也没有院子，光有一栋孤零零的房子立在半山腰上，不像是龙村的"政府机构"。经过二三十年的岁月洗刷，办公楼显然已经赶不上时代的步伐了。最近一些年来，全省各地村委会都实现了旧貌换新颜，龙村村委会也不例外。在 2010 年，龙村村委会也在上级的支持下，选新址建了一幢雄伟的办公楼。该项目得以实施，得力于挂钩扶贫龙村的州上的一位领导，在他的协调下，州里的某企业捐赠了 150 万元给龙村专项用于新办公楼建盖。经过一年半的施工，新办公楼落成了。该办公楼有十几间房间，村委会"三职干部"都有了自己的单独的办公室兼住房。还设置了一个宽敞的集体办公室，便于村民来办事。为加强党建活动，设置了一个较大的大教室，作为党员活动室兼电教室、农民文化活动室。另外，还设立了一个单独的农家书屋，镇上捐赠了书架和部分图书。在主办公楼旁边还配套建盖了两间厨房，以及太阳能洗澡室、厕所。办公楼前面有一个较大的院子，修建了一个标准的篮球场。在落成典礼上，州、县、镇里都来了不少领导，村民们在门前搭起了松树门，地上撒了松毛，身着鲜艳服装的妇女们端着羊角酒用拦门酒的形式欢迎嘉宾们。在领导讲话之后，还在村委会篮球场上举行了篮球赛和苗族传统歌舞表演。为办好这场宴会，村委会宰羊杀牛，办了十几桌酒席。

在村委会进行日常性值班的主要是 3 位干部：村党总支书记兼村委会主任、村党总支副书记兼村委会文书、村委会副主任。村委会"两委"（村党总支委、村委）每 3 年进行一次换届选举，2010 年在任的这个班子是上一年才当选组建的，刚刚履职了一年多。村党总支书记兼村委会主任是一位 40 多岁的汉子——龙书记，在村级组织岗位上已经干了快 20 年了。在 1998 年以前还没有实行村民自治制度以前，他在多个村委会当过"三职干部"，自 1998 年以后，实行村民自治制度，村委会"三职干部"只能由本村干部担任了，他就回到龙村，当了多届村委会书记兼主任，其间只有两届 6 年时间是由另一位村民潘某担任书记兼主任。

村委会属于基层群众自治性组织，是一个法人实体组织，有自己的独立财务。这些年来滇中地区很多乡镇都处于入不敷出、支大于收的困窘状态，而大多数的村也背上了沉重的债务。这一情况在贫困地区显得尤为突出。龙村是一个集体经济极为匮乏的村落，村内没有集体企业，也没有集体林业、畜牧业等，因此集体收入基本上是空白的。龙村每年均被评为党建示范村、民族团结示范村，主要得益于龙村党建和民族团结工作得力，而非经济发展之故。从前年开始，全州加大了财政支持，由财政上每年拨付给各地每个村委会 2 万元办公经费，用于村委会日常开支。这些开支，主要是接待上级，以及村委会的水、电等费用，以及添置桌椅、电器等必要的办公设施。

村委会的工作是较为繁重的，如组织烤烟栽种、分发扶贫物资、安排村级"一事一议"财政奖补项目的实施、计划生育工作、新型农村合作医疗参保、农民文化学校、治安防范、纠纷调解、护林防火，等等。村委会虽然不算政府部门，但实际上承担着许多镇政府下达的任务。每年年初村干部要到镇上参加每年的工作安排会议，并定期到镇上领受任务，村委会实际上成为了镇政府部分职能在村里的延伸组织和"政府控制实现的中介"，"政府通过这些组织来贯彻法律、政策、命令，通过这些组织来与社会打交道"。①

---

① 王启梁：《社会控制与秩序——农村法治秩序建构的探索》，博士学位论文，云南大学，2005 年，第 119 页。

村委会干部们一般白天到村委会上班或值班，晚上除了轮流值班的一名人员外，都回家居住。目前，龙村也和许多地方一样，村委会逐渐"行政化"，表现为村干部都开始仿效镇机关进行坐班制，村委会"三职干部"农闲时候都坚持坐班，农忙时也做到至少有一名人员在村委会值班。相比前些年，村干部直接到农田里带领村民们干活的时候少了。村干部身份也是农民，他们也有自己的责任田，但因为工作忙，在农忙时一般都请工来帮忙。

村委会之下，设有村民小组。龙村范围内的 10 个自然村都设立了村党支部和村民小组。

村委会除了"三职干部"外，还设有妇女主任、计划生育宣传员、兽医等。他们都是本村村委会的人，但来自龙村村委会的各村民小组。村委会"三职干部"基本上做到了全天候地上班，而其余人员则至多只能算是"半工半农"。这也怪不得他们，当村委会的干部工作很繁重，但报酬较低，很多人都不愿担任。不像发达地区或城郊接合部的村集体动辄有上百万元、千万元甚至上亿元的创收，龙村这样的民族贫困村委会基本上依靠上级帮助才得以运转下来。因此，村干部经济待遇偏低也就是必然的了。龙村与目前全州村干部的月收入情况是一样的，村委会主任、书记"一肩挑"人员为 705 元/月，村委会主任、书记分设的人员为 680 元/月，村委会副主任或副书记为 640 元/月，以上人员年底考核合格每人有 200 元奖金；村民小组干部每月共有 30 元的补助，在组长、副组长、妇女主任等人员中分配。[①] 完全依靠这样的工资待遇是无法养家糊口的，村干部们普遍认为不划算，既亏了自己，又亏了家庭。更令村干部门揪心和担心的是，当村干部政治上无奔头。以前，优秀的村干部有机会通过考录成为国家公务员，但这个政策仅执行了 2 年就废止了。[②] 一些有能力的农村青年感到当村干部政治上没有奔头，不愿当村干部。并且村干部卸任后生活难保障。现在，国家虽然根据卸任村干部的任职长短，每年给予了适当补贴，但仅仅是表示意思而已。因此，卸任村干部生活贫困的现象较为普遍。

---

① 这一情况在 2011 年后有所改变，村干部的待遇提高了一些。

② 这一政策在 2014 年后似乎又恢复了。

二 村内解决纠纷的主角

近些年来，到村委会来进行纠纷调解的村民越来越多，村委会调解成为龙村纠纷解决的最重要途径。

龙村村委会调解委员会由村"三职干部"和 10 个自然村的主任、会计组成，共计 23 人，调解委主任由村委会党总支书记兼村委会主任龙书记担任，调解的日常事务（如档案保管、调解协议拟定等）则由村委会副主任负责。实际操作下来，10 个村民小组主要是对各自村民小组内的纠纷进行调解，而村委会调解委员会则负责全村委会各村民小组村民提交的纠纷调解，具体调解工作主要由村委会"三职干部"来完成。

村调解委员在村委会办公楼单独有 1 间调解室，座椅按照长条形的椭圆形摆放。两方当事人席位设置在椭圆形桌子的长条边，相对而坐，调解员席位则设置在椭圆形桌子的上端，形式上看是居中调解的位置。

严格地说，村委会调解仍然属于民间调解，并不具有很强的效力。村委会调解是在镇司法所指导下进行的，每年都要接受镇司法所的检查。以前，上级对村委会调解的程序等并不特别在意，但这些年来县里专门出台文件，规定了村委会调解的形式和程序，下发了统一印制的调解工作手册以及调解协议书。要求对经手的每件调解案子进行登记、记录，对于达成协议的要按照格式填写正规的调解协议。县里专门制定了《治保调解工作考核奖励办法》，其中第十二条这样规定："调解工作实行'以案定补'，按以下标准执行：（一）按统一的格式登记，调解成功的纠纷，每件奖励 10 元；调解未成功，但告知纠纷当事人其他的处理方式，而且有记录的，每件奖励 10 元。（二）按统一的格式登记、有规范的调解协议书的，每件奖励 50 元。"第十三条规定了治保工作的补助、奖励标准："治保工作实行'以案定补'，按以下标准执行：（一）向政法机关提供违法线索，使案件得以查破的，每件奖励 50 元至 100 元；（二）向政法机关提供犯罪线索，使得案件得以侦破的，每件奖励 100 元至 500 元；（三）向政法机关扭送违法犯罪嫌疑人的，每扭送一名奖励 100 元至 200元；（四）保护发案现场、控制违法犯罪嫌疑人，并及时报告公安局机关的，每件奖励 50 元至 100 元。"

近些年来，龙村村委会调解的优势日显明显，影响越来越大，效果越来越好。据统计，每年在龙村村委会调解的案子有十来件，这主要是指有书面记录的案件，还有不少的纠纷虽然经过村委会干部口头调解，但因为几句话就解决了问题，也就没有记录。除了村委会调解委员会解决的纠纷外，还有一部分纠纷是在村民小组内部由村民小组长等人调解解决的。比较各类纠纷解决方式，从数量上看，通过村委会和村民小组调解解决的案件是最多的。

三 村民在村委会、村民小组调解中的行动逻辑

按照王启梁教授的分类，正式的社会控制是一种国家控制，而村民委员会等基层自治组织实施的非正式社会控则属于一种"准社会控制"①，受到国家和社会两个层面的力量作用。表现在纠纷解决上，准社会控制的手段介于国家法与民间法、正式规范与非正式规范之间，是一种官方解决方式与民间解决方式的混合体。并且村委会调解又与村民小组调解有所不同。凡此种种，面对性质特殊的村委会和村民小组调解，作为调解当事人的村民们表现出了富有特点的行动逻辑。

（一）村民们面对村委会和村民小组调解时有不同的心理态度和行动逻辑

在对待村委会和村民小组调解的心理态度上，村民们各有不同。在面对村民小组时，显得较为放松，距离感较小。龙村有 10 个村民小组，分布在 10 个自然村，这 10 个村民小组多则 20 多户，少则 10 户。从血缘关系上看，每个自然村基本上都是一个家族，一个小组的一户户村民之间，大都具有亲戚关系，有的还是一个家庭里面分家而出的具有兄弟姐妹关系的近亲属。小组长们则都是大家熟悉的家族内部的有一定威望的人。因此，村民们在面对这些小组长的时候，并没有把他们当作"当官的"人来看待，仍然把他们当作从小一起长大、天天见面的同一个家族的人。在村民之间出现纠纷而请求组长们调解的时候，仍然是一种遵从内心的自然行动，并不是因为组长们具有一定官方色彩而请求他们主持调解。从这个

---

① 王启梁教授认为："由于《中华人民共和国村民委员会组织法》的实施，村民自治制度的广泛开展，国家的正式科层机构止于乡镇一级。所以在基层农村，除了政府行政机构直接进行的社会控制之外，村民委员会等基层自治组织是政府控制实现的中介，政府通过这些组织来贯彻法律、政策、命令，通过这些组织来与社会打交道。因此，准正式社会控制也主要发生于村民委员会等基层自治组织活动的领域内。"——见王启梁《社会控制与秩序——农村法治秩序建构的探索》，博士学位论文，云南大学，2005 年，第 119 页。

角度看，小组长们的角色更接近于过去较为盛行的族中长者这样的传统型权威，只不过现在的组长们年纪都不是太大而已。

　　而村委会干部与村民小组相比较，官方色彩就浓一些了。村委会相当于过去的生产大队和村公所，现在是村民自治组织。在村民的眼中，这是一个具有官方性质的组织。第一，村委会具有专门的由政府建盖的办公场所，有村干部在里面值班，村民们的很多手续都需要到村委会去盖章，并且上级下达的生产任务以及以工代赈工程、发放救济款物等都由村委干部们组织实施。第二，村委会干部们的报酬是由政府财政部门统一拨发的，村干部们平时都要接受镇政府的任务安排并围绕这些安排而工作。第三，村委会班子成员都是经过选举而产生的，在选举的时候，镇里要派出专门的选举指导组参加，候选人一般也是经由镇上提出或审定的。并且按照党总支书记和村委会主任"一肩挑"的主张，村党总支书记一般也就是村委会主任，村党总支书记是要接受镇党委领导的，因此，这村委会就更具有了镇里的派出机构的色彩。第四，村委会工作的环境较为正规，设有办公室、电教室、党员活动室、调解室等，并配备了办公桌椅等，村委会办公楼上常年悬挂国旗，而内部的党员活动室则悬挂有党旗，墙上还悬挂了马、恩、列、斯、毛、邓以及当今党和国家主要领导人的头像，粘贴了反映国家主流意识形态的标语口号。这些都是村民小组无法企及的。村民小组基本没有办公场所，小组长们也没有固定的财政拨发的报酬。从调解这个环节看，村委会成立了正规的调解委员会，设立了调解室，还有调解记录本和调解协议书，调解过程都有记录，有些案由较大且达成协议的，还要求双方签订书面协议书，双方在上面签字、摁手印，这些都让村民们产生了一种"打官司"的感觉。从人员来看，村委会干部虽然都属于龙村人，但分别来自不同的自然村，与10个村民小组的村民之间并不必然具有很近的血缘关系。虽然也许都会有或近或远的亲戚关系，但有的关系隔得远一些，血缘之间的牵连较为淡薄。从地理上看，虽然都身处"一匹山梁子"上，但有远有近。因此，村干部们与村民之间的距离就各有不同了。有的村民从小与村干部一起长大，甚至是很近的亲戚关系，这部分村民在向村委会提交纠纷调解请求时，就显得较为随意，并且内心总觉得村干部会为他们说话。而有的村民与村干部们关系无论从血缘和地缘上看都更为疏离一些，他们在与村干部们打交道时就会显得稍有距离感，更会把村干部们看成具有官方背景的人，生怕难以"打成一片"，并且内心对村干部会如何处理纠纷隐隐觉得没有底。

　　贺雪峰先生在考察了江西等地的农村后认为，在一些自然村，因为村庄较小，使村民们在一个共同的范围内活动，因此具备共同交往和熟识的能力，村民们相互熟悉，由此村庄事实上仍然是一个典型的熟人社会。但是，由村民小组构成的行政村（即村委会）与自然村现在已经有了较大差别，"自然村的熟人因为拥有村落共同的生活空间，而相互知根知底。行政村作为规划的社会变迁，虽然拥有相同的行政空间，却可能缺乏共同的生活空间。村民们是在本自然村内串门、拜年、办红白喜事，在本自然村内举行各种仪式，进行诸种游戏的。结果使得行政村虽然为村民提供了相互脸熟的机会，却未能为村民相互之间提供充裕的相互了解的公共空间。对于这类行政村，不可以称为'熟人社会'，但可以称为'半熟人社会'"①。龙村的情况与贺雪峰先生观察到的情况有一些相似，但是，因为龙村范围并没有江西、湖北等内地的行政村那么大，也并未经历更多的外部冲击，加之同属一个族群，彼此之间沾亲带戚，不同自然村村民的交往相对来说还是较多的，并不仅仅是"相互脸熟"。因此，龙村村委会从总体上来说，还仍然是一个熟人社会。只不过，自然村与村委会毕竟拥有不同区域范围，村民与村民小组干部、村委会干部之间有着不同的熟识程度和心理距离，由此导致了村民们在村民小组调解与村委会调解中的心理态度有所不同。

　　（二）村民们请求调解的方式较为随意

　　对于村民小组和村委会干部们，村民们都较为熟悉。村民小组长本身在同一个自然村的村民的身边生活，村民一旦有了矛盾纠纷，出门或打电话去告诉小组长一声，小组长就会到达，充分听取双方意见。很多时候，无须当事人专门去告知，小组长们得知他们有了争执，会主动地到达双方家中了解情况，进行调解。这种调解方式方法是较为灵活随意的，由于都是邻居和亲戚关系，双方在处理矛盾的时候，都避免较为正式的解纷方式，以免彼此生分，显得自己爱争吃打闹，不顾亲情和面子。而当请求村委会调解委调解时，方式上会稍有不同。但是这种不同，也没有超出熟人社会特有的对于纠纷投诉的方式。对于村委会干部们，大家都是熟知

---

　　① 贺雪峰：《论半熟人社会———理解村委会选举的一个视角》，《政治学研究》2000 年第3 期。

的。因此，当村民们出现矛盾纠纷时，有两种方式进行投诉。一种就是打电话给村干部们，告知他们出现了争执，请他们来一趟；还有一种情况就是亲自到村委会办公楼找到村干部们请求解决纠纷，尤其是觉得利益受损的一方一般会主动到村委会进行投诉。绝大多数情况下，都是口头说明事由和理由，很少会写成书面请求。

（三）村民们对于村组调解的期望值较低

村民们到村委会来反映问题，很多时候是出于一种便利和熟悉的想法，觉得找村组干部反映问题较为方便，自己和村组干部也较为熟悉，因此找村组干部倾诉和请求解决问题时没有心理区隔。不少村民往往对纠纷的解决没有完整的想法，仅仅是告诉村干部们有这么回事，让他们看着办。这种较为没有"准备"和要求模糊的诉求，反映了村民们并不习惯于以公开的方式进行纠纷争端裁判；对于纠纷的处理结果也认为"天理自在人心"，自有村组干部会主持公道，无须自己采取刻意为之的方式唤起村组干部的同情和村内舆论的支持。这种漠视竞技的纠纷解决心态，似乎与现代法律强调的"司法竞技主义"① 不太合拍，但却真实反映了龙村人的淳朴。同时，村民们对可能会达到的处理结果并没有"非如此不可"的决绝，持一种"厚道"的观念，觉得"自己活别人也要活"，自己的利益达到一定程度即可，并不会对对方不依不饶，或者以争取到额外的利益而觉得"胜利"。在村民的观念中，并没有类似法庭较量中胜诉与败诉的观念，因为这两个概念是一种冷冰冰的中性词，无法反映人们的道德评价。在他们心目中，纵然是胜诉，但如果是通过不义方式取得的，或者是取得了超出情理的利益，都是不道德的，甚至可以说是"不要脸"的行为。还有，村民们本身就觉得如果纠纷不发生那是最理想的了，只有不得已才向村委会投诉，请求村委会支持。由于觉得把对方诉诸村委会，总觉

---

① 司法竞技主义是指在对抗制诉讼模式之中的当事人双方在法律规则范围内并在法官的节制下进行法庭争斗的一种司法精神。这种精神是西方古代决斗制度的遗风，是西方的个人主义传统的产物。荷兰学者约翰·赫伊津哈热情洋溢地赞颂过这种精神："竞赛不仅是'为了'某种目的，而是'用'某种方式或手段来干的。人们争相要成为第一，靠力量或敏捷，靠知识或靠财富，靠神采出众，慷慨大方，靠贵族血统，或靠子孙众多。他们用体力或臂力来比，或者比理智、比拳头，以奢侈的铺张陈列互相攀比，说大话，自吹自擂，用谩骂最后还用欺诈和诡计。"——见张建伟《司法竞技主义——英美诉讼传统与中国庭审方式》，北京大学出版社2005年版，第8—9页。

得自己有些绝情，因此对于对方当事人存有一种歉意，这种歉意在村委会帮助他们讨回利益的情况下尤甚——得到利益后总觉得欠对方一点什么。2010年6月，龙某家在村委会的帮助下，督促另一位村民向他归还了拖欠两年之久的800元钱，龙某特意在家里请这位村民和村委会龙书记等"三职干部"吃了一顿饭。龙书记也较为认同这种做法，觉得这样做弥合了彼此间因讨钱而有所撕裂的关系，毕竟双方以后还要相处下去，不要为一点小事伤了和气。

（四）村民们并不喜欢村委会人民调解室那种正规的场所和环境

目前，普遍要求各地农村的村委会设立人民调解室。如果村委会办公楼建盖的时间较早，可能就无法辟出一间专门的房间作调解室，只能和其他房间共用。而如果是近年来新建成的村委会办公楼，都能保证有一间专门的人民调解室。龙村村委会调解室较为宽敞，里面配备了桌椅，设置了当事人、调解员和书记员的席位，墙上悬挂了醒目的调解规则等规定，俨然是一个小法庭。但是，根据我的观察，这个调解室利用率较低。村民们对这个规范的设施齐全的调解室并不喜欢，他们来到村委会时往往习惯到村委会干部的住处说事情，有时候遇到吃饭的时候，就在饭桌上边喝酒边交谈。即使是村调解委把双方当事人一起召集来面对面调解，双方当事人也喜欢很随意地围坐在龙书记住处或者饭桌前对话。在村委会的调解中，我们很难看到双方正襟危坐的对峙场面，更多看到的是双方随意坐在村委会的办公室兼会客室长凳上，边抽烟边说话，各自阐述自己的观点。村委会的伙房常常会成为纠纷双方当事人和好的地方，有时候双方是拉着脸互不相让地到村委会来的，但是到了晚上双方吃完饭喝完酒出去的时候，往往互相亲热地搂肩搭背，似乎先前的争执和纠纷不曾发生过一般。另外，很多时候，村民们并不到村委会来进行调解，而是由村组干部上门或到田间地头进行调解。涉及相邻房屋纠纷的，村干部要到相关争议房屋前查看现场，畜禽造成庄稼损害的，村干部也一定要到田地里查看受损情况；尤其是遇到家庭琐事纠纷，当事人碍于面子一般不愿意到村委会来调解，村组干部上门调解就更为频繁了。

（五）村民们不习惯正式的调解方式

在调解过程中，即使双方已经矛盾较大，相互黑着脸，甚至已经不再讲话了，但双方在散发香烟的时候，仍然要发给对方。散发香烟在村里是一种交际性礼仪，一般的规则是在场的有抽烟习惯的成年男性都有份儿。

因此，当某位村民拿出一包香烟来散发时，他应该敬给每一位成年男性，不应该疏忽哪一个，否则会被认为无礼、瞧不起人。如果不给某一个人递烟，说明自己已经无视这个人的存在，表明关系已经彻底破裂了。① 正因为到村委会来的纠纷双方当事人并没有闹到互不说话的地步，相互间仍然保持着通向和解的心理通道，相互敬烟并被接受是双方互给面子的象征，这也是调解成功的重要基础所在。喝酒也是一种打破僵局、消除隔阂的方式。在当事人双方闹得很僵，互不让步，关系一时难以融通的情况下，村委会干部们有时候会利用大家吃饭喝酒的场合，让当事人双方消除隔阂。在酒精的作用之下，人们较为易于敞开心扉，人也会变得慷慨大方，对很多事情不再斤斤计较，双方相互间的让步较为容易达致。龙书记说："只要双方还能够接受对方发的烟，说明关系还行，只要双方愿意坐在一起喝几杯酒，说明调解就有了希望。"在调解过程中，村干部们尽量让双方多说话，尤其是气②不顺的一方，尽量让他们把心中的气发泄出来。龙书记认为，有些人之所以把纠纷告到村委会来，主要就是心中的气不顺，至于利益倒还是其次，因此，只要让他们在村委会把气出完，调解成功就是水到渠成的事了。

调解过程中，双方当事人之间争执少不了，但很少有争吵不休的时候。至于调解记录员，那是根本不需要的角色。整个调解过程在调解手册上仅仅几句话就交代完了。近年来，由于县上要求制作统一的调解记录，使村干部们不得不加强了笔录工作，把当事人的话尽量如实记录下来。但是，村民们面对书面记录的时候，心里有一定的戒心。很多村民不识字，无法比对调解员复述给他们听的调解笔录上记录的文字，所以当让他们摁手印确认没有意见时，心里是有些无底的。村民们的感受是，嘴里说说关系不大，但面对记录成文字的书面材料有点发怵，总觉得白纸黑字开不得

---

① 在龙村，不管在座的人抽不抽烟，给每一个人发烟，是一种社交礼仪，也是对在场每一个人的尊重。在当地，个别纠纷的起因就是有人给在场的人发烟时，不发给某一个或几个人，导致情绪对立，甚至引发冲突。

② 陈柏峰先生在《"气"与村庄生活的互动》（《开放时代》2007 年第 6 期）一文中分析了皖北李圩村的情况，认为"气"是人们在村庄生活中，未能达到期待的常识性正义平衡感觉时，针对相关人和事所生发的一种激烈情感，它有身体暴力、语言暴力、上访、自杀等诸种"释放"方式。"气"对于当事人是一种极大的心理负担，对于村庄也是一种社会负赘，在很大程度上需要排遣、宣泄、释放。不过，本书这里所讲的"气"，更多的仅是一种因一时想不通而生的"闷气""闲气"。

玩笑，生怕今后带来什么后果。不过，出于对村干部的信任，加之书面材料形式上的心理强制力，他们一般都会摁手印确认的。

（六）在调解依据上，村民们对于国家法律已有相当的接受能力和认同度

对于维系中国传统社会的秩序规范，费正清曾经指出："正式的法律主要为国家和社会的利益服务，在这种法律制度下，司法一直得不到发展。因此，民间纠纷常常通过各种非正式的渠道来解决……邻居间的争吵，可由村长、乡邻友好或绅士来调解……总之，法律是政体的一部分，它始终是高高地超越农村日常生活水平的、表面上的东西。所以，大部分纠纷是通过法律以外的调停以及根据旧风俗和地方上的意见来解决的。"①这些年来，随着国家法治宣传力度的加大等因素，村民们对国家法律的认识程度都在不断提高。尤其是电视等媒体的渗透，各种法治节目源源不断进入村民眼中，深刻影响了村民们的法治观。而村干部们时时刻刻在与各种纠纷打交道，无形中对国家法律规定更留意了解，同时，每年镇上组织的村人民调解员培训班都对村干部灌输了不少最新的法律知识，使他们的法律素养比村民要高一些。尽管大多数村干部对法律知识不能完全理解，但在村委会调解中，村干部们都尽量优先以国家法律为依据进行调解。但当运用村落民间习惯调解则更为有用的时候，村干部们又会转而寻求村落民间习惯。更多的时候，在一个调解过程中，为了能让当事人充分服膺，村干部往往采取实用主义的原则，什么管用就以什么为依据。但总的趋势是，村民们对于国家法律的认同度越来越上升，当法律规定与村落中民间习惯有冲突的时候，他们还是以国家法律为基础性的依据，在此基础上适当用民间习惯进行变通。龙书记告诉我，现在的群众素质都提高了，遇到对委会调解不满的时候，很多村民都会说法律是怎样怎样规定的，认为村委会调解"没有依法办事"。尽管有学者提出"正式的法律并不因为它们通常被认为是进步的即必然合理，反过来，乡民所拥有的规范性知识也并不因为它们是传统的就一定是落后的和不合理的"②，但从龙村情况看，现在的村委会调解已经更多地被纳入了国家法治体系中，村民们处于不断

---

① ［美］费正清：《美国和中国》，张理京译，世界知识出版社2001年版，第113页。

② 王铭铭、王斯福：《乡土社会的秩序、公正与权威》，中国政法大学出版社1997年版，第465页。

地被国家法律规训的进程中，对于国家法的认同度和尊崇度已经超越了民间习惯。

（七）村民们对于村委会调解的执行并不是不折不扣的

由于村委会具有的准社会控制特征，村委会达成的调解意见一般能得到村民们的遵行，尤其是如果签订了书面调解协议，那么双方对于协议的遵行度就更高了。不过，还是有少数村民事后会对在村委会达成的调解协议反悔，又提出新的要求，引发新一轮的纠纷。还有的时候，在村委会答应得好好的事情，过几天就又出现了反复。其实，这些都反映出龙村的调解仍然仅是适应当地村民需要的解纷方式，灵活、亲切有余，但威严不足，并不具有严肃的国家正式解纷方式的强制力。既然村干部都是大家熟悉的，调解过程也呈现较为随意的表象，一些调解协议甚至还是酒后意气用事的结果，所以大家都没有把村委会调解看成不可更改、不容置疑的"一锤子买卖"。这样，一些达成协议的纠纷（尤其是一些日常琐事纠纷），会重新成为村委会调解的事端，甚至成为反复调解的案子，这在滇中农村是较为常见的现象，并非龙村一村所独有。

第四节　村民在镇派出所调解中的行动逻辑

在龙村人的眼中，镇派出所是一个富有权威的执法机构。派出所相比村委会与镇司法所来说，显得较为威严。在日常生活中，人们一般不会主动去找派出所帮助解决私人之间的纠纷。但实际上，派出所承担了不少的民间纠纷解决职责，与村民发生着密切的联系。

一　威严的派出所

在中国的派出所建制中，每个乡镇都设有一个公安派出所，如果是人口众多的大镇，派出所还可能升格为公安分局。新中国成立后，派出所逐渐在全国各地建立起来，其职能地位也在几十年间发生着调整和变化。"纵观历史不难发现，派出所职能定位的演变经历了这样一个过程，即以最初的以户口管理为中心的职能，发展到20世纪80年代以治安管理为中心、以户口管理为基础的职能，到90年代发展演变为多功能、综合性的系统功能，再到当前提出以管理和防范为主要职能。"① 管理和防范都是实现社会控制的形式，而社会控制所关心的是"社会与个人之间的关系"②，并且社会控制在警察这里是以"预防争端或以和平的方式解决争端而实现的"③，因此纠纷解决当是公安派出所管理职能中的重要组成部分。

　　派出所纠纷解决职能的产生和发展经历了一个过程。"在以专政为唯一职能的时期，公安机关并不参与解决任何纠纷。纠纷的解决更多仰赖于纠纷当事人所属的各级政权组织与单位组织。随着公安机关治安管理职能的产生，在'为人民服务'的基本思想的指引下，派出所解决纠纷的职能得以孕生并逐渐发展，在纠纷解决方式上，经历了从权威型解决到合意型解决的演变，前者以强制为特征，后者以调解为外部形式；在解决纠纷的范围上，则从治安案件纠纷扩展到普通治安纠纷和民事纠纷。"④ 目前，公安派出所从事着大量的治安调解工作，其法律依据来自《治安管理处罚法》第九条的规定："对于因民间纠纷引起的打架斗殴或者毁损他人财物等违反治安管理行为，情节较轻的，公安机关可以调解处理。经公安机关调解，当事人达成协议的，不予以处罚。经调解未达成协议或达成协议后不履行的，公安机关应当依照本法的规定对违反治安管理行为人给予处罚，并告知当事人可以就民事争议依法向人民法院提起民事诉讼。"因民间纠纷引起的治安案件要作调解处理，须符合以下要件：一是因民间纠纷引起打架斗殴造成轻微伤害的；二是因民间纠纷造成他人财物损毁，情节轻微的；三是其他因民间纠纷引起的违反治安管理行为，情节轻微的。在派出所调解的案子中，治安调解仅仅是其中一部分，此外还有大量的不涉及治安管理的纠纷调解。这些案子是一些可能引起治安案件或刑事案件的普通民事纠纷。这类普通民事纠纷的调解依法应由基层人民调解组织进行，本不属于人民警察的职责范围。但由于派出所的权威地位和我国现实国情的特点，使老百姓习惯于有困难找警察，有纠纷就到派出所去请求评

　　① 张慧卿：《乡村民众的利益调整与秩序变迁——以福建漳州岩兜村为个案》，合肥工业大学出版社 2009 年版，第 198 页。

　　② 田佐中、陈国红：《罗斯的社会控制理论述评》，《南京政治学院学报》1999 年第 6 期。

　　③ 戚丹：《治安秩序管理专论》，中国人民公安大学出版社 2008 年版，第 28—29 页。

　　④ 左卫民等：《变革时代的纠纷解决——法学与社会学的初步考察》，北京大学出版社 2007 年版，第 163—164 页。

理。《人民警察法》第二十一条的规定"人民警察……对公民提出解决纠纷的要求，应当给予帮助"，从法律上明确了派出所调解此类纠纷的依据。

桥镇派出所设在镇政府所在地，距镇政府约50米，有民警6人，其中所长和副所长各一人。所长年纪稍大，有三十七八岁，从警经验丰富，在县里很多乡镇任过派出所所长。其余5个干警都是二十几岁的年轻人，大都是这几年从警官学院毕业后考上公务员进入公安系统的。他们都是本县人，没有外地来的。镇派出所办公楼有三层，其中有一层是干警宿舍和厨房，其他两层是办公用房。所里有一辆警车，并有多台电脑。

这些年来，桥镇派出所每年处理的有记录的治安调解案子有二三十件，主要都是打架斗殴引发的纠纷，另外，还有一些通过口头调解结案的案情简单的案件。派出所显得很是繁忙，除了进行常规性的治安管理以及刑事侦查外，还要服从镇党委、政府的安排，进行一些临时性的治安任务。桥镇是两个乡镇合并而成的大镇，管辖的范围较大，山高坡陡，路况不佳，加之所里仅有一辆车，使派出所的6名干警常常忙得连轴转。好在上片（即山区片）虽然路途较远，但相对治安状况较好，治安案件不多，刑事案件更是极少发生，所以省却了很多麻烦。所以，派出所的大量精力都耗在对付坝区几个村委会特别是镇政府所在地街面上的各类治安纠纷调解上，不需频繁到龙村等山区村委会出警。龙村距离镇上有近30公里路途，本就是一个安静的村落，平时派出所干警来得也不多，因此村民们与派出所干警的接触较少，可以说，派出所在村民们心目中的形象是陌生、威严的。

二 村民与派出所的日常接触

龙村集市是通向四面八方几个村委会的交通交汇点，镇派出所的干警们路过时都习惯在龙村集市的餐馆吃饭，但他们总是来去匆匆，吃完饭后就开车离去。这几年来，情况稍有变化，派出所干警也配合镇交警中队以及镇农业推广中心定期在赶街天到集市上驻点执勤，维持交通秩序，查处农用拖拉机违法载人等行为；同时，这也是对集市进行治安巡逻的一种举措。这一举措方便附近村子的村民们，使他们能够近距离地接触到警察，由此也可以把村子里发生的治安案件向警察们投诉。但限于人力物力，镇派出所民警不可能每个赶街天都到集市上执勤。除了在集市上见到警察外，村民到镇上去主动找警察的时候并不多。一些人可能会去办理户口登记、证明方面的事宜，如果村子中发生了刑事案件，村民们自然会把事件及时报告村委会，村委会也会在第一时间向派出所报案。

村民之间的民事纠纷虽然不少，但当事人双方都较为节制，至多把纠纷提交村组或司法所解决，一般不会闹到镇上找派出所调解。究其原因，一是在村民的心目中，警察是"抓坏人"的人，派出所是处理打架、偷盗、抢劫等性质严重的案件的机构，村民之间的日常琐事派出所怎么会来管呢？二是龙村到镇上路途过于遥远，29公里的山路让村民们一般不可能把纠纷带到镇上解决；三是龙村人本就具有家丑不可外扬、耻于纠纷的心理观念，即使有纠纷，也尽量寻求村内调解力量的调解，不会想到请派出所调解。

因此，派出所对村民纠纷进行的调解仅仅限于处理治安案件时候进行的治安调解，以及处理极少部分情节轻微的轻伤害类刑事案件时进行的调解。

三　村民在派出所调解中的行动逻辑

当村内出现吵架打架行为导致人身伤害，镇派出所就会出面来干预，往往也就会进行调解，不过，这样的情形不多。本村人内部的打架事件发生的频次较低，几年来，曾经发生过几次家庭内部丈夫对妻子的伤害以及兄弟之间的打架行为，但很多是酒后行为，并且伤害程度不大。发生这些事情后，当事人也会把情况向村委会投诉，请求村委会主持公道。这些纠纷一般通过村委会的教育就能令当事人认错，使纠纷得到化解。村内也有几个不时发酒疯打人的酒徒，但他们的行为尚未引发大的事端，也没有村民向派出所报案。

镇派出所之所以到村内来进行治安调解，主要是针对集市上发生的打架斗殴行为以及村内发生的本村人与外村人之间的纠纷。集市上发生的打架斗殴诱因较多，有做生意过程中起争执导致的，也有在餐馆、烧烤摊上吃饭、喝酒时言语不当引发的，等等。打架斗殴一般发生于本村人与外村人之间，或外村人与外村人之间，也有少量发生于本村人与本村人之间。与外村人相比，龙村人显得较为安分守己。虽然集市就开设在本村地盘上，但龙村人并没有"地头蛇"的派头和气势。当然，龙村人也会在集市上做出吵架乃至打架的行为，他们涉身这类事端，主要是与外村人之间因为做生意等导致的，如由于质疑缺斤少两、商品质量发生争执，或因为争夺集市摊位、索要欠账等引发纠纷。

　　派出所处理纠纷所进行的调解有两种方式，一种是正式调解，另一种是现场调解。正式调解方式主要适用于纠纷相对复杂、争议的权益相对较大的情形。且纠纷调解结果不仅关涉当事人利益，也直接影响到对案件的行政处理，因此运作程序相对复杂。而现场调解是指用简易程序当场调解，主要适用于处理一些案情简单、事实清楚、证据确凿、争议标的额不大的治安案件和普通民事纠纷。对龙村的村民而言，民事方面的纠纷一般不会向镇派出所投诉，因此，派出所来处理的主要是一些治安纠纷。在处理这些纠纷的过程中，主要使用现场调解方式，对于案情重大的案子才会把当事人带到派出所进行正式调解。不管是哪种调解方式，对于龙村村民而言，都感觉到了一种心理上的压迫感。如果他们还是治安事件中的加害人一方，如他们在打斗中伤着了别人，则在面对民警时的惶恐心理更甚。在他们的观念中，被警察盘问总是一件尴尬的事情。对于纠纷，他们习惯的是在村中民间权威或者是村委会干部主持下的那种不太正式的场合中随意气氛下进行的调解。在那些调解中，他们可以没有压力地充分阐释自己的看法。但在派出所的调解中，说话不是那么随意，只能针对问话来回答，气氛也不是那么轻松。因此，在与派出所接触的过程中，村民们显得较为拘谨。

　　对于那些在市场中与人发生纠纷被打伤的处于被害人角色的龙村村民来说，他们总是较为通情达理。在民警的主持下，对于纠纷中已经认错的一方很少会不依不饶，只要对方能给予赔礼道歉和适当地补偿他们也就宽厚地接受调解协议了。①

　　而对于那些在市场中与人发生纠纷时伤害了他人而处于加害人角色的龙村村民来说，对于民警的训诫和提出的调解方案更是容易接受。本来，

---

　　①　这应该说是东方民族一种普遍的心理状态。比如，有研究表明，在日本，"有时候受伤害的一方最希望听到的就是另一方承认自己错了；只要道一声歉就能解决这场纠纷。在另外一些情况下，道歉本身虽并不足以解决纠纷，但却能缓解紧张气氛并缓和当事人之间的关系，从而使与人身相分离的问题得以尽快解决。此外，在那些持续性关系为背景而发生的纠纷中，道歉对于修复因纠纷而受损的关系有着重要作用……在日本这样一个以权利为基础的纠纷解决不那么根深蒂固的国度，道歉在解决纠纷中发挥着核心的作用"。（［美］斯蒂芬·B. 戈尔德堡等：《纠纷解决——谈判、调解和其他机制》，蔡彦敏等译，中国政法大学出版社2004年版，第150页）中国也是一个"以权利为基础的纠纷解决不那么根深蒂固的国度"，几千年的传统文化本身就有着很深厚的和合文化基因，人们对于调解的认可度、接受度也许更甚于日本。

我国的公安机关进行的治安调解是具有中国特色的纠纷解决方式，作为具有行政管理职能的公安机关履行了司法机关的职能，这在职能分工上是有一些冲突的。因此，与其他调解方式相比，治安调解具有自身的特点，即强制力的显性和隐性影响。在一般人看来，根据合意的纠纷解决机制中不存在强制，但由于公安机关具有的国家强制力，使治安调解这种纠纷解决机制中都或多或少存在着强制功能，即外在的显性或潜在的促使当事人服从其裁决的力量。派出所调解相对于其他诉讼外纠纷解决机制而言，在整个调解过程中，除了疏导、斡旋之外，还充斥着大量的"教育"、"训斥"、"警告"。如对是非判定，对当事人双方的法制教育、政策宣传、道德批评、纠纷恶化的后果提示、对责任方消极调解的后果警告等，在这些隐性的强制力量背后，隐藏的便是公安机关的政治权威。[①] 这种政治权威是公安机关长期在民众心目中享有的尊崇形象所带来的，也是在其履行行政管理职能的过程中逐渐形成的，它对于派出所调解的形成和维护起到一定的影响作用，同时通过这种政治权威也保证了公安机关调解机制存在的正当性。在美国的 ADR 实践中，有一项原则是"在法律的阴影下谈判"（Bargaining in the shadow of the law），意指非诉讼纠纷解决机制受到诉讼结果的隐性影响，使非诉讼纠纷解决机制作出的解决结果符合法律精神。实际上，公安机关的治安调解也是一种"在强制阴影下的谈判"，当事人不可能不受到公安机关的强制力的隐性影响。在龙村人的心目中，派出所及其民警们的形象是正面的，其政治权威在村民中始终较为牢固。而且处于被训诫的加害人身份的村民们，心中的愧疚感和负罪感显得较为明显。尤其是如果被带回派出所询问的话，他们就会更加焦虑。他们总是认为，只要是被带到派出所，不管有没有犯法，总是"不名誉"的，是很丢人的。尽管也许只是做了违反治安管理法规的行为，但带给他们的感觉似乎是犯了罪一般。在这样的心理状态之下，他们对于民警们提出的治安调解方案往往麻利地就认可并签字了。

但是，需要指出的是，在很多治安案件中的纠纷调解中，当村民被镇派出所找到，要求他们就案件事实作证的时候，他们并不十分配合。面对干警的要求，他们总是笑着不说话，或者说自己不知道。不愿作证，不愿

① 左卫民等：《变革时代的纠纷解决——法学与社会学的初步考察》，北京大学出版社2007 年版，第 174 页。

得罪人，这种老好人思想，也许是龙村人以和为贵思想的一种异化。

第五节　村民在法院调解中的行动逻辑

在人类处理纠纷的活动中，很多机构和个人都担任着定纷止争的功能，如宗教权威、宗族长者、民间人物、政府部门等。以龙村而论，就有基督教权威人物、村中长者、村委会调解委员会、镇派出所等。但是，在法律辞典和教科书中，只有法院主持的裁判活动才算得上司法活动，即司法是法院执掌的一种重要的国家职能。正如苏力所言："它（司法）是从书本上的法到实际生活中的法的桥梁，是从（法治）原则转化为实际规范的中介。"① 这种国家司法活动依据的规则是国家制定法，法院的判决具有法律上的强制执行力。龙村尽管是一个偏远的苗族村落，但毕竟是在国家法治的笼罩之下，村民们的生活多少会受到国家司法权力的影响。因此，研究村民们在与法院组织打交道过程中的心理态度和行为逻辑是很有意义的。

一　大山深处的法庭

龙村所在的县有 8 个乡镇，县城里设有县法院，是县城和附近几个乡镇群众诉讼的地方。除此而外，仅在一个乡镇设有一个派出人民法庭。这个乡镇不是龙村所在的桥镇，而是另外一个乡——牛街乡。过去，全县有四个派出法庭，后来县法院为改善法庭分布分散的状况，把大多数法庭都收回了县法院，只保留了一个地处几个乡镇中心点的牛街人民法庭。牛街法庭离县城较远（79 公里），管辖范围涉及附近四五个乡镇，是一个中心法庭，负责几个乡镇的诉讼及部分非诉讼纠纷事务处理。辖区交通不便、信息闭塞、经济欠发达，呈现少数民族小聚居、各民族大杂居的特点，民风淳朴。

新中国人民法庭的前身是解放战争时期的人民法庭。解放战争时期，解放区的民主政权在土地改革中设立了人民法庭，受理审判违抗或破坏土

① 苏力：《送法下乡——中国基层司法制度研究》，中国政法大学出版社 2001 年版，第 4 页。

地改革的犯罪案件。自 1952 年的司法改革运动起，县普遍设立巡回法庭、人民调解委员会等。由此，人民法庭的功能由最初为镇压反革命而临时设置，作为"传统绅权的转化和替代"① 的人民民主专政机构，逐渐演变为扎根乡村社会的固定的司法机构。自 20 世纪 90 年代末以来，人民法庭建设受到党和政府前所未有的关注。因为，"法庭建设工作构成面向乡村社会整体推进中国法治建设的重要一环，在市场化激流和全球化的裹挟下，党和政府决意以更加务实的态度去推动农村的法治进程，进而增强其治理社会的合法性基础"②。实际上，除了从国家意图方面理解外，人民法庭之所以得到加强，是因为其本身具有的职能优势，因为人民法庭与法院一样，能"为纠纷双方提供了一个可以公开、清楚地发表自己诉求的公共空间，而且这也是一个制度化常设的公共空间"③。

从全国的情况看，各地的人民法庭都得到了加强，体现为基础设施大幅改善、人员待遇不断提高、办公条件日益完备等。牛街法庭在前年就新建了一栋新的具有法院风格的审判大楼，该楼有三层，设有三个审判庭。审判庭内的设施配备较好，审判席、书记员席、当事人席完整规范，厚重端庄。厅内还配有较为宽敞的旁听席位，可以容纳近 50 人旁听审判。这栋大楼位于牛街乡街面上，因为具有高高的台阶、拱形的窗户，显得较为独特和显眼。除了这栋大楼外，还有一幢两层楼房，作为法官的办公室兼住房。法庭现有法官 3 名，都是正规政法院校毕业后进入法院系统工作的。按照行政级别，牛街法庭的庭长属于正科级（与此对比，镇派出所所长和司法所所长只是副科级），在一个县里也算是不大不小的领导干部了。法庭每名法官都配备了电脑、电话、办公桌椅等办公设施。法庭聘请了一名炊事员，自办伙食。炊事员每两天到街上买菜，回来后把菜放入冰箱，供两天食用。因为地处山区，村民们习惯一天吃两餐饭，即每天 10

---

① 孟庆友：《人民法庭对绅权的转化和替代》，载《法律和社会科学》（第八卷），法律出版社 2011 年版，第 49 页。

② 丁卫：《秦镇人民法庭的日常运作》，载《法律和社会科学》（第一卷），法律出版社 2006 年版，第 235 页。

③ Sarat, Austin, Joel B. Grossman, "Court and Conflict Resolution: Problems in the Mobilization of Adjudication", American Political Science Review, 1975, Vol. 69, pp. 1290, 转引自朱涛《基层法院办案方式的转变（1982—2008）》，载《法律和社会科学》（第八卷），法律出版社 2011 年版，第 96 页。

点左右和晚上 5 点半左右吃饭，早餐一般都不吃，所以他们一般都是 10 点钟左右吃过饭后即出门干活、办事。为了适应村民的这一习惯，法庭的作息时间作了调整，上午一般就是学习、开会或处理其他事务，中午 12 点开庭。这一做法，在全国农村都较为普遍，如鄂西南农村法庭考虑到"乡民赴法庭打官司交通不便，如果开庭时间过早，当事人很难按时到庭"①，故开庭时间也是延后的。关于作息时间，牛街法庭与内地不少地方不同。在丁卫先生笔下的秦镇法庭，由于秦镇距离市区仅 3 公里（20 分钟的车程），法官们晚上都要回到城市里居住，而由法庭的租房户来守夜；在平时的工作中，法官们也灵活运用司法程序来尽可能地缩短在法庭的居留时间。② 但地处滇中茫茫群山中的牛街法庭离县城有 79 公里的山路，显然不可能每天回去。法官们几乎按照县城上班的人的作息时间，周一至周五在法庭，周末才回县城与家人团聚。从 W 县情况看，全县法院系统有彝族法官 1 人、苗族法官 2 人、傈僳族法官 1 人、纳西族法官 1 人，占全院干警人数的 22%。牛街法庭每年受理的涉及少数民族案件占法庭收案数的比例在一半多一点，但法庭仅有 2 名彝族法官，并没有苗族等其他少数民族法官。因此，县法院的领导告诉我，正准备结合少数民族人口分布状况，为牛街法庭配备更多少数民族法官或人民陪审员，以便在法庭和少数民族群众之间架起沟通的桥梁，提高审判工作的质量和效果，扩大审判工作的社会效果。

龙村距离牛街法庭有 35 公里路程，骑摩托车或坐拖拉机需要约一个半小时的时间。法院（法庭）这种正式的国家司法机关，距离龙村人的日常生活较为遥远。这种距离感，并不仅仅是地理上的，更多的是心理上的。龙村村民与法庭打交道大概有两种情况，一种是村民们到法庭中进行诉讼活动，另一种是法庭到村内进行巡回审判。在龙村人的日常生活中，与法庭打交道的时候并不多。参与过法庭诉讼的龙村人极少，有时候，一年下来全村都没有一起诉讼案件发生。对于大多数龙村人而言，牛街法庭是陌生的，不少村民根本不知道还有一个牛街法庭存在。

---

① 　张青：《转变中的乡村人民法庭——以鄂西南锦镇人民法庭为中心》，《中国农业大学学报》（社会科学版）2012 年第 4 期。

② 　丁卫：《乡村法治的政法逻辑——秦镇人民法庭的司法运作》，博士学位论文，华中科技大学，2007 年，第 85—89 页。

二　村民对待诉讼的态度

虽然牛街法庭管辖范围较广，涵盖四五个乡镇的 10 多万名村民，但每年审理的案件也不足 50 件，说明真正想到法院来打官司的村民是不多的。以龙村人而论，人们不太愿意把纠纷提交到法庭来处理。其原因，除了路途遥远之外，观念也是很重要的缘由。村民总觉得有了纠纷最好是通过协商、调解来化解，不愿上法庭诉讼，这是一种普遍的心理状况。这种诉讼心理的形成，与龙村人的民族、文化、宗教、历史等因素有关。值得注意的是，随着时代的变迁，村民的诉讼观念开始有所分化。比如，那些经常在外面经商的人，为了经济利益的实现会把纠纷提交法庭解决，如追讨欠款等。特别是近些年来在外面打工的年轻人，观念的变化更为迅速，学会了用诉讼的方式处理私人纠纷。在牛街法庭受理的离婚案件中，大多数是外出打工的年轻人起诉到法院的。滇中山区的少数民族中普遍结婚较早，有的是还没有达到婚龄的就结婚了[①]。由于结婚早等原因，结婚后外出打工时容易出现各种感情危机，导致离婚纠纷逐年增多。对于离婚案件而言，只有法院的解决才是最为权威的，而民间调解组织是无法处理这些事情的。由此，牛街法庭也与全国不少农村法庭一样，在大多数情况下承担着的是"运用调解的方式解决以离婚案件为主的普通民间纠纷的司法活动"[②]。

三　村民在法庭巡回审理活动中的行动逻辑

2010 年 12 月，最高人民法院印发了《关于大力推广巡回审判方便人民群众诉讼的意见》的通知，提出巡回审判是人民法院基层基础工作的重要组成部分，是立足现有司法资源充分发挥审判职能作用的重要途径，已成为各级人民法院关心、社会广泛关注、群众迫切期待的重大民生问

---

① 我曾经对龙村达不到婚龄的年轻人是怎么领到结婚证的迷惑不解，村委会龙书记告诉我，这些人家一般先按民间习俗结婚，有的还生了孩子，到了婚龄以后才去县民政部门办结婚证，到镇计生部门补办准生证，到镇派出所给孩子上户口，使婚姻状况由非法变为合法，孩子也上了户口。有关政府部门也整顿过这种非法行为，无奈民俗观念太过深厚，加之补办以后也无大碍，也就睁一只眼闭一只眼了。

② 张青：《乡村司法的社会结构与诉讼构造——基于锦镇人民法庭的实证分析》，《华中科技大学学报》（社会科学版）2012 年第 3 期。

题。为此，地方法院纷纷提出了贯彻落实意见，要求基层法院组织杜绝"关门办案、坐堂问案"的模式，积极深入村寨开展巡回审判活动。除此之外，还要到辖区进行法律知识的普及宣传，对人民调解员的工作给予帮助指导。在案件不多的情况下，履行法院对外司法职能作用，积极参与社会工作管理创新，不断延伸和拓展审判职能。2011年以来，云南省开展了"群众观点、群众路线、群众利益、群众工作"的"四群"教育活动，作为做好新时期群众工作、促进干部密切联系群众的新举措、新形式、新尝试，要求各个部门的干部群众都要投入这项活动。在此形势下，基层法院及派出法庭以更大力度开展了巡回审判活动。

当然，一直以来，牛街法庭等滇中山区法庭都是贯彻着深入群众的工作方针的，这是法庭本身特点及工作性质带来的必然选择，因为"派出法庭的法官出于客观条件还是工作需要，不仅不能像县法院法官那样与乡民保持距离，相反他们必须想办法与乡民'拉近'距离"①。在这样的形势下，牛街法庭"走出去"下到村寨开展巡回审判、调解的工作力度加大了，成效也是很明显的。法院简报曾经报道过一件牛街法庭通过庭审调解成功的案例：

深入基层精心调解，反目兄弟握手言和

6月5日，牛街法庭的法官迎着清晨的朝阳，驱车赶赴30多公里外的龙村村委会审理一件亲兄弟之间的排水纠纷案。10点，法官们带着卷宗赶到纠纷现场，对现场进行仔细查看、走访村民了解案件情况。了解到纠纷双方系亲兄弟，弟弟为了解决自家排水问题，未与哥哥协商，在自家房屋上安装了排水管，其中一根排水管的水直接落入哥哥家院子里，双方矛盾由此产生。法官来到现场后，认真查看了排水管对哥哥家的影响，又爬上弟弟家楼顶认真细致地查看是否有更好的解决方案。在现场了解到两家原本没有太大的恩怨，弟弟是因为哥哥起诉讼到法院让自己成为被告觉得在乡邻面前丢了面子而不愿和解，而哥哥又是因为弟弟未征得同意就擅自安装排水管而心里一直堵着一口气。

_____

① 牟军、张青：《社会学视野中的乡村司法运作逻辑——以鄂西南锦镇人民法庭为中心的分析》，《思想战线》2012年第4期。

调解经验丰富的法官结合之前法官到实地查看及走访的情况，分头找到当事人，从双方的亲情关系入手，深入剖析各方利害关系，认真讲解了《民法通则》关于不动产相邻关系的处理原则。在法官对双方进行劝说的过程中，各村的调解员和乡邻也充分发挥"人头熟"的优势，主动参与到法官的调解中来，从不同的侧面共同做起了双方当事人的劝说工作。通过努力，双方终于摒弃了打官司丢面子的心理负担，同意了法官提出的解决方案，当庭达成调解协议。法官宣布完调解协议时，拉着两兄弟的手当场来了个"握手言和"，现场响起了热烈的掌声。

在法庭进行巡回审理活动的时候，也会结合案件对村人民调解员的工作给予帮助指导，并把法制宣传活动贯穿在现场审理过程中。

由于龙村村民遇到纠纷倾向于和解、调解解决，不到万不得已不会通过法庭解决纠纷，同时村内村组调解等也能够解决绝大部分民间纠纷，因此诉讼到法庭的案件很少。在牛街法庭受理的有限的案件中，占主要部分的是离婚案件，此外还有少量赊账纠纷、交通赔偿纠纷等。对于这些案件，法庭的出发点是立足于调解。村民对于法庭开展的一系列诉讼活动，觉得较为新鲜。到巡回法庭开庭那天，很多村民都自发地来旁听。到龙村来开展巡回审理的案件审判庭每次都设置在村委会院子中的篮球场上。一般的情况下，法庭法官们会在村委会干部的帮助下，把村委会的桌椅板凳抬出来，尽量按照法庭审判庭的格局进行摆放，同时，还摆放了几排长凳子，供村民旁听用。来旁听案件的村民，除了一部分是对案件处理结果本身较为关注之外，更多的人是出于一种看新鲜、看热闹的心理。在他们看来，法庭的陈设、法官的衣着、审理的程序以及法官的"法言法语"都是很有意思的。对于法官的宣读文书及阐述法理行为，以及法官引用的法律条款，他们并不是很清楚，只感到这是一种严肃的国家行为。

作为当事人中的被告，对于参加法庭审理是有抵触心理的。村民们对于民事原、被告等诉讼参与人的角色缺乏认知，在村民们心中，"被告"意味着是被法庭课予责任的人，与"坏人"无异于是一个含义。尤其是开庭时还要在村民的众目睽睽之下坐在被告席上，更是令人无地自容。因此，当法庭让被告陈述，或者念到被告这个词的时候，他们都会发出阵阵笑声。出于对被告这一身份的抵触心理，法庭到村民家送达出庭传票的时候，作为被告的当事人往往会拒绝签收。有时候，他们就躲起来让法官找不到。他们认为，只要躲起来让法官找不到，或者不签名，就表明我不同意这个案子由法庭来审理，就可以不出席法庭审判。这种情况在离婚纠纷中出现得较多，一些不愿离婚的丈夫对于妻子提出的离婚诉讼不认可，往往就是通过上述方式不到法庭应诉。最后，法官只得进行缺席审理，并作出缺席判决。法官内心并不认可这个方式，因为那个丈夫还可能另有想法，往往以后还会闹。实际生活中，以这种方式解除婚姻关系的妻子回娘家居住后，有的已经被判离婚的前夫还会去找她，认为自己并没有参加审判过程，也没有在判决书上签字，因此并不认可离婚的事实。这样的案子，往往需要法官们三番五次做工作，宣讲国家法律的严肃性，有时还需要动用民间习惯劝诫，才会让当事人完全接受。

不过，龙村的大多数村民是通情达理的，所以绝大多数案件都能以调解而结案。村民们对法官们有着朴素的崇敬感，总觉得法官们身为国家干部，还能够翻山越岭不辞辛劳地到穷山村里来为大家解决问题，并且在开庭过程中又和蔼可亲，用大家熟悉的方式摆事实讲道理。虽然对法官们所讲的有些法律术语听不懂，但通过法官用通俗的语言一说，大家基本就明白了。法官们帮助吵架的夫妻和好，帮助村民们追讨欠账，帮助交通纠纷中的双方当事人合理分担责任、解决问题等举动，村民们特别是当事人都是看在眼里的，因此心里很感动，总觉得这是法官们在做行善积德的事情。每次法庭审理，经过几个小时的努力终于达成调解协议后，村民们都要诚恳地留法官们吃顿饭，但都会被法官们婉言谢绝。

四 村民在法庭调解中的行动逻辑

"家国传统与和谐精神，使中国传统诉讼文化缺乏竞争和对抗的要素。"[①] 在实际工作中，牛街法庭一直坚持"能调则调，当判则判，调判结合，案结事了"的原则，加强诉前、诉中、诉后等各个环节的调解工作，将调解工作贯穿于案件和执行全过程，凡是依法可采取调解方式处理的案件都尽可能通过调解方式结案。据统计，这几年来，法庭都把提高调撤率作为工作重要目标加以追求，使案件呈现"两升一降"的良好趋势，即：调解结案率和当庭自动履行率上升了，上诉信访量不断下降。法官们

---

① 龙宗智：《刑事庭审制度研究》，中国政法大学出版社 2001 年版，第 125 页。

讲，他们工作中十分注重实际效果，尽量做到"案结事了"，让当事人今后也不会上诉信访。相比简单的判决方式，通过调解结案或者按撤诉处理更能够达到案结事了的效果。因此，这几年来，牛街法庭的调撤率基本稳定在70%以上，并且绝大部分案件都做到了当庭履行（见表7－1）。

表7－1　　　　　　　　　2008—2011年牛街法庭审结案件情况

项目 年度	受理民事案件数（件）	判决数（件）	驳回起诉数（件）	调解数（件）	撤诉数（件）	调撤率
2008	47	14	0	24	9	70.20%
2009	57	19	1	25	12	65.00%
2010	47	13	0	24	10	72.34%
2011	49	12	0	25	12	75.50%

资料来源：牛街法庭2008—2011年工作总结。

法庭在处理案件时，尽量通过调解解决问题。为了达到调解结案的目的，法庭法官们先要充分了解当事人的想法，为调解策略奠定基础；同时，法官们还会充分利用各种资源，如让村内民间权威帮助劝说当事人等，目的就是尽量多地达成调解协议。

但实际上，调解的方式也是村民们心理上较为接受的方式。在他们把纠纷起诉到法庭之前，往往已得到村委会、镇司法所等调解组织的调解，都是在调解无法达成协议的情况下才诉至法庭的。当纠纷诉至法庭，法庭先实行的仍然是进行调解。但这时候的调解，与前面几次调解不同，法庭的调解是一种"在法律阴影下的谈判"，法官会通过各种调解策略把调解不成的法律后果或明或暗地告诉当事人，使当事人能在可以预期判决结果的前提下进行抉择。其实，法官告诉当事人的预期法律结果也可能是先前的调解组织就告诉给他们的了，但当事人总觉得还不是最终最权威的意见，也有的当事人还存有一份侥幸心理，总希望能得到一个最有利于自己的解决方案。因此，当法官把法律判决后果以及调解方案都提出来之后，调解成功率往往较高。另外，法官们也能抓住村民的心理进行调解，并能熟稔运用各种调解策略，如在适当的时候把当事人分开单独做工作，使得调解较容易达成协议。

不过，在调解活动中，村民们也巧妙地运用规则来达到较有利的结果。他们始终把法官看作外来人，总觉得在法官面前吵架打闹是难为情的事情，尤其是因为钱的问题而争执的时候。因此，当他们为钱而争论的时候，都用苗语来进行，有意让法官听不懂，客观上达到家丑不可外扬的效果。

同时，在村民们发生纠纷的时候，家族长者的影响力始终是存在的。尤其是一些离婚纠纷，牵动着族中老人的心，使他们积极地来法庭旁听。有时候，年轻人会在调解过程中征求老人们的意见，使得意见较难统一，甚至会引发家庭矛盾。但总体上看，法庭很注重发挥老人们的作用，因为只要做通了老人们的工作，再由他们去劝说年轻当事人的话，达成调解协议就较为容易了。

五　村民在法庭执行活动中的行动逻辑

相比外界那些见诸报端的种种执行难案件当事人，滇中苗村的涉案村民们算得上通情达理的被执行人了。村民们本身具有的诚实守信的传统道德观念，以及对法官的朴素感激心理，让牛街法庭调解协议的执行一般都较为顺利。大多数能够当庭执行，一部分虽然不能当庭执行，但也能在随后得到及时执行。当事人往往认为，人就应该重承诺守信用，达成的协议一定要及时履行，否则会被人耻笑的。在牛街法庭的工作简报中，记载了这么一件感人的事：

诚实守信好公民，共同抗旱促和谐

2011年3月15日下午5点30分，牛街中心人民法庭的工作人员正准备下班，一辆摩托车驶进了院子，车上下来两个风尘仆仆的人，其中一人还没来得及拍去身上的灰尘，就急匆匆地跑进办公室说："终于赶上了，我是来交执行款的。"

来人是龙村的一名农民，2010年因为交通事故与人产生纠纷被诉至法院，在牛街法庭主持调解下双方当事人达成协议，约定于2011年3月15日由他履行执行款3000元，他说法庭用调解的方式化解了这次纠纷，他的心里非常感激，不能让法官的心血白费。想到今年天干大旱，对方当事人肯定急等着用钱购买抗旱物资，虽然自己家里也是受灾严重，但是做人一定要有信用，所以他到处借钱一定要在约定的时间把钱送到，无论怎样一定不能食言。没有车坐，他就让朋友骑摩托车赶了两个多小时的路把他送到法庭。听完他的话，法庭的工作人员都被感动了，大家都夸他是诚实守信的好公民，为构建和谐社会作出了贡献。但他只是腼腆地笑笑说："虽然大道理我懂得不多，但说话算数是每一个人都应该做到的啊。"

交完钱他又匆匆地走了，说家里人都在等着他，希望他天黑前赶回家。多么朴实的一个农民，他用自己的行动演绎了崇高的美德，通过这个案件，我们更深刻地体会到，开展司法为民活动不仅要做到案结事了，更要符合民情、体现民意、赢得民心！

在村民心目中，因为欠钱而被法庭追讨是很没有面子的事情。收到法院的欠款纠纷审理传票会让他们觉得在村子中颜面受损，担心遭到村民们的议论，影响自己的信誉。我在牛街法庭曾经看到过两件案件笔录，都是当事人买东西而赊账，最后被商户告到法庭。他们二人在收到传票的当天就急匆匆地把所欠的钱还给了卖家。他们还钱后的要求很明确，就是要求对方撤诉。法庭会据此制作裁定书，按照撤诉处理。村民们在法庭执行活动中较为"配合"的表现，用厌讼来定位是有些牵强的，他们的行为实质上更多的是一种出于好面子、耻于纠纷的朴素心理导致的举动。

第六节　村民在镇司法所等调解中的行动逻辑

在滇中苗族山区，除人民法庭、公安派出所外，负责纠纷处理的机构还有镇政府下设的镇综治办，以及镇司法所等。镇综治办是一个综合性协调机构，不参与办案，其职责主要是组织和协调公安、司法等部门，共同承担维稳责任，维护社会治安秩序，重点排查、调处可能影响社会稳定的重大矛盾纠纷，预防和减少群体性事件的发生；同时，积极组织协调基层政法部门参与平安创建工作等。因此，这个机构一般不直接参与处理村落间纠纷，与一般村民的联系不多。相比而言，镇司法所对民事纠纷的调解是其重要工作职责，设于司法所内的镇人民调解委员会是国家人民调解制度的重要组成部分。镇司法所与村民有着较多的联系，因此，研究村民们对于镇司法所的态度以及在司法所调解中的行动逻辑是很有必要的。

一　有亲和力的司法所

在传统中国，国家权力并没有实现下沉，"以宗族组织为主要结合形式的社会，是基层社会主要的社会控制与生活单元"①，民间纠纷的调解主要由乡绅、族长等民间权威充当。新中国成立以来，国家权力全面下沉，20 世纪 50 年代国家开始在农村推行人民调解制度，在乡镇一级设立人民调解委员会。"人民调解所代表的国家权力与权威渗入乡村社会，实际上是国家将乡村社会纳入自己的整个现代化蓝图中来并对其实施改造的一条途径。"② 到 20 世纪 70 年代末期，各地开始建立地方司法行政机关，探索出了司法助理员和司法办公室的模式，1988 年司法部明确指出有条件的乡镇要积极建立司法所，条件差的乡镇也要创造条件早日建所。到 21 世纪初，我国乡镇司法所基本做到了全覆盖。据统计，2001 年，"司法所队伍发展到 94000 人，司法助理员 55000 人"③。

　　桥镇司法所建立在镇政府旁边的大街上，建有一幢崭新的两层楼，内部设有办公室和单人宿舍各 3 间，还有一间镇人民调解委员会调解室，以及厨房等。有工作人员 3 人，所长是一位刚从县司法局下派的中年人，这是他第二次到桥镇工作了。④ 因为位于街面上，买菜也较为方便，可以自己做饭。所里实行周末轮流值班制，3 名工作人员轮换着周末回县城与家人团聚，周日晚上或周一早上到所里来上班。

　　我国司法所的建立和发展，体现了国家在乡土社会推行法治建设的努力，意在使乡镇司法所成为"送法下乡"的重要力量之一。正如苏力所言，这是"国家权力试图在其有效权力的边缘地带以司法方式建立或强化自己的权威，使国家权力意求的秩序得以贯彻落实的一种努力"⑤。司法所承担的职能是很多的，如组织普法和法制宣传、指导管理人民调解工作、组织开展对刑释解教人员的安置帮教工作、法律援助，等等。另外，作为镇上的一个政法工作部门，司法所还得参与镇上的中心工作，如烤烟收购阶段的堵卡等任务，并承担着重要的维稳任务。遇到群众上访、发生群体性事件的时候，司法所的工作人员必须与镇综治办、镇派出所工作人

---

　　① 谭同学：《乡镇司法所的兴起、运作及其政治社会学解读》，载《农村基层法律服务研究》，中国政法大学出版社 2005 年版，第 106 页。

　　② 同上书，第 107 页。

　　③ 中国法律年鉴编委会：《中国法律年鉴（2001 年）》，法律出版社 2002 年版，第 16 页。

　　④ 在滇中地区，司法所所长们都会轮流在各乡镇任职，工作年限长的可能调回县局工作，县局也会把局里的干部下派到各乡镇锻炼。由于有基层工作经验，他们对乡情村情十分了解。

　　⑤ 苏力：《送法下乡：中国基层司法制度研究》，中国政法大学出版社 2000 年版，第 30 页。

员一道冲在第一线，做好群众安抚和调解工作。不过，司法所承担最多的常规性工作还是调解、法制宣传、法律援助等，这些工作与村民日常生活发生着紧密的联系。

二 村民对于司法所调解的认同

在现阶段我国乡村社会中，人民调解组织包括两级，一级是乡镇司法所和法律服务所，负责指导村里的调解委员会的工作，还代表乡镇政府对民间纠纷进行调解和处理；另一级是村民委员会下设的调解委员会。桥镇除了这些组织外，还设有教育、医疗等五个行业调解委员会，但镇司法所下设的镇调解委员会是当地人民调解组织的主导机构。在工作方式上，镇调解委员会一般情况下并不主动到村子里去接受申请、进行调解，而是在镇司法所办公地点接受当事人亲自到场申请调解，在所里的调解室进行调解。确有必要时，才会到村里现场调解。

由于路途较远，以及家丑不可外扬等观念左右，龙村村民真正把纠纷提交镇司法所调解的时候不算多，大量的纠纷都在村内化解了。只有一些村内调解不下来的案子，当事人才会到镇司法所来申请调解。不过比起到法院打官司的数量来说，龙村村民到镇司法所申请调解的案子要多一些，一年都有几起。并且更值得注意的是，相比派出所、法院来说，镇司法所及其工作人员在龙村村民的心目中显得更有亲和力，由此导致的调解成功率也较高。究其原因，有几个方面。

首先，镇司法所工作人员的着装不是那么正式，一般情况下也不穿制服，都是着便装。衣着代表着一个人的形象甚至人生态度，能够让与之接触的人产生不同的心理变化。符号学认为，包括服饰在内的一切文化现象都是一种符号。正如彼得·波格达列夫说："在所有的情况下，服饰既是物质的客体，又是记号。"[①] 服饰的文化内涵能够从这些符号中表达出来。另外，更为重要的是，"服饰作为一种符号，具有表达群体、个人的政治色彩的功能，这就是服饰的政治表征。这种政治表征，在氏族社会时期表现为它的图腾崇拜的意义；在阶级社会里表现为一种政治和等级的意义；在现代社会里，由于社会的进步，这种意义正在逐步缩小和消失，但在某

---

① ［捷克］彼得·波格达列夫：《作为记号的服饰》，转引自王继平《服饰文化学》，华中理工大学出版社1998年版，第79页。

些方面，它仍然作为一种身份表征而在人们的生活中存在。"① 由于穿便装，司法所工作人员身上的"国家"、"司法工作人员"的政治含义就被隐藏了，人显得更为随意，也更能与村民们打成一片。

其次，镇司法所工作人员在调解过程中显得更有耐心，更能从村民角度想问题、出主意，"地方性知识"较为丰富，在法言法语的使用上能够结合乡土用语。这主要得益于镇司法所工作人员的组成特点。镇派出所干警们一般是从警官学校毕业时间不长、刚工作没有几年的年轻人，而法庭的法官们也有相当一部分是刚从学校毕业工作不久的年轻法官。这些年轻人缺乏农村工作经验，对于农村的人情世故以及地方性知识掌握就少一些，导致与村民打交道时显得较为生分，出现"语言混乱"的时候也多一些。而镇司法所的工作人员相对年龄偏大，都是多年从事基层司法工作的"老司法"了。有趣的是，与牛街法庭法官以及镇派出所干警的年轻化、知识化、专业化②相比，镇司法所的"老司法"们显得不够年轻、专业，他们大多是半路出家，通过函授、电大等形式取得了法律文凭。不过，面对基层的调解工作，也许多年农村工作的阅历正是他们的优势所在。③ 桥镇司法所的3名工作人员中，有两名年龄都在40—45岁，一名年龄也有38岁了。所长是从县司法局下派的一名老司法，多年在各乡镇司法所转战，实践经验非常丰富。司法所所长享受的是副科级待遇。交谈中他对我说，他在全县很多乡镇工作过，对各地的山山水水和老百姓风土人情都很熟悉了。他的愿望就是过两年回到县局时能升到正科，即便是虚职（主任科员）也满足了。

最后，镇司法所工作人员较给村民们"面子"。镇司法所调解案子有两种情况，首选在镇司法所内进行调解。所内设有一个人民调解委员会调解室，里面设施齐全，桌椅的摆放符合调解工作的需要，设置了调解员席、记录员席、当事人席、代理人席等，并有少量的听众席，但只要人数不是太多，调解员们一般会把当事人双方带到自己的办公室里随意就座，

---

① 王继平：《服饰文化学》，华中理工大学出版社1998年版，第103—104页。

② 如牛街法庭3名法官都毕业于正规政法院校，都通过了国家司法考试；而镇派出所干警几乎都是毕业于警官学院、警校。

③ 苏力教授在《送法下乡》中指出的复转军人进法院后很能适应基层司法工作就是一个可资佐证的现象。——见苏力《送法下乡：中国基层司法制度研究》，中国政法大学出版社2000年版，第347—359页。

给他们倒上茶水，在宽松、随意的环境中边谈话边调解。这种村民熟悉的"场域"的营造，打消了村民们在镇调解室时那种类似审判庭带来的对国家法制权威的不适和恐惧感，让他们感到熟悉而亲切，拉近了与镇司法所工作人员的距离，让他们感到更有尊严和"面子"，由此他们对镇调解员的调解方案的认同度也大大提高。当然，如果纠纷双方分歧较大，在镇司法所进行调解可能不如到村里调解成功率高，或者有些纠纷到村里去现场调解效果更好，镇司法所工作人员也会主动下村去进行调解。下村调解，更是"老司法"施展调解术的场域，他们在村子里的调解方式和策略，几乎可以用如鱼得水来形容，由此获得的调解效果也较好。这种效果和业绩的获得，主要得益于他们能赢得村民的信任和好感。龙村村民本来就有着热情好客的待人接物习惯，也有着较强的面子心理。遇到镇司法所工作人员下村，他们都争相邀请镇司法所工作人员到家里来做客。虽然司法所工作人员一般只在村委会或街上饭馆吃饭，不会去村民家中吃饭，但为了调解的需要，有时他们会亲自到村民家中坐一坐，聊聊天。况且，很多调解他们并不在村委会进行，而是到村民家中进行的。在这个过程中，他们会与村民一起围坐在火塘边，接受村民端上的茶和递上的烟，村民们觉得他们很给面子，心理得到很大满足。在这种氛围下，镇司法所工作人员会拿捏火候，以适当切入点谈起这户人家所涉及的纠纷，以诚恳的态度提出自己的看法，表达出为这户人家出主意、想办法的意愿。此情此景，让村民觉得既然镇司法所工作人员都这么为自己着想，这么看得起自己，自己也得有所表示，对于争执也就该让就让，大事化小、小事化了，别让镇司法所工作人员为难了。由此，一桩纠纷就基本解决了。

需要指出的是，在调解过程中，能否得到村干部的有力支持和密切配合，是司法所工作人员十分看重的。他们十分懂得村干部在村民中的影响力，因此在调解的时候一般都会寻求村干部们的配合。比如到村民家中的时候，一般都由村干部陪同前往。村干部对这种差事较为乐意，因为他们觉得这是司法所干部来帮助自己开展工作，维护村内社会秩序，自己应该义不容辞地配合。同时，镇上的干部邀请自己参加调解，也是看得起自己，配合他们开展工作的过程是自己在村民面前树立权威的露脸之举。寻求村委会干部的配合开展工作，不仅是镇司法所干部的通常做法，也是镇派出所、牛街法庭的干警和法官们的通常做法，只是在配合的程度上和环节上略有差异罢了。这种利用乡土社会熟人网络开展调解等工作的做法，是政法部门在乡土社会执法办案得以顺畅的重要途径，既体现了党的群众路线，也是多年实践经验证明可以促成预期工作成效的乡土策略。

三　村民在司法所法制宣传中的表现

进行普法宣传是司法所的一项重要任务，为了做好这项工作，镇司法所于每年"12·4"普法宣传日临近的赶街天都要到镇政府所在地的大街上大张旗鼓地进行普法宣传。镇司法所制作了统一的横幅、宣传材料，在街上摆摊设点，到现场发放普法宣传材料、解答群众法律咨询。一般来说，对于偏远的村委会，限于种种条件限制，镇司法所一般不现场进行普法宣传活动。由于自2005年龙村市场开市以后，该市场成为每周六附近村民必到的赶街场所，人气聚集效应十分明显，每个街天都有几千人来赶街。因此，自2008年开始，镇司法所开始在龙村集市进行每年一次的普法宣传活动。

在开展普法宣传的当天，镇司法工作人员早早地就开车来到村委会，在村委会干部配合下，搬出几套桌椅到集市最显眼的地方，把准备好的横幅和标语挂在街上，然后在桌子前摆放出几块展板，展板内容都是与村民生活有关的法律规定以及一些典型案例。到了上午10点多钟以后，集市上人流逐渐多了起来，走过摊位的一些村民开始逗留、关注街上出现的这个"新生事物"，有一些男性村民试着向桌子后面的镇司法所干部们咨询法律问题。

镇司法所工作人员把宣传材料放在桌子上，任由村民们取阅。但大多数村民都不来取，只有少部分念过几年书的村民来取。一些小孩子图新奇，围着桌子看热闹。我曾经问过司法所所长，为什么不主动向村民散发宣传材料。所长告诉我，前几年就是他们主动向村民们散发，但村民们大都觉得拿过来后没有人讲解也看不太懂，效果不好。

随着人流的增多，主动上来与镇司法所干部们交谈的人有所增加。但他们在讲述自己的法律问题的时候，都有些不自在，并且环顾左右生怕旁人听取。从这些举止中，反映出村民们对开着车、着正装来的司法所干部们仍然怀有惶恐心理。在他们心目中，国家司法机关来村里大都是为了惩治违法犯罪行为。因此，他们到摊位前咨询的时候总是生怕被熟人看见，误认为自己涉案或者做了什么见不得人的事而向司法所干部们说说清楚。

对于主动来咨询的村民，司法所工作人员很热情地为他们讲解法律规定以及处理意见，但要讲很多遍村民才能理解。对于司法所工作人员讲出的法律规定、法律名词等，村民们往往迷惑不解，如什么"相邻权"、"法定继承"等概念，必须用通俗的语言反复讲解村民才能理解。当然，村民们对法律概念、法律规定等并不太感兴趣，在咨询的时候，他们往往只是急切地想知道法律后果以及处理建议，对于为什么会（要）这样并不在意。对这种送法下乡所处的境遇，梁治平先生曾经指出："事实上，主要是通过宣传和普及等方式自上而下灌输给乡民的国家法律，远未内化为乡民自己的知识。"① 不过，近些年来，随着普法宣传活动年年进行，效果虽然还不尽如人意，但可以看出村民们对于这个活动的态度正从陌生、疏远逐渐向熟悉、认可转变。这说明，随着送法下乡逐渐深入人心，村民们对于国家法律的认同感正在不断提高。

①　梁治平：《乡土社会中的法律与秩序》，载王铭铭、王斯福主编《乡土社会的秩序、公正与权威》，中国政法大学出版社1997年版，第430—431页。

第八章

讨论和结论：无讼乡村社会的成因、意义及未来

在前面的章节中，我们在对滇中一个普通的苗族村落的整体社会形貌进行展现的基础上，细致地对该村落的纠纷解决状况进行了描述和讨论。这些描述和讨论为我们进一步思考乡土社会的社会控制和解纷机制提供了逻辑起点和基础性资料。不过，在做这些努力的时候，并不应仅仅满足于对当地社会形貌和纠纷解决机制的"再现"，如果是那样的话，对于学术研究来说是一种缺憾，因为很多具有学术价值的东西还没有触及。其实，在前面章节中，我们花了很大功夫对龙村村民纠纷观以及在纠纷解决中的行动逻辑进行了思考，目的就在于试图弄清楚这样一个问题：当地村民的无讼纠纷观以及当地的平静、和谐的秩序状况是何以可能的？在以往的研究中，很多学者都对乡土社会的和谐秩序状况进行过描述，并对形成这种状况的原因进行过一些讨论，尤其是对于少数民族地区的无讼状况作过较为详细的刻画，这些成果给了我们很多有益的启迪。不过，从整体上看，在对这个问题的思考上，学者们的思考还显得有些零碎，不够深入，普遍的现象是，对问题的思考还没有形成系统性、理论性的学术成果。实际上，对于乡土社会无讼状况的成因的思考有着很重要的意义，它对我们探讨中国传统社会为什么能够形成并长期延续，在当前市场化、全球化背景下如何建构新的乡村秩序和有效的纠纷解决机制等问题，能够提供重要的基础性思想资源。因此，在前面的章节中，我试着从地理环境、经济发展水平、血缘关系、性格特征、公共文化活动、基督教影响等方面对龙村纠纷抑制性因素进行全面分析，试图以龙村为个案为我国乡土社会的无讼状况的成因提供某些方面的答案。

对当地无讼的和谐秩序状况何以可能这个大问题的思考，能够为我们进一步讨论这样几个问题奠定基础：乡土社会的纠纷观和解纷机制的意义何在？它们的未来的变迁和发展将会怎样？乡土社会秩序重塑和纠纷解决

机制的构建应该如何进行？等等。实际上，这些问题也是长久以来很多学者思考的问题。近代以来，延续几千年的中国封建社会在受到外力冲击后发生的深刻变化引发了人们对传统中国社会结构的反思，人们在对中国社会传统要素和特征进行全面深入研究的同时，也对其未来的变革方向和可能路径进行过多方面的探论。这样的研究和讨论持续了一百多年，一直是人们苦苦求索的课题。进入 21 世纪以来，这样的思考不仅没有止步，反而由于中国社会进入了"千年未有之大变局"这一社会转型时期而使人们对这些问题的思考和讨论越发集中和热烈起来。这样的思考和讨论，反映在社会秩序嬗变与建构问题方面，即是很多学者从不同角度反复思考如何在中国传统纠纷解决文化和机制的基础上建构适应新形势的多元化纠纷解决机制。有鉴于此，本章从探究无讼乡土社会成因等问题出发，对乡土社会纠纷解决机制的构建进行简要探讨，力图得出某些有待深入的结论。

一 乡土社会的无讼状况是何以可能的

"纠纷的解决与秩序的建构与维系并非是一个纯粹的'（国家）法律问题'，而是一个复杂的社会问题，因此不应当将其与特定的社会分隔开，而应当将其置于整个社会结构和关系中予以讨论。"[1] 因此，"在研究纠纷解决问题时，首先需要注意的是纠纷产生的社会因素"[2]。我们在思考滇中苗族村落的纠纷解决和秩序维系现状的时候，应该从滇中苗族村落的历史、文化、经济、地理等各个方面来研究和讨论，并注意其中相互之间的关系。实际上，没有哪个地方的纠纷和秩序现状是由单一因素影响而成的。长期以来，滇中苗族村落远离政治、经济和文化中心，深嵌在连绵不绝的群山之中，成为一个个封闭的具有浓厚农耕文化特点的贫困社区，社会变迁缓慢，在一百多年来的时间里生长出了独具特色的纠纷观念，在实际村落生活中也运行着传统与现代相结合的纠纷解决机制。这些纠纷观念和解纷机制的形成是多方面因素共同作用的结果。

第一，由于滇中苗族独特的历史和文化背景，使他们经过长期迁徙之后定居于自然条件恶劣的高寒山区，地理位置偏僻，交通极为不便，与外

---

① 王鑫：《纠纷与秩序——对石林县纠纷解决的法人类学研究》，法律出版社 2011 年版，第 305 页。

② 范愉：《纠纷解决的理论与实践》，清华大学出版社 2007 年版，第 73 页。

界隔绝严重，这些地缘因素是当地村落内部形成熟人社会的重要原因。在这样的环境之下，人们更能维持着友善、亲热的关系。同时，不便的交通客观上也让人们寻求外部解纷的成本过高，无形中强化了村落传统解纷方式的地位。第二，由于龙村等滇中苗族村落经济发展水平较低，小农社会的自然经济特征明显，使村民之间保持着互相帮助、讲求团结的良好风气和知足常乐、懂得感恩的心态，有助于形成村落的安静、有序状态。第三，由于龙村等滇中苗族村落社会内部存在紧密的血缘亲情，使整个村落形成了一种超乎熟人社会关系的"亲戚社会"，村民们注重伦理亲情，凡事讲求忍让，追求和谐，这是村落能形成和谐秩序的重要内在缘由。第四，由于受长期历史文化影响，龙村等滇中苗族村落中的不少村民形成了一种内倾型的性格特征（"自我抑制型人格"），强化了村民的好面子心理和义务取向型道德观，使村民们在与人发生冲突时不习惯向外寻求帮助，往往选择忍让等柔性方式解决纠纷。第五，由于苗族具有能歌善舞、热爱文化体育活动的特点，每年滇中高原的村村寨寨都会利用花山节等举办各种文体活动。各村的村民们相聚在一起唱歌、跳舞，举行斗牛、篮球赛等活动，生活在一个公共生活空间内，村庄和族群凝聚力得以形成和巩固；同时，集体性文体活动能为纠纷化解提供场所，并能促进人们心理健康水平的提高，有利于处理好人际关系。第六，由于滇中苗族村落中有较多村民信仰基督教，长期的基督教濡化使村民们更能遵循宗教戒律，讲求与人为善，遵守社会规范，客观上有助于村落内部良性秩序的形成。

　　上述因素相互之间是一种相辅相成的紧密关系。比如，闭塞的地理环境是龙村长期以来经济难以发展的重要原因，也是龙村人构织紧密血缘关系，形成自我抑制型人格特征，并让基督教得以成功传播的重要缘由。又比如，从历史上看，贫困的生活状况和饱受欺凌的遭遇也为基督教的传播提供了社会土壤，而且长期的经济落后也强化了人们的内倾型心理特征。再比如，紧密的血缘亲情关系虽然能强化人们之间的亲密关系和村庄内部的和谐秩序，并能为村落内部文化活动创造良好范围，但客观上也易于让村落内部形成过度伦理取向的人际关系原则，让村落内部商品经济的发展变得遥遥无期，最终让村落维持在一种较低经济发展水平的状况中。还比如，自然经济状况、自我抑制型人格固然有助于村落内部和谐人际关系的形成，但也会让村民们较难形成"向外用力"的人生态度，唤起改善基础设施、发展经济的雄心壮志等。除此而外，基督教的存在也对其他几个因素产生着重要的影响。总而言之，以上几个因素之间的相互影响、共同作用，让龙村等滇中苗族村落的纠纷解决状况显得富有特色，并让这种特色长期保持下来，形成了村民们牢固的观念形态和村落稳定的内部秩序。

恩格斯晚年曾经提出了"历史合力"论，认为历史的发展不是由一种力量推动的单向、直线式进程，而是诸种力量共同作用的结果，他指出："历史是这样创造的：最终的结果总是从许多单个的意志的相互冲突中产生出来的……有无数互相交错的力量，有无数个力的平行四边形，由此就产生出一个合力，即历史结果……"① 恩格斯的历史合力论虽然主要用意在于探讨历史发展的力量源泉问题，但对我们思考一个地方人们的观念和制度的形成也具有指导意义。一个社会的观念和机制的形成是诸种社会因素集体合力的结果，龙村等滇中苗族村落纠纷观和纠纷机制的形成也赖于以上几个因素的共同作用（合力）。这种秩序状态非一两个因素的影响力就可以达致的，所以，我们在探讨乡土社会纠纷状况的时候一定要全面把握当地社会结构的诸多要素，进行综合性、整体性的思考。

当然，我们强调以上几个因素的共同合力形成了滇中苗族村落富有特色的纠纷观念和解纷机制，并不是要否认这些因素之间有力量大小之分。那么，在这些因素中，哪（几）个具有决定性意义呢？

历史上，孟德斯鸠等曾经提出过"地理环境决定论"，把地理环境作为人类社会发展历史过程中解释社会历史现象产生的最根本的原因，强调地理环境对各民族生理、心理、气质、宗教信仰、政治制度的决定性作用，认为"气候王国才是一切王国的第一位"，就像热带地方通常为专制主义笼罩，温带形成强盛与自由之民族，等等。对此，马克思、恩格斯早已指出，地理环境决定论是错误的，其谬误在于从事物存在和发展的外部寻找根源，把地理环境作为社会历史发展过程中的决定因素，而不是从人类社会发展过程中的内在动力，即生产力与生产关系、经济基础和上层建筑之间的矛盾运动中进行分析。

血缘关系在型塑乡土中国的社会结构方面具有重要作用。随着具有血缘关系的人联结成为亲属关系，亲属关系基础上形成家族关系，整个社会关系渐次产生。在传统中国，基于血缘关系基础上的亲属是"无所不包的网络，把村落家族中的所有的人从道德上、人伦上、血缘上和社会上联

---

① 《马克思恩格斯选集》（第四卷），人民出版社1995年，第697页。

结起来，使之构成一个有机的整体"，从而"便有了村落家族的整体结构"。① 不过，亲属关系、家族结构终归属于社会结构中上层建筑的范畴，它们的形成和发展是以经济基础为条件的，只有生产力和生产关系结合而成的社会存在才是社会结构得以形成的根本。血缘关系以及建立其上的亲属关系、家族结构尽管对村落社会纠纷机制的形成具有极为重要的影响，但其仍然不可能凭借自身的力量构筑起一整套完备的社会秩序系统。

至于人格特征、文化活动等因素，固然对村落社会人们的纠纷观念甚至村落秩序的形成具有一定的作用，但其影响力明显是不具有决定意义的。总体上说，这两个因素与地理环境、村落血缘关系一样，都属于社会文化的范畴，其对社会发展和变迁的影响虽然也都较为重要，但都是一种非本质的作用力，具有第二性的特征。

在诸多因素中，只有经济基础是滇中苗族村落纠纷观念和村落秩序形成和演进的决定性因素。在马克思看来，生产力是人类实践能力的一种结果，而生产关系是人们在生产过程中发生的一定联系和关系，生产力决定生产关系，以生产力与生产关系的矛盾运动为发端的社会基本矛盾运动推动着历史的发展。② 生产力是全部人类历史的动态基础，人们所达到的生产力具有决定意义，所以，他说："人们所达到的生产力的总和决定着社会状况，因而，始终必须把'人类的历史'同工业和交换的历史联系起来研究和探讨。"③ 村落纠纷解决机制是一种村落内部的秩序状态，某种意义上就是一种法的状态，只不过，这是一种法律多元意义上的法状态。对于法以及法的关系，马克思曾经指出："法的关系正像国家的形式一样，既不能从它们本身来理解，也不能从所谓人类精神的一般发展来理解，相反，它们根源于物质的生活关系……而对市民社会的解剖应该到政

---

① 王沪宁：《当代中国村落家族文化——对中国社会现代化的一项探索》，上海人民出版社1991年版，第100页。

② 马克思在致安年科夫的信中说："人们在发展其生产力时，即在生活时，也发展着一定的相互关系；这些关系的性质必然随着这些生产力的改变和发展而改变。"在《哲学的贫困》中，马克思又指出："这难道不是说，生产方式，生产力在其中发展的那些关系，并不是永恒的规律，而是同人们及其生产力的一定发展相适应的东西，人们生产力的一切变化必然引起他们的生产关系的变化吗？"——见《马克思恩格斯选集》（第一卷），人民出版社1995年版，第536、152页。

③ 《马克思恩格斯选集》（第一卷），人民出版社1972年版，第34页。

治经济学中去寻求。"① 即要从哲学领域转到经济学领域，深入研究国家与法背后的物质根源。就龙村而言，无讼秩序状态的形成，虽然表面看是村落民间法与国家法的相互作用的结果，但实质上真正的作用力量是当地的经济基础。

因此，我们应该深入到当地的经济发展状况中去，以生产力、生产关系等最基础的元素为出发点，探究当地社会纠纷解决机制形成的物质根源。实际上，在第五章我们已经分析过，龙村较为落后的经济发展水平，形成了相对简单的生产关系，这为当地长期保持小农社会结构提供了环境条件，也使人们在这种自然经济特征明显的均质化村落社会中养成安贫乐道、友善团结的心态和人际关系处理原则，进而为村落内部形成宁静、和谐的社会秩序奠定了最重要的基础。可以说，这种经济方面的影响力具有决定性意义，是第一作用力，对于我们理解滇中苗族村落无讼秩序状态的成因具有极为重要的意义。并且也可以说，影响龙村等滇中苗族村落无讼秩序状况的其他一些因素，不同程度上都受到了经济条件的影响。正是因为经济因素对于纠纷解决机制形成的决定性意义，我们会发现，当前借助商品、集市等正在不断向滇中苗族村落渗透的市场化因素，构成了解构滇中苗族村落传统价值观念、推动村落秩序变革的最大威胁和推动力。这种现代性意义上的变革其实质是一种以商品化、市场化为归依的社会转型过程，其内在涌动的动力源泉主要还是生产力的发展和经济运行方式的嬗变。因此，可以说，在市场化、城市化强大力量带来的现代化面前，很多传统的东西正在流逝，田园牧歌将会令人惆怅地渐行渐远。因为人的实践活动以及作为人的实践活动结果的生产力是处于不断发展之中的，一旦生产关系不能满足人们的实践活动及生产力的发展，生产关系就会成为生产力的桎梏，从而成为人们自主活动的桎梏。当生产关系成为人们自主活动的桎梏时，人们便会变革生产关系，如马克思、恩格斯曾经指出的："这些不同条件，起初本是自主活动的条件，后来却变成了它的桎梏，它们在整个历史发展过程中构成一个有联系的交往形式的序列，交往形式的联系就在于：已成为桎梏的旧的交往形式被适应于比较发达的生产力，因而也适应于更进步的个人自主活动类型的新的交往形式所代替；新的交往形式又会

---

① 《马克思恩格斯选集》（第三卷），人民出版社 1979 年版，第 82 页。

变成桎梏并为别的交往形式所代替。"① 从这个意义上分析，也许滇中苗族村落的无讼生活将逐渐离我们远去。

二　传统村落熟人社会为何也会发生纠纷

由于多个因素的影响和制约，导致了滇中苗族村落富有特色的纠纷观念和解纷机制的存在和延续。但是，我们对滇中苗族村落秩序状态的看法也不能绝对化。如果仅仅因为这些村落具有"无讼"的特征就认为这些村落是一个没有纠纷的美好的世外桃源，那就大错特错了。在前面第四章的描述中，可以看到，龙村并非没有纠纷，而是存在着家庭成员之间、不同家庭村民之间、本村村民与外村人之间等繁密的矛盾纠纷。实际上，这里所说的"无讼"并非指没有纠纷，而更多的是指比起其他地方来说，这些村落的村民更鲜明地认同"和为贵"的观念，村落内部纠纷发生的频次不多，强度不大，解决纠纷极少用诉讼的方式，而是更多地采取非对抗式的方法（如忍让、和解、调解等）。

可以说，没有矛盾和纠纷的社会是不可想象的，也是不可欲的。那么，为什么熟人社会也会存在纠纷呢？有着无讼观念的村民之间为什么也会发生纠纷呢？这是一个有意思的话题。

任何社会都会有矛盾，只要有人生活的地方，人与人之间发生纠纷总是免不了的，这应该是绝大多数人的看法。究其根源，如果从社会经济方面分析，在于自然资源的有限性与人的需求的无限性之间的永恒矛盾引发的人与人之间的相互竞争。英国生物学家 C. R. 达尔文创立的以自然选择为中心的生物进化理论，揭示了自然选择是生物进化的主要动因，而自然选择的主要内容包括变异和遗传、生存竞争和选择等。而斯宾塞提出的"社会达尔文主义"则认为社会可以和生物有机体相比拟，社会与其成员的关系有如生物个体与其细胞的关系，他根据自然界"食物链"现象提出"弱肉强食，物竞天择，适者生存"等观点，并以此解释社会现象。当然，用弱肉强食的丛林法则来解释社会现象并不具有合理性，因为社会生活中除了利益争斗外，还有很多的基于人性善而激发出来的道德约束。人在具有兽性的同时，也具有人性，并且兽性向人性的升华是有益于人类社会进步的价值取向，也是大多数人认可的社会发展趋势。不过，迄今为

---

① 《马克思恩格斯选集》（第一卷），人民出版社 1972 年版，第 79 页。

止的人类社会仍然无法实现自然资源与人的需求之间的平衡，人为了生存和生活的需要难免会产生利益上的冲突，即"各种生活利益是相互竞争的"①。除了物质利益方面的冲突外，人与人之间在精神方面也会产生或大或小的矛盾，人们在很多方面都会有着迥异的观念和风俗习惯，因此导致的纠纷是纷繁复杂的。因此，现存的利益冲突、观念差异等导致了我们这个世界总是处于纠纷之中。中国古人也用生活物事说明了日常生活中纠纷发生的必然性和不可避免性："有天地，然后万物生焉。盈天地之间者，唯万物，故受之以屯；屯者盈也，屯者物之始也……需者饮食之道也。饮食必有讼，故受之以讼。"② 这说明纠纷是生活世界的常态。

如果从人自身而言，纠纷也许是由于"人性的弱点"（或说"人性恶"）所致。西方近代哲学家康德和黑格尔均从哲学上对人性恶予以全新评价，从人类历史演进与升华角度论证了自私、贪婪等人类本能恶性的合理存在依据。康德从人类自由意志出发肯定了人之合理"恶"性，从主体论角度论证了人之各类欲望、激情存在之合理性，因为"人们如果像他们所畜养的羊群那样脾气好，就不能达到比他们的畜类有更高价值的存在"。③ 黑格尔则将人性恶提升到历史推动力之高度。在善、恶的两极对立中，黑格尔认为善恶不可分，在历史向理性目标的进展中，恶成了历史发展的杠杆，因为"假如没有热情，世界上一切伟大的事业都不会成功"④，人具有的自私、贪婪等本能恶性，导致人对利益的追求是一种无可遏制的原始冲动。伴随着人类对利益的追逐，纠纷不可避免发生了。

人类社会纠纷具有不可避免性的观点在人类学上也得到了证实。人类学家的田野调查表明，初民社会的人们并非始终"自觉"地严格遵守习

①　［德］菲利普·黑克：《利益法学》，傅广宇译，载《比较法研究》2006 年第 6 期。

②　《周易·序卦传》，转引自贺海仁《无讼的世界——和解理性与新熟人社会》，北京大学出版社 2009 年版，第 108 页。

③　W. H. WaLsh, Philosophy of History , An Introduction Harper Torchlook, 1960, p. 125，转引自李泽厚《批判哲学的批判》，人民出版社 1984 年版，第 333 页。

④　［德］黑格尔：《历史哲学》，王造时译，三联书店 1956 年版，第 62 页。恩格斯就此评价道："在黑格尔那里恶是历史发展的动力借以表现出来的形式。正是人的恶劣的情欲、贪欲和权势欲成了历史发展的杠杆。"（《马克思恩格斯选集》第 4 卷，人民出版社 1972 年版，第 233 页）恩格斯进而认定人之本质属性既包含人性，自然也包含兽性："人来源于动物界这一事实已经决定人永远不能完全摆脱兽性，所以问题永远只能在于摆脱得多些或少些，在于兽性或人性的程度上的差异。"（《马克思恩格斯选集》第 3 卷，人民出版社 1975 年版，第 140 页）

俗，他们也会做出很多违反习惯、社会规范的行为，如诽谤、侮辱、偷妻、通奸、乱伦、杀人等，这些在初民社会中都是屡见不鲜的。① 另外，在马林诺夫斯基对特罗布里恩岛上互换习俗的研究中，岛上的村民和渔民之间长期形成了一种用蔬菜和鱼与对方交换的习俗，这表面上看是一个互帮互助的和谐模式，但实际上，交换过程中始终充满了矛盾和障碍，存在着抱怨、相互责备，人们相互之间并不是那么无私，互惠成为一种习俗是双方生存的必须而非自愿，人们交换的目的很大程度在于得到将来的回报，以及炫耀的欲望、显示慷慨大度的抱负、对财富和食物积累的极度尊重等。并且只要不损害声誉不损失预期，他们都设法逃避责任。② 这些违背习俗的自私的行为，往往会导致纠纷的产生。这说明，纠纷的产生似乎是伴随人类社会始终的现象，即使是初民社会，也需要用外在的控制方式来保证习俗和规范的遵行，以尽量避免纠纷的发生。

确实，龙村是一个充满人情味的传统社会，人们为了在村落中获得长期的互惠关系和利益预期，往往能在日常交往中根据情理处理冲突，避免因为纠纷而使和谐的人情关系遭受破坏。但是，"利益是人们从事一切社会活动的动机，人们因为利益而发生纠纷，也会因利益使关系破裂"③，因为在村落的关系场域内，"人际交往不能静态化……这些变化频繁的关系交往告诉我们在场域内人际不可能完全是情理性决定的……毕竟人是一个很理性的动物，关系本身不能解决利益的自我占有的现实欲望，因此，成员间在场域内也处于竞争的关系"④，这样，竞争会造成利益分配不均，致使人们心理失衡，最终让熟人社会中人与人之间的人情关系破裂，情理、面子等熟人社会的关键词失语，纠纷不可避免地发生。但是，需要指出的是，即使有纠纷，熟人社会的纠纷始终显得较为柔和，人们在纠纷中也较能克制和忍让，凡事留有余地，很少会把事情做绝，意在为今后的关系修复留足空间。

---

① ［美］霍贝尔：《原始人的法》，严存生等译，贵州人民出版社 1992 年版，第 106、119 页。

② ［英］马林诺夫斯基：《原始社会的犯罪与习俗》，原江译，云南人民出版社 2002 年版，第 17 页以下。

③ 易军：《关系、规范与纠纷解决——以中国社会中的非正式制度为对象》，宁夏人民出版社 2009 年版，第 112 页。

④ 同上书，第 111 页。

三 乡土社会无讼纠纷观的意义何在

滇中苗族村落的和谐内部秩序，村民们表现出来的无讼价值观，与中国乡土社会的传统文化内涵是一致的。在千百年来的中国历史上，中国小农社会丰厚土壤上就培育出了追求和谐、安定等秩序观念。在中国古代社会中，无论是国家还是民间都把"和为贵"作为最高的价值追求。在全球化市场化加剧，社会正在发生深刻转型的时代里，滇中苗族村落仍然保持着的浓厚的无讼价值观念及其富有特色的纠纷解决机制，能为我们带来很多启迪，让我们在建设和谐社会时多了一个对照案例。

无讼的滇中苗族村落是中国古代"和为贵"的和谐价值观的呈现。"中国文化的一个至为基本的原理就是'和合性'，因此，总是认为'合'是好的，'分'是不好的。"[①] 这种"和合文化"贯穿于中国思想文化发展始终，积淀于各个时代各个派别的思想文化中，是中华民族几千年来世代传承的处世价值、思维模式和行为方式。在中国古代，众多思想家把"和合"作为最高的价值标准。中国人自古以来一直主张"天人合一"，强调人与自然、人与社会、人与人的和谐。《易经》乾卦提出了保合太和的宇宙观，《乾卦·彖辞》曰："乾道变化，各正性命，保合太和，乃利贞。"意指依据天道的变化，万物各自得以正定其性命，变化会引起差异和冲突，但冲突又逐步融合，即走向太和，宇宙保持了最高的和谐状态。中国儒家认为，包含人类在内的自然界基本上是和谐的。《中庸》云："万物并育而不相害，道并行而不相悖"，这正是儒家所构想的"太和"景象。孔子的弟子有若说："礼之用，和为贵。先王之道，斯为美。"（《论语·学而》）孔子亦说："君子和而不同，小人同而不和。"（《论语·子路》）老子亦讲"和"，《老子》四十二章中说："万物负阴而抱阳，冲气以为和。"五十五章中说："知和曰常，知常曰明。"这就肯定了"和"的重要。孟子提出"人和"，把"人和"作为一切事物取得成功的最重要因素，认为："天时不如地利，地利不如人和。"总体而言，中国古代价值观把"和"放置在了极高的地位，强调社会成员之间和睦共处、相安无事，社会运行井然有序、和谐安宁。在人际交往中，强调以仁待

---

① 孙隆基：《中国人的人格发展》，转引自沙莲香主编《中国民族性》（一），中国人民大学出版社1989年版，第278页。

人、宽和处世、厚德载物。在滇中苗族村落中表现出来的无讼状况，其内在成因就在于村民们内心值守着与人为善、以和为贵的人际关系处理原则。村民们的内在心性和行为方式是长期以来在乡土社会的环境中生长出来的，并不是对各种学说的刻意践行，但正是由于其自然天成，发自内心，才更显可贵。因为秉持着这些传统的价值观念和待人处事方式，龙村人才显得淳朴、善良，这种带有传统特征的个性为富有特色的村落秩序的形成奠定了基础。在现代社会理性化不断强化的背景下，尽管龙村也在发生着变化，但无讼的滇中苗族村落让我们看到了中国古代先哲们的思想，让我们对于当前的社会秩序构建有了一个可供借鉴的样本，并对我们思考当前由于理性化、个人主义等现代性带来的诸多社会问题的解决提供了启迪。

无讼的滇中苗族村落无疑能对正在快速陌生人化的中国社会提供帮助和借鉴。费孝通先生认为，乡土中国是"熟人社会"，而"现代社会是个陌生人组成的社会"。① 现代工业文明和市场经济的发展，导致陌生人不断涌入我们的生活，人们要花费大量时间与他们打交道。这些来自四面八方的、素不相识的陌生人，与我们的利益休戚相关，关乎我们的情感投向并构成生活意义的一部分。因此，如果现代生活要持续下去，就必须保持和培养陌生关系（Strangehood）②。这一境况，按照西美尔的看法，是"陌生人"概念的意义随现代性的到来而发生了变化。③ 当前，中国社会进入了快速城工业化、城市化的道路，到 2013 年底，中国的城市化率已经达到 53.7%，大量农民进入城市打工，在城市常住的农民工达到了2.69 亿。这些进入城市的农民势必面临着用城市中陌生人交往规则调整自己的言行的挑战。同时，国家市场化取向的经济发展方针也让大量的陌生人进入了乡土世界中。即使是偏远、封闭的龙村，也因为集市的发展涌现了大量的陌生人，使村落人际交往法则受到了一定冲击。应该说，从过去的"熟人社会"走向"陌生人社会"，虽然从一般意义上讲是一种进步，并且这似乎也是未来中国乡土社会的归依之路。然而，没有了"鸡

① 费孝通：《乡土中国　生育制度》，北京大学出版社 1998 年版，第 10 页。

② ［英］齐格蒙特·鲍曼：《后现代伦理学》，张成岗译，江苏人民出版社 2003 年版，第188 页。

③ Geory Simmel, The Stranger ［M］, Sociology, Clencon, ILL.：Free Press1969, p. 28，转引自程立涛、乔荣生《现代性与"陌生人伦理"》，《伦理学研究》2010 年第 1 期。

犬相闻"的村落，难免要面对种种不适应。首当其冲的就是：该如何和陌生人相处？

在传统熟人社会中，人与人之间关系紧密，人们习惯于按照情面原则等办事，人与人之间感情和联系是牢固而可以预期的。但在陌生人社会中，"人们之间的关系寿命越来越短。例如，婚姻日益变得难以持久，朋友如果不是每周或每天更换，也是每月更换。偶然之交代替了过去的社会结构，人们之间的关系日益亲密却缺乏持久性，深入却没有责任感"①。这是一种"转瞬即逝的交往形式"②，体现出了与传统社会迥然相异的特质。甚至过去的以亲缘、地缘为纽带结成的紧密关系人中间，也出现了诸多冷漠对抗和纠纷，以至于"关于家庭的战争"、"性别的战斗"或者"对亲密的恐惧"、"如何起诉你的邻居"等关键词已经成为描述、分析和判断传统的亲密关系瓦解的有力工具。③ 这样一种让人感到紧张的社会环境，会造成人们心理上的不适，也会使人与人之间的信任和感情难以承载。因此，面对我国社会结构不断转型、陌生人社会难以避免的情势，一方面，我们要在全社会形成一种新的"陌生人伦理"④，培育人们的公共意识、公正意识、规则意识和守法意识，以此约束彼此的权利和义务，规避现代性风险；另一方面，我们也要看到越来越多的人开始拒斥陌生人社会的精神沙漠，表现出对乡土伦理和亲近性道德的怀念和眷恋，主张在现代社会中继承乡土伦理中的可用资源，构筑充满温情的新的人际文化。

实际上，有学者认为，"传统意义上的熟人社会的确正在瓦解，但取而代之的不是扩大的陌生人社会，而是新的熟人社会，它为非诉讼解决机制提供了新的现实基础。新的熟人社会既包含了传统熟人社会的某些因素，通过血缘、亲缘和友爱等因素建构的社会关系依然是人们极力要维护的对象，同时又通过现代社会分工的力量扩展了传统熟人社会，这一力量也因为世界经济一体化、网络虚拟空间的形成得到强化并且具

---

① ［美］布莱尔：《法律的运作行为》，唐越等译，中国政法大学出版社2004年版，第158页。

② ［英］安东尼·吉登斯：《现代性的后果》，田禾译，译林出版社2000年版，第70页。

③ ［德］贝克：《风险社会》，何博闻译，译林出版社2004年版，第125—154页。

④ 程立涛、乔荣生：《现代性与"陌生人伦理"》，《伦理学研究》2010年第1期。

有了超国界的意义。"① 如果是这样的话，借鉴和发扬乡土社会中的传统价值观（如"无讼"）等就既显得必要，也会更易于实行。当然，在这一过程中，我们既要注意消除熟人社会中的特殊主义伦理传统，拒斥不良"人情味"、"亲疏有别"等观念，建立普遍主义的伦理准则，也要充分认识血缘亲情的感觉和内在价值，实现亲近性道德与陌生人伦理的融合与提升，促进传统伦理道德的扬弃和升华，建立多向度的本真性的人际关系，治疗"现代主义造成的深刻的社会和心理创伤"②。

　　另外，滇中苗族村落的无讼纠纷观念和机制也能对构建民族地区多元化纠纷解决机制提供有益借鉴。多元化纠纷解决机制是指在一个社会中，使用多种多样的纠纷解决方式来满足社会主体的多样需求的程序体系和动态的调整系统。③ 20 世纪 90 年代以来，社会冲突的多发、激烈对抗和积聚，已经严重地影响到社会的稳定与发展。由此，社会控制与纠纷解决机制中的问题日益显现。面对越来越突出的纠纷的复杂性、多发性与司法资源的有限性、司法能力的局限性之间的矛盾，近些年来国家决策者和司法机关对多元化纠纷解决机制日益重视，学界对于这一方面的研究也一再升温。我国民族地区的和谐、稳定和发展一直是关系当地经济社会发展大局的重要一环，滇中苗族村落的纠纷解决方式与目前国家提倡的多元化纠纷解决理念具有某种程度的契合，对我国广大民族地区多元化纠纷解决机制的建构具有借鉴价值。从前面章节的叙述中，我们可以看到，龙村人在实际生活中选择纠纷解决方式时，往往能根据自身所处情景的差异，遵从一种适当、有层次的行动逻辑，理性地选择一种适当的纠纷解决途径，以实现理想的目标。受对待纠纷的态度以及当地客观条件制约，他们在纠纷解决方式的选择上偏向于民间调解。实际上，调解这一主要建立在血缘、亲缘、地缘和业缘关系的基础上的解纷方式，在中国的历史上源远流长，而且对熟人社会人际关系的影响是最小的，在当前中国构建多元化纠纷解决机制过程中理当发挥其更大的作用。诉讼作为推行法律最直接的方式当然应当成为纠纷解决的重要手段，并且成为各种纠纷解决手段的最后屏障。

_____

① 贺海仁：《无讼的世界——和解理性与新熟人社会》，北京大学出版社 2009 年版，序言。

② ［美］马歇尔·伯曼：《一切坚固的东西都烟消云散了》，徐大建等译，商务印书馆 2003 年版，第 200 页。

③ 范愉：《以多元化纠纷解决机制保证社会的可持续发展》，《法律适用》2005 年第 2 期。

但是，由于诉讼成本过大，以及受我国传统"和合文化"制约①，诉讼的推行遇到了很多质疑。特别是在当前我国司法资源严重不足，案件数量直线上升，"诉讼爆炸"这种前所未有的现象开始在经济发达地区、城市出现，司法系统面临着相当大的压力的情况下，大力发展替代性纠纷解决方式也因此成为学界和实务界都较为认可的可行解纷进路，而民间调解就是这种资源当中较为有效的一种。

实际上，调解本身是我国重要的传统纠纷解决文化，在新民主主义革命时期和新中国成立后曾经受到司法界推崇的"马锡五审判方式"就是合理吸收这一传统因素形成的。但在 20 世纪 90 年代理论界一度对司法调解展开了一场广泛的、深入的、全方位的反思、批评、改革思潮，提倡汲取西方国家的司法理念改革我国调解制度，使富有新中国特色的人民调解因逐渐失去昔日强大的行政力量支持而日渐衰落，"但几乎与此同时，外国纠纷解决领域却进行着相反的变革，ADR 在美、奥等国起步、传播、兴起，他们借鉴我国'东方经验'，在司法领域、仲裁领域，尝试依靠或者借助调解方式解决纠纷。调解从被拒绝、被视为与仲裁、诉讼精神相悖的观念中获得解放，调解的作用得到正视及重视"②。虽然这项运动在西方仍然有诸多质疑，但是"调解活动的绝对多数参与者对调解的程序、中立的调解人和调解的结果感到满意——无论调解人是一位收取费用的私人调解服务提供者还是法院指定的一位志愿者"。"并且参加调解的当事人倾向于对调解的程序表示满意，通常比那些经历过其他诸如审判或谈判的程序、具备一定可比性的诉讼当事人更有可能满意调解程序。"③ 西方国家的成功做法值得我们深思。近十多年来，为应对我国社会转型期所产生的社会矛盾，消除倚重诉讼方式带来的纠纷解决偏差，理论界和司法界提出了"大调解""能动司法"等主张，调解不可替代的解纷功能和现实意义再次得到重视。在此情况下，研究和吸收滇中苗族注重调解的无讼纠

---

① 在"和合文化"的影响下，中国老百姓形成了"和为贵"、"冤家易解不宜结"的民族心理，具有"息讼"、"厌讼"的民族意识，对待纠纷的态度则是息事宁人、排斥争讼，推崇调解制度，可见，"和合文化"是传统调解制度的基础。——瞿琨：《社区调解法律制度：一个南方城市的社区纠纷、社区调解人与信任机制》，中国法制出版社 2009 年版，第 289 页。

② 邱星美：《当代调解制度比较研究》，《比较法研究》2009 年第 4 期。

③ ［美］斯蒂芬·B. 戈尔德堡等：《纠纷解决——谈判、调解和其他机制》，蔡彦敏等译，中国政法大学出版社 2004 年版，第 167、169 页。

纷观及其解纷方式的合理成分，能够对我们构建新形势下的民族地区多元
化解纷机制提供较好借鉴。

四　乡土社会的纠纷解决将去往何方

我们身处的这个时代，正在发生着深刻的变化，即使是农村也不能置
身其外，"中国农村真正开始出现了'千年未有之变局'，农民正在逐步
挣脱了土地的束缚——无论是经济生活，还是社会结构，还是文化观念
的"①，时代的潮流正在席卷着生活在这个急剧变动中的每一个角落里的
人。国家法治灌输的强化、现代传媒技术的渗透以及通过商品贸易而扩大
的对外交往，正在把法治、市场、理性等现代元素源源不断地输入到乡土
世界中。近些年来，龙村的民间纠纷出现了新的特点，龙村人纠纷观念、
解纷主体和解纷方式等也正在发生着变化。

那么，这样的变化的方向应该是什么呢？比利时诗人凡尔哈伦说：
"所有的道路都通向城市。"② 中国不少学者也普遍认为，"从社会发展状
况来看，我国在逐步进入工业社会乃至所谓后工业社会后，社会关系的性
质与状况发生了重大的变迁，日益从原来的'熟人社会'演变为'陌生
人社会'，在现代化进程中遇到了一些前所未有的新的矛盾和挑战，传统
的农业社会和计划经济时代的治理结构很难应对这些矛盾和挑战，以法治
为中心的规则之治对于社会的治理和发展便至关重要。"③ 他们的观点基
本是一致的，都认为中国今后包含纠纷解决机制在内的社会治理方式的发
展方向应该是"法治化"、"全球化"、"现代化"的。但是，我们应该看
到，我国大多数农村地区的发展程度还不高，"由于地理、资源、环境、
气候等的影响，那些仍然处在现代化过程之外的村落，要走出贫穷，还有
非常漫长而艰难的路程"④。比起沿海发达地区来，如龙村这样的民族贫
困地区要拉近与城市的距离，实现"乡村和城市生活同质化"还是一个
遥远的梦。受到落后的经济发展水平的制约，民族地区农村的现代化才开
始，市场化、城市化等的影响还没有充分显现出来，这些地区的乡土社会

---

① 董磊明：《宋村的调解——巨变时代的权威与秩序》，法律出版社 2008 年版，第 161 页。

② 袁可嘉等选编：《外国现代派作品选》第 1 册（上卷），上海文艺出版社 1980 年版，第
11 页，转引自苏力《道路通向城市：转型中国的法治》，法律出版社 2004 年版，第 3 页。

③ 王利明：《中国为什么要建设法治国家？》，《中国人民大学学报》2011 年第 6 期。

④ 李培林：《村落的终结——羊城村的故事》，商务印书馆 2004 年版，第 34 页。

仍然还具有较为浓厚的传统特征，内部各种关系仍然较为复杂。

人类学家格鲁克曼（M. Gluckman）提出，人们之间的关系可以分为两类，即简单关系和复杂关系。现代社会是一个复杂的社会，但关系简单；而传统社会是一个简单的社会，但关系复杂。在传统社会中，社会分工不发达，人们之间家庭的、血缘的、朋友的、经济的、政治的、社区的、文化的各种联系往往缠绕在一起，其中的一个关系发生矛盾，还要顾及其他方面的联系，因此调解等非法律手段较为流行。而现代社会与传统社会不同的一个主要特征在于社会分工，即功能分化，传统社会人们之间发生的多方面的联系，分化为一个个简单的关系，由不同的人承担不同的功能。这样每一种简单的关系都适合于通过诉讼解决。① 布莱克则用"亲密性"或"关系距离"来表示复杂关系与简单关系与社会控制形式的关系。他认为，关系距离越近，越不适合于用法律方法解决人们之间的争端；反之，关系距离越远，法律方法越适用。② 当前，中国乡土社会仍然带有很强的传统因素，因此，对于解纷方式的选择不能片面推行单一的诉讼路径。

实际上，文化因素本身并不能被消解，即使短时期内被压制，但其仍然会以其他形式顽强地生存下来，在社会中发挥着强大的作用。目睹了中国南方珠江三角洲大都市羊城中一个普通村庄成为"都市里的村庄"过程的李培林教授就认为："由血缘和地缘关系联结的村落魂灵，在它农民和农业的载体消失之后，仍然会长期地'活着'。我们甚至不清楚，村落魂灵的融入城市，究竟是它的死亡，还是它的新生。"③ 尽管我国乡村社会正在经历着前所未有的变化，但熟人社会的交往规则、面子机制、舆论压力等依然对大多数村民起着作用，仍然会以各种形式表现出来，在纠纷解决实践中继续发挥影响力。人类学家吉尔兹认为，某些社会（如印度尼西亚爪哇、中国、印度等）中传统社会—文化模式长期延续，成为社会—经济的现代化无法克服的阻力，这些国家即使在外观上变成现代国

---

① Max Gluckman, Concept in the Comparative Study of Tribal Law［A］, Laura Nader, Law in Culture and Society［A］, Chicago：Aldine, 1969，转引自朱景文《解决争端方式的选择——一个比较法社会学的分析》，《吉林大学学报》2003 年第 5 期。

② D. Black, Behavior of Law［J］. Academic Press, 1976,（2）：pp. 40－41，转引自朱景文《解决争端方式的选择——一个比较法社会学的分析》，《吉林大学学报》2003 年第 5 期。

③ 李培林：《村落的终结——羊城村的故事》，商务印书馆 2004 年版，第 33 页。

家，在内容上仍然处于传统的状态。① 那些认为中国可以照搬西方式的法治道路的看法，实属对现实的"误读"②。如果不顾中国乡土社会的具体情况强行推行西方式的法治理念和制度，将会造成巨大的困难和混乱。因为"现代国家法追求统一性和确定性，它存在于非特定的地点和时间的空间中。植根于特定地点和时间的地方性规范和地方正义会因地点和时间不同而不同，所以现代社会中会存在现代国家法与地方性规范、地方正义的内在逻辑上的矛盾"③。龙村的实践反映出，当今中国乡村纠纷解决和秩序重建的困境是多重的，一方面，传统民间权威已渐趋式微，越来越难以胜任纠纷的化解和秩序的恢复；另一方面，当前的公共权威还不能很好地适应农村纠纷解决的需求。因此，我们应该"既要追求法律体系的形式理性，又要综合考虑中国农民基于当下中国农村社会状况、农村纠纷类型以及纠纷解决机制特点所做的理性选择与行为惯性，改造一元化的司法解决机制，增强法律在农村适用的弹性，建立能在农村'入乡随俗'的纠纷解决体系，从而使农民能够便利地获得最适合于他们，而不是学界设想的纠纷解决机制"④。龙村等滇中苗族村落纠纷解决机制的变革只能是因地制宜的，渐进式的，具体是：

第一，充分发挥民间调解组织在纠纷解决中的重要作用，特别是在民间权威式微的情况下，高度重视村调解委员会这一"准官方"的调解机构的建设，积极探索完善村委会调解的体制机制。在前面章节的分析中，我们可以看出，龙村村民们对于纠纷解决方式的选择，走的是一条从非正式到正式的路径，一般情况总是自行和解、请求村内权威及村委会调解，只有自己无法解决或是村内调解无法达成一致时，才会想到寻求外部正式机构的解决。即使是寻求外部正式机构的解决，也主要是选择用调解的方式解决问题，只有到了万不得已的时候，才会走入诉讼中。实际上，这种情形与我国传统社会的基本情况是一致的。从历史上看，一个社会的安宁

---

① Clifford Geertz, Peddlers and Princes, Chicago, 1963，转引自王铭铭《现代的自省——田野工作与理论对话》，载潘乃谷等主编《社区研究与社会发展》，天津人民出版社 1996 年版。

② ［葡萄牙］桑托斯：《法律：一张误读的地图——走向后现代的法律观》，朱景文、南溪译，载朱景文主编《当代西方后现代法学》，法律出版社 2002 年版，第 89—115 页。

③ ［荷兰］Benjamin van Rooij：《法律的维度——从空间上解读法律失败》，姚艳译，《思想战线》2004 年第 4 期。

④ 刘佳：《农民对纠纷解决机制的选择偏好及成因》，《西部法学评论》2009 年第 5 期。

秩序往往要靠许多规范协调运作才能适当地维持，这些规范包括自然的天理、神旨、道德、礼俗以及人为的法律、家训、乡约、行规等，在中国传统观念里，从学者、民众到政府，认为社会规范有许多种类和层次已成共识。① 并且在中国传统社会的法律运作中，"家法、行规、地方风俗等活生生的法律扮演了比国法更积极吃重的角色"②。这种情况提示我们，在乡土社会解纷机制的构建中，我们应该建立一种多层次的纠纷解决机制。但在这个多层次的解纷机制中，要高度重视发挥村调解组织的作用发挥。如前面章节所述，在当前的滇中苗族村落中，村委会调解由于其具有的特殊优势，在解决村民民间纠纷方面发挥了最大的作用，成为村民目前最为可欲的解纷主体。村委会调解能吸纳民间传统调解的某些精髓，在乡民中树立新的民间解纷权威地位，同时，它也能承载国家正式法律和国家正式解纷机构的某些特征，成为贯通国家与乡村的有效桥梁。

在这个问题上，也许有人会认为村委会调解不够"正规"，村委会干部"法律素质低"，无法委以重任。但实际上，村民日常生活中发生的民事纠纷纷繁复杂，头绪万端，需要细致梳理方能找准解决问题的"牛鼻子"。解决这些纠纷，国家正式结构显然不太适应，也不具有优势。调解这些纠纷需要运用地方性知识、"乡土策略"以及"土政策"③，这是村委会干部所擅长的。就处理结果而言，在一般民间纠纷处理上，村委会调解实现的"正义"并不比国家正式机构的少，在有些情况下，国家正式解纷机构作出的裁决往往达不到村委会调解的高认可度。

当前的问题是，如何更好地健全村委会（包括村民小组）的调解机制。在这个问题上，需要做的事情是很多的，如村组干部的法律培训、调解程序的制度化规范化建设、村调解组织的完善、调解室等硬件设施的建设、调解档案的规范化建设、加强县乡（镇）相关部门的指导、加强对

---

①　张伟仁：《传统观念与现行法制》，《台大法学论丛》1987年第1期。

②　林端：《儒家伦理与法律文化：社会学观点的探索》，中国政法大学出版社2002年版，第8页。

③　翟学伟认为，"土政策"是指地方或组织根据上级的方针性政策或根据自己的需要，结合本地区和组织的实际状况和利益而制定的一套灵活、可变、可操作的社会资源的再控制与再分配准则，而这套准则对其他地方和组织没有效果。土政策作为一个完整的制度，避开了西方社会学家对中国与西方社会做的特殊主义和普遍主义二分法比较，成为很具中国特点的一种"你中有我，我中有你"的（圆通）模式。——见翟学伟《"土政策"的功能分析——从普遍主义到特殊主义》，《社会学研究》1997年第3期。

乡民的宣传力度，等等。基本方针应该是，一方面，要强化村调解委员会的规范化制度化建设，使之逐步更多地能运用国家法律因地制宜地解决纠纷，在调解中更多地贯彻国家法治精神，最大限度地实现法律正义；另一方面，也要充分发挥村调解组织的"民间"优势，用村民习惯的、更能接受的方式解决纠纷，实现乡土正义。要通过努力，让村委会成为纠纷解决机制中连接国家与乡土世界的"桥头堡"，实现法律正义与乡土正义的有机结合。

　　第二，在当前乡土社会对国家法律的需求日渐增强的形势下，不断推进国家法律"下乡"的力度，加大国家与乡土社会的整合，让村民有更多机会接触和了解国家法律和国家司法机关，从而能有更多的村民运用诉讼等方式解决纠纷。从历史上看，"人类社会为了实现有效的管理和治理，创造了诸多的政治形式。国家是人类迄今为止所创造的最为恰当和有效的政治形式"①。从社会秩序的建构来说，现当代社会一般都是以国家推动为主要的方式进行的，虽然社会层面也是社会秩序的重要基础性维护力量，但并不构成秩序的主导型力量。并且在纠纷的解决中，虽然世界诸多国家均致力于建构多元化的解纷机制，但国家解纷制度毋庸置疑是不可替代的主体性制度。在我国，无论是经济社会发展，还是各种体制机制的建设，走的都是一条政府主导型道路和模式。纠纷解决机制的建立和完善，如果不依靠国家来进行，显然无法具有全局性，也很难取得预期的效果。因此，应当进一步强化纠纷解决中的国家责任，并充分肯定国家力量在纠纷解决以及社会秩序建构方面所具有的重要作用。从前面章节的讨论中，我们可以看出，龙村村民在解决纠纷时，有多种解纷组织可供选择。实践中，村民们不太情愿选择由国家正式解纷机构和组织来解决纠纷，如果确要选择第三方出面解决纠纷，村民们更多的是请求村委会调解。同时，村民们也越来越少地请求家族、村内长者以及基督教教职人员调解，转而更多地请求村委会调解。这些情况都说明，国家在村落解纷中的作用日益加强了。因为在广大民族地区，村委会是一个准官方性质的组织，不同于传统型的村内权威。某种意义上说，村委会是乡镇政府的延伸机构，担负着传达上级党组织和政府大政方针的重要任务，是国家在村落中进行治理的"代理人"，因此，村委会在纠纷解决中要接受政府的指导，在具

---

① 周平：《对民族国家的再认识》，《政治学研究》2009年第4期。

体调解过程中要运用国家政策和法律作为调解依据。① 村委会解纷职能的强化，恰恰说明了国家力量正在村落内部纠纷解决中起到了越来越大的作用。

在前面的叙述中，我们也可以看到，镇派出所、司法所、法庭等在村内纠纷的解决中的作用是不容忽视的。刑事案件、治安纠纷一般都是由镇派出所、镇综治办等负责处理，现在村内一般已经不存在对这类案件自行私了的情形，大家都知道这类事情性质严重，应该报告镇上相关部门解决。对于民事纠纷，人们也已经更多地从国家法律的角度看待，更多地把纠纷提交一定意义上代表国家的村委会调解，并能在参与调解时从法律、政策中寻找依据支持己方观点。随着普法宣传的加强，司法所、法庭"送法下乡"的常态化开展，电视、手机等现代媒介的影响增强等，村民们对于国家法律的认知度、信赖度有了很大提升。在当前的滇中苗族村落，虽然国家法律的进入还是会造成一定的"法律语言混乱"②，但这种国家法律带给乡土社会的种种混乱和不适程度已经不算很严重，并且正处于不断消解之中。实际上，今天的龙村由于社会经济的不断变迁，村落内部正在孕育一个与传统社会有差别的制度环境，这个环境对于现代性的国家法律开始表现出了"某种选择性的亲和"③，换言之，"乡村社会内部生出了对现代法律的需求"④，而"今天的国家法律，因其规则的普遍性和背后的惩罚机制，较能够给逐渐陌生化的乡村社会提供信任，维持基本秩序"⑤，由此

---

①　村委会调解较多地使用各种地方性知识和"乡土策略"、"土政策"进行调解，但这只是为了达到调解目的需要的"策略"，并不具有恒久性。虽然村干部们能使用这些资源是其优势，很多情况下也能收到效果，但也有不少时候是难以达到预期目的的。在这些调解策略失败的时候，村干部门仍然要以国家法律为基础性依据进行劝说、警告，或者告知当事村民到乡镇上、县里有关机构（如司法所、法庭、政府）寻求解决。

②　吉尔兹在《从比较的观点看事实和法律》一文提出了"法律的语言混乱"概念，意指地方性观念与现代国家观念这两种法律意识之间的对抗，并认为这是导致第三世界秩序混乱的一个原因。（吉尔兹：《地方性知识》，王海龙译，中央编译出版社2004年版，第279页）。朱晓阳在《"语言混乱"与法律人类学的整体论进路》一文中用了吉尔兹的"法律的语言混乱"来指代费孝通当年思考的现代司法与乡土社会的种种不适应。（朱晓阳：《"语言混乱"与法律人类学的整体论进路》，载《中国社会科学》2007年第2期）。苏力在《秋菊的困惑和山杠爷的悲剧》一文中论述的"秋菊的困惑"和"山杠爷的悲剧"也反映了本土资源与现代法制在乡土世界的碰撞给人们带来的观念不适应。（苏力：《法治及其本土资源》，中国政法大学出版社2004年修订版，第24—42页）。

③　董磊明：《宋村的调解——巨变时代的权威与秩序》，法律出版社2008年版，第206页。

④　同上。

⑤　同上书，第205页。

观之，我们可以说，更进一步地强化国家法律制度在乡村社会的介入的深度和广度，发挥国家在乡村纠纷解决中的更大作用，既是正当其时的顺应现实之举，也将是未来乡村社会纠纷解决机制发展的主基调。具体而言，就是要在除了支持和指导村委会调解工作的同时，继续做好法律宣传和送法下乡活动，引导村民熟悉、掌握国家法律和诉讼等正式解纷机制运行方式。对于民族地区的专门机关而言，就是要"从自身司法、执法实践的角度出发，利用纪念日、民族传统节日、假日或当地群众性的公共活动之际，进行专门的法律咨询、服务"①。同时，正如有外国学者指出的，"当服务于传统社区的纠纷解决机制无法适应快速的社会变迁而变得无效的时候，法院是多元社会背景下一个重要的纠纷解决场所"②，在乡村社会转型的过程中，法院应积极到乡村开展巡回开庭、巡回办案等活动，方便村民们参与到正式解纷程序中来。

第三，挖掘、规范和发挥民间非正式规范和村民自行和解等解纷制度的作用，使之成为村委会和国家正式机构解纷活动的重要补充，在解决村内纠纷方面继续承担一定的功能。值得指出的是，"维护、树立国家法律的统一和权威与少数民族坚持特有习俗传统之间是既对立又统一的辩证关系"③，因此我们要在充分尊重民间传统和习惯的基础上，对村民的自行解纷行为进行观察和引导、规范，取其精华，发挥民间解纷文化的正能量作用。一般来说，村民自行解纷活动较能够体现他们的意志，体现乡土正义，对于维系村内秩序具有正面意义。但在很多时候，村民们的自行解纷活动也会具有负面价值。比如，如果村民们遇到纠纷时一味用忍让、回避等方式解决（消解）纠纷，虽然很显著地具有了"止争"（消除纠纷）的作用，但却忽视了"定纷"（确定是非对错）的作用，使这类解纷方式可能会导致为达到"无讼"效果而违背法律精神的情形发生。在这类解纷场合中，还可能会更多地使村民的"自我抑制型人格"溢出，不利于培育具有独立、平等、民主、法治等理念的适应现代社会要求的新型公

① 张晓辉主编，张锡盛、陈云东副主编：《中国法律在少数民族地区的实施》，云南大学出版社 1994 年版，第 224 页。

② Engel, David M., "The Oven Bird's Song: Insiders, Outsiders, and Personal Injuries in an American Community", *law & Society Review*, 1984, Vol. 18, p. 572.

③ 张晓辉主编，张锡盛、陈云东副主编：《中国法律在少数民族地区的实施》，云南大学出版社 1994 年版，第 225—226 页。

民，最终有碍于现代解纷机制的建设。因此，探索建立民间纠纷方式与国家正式解纷方式有效结合的乡土社会多元化纠纷解决机制还需要考虑各方面因素，尽可能实现最好的社会效果，体现时代价值取向。

第四，重视对民间自发的民主化纠纷解决机制的培育和引导，使之在解决村内纠纷、维护村落秩序中发挥更大作用。民间的民主化纠纷解决机制的出现，反映了市场化、民主化社会大环境下村民们可贵的对社会自治的追求，一定程度代表了未来纠纷解决机制的改革和发展方向，是一种值得认真对待的重构未来乡村社会纠纷解决机制的新进路之一。从性质上说，这种机制的主体是由本地村民及其他社会人士自发组建的纠纷解决组织，显然具有"私"的性质，属于私力救济的范畴，并具有民间性、非权力化和非职业化的特点。这一组织在选择解纷依据时，具有高度的灵活性和开放性，既可以选择适用法律规范，也可以在不违背法律强制性、禁止性规定前提下应用道德、情理、习俗等民间规范达到最好的解纷效果。这一解纷机制虽没有法律强制力做后盾，裁决的执行与否往往依赖于舆论、习惯以及一定限度内的私的强制力，但只要运行合法、正当，往往能成为官方（诉讼等）及"准官方"（村委会调解）解纷机制的有益补充，有益于维护乡村良好秩序，并能使村民从中获得民主化熏陶和教育。但这一机制的运行需要依赖于一定的社会条件，如村民具有良好的自治素质、诚信品质和权利义务意识，政府部门以及村委会等能给予支持和帮助，等等。总体而言，在当前形势下，只要引导得当，这一机制将能对农村基层民主化建设产生积极作用，并在民族地区乡村社会纠纷解决中产生深远影响。

附　论

集市与纠纷解决机制的变迁

"世界偏僻角落的事件可以说明有关社会生活组织的中心问题。"[1]在中国，传统的农耕文化促成了基层市场的生成和发展，使遍布乡村的各类集市成为地域社会的公共空间和农民日常活动的重要场域，因而乡村社会的基层市场成了研究乡土世界的逻辑起点。本章试图从法律人类学的角度，通过对龙村定期集市的研究，将乡村社会纠纷解决机制的嬗变与定期集市的出现和发展而带来的当地社会结构的变化相勾连，探讨乡村集市对于乡民纠纷观念和乡土社会纠纷解决机制的影响力。

第一节　龙村集市的出现

一　滇中苗族村落商品贸易历史

在历史上看，滇中苗族村落是一个基层市场没有得到充分发育的区域，人们对商品以及市场的认识极为有限。花苗进入滇中境内一百多年的历史上，他们是在一种小农经济的环境中成长起来的，整个苗族地区很难找到一个像样的集市。在人民公社化时期，滇中苗族也和全国其他农民地区一道，被纳入了国家计划经济的高度集权的政治、经济体制中，形成了集体化的村庄格局，商品经济遭到了禁绝。1977年后，这些限制才逐渐停止，县境内市场交易逐渐恢复。20世纪80年代以后，龙村与其他农村地区一道实行了分田到户，开始了以家庭联产承包为主的生产责任制改

---

[1]　罗伯特·C. 埃里克森：《无需法律的秩序——邻人如何解决纠纷》，中国政法大学出版社2003年版，第1页。

革，各家各户成为单独的生产单位，村民开始有了生产剩余，村民开始在公路沿线进行货物交换和零星的买卖活动。但是，这个时候的交易活动，更多的是一种物物交换，类似于日本人类学家栗本慎一郎提出的"默契交易"，是一种"两个既不能相互接近或接触，又不能互通信息的共同体之间所进行的交易"①，是人们为了避讳与"异人"（即自己所属集团以外的人）接触而受到伤害所采取的一种特殊的交易。随着 20 世纪 80 年代中后期以后市场交易活动的增多，特别是国家自 20 世纪 90 年代后开始推行市场经济，滇中广大农村地区出现了各类集市。

二 龙村定期集市的出现

龙村集市是滇中苗族聚居村落中一个普通的定期集市。该集市并不是一个传统的村落集市，而是一个"后生型"的集市，形成的时间仅有十来年。大约在 10 多年前，经过龙村的公路两旁出现了进行货物交易的村民，随着村际人员流动的增加，在这里交易的人数逐渐增多。县里由此于 2005 年在此修建了龙村集市。几年来，集市不断发展壮大，已经有 40 多家商户常驻，并开设了多家饭馆、店铺，从事餐饮业、日用品零售、农用物资交易、摩托车和家用电器销售和维修。集市上还形成了一个周期性的菜市场和大牲畜交易市场，设立了移动通讯业务服务点、临时加油点等。另外，村卫生所也建盖在集市街面上，而在靠近集市不远的山洼里则建有村小学。龙村集市每周一集，逢周六②为街子天。自开街以来，村民们逐渐形成了每到周六就到集市上赶街的习惯，每到街子天，人流量达数千人（农闲时五六千人，农忙时二三千人）。除了进行交易活动外，人们经常在街面小商铺前驻足闲聊，或是到饭馆内吃饭喝酒。附近村子熟识的村民们一个星期见一次面的规律性交往已经成为当地村民的日常互动形式，而每个星期都能在街面上见到不少的外地陌生人也成了当地村民的生活经验。

龙村集市的建成和不断壮大，是"天时、地利、人和"诸多因素促

---

① ［日］栗本慎一郎：《经济人类学》，商务印书馆 1997 年版，第 43 页。

② 在 1969 年前，滇中苗族村落各集市以 12 属交叉为街期，如县城虎、猴日赶街，另外一个集市鸡、兔日赶街，再一个集市龙、狗日赶街等，依次排列。1969 年县革命委员会决定，全县统一在星期日赶街。1980 年县人民政府决定更改街期，参照历史上赶集的顺序，依次定位星期一至星期日，每个集市每星期赶一次街。

成的结果。长期以来，龙村都是作为特困地区受到了州、县、镇各级政府的高度关注，每年投入大量物资对该村进行帮扶。最近 10 多年来，随着国家扶贫模式由"输血型"向"造血型"的战略转变，当地政府一直希望找到一个扶贫的长效载体，让村民能投身市场经济大潮中，通过商品经营达到增加收入的目的。因此，随着 2005 年贯穿龙村的一条县乡公路的建成通车，当地政府就"顺应民意"，投资将碎石路面浇灌成混凝土路面，并在道路两旁划出了专门的摊位，构筑了固定的水泥板面的固定摊位，使集市得以正式运营。龙村集市虽然地处苗族村寨内部，却是当地地域社会的交汇点。该集市位于附近 6 个山区村委会的中心点，是 6 个山区村委会车辆通行的必经之地，以龙村市场为中心的村级公路通往附近 36 个自然村。集市还是县内县乡公路主干网络上的一个重要节点，县城至另一个乡的县乡公路经过集市。由于龙村集市的特殊地理位置，多年来村民们都习惯到这里来进行零星的物资交易活动。每天经过集市的汽车、拖拉机、摩托车成百上千，行人更是不计其数。龙村集市建成后，有大量附近村子的彝族、汉族村民到龙村集市建盖和租用商铺做生意，有的还与当地苗族店主合伙经营。每个赶街天，到龙村集市摆摊设点的除了当地少部分苗族外，大部分还是附近的汉族、彝族商贩。在集市上，不同民族人在讨价还价、聊天闲谈时，一般都是使用汉语，这是大家都能听、说的语言。

第二节　龙村集市出现后纠纷解决机制发生的变化

龙村集市的形成和发展，除对龙村及其村民的经济生活带来直接改变外，它又给龙村的社会生活、交往方式和处事原则带来了怎样的变化呢？

在施坚雅（G. William Skinner）看来，中国农民的基本生活单位不是村庄，而是由若干个村庄连接而成的基层市场共同体，因为乡村基层市场不仅为农民提供了经济物品交易的场所，而且还成了地方社会聚落和交往的中心。1949 年他在对四川田野调查后指出："研究中国社会的人类学著作，由于几乎把注意力完全集中于村庄，除了很少的例外，都歪曲了农村社会结构的实际。如果说农民是生活在一个自给自足的社会中，那么，这个社会不是村庄而是基层市场社区。"① 费正清则进一步将施氏关于"基层市场社区"的概念表述为"集市社会",认为它"既是一个经济单元,又是一个社交世界","在正常情况下,农民生活并不限制在一个村子里,而是展开在形成一个集市地区的一大批村子里"。②

就龙村集市而言,所处的社会环境与施坚雅所考察的 20 世纪 40 年代的四川农村有了很大的不同。随着社会流动的增强、交通的便利、通讯的迅捷,人们的社会生活范围也突破了施坚雅所描述的中国农村典型的基层市场区域和结构,人们在更大范围内交往。不过,集市作为乡民们日常生活的开放性的公共空间的性质和功能并没有发生根本变化。集镇不是简单的市场,而是库拉圈、互惠场所、夸富宴的举行地、再分配自己的网结、社会的竞技场和文化展示的舞台。③

定期集市深深嵌于当地村落社会生活之中,成为当地村民进行经济交往、提高收入水平的重要场所,并且也成为当地村民进行社会交往的重要公共空间。另外,乡村集市除了是乡民们进行日常活动的场所,也是沟通国家与乡村社会的桥梁,通过集市村民们能够迈向更为广阔的外部世界。农民通过参与集市这一初级市场的交易,不断受到平等、契约、权利等现代意识的熏陶。"依凭历史上场镇的中心地作用,国家基层政权纷纷落户场镇,并陆续在场镇建立了一系列公共服务设施——学校、卫生院、农机站、农技站、文化站、畜牧兽医站、法庭等,国家的声音从场镇开始向其覆盖的村庄渗透、传播,政治权力也借助对集市的控制进入并改变了乡村社会,场镇便成为国家控制乡村社会的出发点和枢纽。"④ 在国家机构不断涌入的情况下,农民会在集市中处处感受到国家的"在场",对于国家及其意识形态会有更加深入的了解。这样,国家和乡村社会在集市空间发生对接,集市也在一定意义上成为国家统合乡村社会的立足点和灌输国家

---

① 〔美〕施坚雅:《中国农村的市场和社会结构》,中国社会科学出版社 1998 年版,第 40 页。对于施坚雅的理论贡献,黄宗智认为:"施氏原意,不过是要矫正人类学家只着眼于小社团的倾向,但结果几乎完全消灭了他的对手。一整代美国史学家,都以为中国的村庄,在经济上和社会上高度结合于大的贸易体系,因此,未注意到村庄这个单位。"——见黄宗智《华北的小农经济与社会变迁》,中华书局 2004 年版,第 23 页。

② 〔美〕费正清:《美国与中国》,世界知识出版社 2001 年版,第 26—28 页。

③ 王铭铭:《社会人类学与中国研究》,广西师范大学出版社 2005 年版,第 131 页。

④ 吴晓燕:《现代国家对乡土社会的渗透与整合——基于集市变迁的分析》,《学术论坛》2009 年第 1 期。

意识形态的试验场。随着各种组织和个人纷纷在集市上展开活动，表现为社会控制的国家权力的影响力也日益突出。

定期集市在乡村世界中的作用是多重的，如果按照美国当代社会学家罗伯特·金·默顿（Robert King Merton）结构功能理论，定期集市既发挥了促进经济交往的显功能（manifest functions），也发挥了促进乡民社会交往的潜功能（latent functions）。① 通过提供这种周期性的经贸活动和社会交往，集市对当地人的观念和社会结构乃至纠纷机制变迁能够起到不可忽视的作用。

一　纠纷观念的转变

费孝通先生认为，乡土社会在地方性的限制下成了一个生于斯、死于斯的社会，这是一个"熟悉"的社会，没有陌生人的社会。② 因而在亲密的血缘社会中商业是不能存在的。普通的情形是在血缘关系之外去建立商业基础。③

现代社会中的乡村集市，是一种与早期人类社会交换中互惠关系格格不入的经济活动方式，也有着与中国传统熟人社会大相径庭的人际交往原则。当前的乡村集市已经脱离了早期人类学家当年的语境，更多地体现了商品贸易集散地的经济特性。在集市上从事商品交易活动的商贩和农民，相互间并没有必然的互惠义务，他们之间关系的基础性纽带，只可能是一种以货币为结算工具的价值计算。随着龙村人步入集市，所接触的人和事就不断改造着龙村人处理人际关系的准则，集市市场化的运作方式和理性化的运作逻辑不可避免地对村民们的纠纷观产生潜移默化的影响。

首先，集市培育了他们的"经济理性"，对于利益纠葛更多运用市场法则进行"计算"。集市对于传统乡村熟人社会来说，具有一套新的人际关系运作逻辑。"除对等性的互惠原则外，乡村社会交换也体现出平等性的利益原则。在市场交换中，村民们是否发生交换，拿什么来交换，交换

---

① 社会学结构功能论的理论大师罗伯特·金·默顿将功能划分为显功能和潜功能两个层次，显功能是有助于系统的调整和适应的客观后果，这种适应和调整是系统中的参与者所期望达到或能预料、认识到的；潜功能是没有被预料也没有被认识的客观后果。——见［美］默顿《社会理论和社会结构》，唐少杰、齐心等译，译林出版社 2006 年版，第 90—170 页。

② 费孝通：《乡土中国　生育制度》，北京大学出版社 1998 年版，第 9 页。

③ 同上书，第 74 页。

的频率、程度如何，并不是取决于对方与自己关系的亲疏，而是看其能否满足自身的利益需求，这一点并不因人而异。"① 受到新经济理性的影响，村民们对于利益和纠纷的态度发生了变化。最为明显的例子是赊账纠纷。赊账买卖是龙村长期以来的一种交易习俗，在摩托车、大牲畜等交易中经常采用，村民之间基于相互信任，很少有赊账不还的现象，即使出现这一情况，卖家也能采取隐忍态度，很少撕破脸皮公开讨债。现在，买家因欠债不还而产生的羞耻感降低了，而卖家也开始撕破脸皮讨债，致使赊账纠纷增多了，无形中"诚信为本"、"以和为贵"的观念受到了消解。可以说，龙村集市经济理性对于血缘亲情的凝聚力产生了消极影响，这与刘绍华在观察定期集市对凉山社会的影响时得到的结论是一致的："虽然当地农村的主要社会结构仍是以亲属关系为基础"，"但是当地人的身份认同和他们的权利义务，毫无疑问地已经超越了亲属关系的范畴"②。

其次，集市的出现对"以和为贵"、"与人为善"的观念产生了冲击。马克·格拉诺维特（Mark Granovetter）在 1973 年提出了"弱关系"的概念，认为人与人之间、组织与组织之间的关系在强度上存在区别。根据交往时间的长短、感情的强烈程度、亲密行为的有无以及互惠行为的表现，人与人之间的关系可以区分为强关系（Strong Ties）、弱关系（Weak Ties）等。强关系指的是个人的社会网络同质性较强，人与人的关系紧密，有很强的情感因素维系着人际关系，即较为亲密的私人关系；而弱关系是个人的社会网络异质性较强，人与人关系并不紧密，也没有太多的感情维系，即一般的熟人关系。③ 由于龙村集市的出现和发展，使当地固有的血缘、亲缘和地缘组成的"熟人社会"强关系网络的基础上，又出现了一种弱关系网络。由此，龙村形成了"显性陌生人社会"和"隐性陌生人社会"形态。前者是本村人与外地人因市场交易而形成的显性陌生人关系社会。后者则是本村人之间因市场交换需要以"陌生人社会"的关系和规则行动而形成的一种内部关系社会。由于市场经济理性的影响，本村人之间也逐渐出现了不再遵循熟人社会的"情面原则"、"不走极端原则"和"歧

---

① 秦红增：《村庄内部市场交换与乡村人际关系——科技下乡中的人类学视野之三》，《广西民族大学学报》（哲学社会科学版）2004 年第 5 期。

② 刘绍华：《中国西南诺苏（彝）地区的集市与现代性》，《思想战线》2010 年第 1 期。

③ ［美］马克·格拉诺维特：《镶嵌：社会网与经济行动》，罗家德译，社会科学文献出版社 2007 年版，第 67 页。

视原则"① 的情况。

最后，集市使龙村人对人性的复杂性有了新的认识。据访谈了解，过去苗族村民很少参与商品交易活动，分不清纸币票面金额的大小，在集市上出售农产品时往往善良地任由买家找补零钱。然而，由于集市的出现，使龙村人通过集市交易见识到了某些不端客商的缺斤少两、坑蒙拐骗，甚至利用一些龙村人不懂识别真假人民币而蓄意使用假币等行为，让龙村人普遍奉行的"世上一切人都是好人"、"与人相处不能欺骗"等观念产生了动摇。

上述变化，使龙村"熟人社会中的传统因素……随着经济的变迁而发生解体，被乡土中的陌生性不断侵蚀着，在某种程度上以其他形式出现了'重构'"②。但是，龙村人的纠纷观仍未突破传统血缘、地缘关系的束缚而达到完全"现代性"的地步。由于封闭的地理环境和落后的经济发展水平，滇中广大苗族地区村民之间的地缘、血缘关系牢固程度超出我们的想象。尤其是由血缘关系衍生的亲情关系，仍是村民普遍认同的交往准则。在此背景下，如果集市商贩与部分村民完全贯彻"经济理性人"的价值取向和行为方式，则会与当地苗族村落的社会伦理、村民利益表达方式和人际交往原则产生广泛的矛盾。杜赞奇认为，村民与市场交往并不是建立在牺牲村民内部关系的基础上，事实上，村民之间的关系似乎更为加强，人们以此来提高自己在集市交易中讨价还价的地位。③ 所以，当前滇中苗族乡村集市的交往主体，具有经济理性和社会理性的"混合属性"，这可看作一种"哲理"，"它不同于以经济理性为基础的现代理性，因为虽然农民也追求趋利避害，但不追求受益最大化"④。

二　纠纷类型的变化

长期以来，龙村的纠纷范围较为有限，一般为婚姻情感、宅基地、牲

---

① 歧视原则指对待外人和陌生人时，可以甚至应当漠视他们的利益，偏袒熟人和本地人。——参见陈柏峰《乡村江湖：两湖平原"混混"研究》，中国政法大学出版社 2011 年版，第 256 页。

② 周大鸣、石伟：《旅游情境中的乡土"陌生人社会"——基于桂林灵渠旅游的田野研究》，《广西民族大学学报》（哲学社会科学版）2012 年第 5 期。

③ ［美］杜赞奇：《文化、权力与国家：1900—1942 年的华北农村》，王福明译，江苏人民出版社 2003 年版，第 13 页。

④ 李培林：《村落的终结——羊城村的故事》，商务印书馆 2004 年版，第 66 页。

畜误吃庄稼等纠纷类型。通过查阅近 10 年来村调解委员会的调解记录以及对村民的访谈，可以看出龙村纠纷的"不变"、"少变"与"变"的基本情况。从"不变"、"少变"角度看：其一，从 2001 年至 2011 年，龙村村委会调解的纠纷平均每年为近 14 件，虽呈现出逐渐增长态势，但增长较为缓慢，每年比上年多出来 1—3 件；其二，从纠纷类型上看，家庭内部纠纷、不同家庭村民之间纠纷一直以来占据着纠纷的主要部分。在家庭纠纷中，主要是夫妻之间的纠纷。不同家庭村民之间的纠纷，仍以宅基地纠纷、林地纠纷、用水纠纷、牲畜误吃庄稼纠纷等为多。但从"变"的角度看，可以说，近些年来龙村人纠纷的类型和频次都出现了一些引人瞩目的新变化，这些新变化与集市的开市、发展有着密切关系：

第一，新型纠纷的出现。一是摊位争执纠纷。摊位争执纠纷作为一种新的纠纷，是随着龙村集市的建立而出现的。龙村集市的摊位分为两类，一类是固定摊位，由政府明码标价出售给商户，这类摊位一般不会出现争执。另一类是临时摊位，每到开集之日，为了获得一个吸引买家"眼球"的摊位，商贩争执频发。二是交易行为纠纷。怀疑卖家缺斤少两，或怀疑卖家出售的商品存在质量问题而引发纠纷。三是赊账纠纷。近年来龙村人之间或与外村人之间进行摩托车、大牲畜等交易，买家采用赊账方式但未按时还款而引发的纠纷。

第二，夫妻之间的纠纷多与集市有关。我国农村夫妻矛盾大多因经济问题而诱发，龙村也不例外。这些年来由于集市的出现，龙村夫妻之间关于经济开销、生活方式等方面的争吵和矛盾更多了。例如，一些家庭"思想解放"的男子会出钱买拖拉机跑运输，甚至资金不足的向农村信用社贷款，引发"保守"妻子的担心和不满。同时，集市的出现导致男人消遣生活半径的扩大也会引发家庭矛盾。

第三，亲戚熟人间的纠纷突破了传统范围。集市的出现，使亲戚熟人间的纠纷不再限于宅基地、牲畜误吃庄稼等，而扩大至集市中争抢商铺周边空余位置、争抢客源等引发的纠纷。最为极端的一例是 2011 年已经分家的两兄弟纠纷，弟弟为了能摆放更多商品而拓宽铺面，引起相邻哥哥一方不满而引发的激烈争执。

第四，龙村人与外村人之间的纠纷逐渐增多。随着近年来市场经济的发展，村民们对外交往的范围逐渐扩大到外村陌生人。过去为大家忽视的村际地权模糊地带，随着村民自治的推行，尤其是林权制度改革以及用水矛盾的日益突出，各村对土地、林地以及水源的争夺呈现日益激烈的状态，各类地权、林权以及水权的历史遗留问题不再是一个小问题，而成为各村高度关注的敏感问题，由此导致的争端大幅上升。

第五，交通肇事纠纷明显增多。目前龙村拥有拖拉机的农户占七八成，虽然政府三令五申不准农用拖拉机违法载人，但人们仍然在赶街时将其用作交通工具，驾驶拖拉机违法载人导致交通肇事引发的赔偿纠纷不时发生。而摩托车是当地男人的重要出行工具，拥有一辆摩托车是他们可以炫耀的资本。由此，每年摩托车与集市人、车剐碰引发的纠纷增多。

第六，酗酒闹事引发的纠纷有增无减。传统的龙村并无特定的公共交往场所，随着集市的形成和发展，集市逐渐成为当地的公共活动场所。有学者指出，农村公共空间已成为农村社会结构的一部分，它"不仅体现在相互信息交流、互动人情往来的浅层次上，而且可以起到整合民间力量、培育意见领袖和形成舆论压力的作用"①。近年来，农闲时常有龙村及外村男子到集市餐饮、茶室等场所聚集。酒能助兴，亦能败兴，饮酒过量，易于口无遮拦，引发口角甚至打架。龙村集市开市以来，酗酒引发纠纷的事端逐渐增多。

三　解纷主体的变迁

龙村苗族经历了100多年的辗转迁徙，加之人数不多，传统的宗法制度和民间法遗产大多失传，寨老、理老等民间权威人物现已难觅踪影。然而，受传统型权威遗风的影响，龙村仍有数位年纪较大、说话公允的长者作为解纷人调处村民纠纷。同时，滇中花苗普遍信奉基督教，教会牧师、长老等教职人员也是村内纠纷解决的主体之一，在解决纠纷方面发挥着一定作用。

近年来龙村长者及教会教职人员这两类传统型权威的解纷职能日渐式微，形成这一现象的原因与集市的出现有一定关系。其一，龙村的旧有习惯性规范已不适应龙村集市新型纠纷（如债务纠纷、交通肇事纠纷等）的解决，由于缺乏相关专业知识，长者和教职人员的调解难以让当事人满意。其二，因年事已高以及对集市固有的抵触情绪，村内长者一般很少参

---

① 熊芳芳、赵平喜：《公共空间人际传播对我国农村社会结构的影响分析》，《新闻界》2009年第3期。

与集市交易活动，而牧师、长老等教职人员对集市又有天然的排斥性，他们难以掌握集市各类纠纷的来龙去脉，无法对争端提出有说服力的调解意见。

值得注意的是，借助于集市，越来越多的政府工作人员出现在村民面前，实现了政府的"亲身在场"。[①] 每逢赶集之日，镇派出所都会派员到集市维持治安，镇司法所等有关部门也会利用集市人流量大的机会进行普法宣传等活动；甚至村委会干部等"准官方"人员也日常性地驻守集市接受村民投诉，让村民能更方便地将纠纷提交这些机构和人员解决。

近年来龙村调解委员会主持的民间调解渐成纠纷解决的主角，也与集市的出现有一定关系。村委会办公楼紧邻集市街面，集市的人员往来、商贸活动几乎在村委会干部们的注视之下，因此，村委会干部能及时掌握集市纠纷动态，做出让纠纷双方心服口服的调解意见。同时，对于集市不断增多的村里村外人之间、不同族别人员之间的各种非传统型纠纷，由具有相对公正性的村调解委员会调解是外村人或非苗族当事人的理性选择。

四　解纷方式的变革

龙村人选择解纷方式有着一定的逻辑，遵循着先私后公、由内向外的顺序，但随着集市的出现，人们眼界和思想观念发生了细微变化，逐渐变得更富有权利意识和计算理性，开始更多地采取把纠纷提交村委会、司法所甚至法院，由第三方居中调解、裁断。同时，人们还尝试着用民主化方式处理纠纷，自发处理了一起抽水站管理纠纷。可以看出，面对集市出现的"难缠"的人，商户和村民们并不是一味等待村委会或上级组织来协调、解决，而是自发组织起来，面对面与对方进行交涉、谈判，并由此建立集市的民间自治组织——用水户协会，实现自我管理，既解决了当前的纠纷，也为解决今后集市可能会出现的用水纠纷奠定了基础。这正如安东尼·吉登斯所言："定期集市促进的社会变迁开阔了当地人的世界视野。"[②] 龙村人在商品经济的熏陶下，自我意识和权利观念逐渐树立，在遭遇纠纷时能表现得更为积极、自信，纠纷处理的方式也更具"现代性"。

---

①　董磊明：《宋村的调解——巨变时代的权威与秩序》，法律出版社 2008 年版，第 87 页。

②　Anthony Giddens, *The Consequences of Modernity*, Stanford, California：Stanford University Press, 1990, 转引自刘绍华《中国西南诺苏（彝）地区的集市与现代性》，《思想战线》2010 年第 1 期。

参考文献

一 著作类

1. ［英］梅英：《古代法》，沈景一译，商务印书馆 1997 年版。

2. ［美］霍贝尔：《初民的法律——法的动态比较研究》，周勇译，中国社会科学出版社 1993 年版。

3. ［美］马林诺夫斯基：《原始社会的犯罪与习俗》，原江译，云南人民出版社 2002 年版。

4. ［英］马林诺夫斯基、［美］索尔斯坦·塞林：《犯罪：社会与文化》，许章润、么志龙译，广西师范大学出版社 2003 年版。

5. ［英］马林诺夫斯基：《文化论》，费孝通等译，中国民间文艺出版社 1987 年版。

6. ［美］罗斯：《社会控制》，秦志勇、毛永政译，华夏出版社 1989 年版。

7. ［美］R. M. 基辛：《文化人类学》，张恭启、于嘉云译，台湾巨流图书公司 1993 年版。

8. ［美］R. M. 基辛：《文化·社会·个人》，甘华明、陈芳、甘黎明译，辽宁人民出版社 1988 年版。

9. ［美］罗斯科·庞德：《通过法律的社会控制——法律的任务》，沈宗灵、董世忠译，商务印书馆 1984 年版。

10. ［美］唐纳德·J. 布莱克：《法律的运作行为》，唐越、苏力译，中国政法大学出版社 2004 年修订版。

11. ［美］唐纳德·布莱克：《社会视野中的司法》，郭星华等译，法律出版社 2002 年版。

12. ［美］唐纳德·布莱克：《正义的纯粹社会学》，徐昕、田璐译，浙江人民出版社 2009 年版。

13. ［美］萨利·梅丽：《诉讼的话语——生活在美国社会底层人的法律意识》，郭星华、王晓蓓、王平译，北京大学出版社 2007 年版。

14. ［美］莫里斯·弗里德曼：《中国东南的宗族组织》，刘晓春译，上海人民出版社 2000 年版。

15. ［日］滋贺秀三：《中国家族法原理》，张建国、李力译，法律出版社 2003 年版。

16. ［日］棚濑孝雄：《纠纷的解决与审判制度》，王亚新译，中国政法大学出版 2004 年版。

17. ［德］斐迪南·滕尼斯：《共同体与社会》，林荣远译，商务印书馆 1999 年版。

18. ［美］罗伯特·C. 埃里克森：《无需法律的秩序——邻人如何解决纠纷》，苏力译，中国政法大学出版社 2003 年版。

19. ［法］H. 孟德拉斯：《农民的终结》，李培林译，社会科学文献出版社 2010 年版。

20. ［美］杜赞奇：《文化、权力与国家：1900—1942 年的华北农村》，王福明译，江苏人民出版社 2003 年版。

21. ［美］詹姆斯·C. 斯科特：《弱者的武器》，郑广怀、张敏、何江穗译，译林出版社 2011 年版。

22. ［美］R. 麦克法夸尔、费正清编：《剑桥中华人民共和国史——中国革命内部的革命（1966—1982）》，中国社会科学出版社 1992 年版。

23. ［法］托克维尔：《论美国的民主》，董果良译，商务印书馆 1998 年版。

24. ［德］卡尔·白舍客：《基督宗教伦理学》（第一卷），静也等译，上海三联书店 2003 年版。

25. ［美］戴维·波普诺：《社会学》，李强等译，中国人民大学出版社 2007 年版。

26. ［美］塞雷纳·南达：《文化人类学》，刘燕鸣、韩养民编译，陕西人民教育出版社 1987 年版。

27. ［美］威廉·A. 哈维兰：《当代人类学》，王铭铭译，上海人民出版社 1987 年版。

28. ［美］本尼迪克特·安德森：《想象的共同体》，吴叡人译，上海人民出版社 2005 年版。

29. ［法］孟德斯鸠：《论法的精神》，张雁深译，商务印书馆 1961 年版。

30. ［德］黑格尔：《哲学史讲演录》第四卷，贺麟、王太庆译，商务印书馆 1978 年版。

31. ［英］埃文斯·普理查德：《努尔人——对尼罗河畔一个人群的生活方式和政治制度的描述》，褚建芳、阎书昌、赵旭东译，华夏出版社 2002 年版。

32. ［美］露丝·本尼迪克特：《文化模式》，何锡章、黄欢译，华夏出版社 1991 年版。

33. ［德］黑格尔：《小逻辑》，贺麟译，商务印书馆 1980 年版。

34. ［奥地利］米塞斯：《人的行为》，夏道平译，远流出版事业股份有限公司 1991 年版。

35. ［德］布鲁格主编：《西洋哲学辞典》，项退结编译，先知出版社 1976 年版。

36. 《马克思恩格斯选集》（一——四卷），人民出版社 1960 年、1972 年、1995 年版。

37. ［美］伯格：《人格心理学》，陈会昌等译，中国轻工业出版社 2000 年版。

38. ［美］埃尔曼：《比较法律文化》，贺卫方、高鸿钧译，清华大学出版社 2002 年版。

39. ［英］西蒙·罗伯特：《秩序与争议——法律人类学导论》，沈伟、张铮译，上海交通大学出版社 2012 年版。

40. ［德］马克斯·韦伯：《儒教与道教》，洪天富译，江苏人民出版社 2003 年版。

41. ［德］马克斯·韦伯：《经济与社会》，林荣远译，商务印书馆 2004 年版。

42. ［德］马克斯·韦伯：《韦伯作品集》（Ⅲ），康乐、简惠美译，广西师范大学出版社 2004 年版。

43. ［美］T. 帕森斯：《社会行动的结构》，张明德、夏翼南、彭刚译，译林出版社 2003 年版。

44. ［英］泰勒：《原始文化》，连树生译，上海文艺出版社 1992 年版。

45. ［法］葛兰言：《古代中国的节庆与歌谣》，赵丙祥、张宏明译，广西师范大学出版社 2005 年版。

46. ［法］皮埃尔·布迪厄、［美］华康德：《实践与反思——反思社会学引论》，李猛、李康译，中央编译出版社 1998 年版。

47. ［美］达玛什卡：《司法与国家权力的多种面孔》，郑戈译，中国政法大学出版社 2004 年版。

48. ［日］高见泽磨：《现代中国的纠纷与法》，何勤华等译，法律出版社 2003 年版。

49. ［日］千叶正士：《法律多元——从日本法律文化迈向一般理论》，强世功、王宇洁、范愉、董炯、彭冰、赵晓力译，中国政法大学出版社 1997 年版。

50. ［日］川岛武宜：《现代化与法》，申政武等译，中国政法大学出版社 2004 年版。

51. ［日］谷口安平：《程序的正义与诉讼》（增补本），王亚新、刘荣军译，中国政法大学出版社 2002 年版。

52. ［美］帕特里夏·尤伊克、苏珊·西尔贝：《法律的公共空间——日常生活中的故事》，陆益龙译，商务印书馆 2005 年版。

53. ［法］勒内·达维德：《当代主要法律体系》，漆竹生译，上海译文出版社 1984 年版。

54. ［古希腊］亚里士多德：《政治学》，吴寿彭译，商务印书馆 1965 年版。

55. ［美］劳伦斯·M. 弗里德曼：《法律制度——从社会科学角度观察》，李琼英、林欣译，中国政法大学出版社 2004 年版。

56. ［法］列维·布留尔：《原始思维》，丁由译，商务印书馆 1981 年版。

57. ［德］康德：《纯粹理性批判》，邓晓芒译，人民出版社 2004 年版。

58. ［美］费正清：《美国和中国》，张理京译，世界知识出版社 2001 年版。

59. ［美］斯蒂芬·B. 戈尔德堡等：《纠纷解决——谈判、调解和其他机制》，蔡彦敏等译，中国政法大学出版社 2004 年版。

60. ［法］米歇尔·福柯：《规训与惩罚》，刘北成、杨远婴译，三联书店 2009 年版。

61. ［美］威廉·A. 哈维兰：《文化人类学》，瞿铁鹏、张钰译，上海社会科学院出版社 2006 年版。

62. ［美］埃弗里特·M. 罗吉斯、［美］拉伯尔·J. 伯德格：《乡村社会变迁》，王晓毅、王地宁译，浙江人民出版社 1988 年版。

63. ［美］施坚雅：《中国农村的市场和社会结构》，中国社会科学出版社 1998 年版。

64. ［美］默顿：《社会理论和社会结构》，唐少杰、齐心等译，译林出版社 2006 年版。

65. ［美］马克·格兰诺维特：《镶嵌：社会网与经济行动》，罗家德译，社会科学文献出版社 2007 年版。

66. ［法］布迪厄：《实践感》，蒋梓骅译，译林出版社 2003 年版。

67. ［法］勒内·达维德：《当代主要法律体系》，漆竹生译，上海译文出版社 1984 年版。

68. ［德］黑格尔：《历史哲学》，王造时译，三联书店 1956 年版。

69. ［英］齐格蒙特·鲍曼：《后现代伦理学》，张成岗译，江苏人民出版社 2003 年版。

70. ［英］安东尼·吉登斯：《现代性的后果》，田禾译，译林出版社 2000 年版。

71. ［英］安东尼·吉登斯：《民族—国家与暴力》，胡宗泽、赵力涛译，王铭铭校，三联书店 1998 年版。

72. ［美］科塞：《社会冲突的功能》，孙立平等译，华夏出版社 1989 年版。

73. ［德］贝克：《风险社会》，何博闻译，译林出版社 2004 年版。

74. ［美］马歇尔·伯曼：《一切坚固的东西都烟消云散了》，徐大建等译，商务印书馆 2003 年版。

75. ［美］吉尔伯特·罗兹曼主编：《中国的现代化》，国家社科基金"比较现代化"课题组译，江苏人民出版社 2003 年版。

76. ［美］克利福德·吉尔兹：《地方性知识》，王海龙译，中央编译出版社 2004 年版。

77. ［美］克利福德·格尔茨：《文化的解释》，韩莉译，译林出版社 1999 年版。

78. ［美］史蒂夫·瓦戈：《社会变迁》，王晓黎等译，北京大学出版社 2007 年版。

79. ［美］明恩溥：《中国乡村生活》，陈午晴、唐军译，中华书局 2006 年版。

80. ［美］黄宗智:《清代的法律、社会与文化:民法的表达与实践》,上海书店出版社 2001 年版。

81. ［美］黄宗智:《长江三角洲小农家庭与乡村发展》,中华书局 2000 年版。

82. ［美］黄宗智:《华北的小农经济与社会变迁》,中华书局 2004 年版。

83. ［美］杨庆堃:《中国社会中的宗教:宗教的现代社会功能与其历史因素之研究》,范丽珠等译,上海人民出版社 2007 年版。

84. ［美］阎云翔:《私人生活的变革—— 一个中国村庄里的爱情家庭与亲密关系（1949—1999）》,龚小夏译,上海书店出版社 2009 年版。

85. ［美］阎云翔:《礼物的流动—— 一个中国村庄的互惠原则与社会网络》,李放春、刘瑜译,上海人民出版社 2000 年版。

86. 费孝通:《乡土中国　生育制度》,北京大学出版社 1998 年版。

87. 费孝通:《乡土中国》,北京出版社 2009 年版,三联书店 1985 年版,上海人民出版社 2006 年版。

88. 费孝通:《江村经济——中国农民的生活》,商务印书馆 2004 年版。

89. 费孝通、张之毅:《云南三村》,社会科学文献出版社 2006 年版。

90. 梁漱溟:《中国文化要义》,上海人民出版社 2011 年版。

91. 瞿同祖:《中国法律与中国社会》,中华书局 1981 年版。

92. 林惠祥:《文化人类学》,商务印书馆 2005 年版。

93. 庄孔韶主编:《人类学概论》,中国人民大学出版社 2006 年版。

94. 庄孔韶主编:《人类学通论》,山西教育出版社 2005 年版。

95. 赵旭东:《权力与公正——乡土社会的纠纷解决与权威多元》,天津古籍出版社 2003 年版。

96. 赵旭东:《文化的表达——人类学的视野》,中国人民大学出版社 2009 年版。

97. 赵旭东:《法律与文化》,北京大学出版社 2011 年版。

98. 张晓辉主编,张锡盛、陈云东副主编:《中国法律在少数民族地区的实施》,云南大学出版社 1994 年版。

99. 方慧编著:《中国历代民族法律典籍——"二十五史"有关少数民族法律史较辑要》,民族出版社 2004 年版。

100. 方慧主编:《云南法制史》,中国社会科学出版社 2005 年版。

101. 吴大华:《民族法律文化散论》,民族出版社 2004 年版。

102. 吴大华：《民族法学前沿问题研究》，法律出版社 2010 年版。

103. 吴大华、吴宗金主编：《中国民族法学研究概览》，贵州民族出版社 2009 年版。

104. 吴宗金、张晓辉：《中国民族法学》，法律出版社 2002 年版。

105. 张晓辉、方慧主编：《彝族法律文化研究》，民族出版社 2005 年版。

106. 王文光：《中国民族发展史》（上、下），民族出版社 2005 年版。

107. 郭净、段玉明、杨福泉主编：《云南少数民族概览》，云南人民出版社 1999 年版。

108. 张跃主编：《中国民族村寨研究》，云南大学出版社 2004 年版。

109. 郭大烈主编：《云南民族传统文化变迁研究》，云南大学出版社 1997 年版。

110. 王启梁：《迈向深嵌在社会与文化中的法律》，中国法制出版社 2010 年版。

111. 王鑫：《纠纷与秩序——对石林县纠纷解决的法人类学研究》，法律出版社 2011 年版。

112. 吴荣臻等编：《苗族通史》（一—五），民族出版社 2007 年版。

113. 伍新福：《中国苗族通史》，贵州民族出版社 1999 年版。

114. 凌纯声、芮逸夫：《湘西苗族调查报告》，民族出版社 2003 年版。

115. 龙子建、田万振：《湖北苗族》，民族出版社 1999 年版。

116. 颜恩泉：《云南苗族传统文化的变迁》，云南人民出版社 1993 年版。

117. 石朝江：《中国苗学》，贵州大学出版社 2009 年版。

118. 石朝江、石莉：《中国苗族哲学社会思想史》，贵州人民出版社 2005 年版。

119. 石茂明：《跨国苗族研究》，人民出版社 2005 年版。

120. 潘英年：《百年高坡》，贵州人民出版社 1997 年版。

121. 杨渝东：《永久的漂泊——定耕苗族之迁徙感的人类学研究》，社会科学文献出版社 2008 年版。

122. 林惠祥：《中国民族史》，上海书店 1984 年版。

123. ［英］伯格理、［英］邰慕廉、［英］王树德、［英］甘铎理、［英］张绍乔、［英］张继乔：《在未知的中国》，东人达、东旻翻译、注释，云南民族出版社 2002 年版。

124. 刘小枫主编：《生存神学与末世论》，上海三联书店 1995 年版，第 50 页。

125. 韩军学：《基督教与云南少数民族》，云南人民出版社 2000 年版。

126. 龙生庭、石维海、龙兴武等：《中国苗族民间制度文化》，湖南人民出版社 2004 年版。

127. 冯光钰、袁炳昌、赵毅主编：《中国少数民族音乐史》（苗族音乐史一），京华出版社 2007 年版。

128. 周相卿：《黔东南雷山县三村苗族习惯法研究》，贵州人民出版社 2006 年版。

129. 周相卿：《法人类学理论问题研究》，民族出版社 2009 年版。

130. 徐晓光等：《法律多元视角下的苗族习惯法与国家法——来自黔东南苗族地区的田野调查》，贵州民族出版社 2006 年版。

131. 应星：《大河移民上访的故事》，三联书店 2001 年版。

132. 李培林：《村落的终结——羊城村的故事》，商务印书馆 2004 年版。

133. 徐昕：《论私力救济》，中国政法大学出版社 2005 年 5 月版。

134. 徐昕主编：《纠纷解决与社会和谐》，法律出版社 2006 年版。

135. 李祖军：《民事诉讼目的论》，法律出版社 2000 年版。

136. 朱晓阳：《罪过与惩罚——小村故事：1931—1997》，天津古籍出版社 2003 年版。

137. 朱晓阳：《小村故事：地志与家园（2003—2009）》，北京大学出版社 2011 年版。

138. 朱晓阳：《面对法律的语言混乱》，中央民族大学出版社 2008 年版。

139. 曹锦清：《黄河边的中国—— 一个学者对乡村社会的观察与思考》，上海文艺出版社 2001 年版。

140. 范愉：《纠纷解决的理论与实践》，清华大学出版社 2007 年版。

141. 范愉：《非诉讼纠纷解决机制研究》，中国人民大学出版社 2002 年版。

142. 朱景文：《现代西方法社会学》，法律出版社 1994 年版。

143. 易军：《关系、规范与纠纷解决——以中国社会中的非正式制度为对象》，宁夏人民出版社 2009 年版。

144. 吴毅：《小镇喧嚣》，三联书店 2007 年版。

145. 吴毅：《村治变迁中的权威与秩序——20 世纪川东双村的表达》，中国社会科学出版社 2002 年版。

146. 徐勇：《中国农村村民自治》，华中师范大学出版社 1997 年版。

147. 贺雪峰：《什么农民，什么问题》，法律出版社 2008 年版。

148. 贺雪峰：《村治的逻辑——农民行动单位的视角》，中国社会科学出版社 2009 年版。

149. 董磊明：《宋村的调解——巨变时代的权威与秩序》，法律出版社 2008 年版。

150. 陈柏峰：《暴力与秩序——鄂南陈村的法律民族志》，中国社会科学出版社 2011 年版。

151. 陈柏峰、郭俊霞：《农民生活及其价值世界——皖北李圩村调查》，山东人民出版社 2009 年版。

152. 陈柏峰：《乡村江湖：两湖平原"混混"研究》，中国政法大学出版社 2011 年版。

153. 杨方泉：《塘村纠纷—— 一个南方村落的土地、宗族与社会》，中国社会出版社 2006 年版。

154. 田成有：《乡土社会中的民间法》，法律出版社 2005 年版。

155. 朱炳祥：《社会人类学》，武汉大学出版社 2004 年版。

156. 王沪宁：《当代中国村落家族文化——对中国社会现代化的一项探索》，上海人民出版社 1991 年版。

157. 马戎、周星主编：《田野工作与文化自觉》，群言出版社 1998 年版。

158. 郭星华、陆益龙等：《法律与社会——社会学和法学的视角》，中国人民大学出版社 2004 年版。

159. 高其才：《中国少数民族习惯法研究》，清华大学出版社 2003 年版。

160. 徐忠明：《思考与批评——解读中国法律文化》，法律出版社 2000 年版。

161. 季卫东：《法治秩序的建构》，中国政法大学出版社 1998 年版。

162. 邓伟志、徐新：《家庭社会学导论》，上海大学出版社 2006 年版。

163. 丁卫：《复杂社会的简约治理——关中毛王村调查》，山东人民出版社 2009 年版。

164. 杨国枢：《中国人的心理与行动：本土化研究》，中国人民大学出版社 2004 年版。

165. 郭亮：《走出祖荫——赣南村治模式研究》，山东人民出版社 2009 年版。

166. 吕德文：《涧村的圈子—— 一个客家村庄的村治模式》，山东人民出版社 2009 年版。

167. 张坦：《"窄门"前的石门坎——基督教文化与川滇黔边苗族社会》，云南教育出版社 1992 年版。

168. 邓敏文、吴浩：《没有国王的王国——侗款研究》，中国社会科学出版社 1994 年版。

169. 贺海仁：《无讼的世界——和解理性与新熟人社会》，北京大学出版社 2009 年版。

170. 郑杭生等：《转型中的中国和中国社会的转型》，首都师范大学出版社 1996 年版。

171. 李昌平：《我向总理说实话》，光明日报出版社 2001 年版。

172. 陈桂棣、春桃：《中国农民调查》，人民文学出版社 2004 年版。

173. 吴思：《潜规则：中国历史中的真实游戏》（修订版），复旦大学出版社 2009 年版。

174. 李亦园：《文化与修养》，广西师范大学出版社 2004 年版。

175. 郑永流：《当代中国农村法律发展道路探索》，中国政法大学出版社 2004 年版。

176. 郑永流：《农民法律意识与农村法律发展》，中国政法大学出版社 2004 年版。

177. 孙尚扬：《宗教社会学》，北京大学出版社 2003 年版。

178. 许章润：《说法、活法、立法》，中国法制出版社 2000 年版。

179. 庞天佑、于卫青：《中外历史与文化概论》，中央民族大学出版社 2006 年版。

180. 周晓虹：《传统与变迁：江浙农民的社会心理及其近代以来的嬗变》，三联书店 1998 年版。

181. 周晓虹：《现代社会心理学》，江苏人民出版社 1991 年版。

182. 范忠信：《中国法律传统的基本精神》，山东人民出版社 2001 年版。

183. 武树臣：《中国法律思想史》，法律出版社 2004 年版。

184. 黄光国、胡先缙：《面子——中国人的权力游戏》，中国人民大学出版社 2004 年版。

185. 翟学伟：《人情、面子与权力的再生产》，北京大学出版社 2005 年版。

186. 梁治平：《寻求自然秩秩序中的和谐》，中国政法大学出版社 2002 年版。

187. 夏勇：《人权概念起源——权利的历史哲学》，中国政法大学出版社 2001 年版。

188. 薛亚利：《村庄里的闲话——意义、功能和权力》，上海书店出版社 2009 年版。

189. 苏力：《法治及其本土资源》，中国政法大学出版社 2004 年修订版。

190. 苏力：《送法下乡——中国基层司法制度研究》，中国政法大学出版社 2001 年版。

191. 苏力：《道路通向城市：转型中国的法治》，法律出版社 2004 年版。

192. 沈红、周黎安等：《边缘地带的小农——中国贫困的微观理解》，人民出版社 1992 年版。

193. 李景汉编：《定县社会概况调查》，上海人民出版社 2005 年版。

194. 林语堂：《中国人》，学林出版社 1994 年版。

195. 郑杭生：《当代中国农村社会转型的实证研究》，中国人民大学出版社 1996 年版。

196. 张永和：《信仰与权威——诅咒（赌咒）、发誓与法律之比较研究》，法律出版社 2006 年版。

197. 马德邻等：《宗教：一种文化观》，上海人民出版社 1997 年版。

198. 张建伟：《司法竞技主义——英美诉讼传统与中国庭审方式》，北京大学出版社 2005 年版。

199. 王铭铭、王斯福：《乡土社会的秩序、公正与权威》，中国政法大学出版社 1997 年版。

200. 张慧卿：《乡村民众的利益调整与秩序变迁——以福建漳州岩兜村为个案》，合肥工业大学出版社 2009 年版。

201. 戚丹：《治安秩序管理专论》，中国人民公安大学出版社 2008 年版。

202. 左卫民等：《变革时代的纠纷解决——法学与社会学的初步考察》，北京大学出版社 2007 年版。

203. 张晋藩：《中国法律的传统与近代转型》，法律出版社 2005 年版。

204. 张中秋：《中西法律文化比较研究》，南京大学出版社 1999 年版。

205. 龙宗智：《刑事庭审制度研究》，中国政法大学 2001 年版。

206. 王继平：《服饰文化学》，华中理工大学出版社 1998 年版。

207. 于建嵘：《岳村政治》，商务印书馆 2001 年版。

208. 孙秋云：《文化人类学教程》，民族出版社 2004 年版。

209. 夏建中《文化人类学理论学派》，中国人民大学出版社 1997 年版。

210. 龙建民：《市场起源论》，云南人民出版社 1988 年版。

211. 王铭铭：《社会人类学与中国研究》，广西师范大学出版社 2005 年版。

212. 杨懋春：《一个中国村庄：山东台头》，江苏人民出版社 2001 年版。

213. 李泽厚：《批判哲学的批判》，人民出版社 1984 年版。

214. 瞿琨：《社区调解法律制度：一个南方城市的社区纠纷、社区调解人与信任机制》，中国法制出版社 2009 年版。

215. 易江波：《近代中国城市江湖社会纠纷解决模式——聚焦于汉口码头的考察》，中国政法大学出版社 2010 年版。

216. 喻中：《乡土司法的中国图景》，中国法制出版社 2007 年版。

217. Sally Falk Moore, *Law and Anthropology*：*A Reader*. Washington, Blackwell Publishing Ltd, 2005.

218. Norbert Rouland, *Legal Anthropology*, London：The Athlone Press, 1994.

219. Paul Bohannan, *Justice and Judgment Among the Tiv*, Illinois：Waveland Press, 1989.

220. Sally Falk Moore, *Law as process*. Routledge & Kegan Paul press, 1978.

221. June Starr, Jane F. Collier, *History and Power in the Study of Law*, New York：Corne llUniversity Press, 1989.

222. Laura Nader & Harry F. Todd Jr ed, *The Disputing Process*：*Law in Ten Society*, Columbia University Press, 1978.

223. Clyde Kluckhohn and Henry Alexander Murray, *Personality in Nature*, *Society*, *and Culture*, New York：Knopf Press, 1953.

224. Deborah Daivis and Stevan Herrel, *Chinese Families in the Post - Mao Era*, Berkeley：University of California Press, 1993.

225. Anthony Giddens, *The Consequences of Modernity*, Stanford University Press , 1991.

226. W. H. Walsh, *Philosophy of History*, *An Introduction*, Harper & Row press, 1967.

227. Geory Simmel, *The Stranger*, Sociology, Clencon, ILL：Free Press, 1969.

228. Max Gluckman, *Politics*, *Law and Ritual in Tribal Society*, Aldine Trans-
   action Press, 2006.

229. Laura Nader, *Law in Culture and Society*, Chicago: Aldine Press, 1969.

二 地方文献类

1. 楚雄州人大常委会民族工作委员会、楚雄州民族事务委员会编:《楚雄苗族史略》,云南民族出版社 2005 年版。

2. 云南省楚雄州志编纂委员会编:《楚雄州志》,人民出版社 1992 年版。

3. 云南省 W 县志编纂委员会编:《W 县志》,天津人民出版社 1990 年版。

4. 云南省禄丰县志编纂委员会编:《禄丰县志》,云南人民出版社 2001 年版。

5. 《威宁苗族百年实录》编委会:《威宁苗族百年实录》,内部资料,2006 年印。

6. 楚雄州政协编:《楚雄州文史资料合集》,内部资料,2012 年印。

7. 楚雄州文化局编:《楚雄州民间歌曲集成》,国际文化出版公司 1991 年版。

8. 贵州省民间文学组整理,田兵选编:《苗族古歌》,贵州人民出版社 1979 年版。

9. 龙炳文、龙秀祥等整理译注,湖南少数民族古籍办主编:《古老话》,岳麓书社 1990 年版。

10. 《民族问题五种丛书》云南省编辑委员会编:《云南苗族瑶族社会历史调查》,民族出版社 2009 年版。

11. 贵州省编辑组:《苗族社会历史调查》(三),贵州民族出版社 1987 年版。

12. 贵州省宗教志编写办公室编:《贵州宗教史料》(第二辑),内部资料,1987 年印。

13. 贵州省毕节地区政协编:《毕节地区苗族百年实录》,内部资料,2008 年印。

14. 云南省编辑组:《中央访问团第二分团:云南民族情况汇集》,云南民族出版社 1986 年版。

15. 中国社会科学院宗教研究所编:《中华归主:中国基督教事业统计 (1901—1920)》(上册),中国社会科学出版社 1985 年版,内部发行。

三 论文类

1. 吴大华：《论民族习惯法的渊源、价值与传承》，《民族研究》2005 年第 6 期。

2. 徐晓光、吴大华：《苗族习惯法的传承与社会功能》，《贵州民族学院学报》2000 年第 1 期。

3. 张晓辉：《法律人类学视角的学术魅力》，载张钧《农村土地制度研究》，中国民主法制出版社 2008 年版。

4. 张晓辉：《中国大陆民族法学研究的现状与前瞻》，《民族法学评论》第二卷（2002 年）。

5. 方慧、胡兴东：《清末民国时期基督教传入对西南信教少数民族法律文化的影响》，《世界民族研究》2006 年第 1 期。

6. 张晓辉、王启梁：《少数民族农村的社会控制与法治建设》，《思想战线》2005 年第 2 期。

7. 牟军：《具有中国特色的社会主义自治》，《现代法学》1995 年第 3 期。

8. 牟军：《民族自治地方法律变通权的界定》，《思想战线》1994 年第 4 期。

9. 牟军、张青：《社会学视野中的乡村司法运作逻辑——以鄂西南锦镇人民法庭为中心的分析》，《思想战线》2012 年第 4 期。

10. 王启梁：《法律能否治理"混混"》，载《法律与社会科学》（第八卷），法律出版社 2011 年 12 月版。

11. 王启梁：《意义、价值与暴力性私力救济的发生——基于对行动的主观维度考察》，《云南大学学报》2007 年第 5 期。

12. 王启梁：《非正式制度的形成及法律失败——对纳西族"情死"的法律人类学解读》，《云南民族大学学报》（哲学社会科学版）2006 年第 9 期。

13. 胡兴东：《西南少数民族地区多元纠纷解决机制的构建》，《云南社会科学》2007 年第 4 期。

14. 王鑫：《乡土社会纠纷解决中的个人习性、社群意志和国家观念——对一纠纷个案的法人类学分析》，《云南大学学报》（法学版）2001 年第 4 期。

15. 嘉日姆几：《试析凉山彝族传统临终关怀行为实践》，《社会科学》 2007 年第 9 期。

16. 嘉日姆几：《人类学法律研究的思想脉络》，《西南民族大学学报》 2008 年第 12 期。

17. 嘉日姆几：《诉说、纠纷与价值》，《云南大学学报》（法学版）2009 年第 1 期。

18. 张青：《乡村司法的社会结构与诉讼构造——基于锦镇人民法庭的实证分析》，《华中科技大学学报》（社会科学版）2012 年第 3 期。

19. 易军：《面子与纠纷解决——基于法社会学的分析》，《西北民族大学学报》2011 年第 4 期。

20. 易军：《熟人社会中的关系与非正式纠纷解决》，《云南大学学报》（法学版）2008 年第 5 期。

21. 杨汉先：《贵州省威宁县苗族古史传说》，《贵州民族研究》1980 年第 1 期。

22. 李廷贵：《苗族鼓社调查报告》，《贵州民族研究》1980 年第 3 期。

23. 李廷贵、酒素：《略论苗族古代社会结构的三根支柱——鼓社、议榔、理老》，《贵州民族研究》1981 年第 4 期。

24. 李廷贵、酒素：《苗族习惯法概论》，《贵州社会科学》1981 年第 5 期。

25. 李廷贵：《苗族鼓社研究》，《民族学研究》1983 年第 5 期。

26. 李廷贵：《民族区域自治制度与少数民族人权保障》，《贵州民族学院学报》1997 年第 2 期。

27. 李廷贵：《再论苗族习惯法的历史地位》，《贵州民族学院学报》1998 年第 3 期。

28. 李廷贵：《简论苗族的社会组织》，《贵州文史丛刊》1999 年第 4 期。

29. 韦宗林：《对苗族古代法文化的探讨》，《贵州民族学院学报》1990 年第 4 期。

30. 罗义群：《论苗族巫术的形成、流变与消亡》，《贵州民族研究》1990 年第 3 期。

31. 徐晓光：《歌唱与纠纷的解决——黔东南苗族口承习惯法中的诉讼与裁定》，《贵州民族研究》2006 年第 2 期。

32. 徐晓光：《古歌——黔东南苗族习惯法传承的重要形式》，《中南民族大学学报》2009 年第 1 期。

33. 徐晓光:《看谁更胜一"筹"——苗族口承法状态下的纠纷解决与程序设定》,《山东大学学报》2009 年第 4 期。

34. 徐晓光:《从苗族"罚 3 个 100"看传统习惯法在村寨社会的功能》,《山东大学学报》2005 年第 3 期。

35. 徐晓光、黄逢贵:《民族法律配套途径及其措施研究》,《贵州民族学院学报》2009 年第 5 期。

36. 徐晓光:《"罚 3 个 120"的适用地域及适应性变化——作为对黔东南苗族地区"罚 3 个 100"的补充调查》,《甘肃政法学院学报》2010 年第 1 期。

37. 徐晓光:《为"蛊女"鸣冤——黔东南苗族"蛊"现象的法人类学寻脉》,《甘肃政法学院学报》2009 年第 2 期。

38. 杨昌萍、徐海兵:《黔东南苗族婚俗的变化》,《贵州师范大学学报》2000 年第 3 期。

39. 文新宇:《苗族习惯法的遗留、演变》,《贵州民族学院学报》2008 年第 2 期。

40. 周相卿:《雷公山地区苗族习惯法中的榔规问题研究》,《原生态民族文化学刊》2009 年第 2 期。

41. 周相卿:《经济因素对雷山地区苗族习惯法文化的影响》,《贵州民族学院学报》2005 年第 5 期。

42. 周相卿:《雷山县三村苗族习惯法确认的政治组织制度》,《当代法学论坛》2006 年第 3 期。

43. 周相卿:《台江反排村当代苗族习惯法民族志》,《甘肃政法学院学报》2006 年第 11 期。

44. 周相卿:《黔东南雷山地区国家法与苗族习惯法关系研究》,《贵州民族学院学报》2006 年第 3 期。

45. 周相卿:《格头村苗族原始宗教信仰与习惯法关系研究》,《西南政法大学学报》2005 年第 1 期。

46. 邹渊:《论习惯法概念》,《贵州法学》1997 年第 4 期。

47. 邹渊:《习惯法与少数民族习惯法》,《贵州民族研究》1997 年第 4 期。

48. 刘玉兰:《黔东南地区苗族习惯法与国家法并存交融之审视》,《贵州民族学院学报》2008 年第 4 期。

49. 杨彦增：《民族村寨运用习惯法解决纠纷存在的问题及对策探讨——以黔东南苗、侗村寨为视角》，《西南民族大学学报》（人文社会科学版）2011 年第 7 期。

50. 游建西：《从苗族古歌看苗族温和文化的底蕴——值得深入认识的一种农业文化遗产》，《贵州社会科学》2011 年第 4 期。

51. 徐勇：《政党下乡：现代国家对乡土的整合》，《学术月刊》2007 年第 8 期。

52. 徐勇：《行政下乡：动员、任务与命令——现代国家向乡土社会渗透的行政机制》，《华中师范大学学报》，2007 年第 5 期。

53. 贺雪峰：《论半熟人社会——理解村委会选举的一个视角》，《政治学研究》2000 年第 3 期。

54. 贺雪峰：《论农民理性化的表现与原因》，《湛江师范学院学报》2008 年第 2 期。

55. 贺雪峰：《公私观念与中国农民的双层认同——试论中国传统社会农民的行动逻辑》，《天津社会科学》2006 年第 1 期。

56. 贺雪峰：《评"增人不增地、减人不减地"》，《中国乡村发现》2012 年 5 月 15 日。

57. 贺雪峰：《熟人社会的行动逻辑》，《华中师范大学学报》2004 年第 1 期。

58. 贺雪峰：《农村的半熟人社会化与公共生活的重建——辽宁大古村调查》，《中国乡村研究》2010 年第 6 辑。

59. 贺雪峰：《人际关系理性化中的资源因素——对现代化进程中乡土社会传统的一项评述》，《广东社会科学》2001 年第 4 期。

60. 董磊明：《农村调解机制的语境化理解与区域比较研究》，《社会科学辑刊》2006 年第 1 期。

61. 董磊明、陈柏峰、聂良波：《结构混乱与迎法下乡》，《中国社会科学》2008 年第 5 期。

62. 陈柏峰、董磊明：《村民行为、内生规范与村庄生态——家禽家畜侵害庄稼之争议解决的实证研究》，载徐昕主编《纠纷解决与社会和谐》，法律出版社 2006 年版。

63. 陈柏峰：《"气"与村庄生活的互动——皖北李村调查》，《开放时代》

2007 年第 6 期。

64. 王铭铭：《村落视野中的家族、国家与社会——福建美法村的社区史》，载王铭铭、王斯福主编《乡土社会的秩序、公正与权威》，中国政法大版社 1997 年版。

65. 郭星华：《初级关系变迁与民间纠纷解决》，《江苏行政学院学报》2009 年第 1 期。

66. 郭星华：《"凹陷"的社会生活满意度——基于全国"百村调查"数据的探索研究》，《江苏行政学院学报》2011 年第 2 期。

67. 郭星华、王平：《中国农村的纠纷与解决途径——关于中国农村法律意识与法律行为的实证研究》，《江苏社会科学》2004 年第 2 期。

68. 梁治平：《乡土社会中的法律与秩序》，载王铭铭、王斯福主编《乡土社会的秩序公正与权威》，中国政法大学出版社 1998 年版。

69. 强世功：《"法律"是如何实践的》，载王铭铭、王斯福主编《乡土社会的秩序公正与权威》中国政法大学出版社 1998 年版。

70. 强世功：《乡村社会的司法实践：知识、技术与权力—— 一起乡村民事调解案》，《战略与管理》1997 年第 2 期。

71. 强世功：《法律不入之地的民事调解》，载强世功编《调解、法制与现代化：中国调解制度研究》，中国法制出版社 2001 年版。

72. 兰林友：《村落研究：解说模式与社会事实》，《社会学研究》2004 年第 1 期。

73. 孙冕：《法社会学视野下的乡村民间纠纷机制——来自田野的调查与思考》，《南京财经大学学报》2006 年第 6 期。

74. 王珂珂：《我国乡土社会民事纠纷解决现状透析》，《理论与改革》2006 年第 6 期。

75. 翟学伟：《中国社会中的日常权威：概念、个案及其分析》，《浙江学刊》2002 年第 3 期。

76. 黄剑波：《何处是田野？——人类学田野工作的若干反思》，《广西民族研究》2007 年第 3 期。

77. 严文强：《阐释真实的法律生活——论法人类学对纠纷的研究》，《宁夏大学学报》（人文社会科学版）2008 年第 3 期。

78. 乔丽荣、仲崇建：《从博弈到认同——法人类学关于纠纷研究的旨趣、路径及其理论建构》，《黑龙江民族丛刊》2005 年第 6 期。

79. 张晓红、郭星华：《纠纷：从原始部落到现代都市——当代西方法律人类学视野下的纠纷研究》，《广西民族大学学报》2009 年第 5 期。

80. 赵旭东：《秩序、过程与文化——西方法律人类学的发展及其问题》，《环球法律评论》2005 年第 5 期。

81. 高丙中、章邵增：《以法律多元为基础的民族志研究》，《中国社会科学》2005 年第 5 期。

82. 王会：《闲话的变迁及农民价值世界之变》，《文化纵横》2012 年第 6 期。

83. 王跃生：《社会变革与当代中国农村婚姻家庭变动—— 一个初步的理论分析框架》，《中国人口科学》2002 年第 4 期。

84. 王跃生：《华北农村家庭结构变动研究》，《中国社会科学》2003 年第 4 期。

85. 赵顺喜：《适应于变迁——工业化冲击下的中国农村家庭结构》，《浙江学刊》1996 年第 5 期。

86. 孙沛东：《裤脚上的阶级斗争——"文革"时期广东的"奇装异服"与国家规训》，《开放时代》2010 年第 6 期。

87. 杨善华、赵力涛：《中国农村社会转型中社区秩序的重建》，《社会学研究》1996 年第 5 期。

88. 刘少杰：《中国社会调查的理论前提》，《社会学研究》2000 年第 2 期。

89. 王曼：《基督教新教文化对黔西北苗族社会的影响》，《山东省农业管理干部学院学报》2010 年第 4 期。

90. 王泽应：《祛魅的意义与危机——马克斯·韦伯祛魅观及其影响探论》，《湖南社会科学》2009 年第 4 期。

91. 金泰安、万学东、欧阳杏娟、袁平、曹玉鸣：《苗汉两族人群对饮酒认识的差异》，《中华精神科杂志》1999 年第 2 期。

92. 熊芳芳、赵平喜：《公共空间人际传播对我国农村社会结构的影响分析》，《新闻界》2009 年第 3 期。

93. 刘世定、邱泽奇：《"内卷化"概念辨析》，《社会学研究》2004 年第 5 期。

94. 罗伟红：《宗教与妇女的心理需求》，《妇女研究论丛》1997 年第 2 期。

95. 刘代霞：《毕节苗族聚居区基督教传播现状与构建和谐社会》，《毕节学院学报》2008 年第 6 期。

96. 黄剑波：《马林诺斯基：宗教满足人类的需要》，《中国民族报》2011 年 11 月 15 日。

97. 何明、钟立跃：《基督教信仰下的少数民族农村和谐社会建设研究——以云南三个苗族村寨调查研究为例》，《学术探索》2007 年第 5 期。

98. 李昕：《滇北花苗基督徒热衷唱诗原因解析——以云南昆明芭蕉箐教会为例》，《西藏民族学院学报》2011 年第 1 期。

99. 伍娟、陈昌文：《神圣空间与公共秩序的规约——贵州安顺乡村基督教堂的空间布局及社会功能》，《中国宗教》2010 年第 5 期。

100. 黄剑波、刘琪：《私人生活公共空间与信仰实践——以云南福贡基督教会为中心的考察》，《开放时代》2009 年第 2 期。

101. 陆思礼：《毛泽东与调解：共产主义中国的政治和纠纷解决》，载强世功编《调解、法制与现代性：中国调解制度研究》，中国法制出版社 2001 年版。

102. 谭同学：《乡镇司法所的兴起、运作及其政治社会学解读》，载傅郁林主编《农村基层法律服务研究》，中国政法大学出版社 2006 年版。

103. 王利明：《中国为什么要建设法治国家?》，《中国人民大学学报》2011 年第 6 期。

104. 冯天瑜：《地理环境与文化创造》，《理论月刊》1991 第 1 期。

105. 伍泽君、单瑜：《竞争中的合作——罗伯特·奥曼的重复博弈理论评述》，《云南财经大学学报》2005 年第 6 期。

106. 刘伦文：《从农民外出打工看苗族家庭生活变迁》，《湖北民族学院学报》2000 年第 3 期。

107. 程芳、沈再新：《散杂居背景下苗族的人格结构分析——基于贵州省大方县八堡彝族苗族乡的调查》，《铜仁学院学报》2012 年第 5 期。

108. 尤广辉、胡水君：《关系结构中的法律》，《学习与探索》2003 年第 1 期。

109. 金耀基：《关系和网络的建构：一个社会学的诠释》，《二十一世纪》1992 年第 12 期。

110. 燕良轼等：《中国人的面子心理》，《湖南师范大学教育科学学报》

2007 年第 6 期。

111. 粟丹:《酒与乡土纠纷的解决——贵州省苗侗地区的法文化考察》,《甘肃政法学院学报》2010 年第 5 期。

112. 席海鹰:《论精耕细作和封建地主制经济》,《中国农史》1984 年第 1 期。

113. 郭于华、孙立平:《诉苦:一种农民国家观念形成的中介机制》,《中国社会学》(第五卷),上海人民出版社 2006 年版。

114. 苏常青、张锦鹏:《少数民族民间歌舞艺术的新文化语境探索》,《云南艺术学院学报》2010 年第 1 期。

115. 李培林:《关于社会结构的问题——兼论中国传统社会的特征》,《社会学研究》1991 年第 1 期。

116. 李显波:《计算理性与道义理性——中国乡村纠纷研究的一个理论框架》,《兰州学刊》2008 年第 3 期。

117. 刘方权、陈晓云:《刘村的纠纷与解决——权威衰落之后的选择》,《福建公安高等专科学校学报》2007 年第 1 期。

118. 徐忠明:《传统中国乡民的法律意识与诉讼心态——以谚语为范围的文化史考察》,《中国法学》2006 年第 6 期。

119. 王亚新:《纠纷,秩序,法治——探寻研究纠纷处理与规范形成的理论框架》,《清华法律评论》1999 年第 2 辑。

120. 曹端波:《苗族文化的社会控制》,《中央民族大学学报》2009 年第 1 期。

121. 赵旭东:《习俗、权威与纠纷解决的场域——河北一村落的法律人类学考察》,《社会学研究》2001 年第 2 期。

122. 朱晓阳:《"语言混乱"与法律人类学的整体论进路》,《中国社会科学》2007 年第 2 期。

123. 田佐中、陈国红:《罗斯的社会控制理论述评》,《南京政治学院学报》1999 年第 6 期。

124. 孟庆友:《人民法庭对绅权的转化和替代》,《法律和社会科学》(第八卷),法律出版社 2011 年版。

125. 丁卫:《秦镇人民法庭的日常运作》,《法律和社会科学》(第一卷),法律出版社 2006 年版。

126. 郑卫东:《"国家与社会"框架下的中国乡村研究综述》,《中国农民观察》2005 年第 2 期。

127. 蒋立山:《中国法制现代化建设的特征分析》,《中外法学》1995 年第 4 期。

128. 曹广伟、宋丽娜:《乡村社会变迁中的代沟问题》,《当代青年研究》2009 年第 1 期。

129. 杨善华、侯蕊红:《血缘、姻缘、亲缘和利益》,《宁夏社会科学》1999 年第 6 期。

130. 周大鸣、石伟:《旅游情境中的乡土"陌生人社会"——基于桂林灵渠旅游的田野研究》,《广西民族大学学报》2012 年第 5 期。

131. 熊芳芳、赵平喜:《公共空间人际传播对我国农村社会结构的影响分析》,《新闻界》2009 年第 3 期。

132. 马静华、陈一鸣:《柑村纠纷解决实践中的纠纷主体——以川东北某村的考察为中心》,载徐昕主编《纠纷解决与社会和谐》,法律出版社 2006 年版。

133. 郭于华:《"道义经济"还是"理性小农"——重读农民学经典论题》,《读书》2002 年第 5 期。

134. 程立涛、乔荣生:《现代性与"陌生人伦理"》,《伦理学研究》2010 年第 1 期。

135. 范愉:《以多元化纠纷解决机制保证社会的可持续发展》,《法律适用》2005 年第 2 期。

136. 邱星美:《当代调解制度比较研究》,《比较法研究》2009 年第 4 期。

137. 朱景文:《解决争端方式的选择——一个比较法社会学的分析》,《吉林大学学报》2003 年第 5 期。

138. 王铭铭:《现代的自省——田野工作与理论对话》,载潘乃谷等主编《社区研究与社会发展》,天津人民出版社 1996 年版。

139. 邓正来:《中国法律哲学当下基本使命的前提性分析——作为历史性条件的世界结构》,《法学研究》2006 年第 5 期。

140. 刘佳:《农民对纠纷解决机制的选择偏好及成因》,《西部法学评论》2009 年第 5 期。

141. 张伟仁:《传统观念与现行法制》,《台大法学论丛》1987 年第 1 期。

142. 林端:《儒家伦理与法律文化:社会学观点的探索》,中国政法大学出版社 2002 年版。

143. 翟学伟：《"土政策"的功能分析——从普遍主义到特殊主义》，《社会学研究》1997 年第 3 期。

144. 周平：《对民族国家的再认识》，《政治学研究》2009 年第 4 期。

145. ［德］菲利普·黑克：《利益法学》，傅广宇译，载《比较法研究》2006 年第 6 期。

146. ［美］古塔、［美］弗格森：《学科与实践：作为地点、方法和场所的人类学"田野"》，载［美］古塔、［美］弗格森编《人类学定位：田野科学的界限和基础》，骆建建等译，华夏出版社 2005 年版。

147. ［美］Laura Nade：Harry F Todd，Jr 著、徐昕译：《人类学视野中的纠纷解决：材料、方法与理论》，载吴敬琏、江平主编《洪范评论》（第 8 辑），中国法制出版社 2007 年版，第 147 页。

148. ［葡萄牙］桑托斯：《法律：一张误读的地图——走向后现代的法律观》，朱景文、南溪译，载朱景文主编《当代西方后现代法学》，法律出版社 2002 年版。

149. ［荷兰］Benjamin van Rooij：《法律的维度——从空间上解读法律失败》，姚艳译，《思想战线》2004 年第 4 期。

150. ［美］黄宗智：《制度化了的"半工半耕"过密型农业（上、下）》，《读书》2006 年第 10 期。

151. ［美］麦宜生：《纠纷与法律需求——以北京的调查为例》，《南京江苏社会科学》2006 年第 1 期。

152. starr，J. O.，and B. Yngvesson，"*scarcity and disputing：Zeroing – in on compromise Decision*"，American Ethnologist 2（3）．

153. Elizabe thMertz，"*Review：History and Power in the Study of Law*"，by June Starr and Jane F. Collier. American Ethnologist，1991（18）．

154. J. Van Velsen，"*Extended Case Method and Situational Analysis*"，in A. L. Epastein（ed），The Crafts of Anthropology（Tavistock），1968.

155. Sarat，Austin，Joel B. Grossman，"*Court and Conflict Resolution：Problems in the Mobilization of Adjudication*"，American Political Science Review，1975，Vol. 69.

156. Engel，David M.，"*The Oven Bird's Song：Insiders，Outsiders，and Personal Injuries in an American Community*"，law & Society Review，1984，Vol. 18.

157. Donald Black，"*The Elementary Forms of Conflict Management*"，in Donald Black，The Social Structure of Right and Wrong，Sandiego：Academic Press，1993.

四 学位论文类

1. 乔丽荣：《石桥村纠纷中身份、认同与权利——一个人类学的个案考察》，博士学位论文，中央民族大学，2006 年。

2. 王启梁：《社会控制与秩序——农村法治秩序建构的探索》，博士学位论文，云南大学，2005 年。

3. 刘芳：《枧槽苗乡——川滇黔交界民族散杂区社会文化变迁个案研究》，博士学位论文，中央民族大学，2005 年。

4. 东昊：《苗族非物质文化遗产研究》，博士学位论文，中央民族大学，2007 年。

5. 万红：《中国西南民族地区市场的起源与历史形成》，博士学位论文，中国社会科学院，2002 年。

6. 吴毅：《村治变迁中的权威与秩序——20 世纪川东村的表达》，博士学位论文，华中师范大学，2002 年。

7. 吴晓燕：《集市政治：交换中的权力与整合——川东圆通场的个案研究》，博士学位论文，华中师范大学，2008 年。

8. 董研：《村民行动与村庄秩序——河北乡村社区的实地研究》，博士学位论文，中央民族大学，2010 年。

9. 丁卫：《乡村法治的政法逻辑——秦镇人民法庭的司法运作》，博士学位论文，华中科技大学，2007 年。

10. 陶格斯：《多重力量作用下的乡村日常生活——关于内蒙古一个偏远小山村社会变迁的实地研究》，博士学位论文，中央民族大学，2010 年。

11. 孟庆沛：《法律人类学视野中的纠纷解决——兼论黔东南一侗族村落中的纠纷解决》，硕士学位论文，中央民族大学，2010 年。

12. 高思超：《身份认同与纠纷解决——以家认同与纠纷解决为重点的法人类学研究》，硕士学位论文，云南大学，2010 年。

13. 段兴龙：《论湘西苗族传统伦理及其价值》，硕士学位论文，中南大学，2009 年。

后　记

在本书付梓之际，不禁又想起那段读博时光。

2009 年 8 月 29 日那天，经过一段因为期待而变得难耐的等待以后，我终于又走进了云南大学的校园。当时，真是百感交集，真不敢相信，重新回到大学校园竟然花费了我这么多年时间。我记得那些日日夜夜的读书和憧憬，为了心中的理想，我付出了很多。那种对知识的痴迷，对那些大师们以学术为志业生活的敬佩和向往，贯穿了我整个的青年时代。接下来，便开始了艰苦而充实的读博之旅。

出于对人类学大师们从事的田野调查的崇敬和向往，自己在博士论文选题上选取了一个需要进行较长时段田野调查的论文题目，为的是体验一回田野调查的滋味。在这一年之中，我得到所在单位的支持后，到滇中某个民族地区参加为期 1 年的实践工作，在协助村委会干部进行日常工作的同时，广泛融入当地村民的生活中。农村生活虽然缺乏城市生活的时尚和繁华，但村民们却有着自己独有的生活态度、处世逻辑和价值观念，而恰恰是这些东西，保留了较多的人类社会的质朴智慧。村民们如何处理人与人之间的关系？他们在与人发生纠纷时会做出什么样的选择？这些问题背后，都深藏着村民们精神层面的观念和态度。我常常会被他们的这些观念和行为所打动，因为表现在他们身上的不少东西，正是急剧城市化、工业化、现代化的中国社会中不断遗落的东西。

在第三年、第四年的论文撰写过程中，我经历了很大的撰写压力。如何写好这篇论文，成为了我几年来魂牵梦绕的精神重压。初稿写了一部分后，就觉得思路需要调整，于是陷入了进退维谷的困境中。有时候呆坐在电脑前几个小时，仍然写不出几十个字来。自己已经年逾四十，单位里还有一些教学科研任务，孩子还在上小学，种种事情真是让自己觉得疲惫。但夜深人静的时候，自己又觉得应该振作，完成自己有生以来分量最重的论文，因为这是自己梦寐以求的愿望啊。由于进度较慢，自己也觉得这种状态愧对导师。其实，我的导师牟军教授一直在保持着对我的关注和厚望，他专程从昆明到楚雄，对我的论文写作给予了指导和鼓励。关键的时刻，是牟老师的精神鼓励和学术指导让我重新振作起来，满怀信心地投入到论文写作中去。经过七八个月日日夜夜的奋战，自己终于写出了初稿。接下来，又经过了几次修改，才成为今天的这个模样。在读博这个过程中，我深切地体会到了什么叫坚韧，什么叫不放弃，也真切地感受到了学术研究的甘苦。走过了这段历史，自己才真正明白：对学术的发自内心的热爱，和为了完成学术任务而甘愿付出的担当，是成就一个学术人缺一不可的两个基本要件。

2015 年，我的博士学位论文的修订稿，有幸获得云南省哲学社会科学学术著作出版资助，并得到中国社会科学出版社青睐并在该社出版。在我的博士学位论文即将付梓的时候，有很多需要感谢的人。

在这里，我首先要感谢我的导师牟军老师，是他把我这个大龄考生招入门下，让我有了实现自己梦想的机会，同时，在四年时间里时刻关注着我的学业。是他的鞭策、鼓励和帮助让我得以完成学业。他的勤奋精神、学术情怀和为人之道，是我读博四年中获得的最大收获。人生之路上能遇到这样一位好老师，是自己最感幸运的事情。对他的感激，是难以用言语表达的，我只能在心里永远铭记着他对我的关心和帮助，并在今后化为自己前进的动力！

张晓辉老师严谨认真的态度让我敬佩，在上"法律人类学"这门课程当中，在他的"逼迫"之下，我们不得不花了很多时间阅读了不少法律人类学经典文献，无形中学到了真正的法律人类学知识。在张老师的熏陶之下，我对法律人类学的兴趣越来越浓。

方慧老师也是一位让人敬佩的长者，因为考硕、考博的缘故，我认识她已经有十多年的时间了。读博之后，终于亲自能够聆听她的授课，得到她在学业上对我指点。在这么长的时间，一直得到她的关心，感激之情难以尽述。

吴大华老师同样是一位让人敬重的老师。吴老师在繁忙的工作之余，每次到昆明来除了授课、开题、答辩等之外，都要和我们小聚谈心，他关心每一位同学的学业，并热心地为同学们的学业、工作问题而操心。对我的考博以及读博，吴老师也给予了很大的帮助和鼓励。

要感谢的老师还有很多：陈云东老师、王启梁老师、张锡盛老师、陈铁水老师、郑冬渝老师、杨晋玲老师、胡兴东老师、仇永胜老师、沈寿文老师等，他们让我感受到了云大法学院的厚重学术传统和对学生的关心。同时，还要感谢论文开题时给予我建议的张晓辉老师、方慧老师、吴大华老师等，以及预答辩时给予我诚恳指导的高巍老师、罗刚老师和杨晋玲老师等，他们的指点让我得以进一步完善了论文。在论文答辩过程中，答辩委员会主席龙宗智老师让我感受到了他学识之渊博、治学之严谨、待人之和蔼，另外几位答辩委员郑冬渝老师、张锡盛老师、杨晋玲老师、马慧娟老师也让我感受到了让人敬重的学者风范。感谢他们对我论文给予的肯定和指出的不足！

在四年时间里，同学们聚在一起，重温了繁忙的读书时光，度过了一段永生难忘的岁月。孙健飞、孙鞲、王秋俊、吴艳、吴燕怡、洪宜婷、陈泫伊、王燕、谢波、洪涵、张青、李毅、朱慧、牛文欢、郭靖、张志强、宁林、胡仕林、华袁媛、蔡燕、曹务坤、甘霆浩、胡月军……他们将是自己人生道路上永远的"同学"。要特别感谢张青，他对我的论文提出了很好的建议，并帮我办理了很多答辩中的事务。

我之所以能完成学业和出版本书，要感谢原供职单位楚雄州委党校的领导的支持，以及现供职单位楚雄师范学院的领导和同事的重视和关心。同时，也要感谢云南省社科规划办领导以及中国社会科学出版社编辑老师的关心、厚爱，他们为此书的出版付出了心血。

为了我完成学业，我的家庭付出了很多。我的父母、岳父母全力支持我读书、搞田野调查，帮助照管家庭，让我一心一意读书。我的妻子承担繁重的家务，她在完成自己的教学工作之余，还要照顾好女儿和两边的老人。我的女儿伴随着我读博也一天天长大，见证了我攻读博士学位的整个过程，但愿这能为她今后的成长提供一些启迪。

最后，还要感谢给予我进行田野调查很大帮助的 W 县档案馆、统战部、组织部等部门以及桥镇的领导和职工们，一年时间我与他们建立了很深的工作情、朋友情；尤其要感谢诚恳、淳朴的龙村村委会干部和村民们，在一年的相处中，我逐渐与他们建立了很深的友谊，我和不少人在一起喝过交心酒，彼此有了较深的默契。正是由于他们，我有机会体会了难得的质朴友情。在我论文撰写过程中，我的头脑中反复出现着龙村村民生活的点点滴滴，我把对这段生活的回忆和眷恋永久珍藏在了我的记忆之中，并内化在了我的这本书之中，以此表达对龙村村民的感谢、敬意和祝福。

苏斐然

2016 年 4 月于楚雄